D1875832

Gilbert Sinoué

Emma

UNVERKÄUFLICHES LESEEXEMPLAR

Gebunden Euro 19,90 [D]
Wir bitten Sie, Rezensionen nicht vor dem 6. Februar 2003 zu veröffentlichen.

Vielen Dank für Ihr Verständnis!

Emma Hart als Circe, Gemälde von George Romney.

Gilbert Sinoué

Emma

Das Leben der Lady Hamilton

Aus dem Französischen von
Holger Fock und Sabine Müller

C.H.Beck

Titel der französischen Originalausgabe:
Gilbert Sinoué, L'ambassadrice.
© Calmann-Lévy, Paris 2002

Mit 12 Abbildungen

Gedruckt mit Unterstützung
des französischen Kultusministeriums

Für die deutsche Ausgabe:
© Verlag C.H.Beck oHG, München 2003
Das Vorsatzpapier zeigt Neapel um 1776.
Aus: Campi phlegraei von William Hamilton,
Neapel 1776, 1779. © FMR
Satz: Fotosatz Janß, Pfungstadt
Druck und Bindung: Ebner & Spiegel, Ulm
Gedruckt auf säurefreiem, alterungsbeständigem Papier
(hergestellt aus chlorfrei gebleichtem Zellstoff)
Printed in Germany
ISBN 3-406-50204-0

www.beck.de

1 Ein kleines Reetdachhaus irgendwo in der Grafschaft Flintshire, südlich von Liverpool.

Ein kleines Reetdachhaus, das vor dem Weiler Hawarden ankert, mitten in einer weiten Ebene, zwischen den walisischen Bergen im Westen und der Penninischen Bergkette im Osten.

Durch die angelaufenen Fensterscheiben hört man das Brausen der Irischen See. Baufällige Hütten mit Strohdächern säumen die Straße. Ein Glockenturm überragt die alte Kirche. Ein elendes Fleckchen England, zernagt von den Wintern, die einfach nicht enden wollen.

Ein Mädchen malt eine Sonne in den feuchten Beschlag.

Wir befinden uns im Jahr 1779. Am 26. April 1765 wurde sie geboren, am 12. Mai 1765 war die Taufe. Jetzt ist sie gerade vierzehn geworden, fast eine Frau. Sie ist nicht nur hübsch, sie ist eine strahlende Schönheit. Unter ihrem Wollkleid wölbt sich schon ihr Busen. Ihr ovales Gesicht, von schwerem, goldbraunem Haar umrahmt, ist vollkommen regelmäßig. Sie hat von Natur aus einen Kirschenmund, und ihr Lächeln ist verführerisch und arglos zugleich. Über ihren tiefblauen Augen liegt ein violetter Schimmer. Im Zittern ihrer Mundwinkel deutet sich alle Sinnlichkeit der Welt an. Emily Lyon, so ihr Name, hat den Himmel in den Augen und das Feuer auf den Lippen.

Wo ist sie in ihren Gedanken? Vielleicht bei ihrem Vater Henry, der zweieinhalb Monate nach ihrer Geburt starb. Er war Schmied gewesen, überall bekannt unter dem Namen *Smith of Ness*, ein einfacher, tüchtiger Mann ohne besonderen Ehrgeiz. Emily würde sich gerne seine Gesichtszüge vorstellen, aber es will ihr nicht gelingen. Trotz der Beschreibungen von verschiedenen Seiten bleiben die Umrisse seines Gesichts undeutlich, verschwommen. Ein Unbekannter …

Denkt sie an Mary, ihre Mutter? Bewundert sie heimlich die außergewöhnlichen Eigenschaften dieser Frau? Mary Lyon, geborene Kidd, kann nähen, sie ist eine bemerkenswerte Haushälterin und eine ausgezeichnete Köchin. Vor allem aber strahlt sie eine solche Kraft aus, dass Schicksalsschläge sie offenbar niemals beeindruckt haben. Nichts scheint sie umzuwerfen. Dabei hat das Leben es keineswegs gut mit ihr gemeint.

Wie im Kirchenbuch von Neston vermerkt, wurde das Ehepaar Lyon am 11. Juni 1764 getraut. Des Schreibens unkundig, unterzeichneten beide mit einem Kreuz. Die Ehe dauert ein Jahr, dann stirbt Henry. Ein grausamer Schlag. Ungerecht wie die Armut, blind wie der Tod.

Emily, die mit zunehmendem Alter Emma gerufen wird, denkt an nichts von alledem. Etwas bedrückt sie. Bei der Vorstellung, den Ort ihrer Kindheit zu verlassen, fühlt sie sich wie in einen Schraubstock eingezwängt, zumal sie eine solche Entwurzelung zum zweiten Mal erlebt. An das erste Mal hat sie keine Erinnerung mehr, doch sie weiß es aus Erzählungen: Sie wurde nicht in Hawarden geboren, sondern in dem Ort Ness, der ein Dutzend Meilen entfernt an dem kleinen Fluss Dee in der Grafschaft Cheshire liegt, am Rand der windgepeitschten Halbinsel Wirral. Am Tag nach dem Tod ihres Mannes hat Mary Lyon den Entschluss gefasst, alles aufzugeben, und das ist nicht viel. Ohne Mann sieht sie für sich und das Kind keine Zukunft in dieser öden Gegend, geprägt von Heide und Regen, wo es nichts gibt außer Landwirtschaft und nur Männer ein Auskommen finden. Überall herrscht große Armut. Man muss weggehen, anderswo versuchen zu überleben. In Hawarden, wo Emilys Großeltern leben: Marys Mutter Sarah Kidd und ihr Vater, der in den Saltney Marshes, dem feuchten Weideland hinter dem Dorf, die Schafe der Viehzüchter hütet. Hawarden liegt mitten in einem Steinkohlerevier, dort könnte man vielleicht Arbeit finden, Hauptsache Arbeit. Vor Arbeit hat sich Mary Kidd nie gescheut.

An einem Julimorgen wickelt die Mutter ihr Kind in ein Tuch und macht sich auf den Weg.

Zehn Meilen zu Fuß. Auf halbem Weg müssen sie über den River Dee. Der Fährmann gewährt ihnen Kredit.

Zehn Meilen …

Stunden später steht die Mutter mit dem Kind auf der einzigen Straße von Hawarden. Mary Lyon hält Ausschau nach dem Wirtshausschild *Fox and Grapes*. Daneben steht das Haus der Großeltern. Bald wird Emily im Warmen sein.

Mary verliert keine Zeit. Schon am nächsten Tag hilft sie ihrer Mutter Sarah. Sarah Kidd ist eine erstaunliche Frau. Eine Persönlichkeit mit gestählter Willenskraft. Man erzählt sich noch immer eine Geschichte über sie. Darin wird berichtet, mit welchem Mut die alte Frau auf der Straße nach Chester eine Horde Wegelagerer in die Flucht geschlagen hat, die versuchten, ihre wenigen Einkünfte zu rauben. Mit düsterem, drohendem Blick schwang Sarah ihre Peitsche, bis die Angreifer Reißaus nahmen.

Die Arbeit, die man Mary anbietet, ist alles andere als angenehm, aber mangels Besserem ... Auf einem Karren, der von einem Klepper gezogen wird, zieht sie zusammen mit Sarah Kidd über schlammige Wege, um reiche Leute mit kleinen Säcken Kohle zu beliefern. Ein Hinweis auf diesen Hausierhandel findet sich bei einer aus Cheshire stammenden Lokal-Historikerin, die um 1890 schreibt, dass Emily rittlings auf einem Esel durch die Gegend gestreift sei, um ein paar Klafter Kohlen zu verkaufen. Ob es sich um eine zuverlässige Quelle handelt, sei dahingestellt, auf jeden Fall wäre es das einzige Mal in ihrem Leben, dass Emily sich selbst um ihren Lebensunterhalt kümmert.

Das Mädchen hat aufgehört zu zeichnen. Sein Blick richtet sich auf das Haus gegenüber, ein richtiges Haus, das auf der anderen Straßenseite liegt.

Dort wohnt Doktor Thomas. Honoratus Leigh Thomas. Seine Frau heißt Maria. Eine gut bürgerliche Familie. Doktor Thomas ist ein angesehener Arzt. Er arbeitet mit einem gewissen Sutton zusammen, der in der ganzen Gegend für seine Pockenimpfungen bekannt ist. Emily hat eine seidenweiche Haut und wird sie zeitlebens behalten; möglicherweise verdankt sie es Sutton, dass sie von der Krankheit verschont geblieben ist, die damals so viele Verwüstungen anrichtete.

Das Ehepaar Thomas hat zwei Jungen und vier Mädchen. Ein Kindermädchen wäre willkommen. Es sollte die erste Arbeitsstelle für die kleine Emily sein. Noch einmal sieht sie sich über die Schwelle des Wohnhauses treten, hört die warme Stimme von Mrs. Thomas:

«Das ist also Ihr Kind, Mrs. Lyon?»

«Ja, Madam.»

«Was für ein Glück für Sie, eine so reizende Tochter zu haben. Kann sie lesen? Schreiben?»

Mary schüttelt verlegen den Kopf. Der Besuch einer Schule wäre ein Luxus. Man ist ja schon froh, wenn es zum Essen reicht.

«Gut, wir werden uns um ihre Ausbildung kümmern.»

Darin liegt in Wirklichkeit Emilys Kummer, den sie hinter dem Fenster dieses Hauses versteckt. In dieser Familie ist sie wirklich glücklich gewesen. Niemals wird sie die Fürsorge vergessen, die sie dort erfahren hat: Dreißig Jahre lang wird sie ihren Wohltätern Briefe schreiben.

Die Stimme ihrer Mutter reißt sie aus ihren Gedanken.

«Emily, es ist Zeit ...»

Ein paar Kleidungsstücke sind zu einem Bündel geschnürt. Das Nötigste. Mehr haben sie sowieso nie gehabt.

London 1779.

Die Entscheidung, Hawarden zu verlassen, ist Mary bestimmt nicht leicht gefallen. Wann fand sie Zeit, um die notwendigen Schritte in die Wege zu leiten? Es bleibt ein Geheimnis. Wir wissen lediglich, dass Mutter und Tochter unmittelbar nach ihrer Ankunft in der Hauptstadt sich im Haus des angesehenen Chirurgen Doktor Budd am Chatham Place Nr. 14, nahe Blackfriars Bridge und St. James Market, als Dienstmädchen verdingen.

Noch am selben Tag lernt Emily ein reizendes Mädchen kennen, das ebenfalls zum Hauspersonal gehört. Sie heißt Jane. Die Mädchen haben etwa dasselbe Alter und denselben Charakter: Sie sind fröhlich, lebenslustig, neugierig auf alles und vor allem auf jenes London am Ende des 18. Jahrhunderts, wo Größe und Niedergang, protziger Reichtum und grelles Elend nebeneinander liegen. Die Stadt an der Themse ist keine Hauptstadt wie andere, sie verschlingt die Menschen und hat einen ungeheuren Bevölkerungszuwachs: Bald wird sie eine Million Einwohner zählen. Hier verbinden sich die Annehmlichkeiten des Wohlstands und die Extreme der guten Sitten mit Ausschweifungen aller Art, während aus den Elendsvierteln ein Gestank aufsteigt, der immer wieder bis vor die Türen der Prachtbauten zieht.

«Eines Tages», vertraut Jane Emily an, «werde ich Schauspielerin am Theater sein.»

«Schauspielerin? Am Theater?»

Zum ersten Mal hört Emily diese Worte.

«Ja, Schauspielerin! Das ist noch besser als Gräfin. Man ist die Königin, die alle bezaubert, und man wird vergöttert!»

Jane sollte Recht behalten. Sie wird den berühmten Schauspieler William Powell heiraten und ihn an Berühmtheit noch übertreffen. Wir werden ihr später wieder begegnen.

Kaum haben die Mädchen einen freien Tag, nutzen sie die Gelegenheit, um sich davonzustehlen und in London aufs Geratewohl durch die Straßen zu streifen. Beim Schaufensterbummel in den hübschen Stadtvierteln machen sie den Männern schöne Augen. Den jungen James Perry, der später Redakteur beim *Morning Chronicle* werden sollte, lernen sie zweifellos auf einem Spaziergang über das Cocksheath Camp kennen, wo man damals gerne promenierte. Auch ihm werden wir wieder begegnen. Leider geben ihre überströmende Lebensfreude und ihr kesses Wesen schnell Anlass zu Unzufriedenheit: Bei der Rückkehr von einem ihrer Streifzüge stehen die Mädchen eines Tages vor verschlossener Tür.

In den folgenden achtzehn Monaten verliert sich die Spur von Emily und ihrer Mutter. Erst im Juli 1780 stößt man wieder auf sie. Emma ist nun Dienstmädchen bei der Familie Linley, die ein elegantes Haus in der Norfolk Street bewohnt, einer Nebenstraße vom Strand. Über den Verbleib ihrer Mutter ist nichts bekannt.

Mitte der sechziger Jahre des 18. Jahrhunderts leitete Thomas Linley der Ältere die *Bath Assembly Room Concerts*, bei denen berühmte Musiker auftraten. Seine Tochter Elizabeth singt ausgezeichnet. Doch sie wird nie eine Karriere als Sängerin machen. Ihr Ehegatte, Richard Brinsley Sheridan, der Sohn des besten Freundes ihres Vaters, gestattet ihr keine Auftritte in der Öffentlichkeit.

Zwei Jahre bevor Emily ihre Arbeitsstelle antrat, hatte Thomas Linley zusammen mit seinem Schwiegersohn das Drury Lane Theatre erworben. Vorbesitzer dieser hervorragenden Bühne war der Schauspieler David Garrick, den die Nachwelt zu den größten Theaterleuten seiner Epoche zählt.

Folgt man einigen Biographien, soll Emily große Zuneigung zu dem ältesten Sohn der Familie empfunden haben, dem achtzehnjährigen Seekadetten Samuel Linley. Nachdem er krank und von Tuberkulose gezeichnet ins Elternhaus zurückgekehrt ist, soll Emily ihn bis zu seinem plötzlichen Tod 1781 «wie eine Mutter» gepflegt haben. Aus tiefer Trauer über seinen Tod habe das Mädchen dann die Stellung aufgegeben. Anderen Autoren erscheint diese Geschichte unglaubhaft. Samuel Linley stirbt am 21. Dezember 1778, also zwei Jahre bevor Emily in den Dienst der Familie tritt. Was auch immer die Wahrheit ist, 1781 wohnt Emily nicht mehr bei den Linleys. Im Gegensatz zu den vorausgegangenen Dienstverhältnissen hinterlässt dieses jedoch einen bleibenden Eindruck im Herzen des jungen Mädchens. In dieser Familie nämlich begegnet sie der Musik. Der Musik, aber auch dem Theater, jenem faszinierenden Ort, den Jane ihr beschrieben hat ... Und sie ist gerade erst fünfzehn, ein Alter, in dem sich alles Neue tief eingräbt. Man kann sich leicht vorstellen, wie sie eines Abends in den Kulissen des Drury Lane Theatres sitzt ...

Der Vorhang hebt sich. Emily betrachtet das Bühnenbild. Sie hält den Atem an. Wo sieht es so aus? Vielleicht irgendwo in Italien? Und was ist mit diesem streitenden Ehepaar? Warum ohrfeigt die Frau ihren Mann?

– *«Beim nächsten Mal schlage ich zurück, das schwöre ich!»*
– *«Dann sind Sie Ihre Waffen los. Wenn Sie eine Frau ohrfeigen, sind Sie kein Gentleman; und wenn Sie kein Gentleman sind, haben Sie keine Waffen mehr. Lassen Sie mich, Sie Gockel. Sie singen wie ein Kapaun.»*
– *«Kommen Sie doch, Catherina, seien Sie nicht so bissig.»*
– *So bin ich eben, wenn einer so blöd ist ...»*

Es wird geweint, gelacht, man entzweit sich, man stirbt. Der Geist des Mädchens ist ein Buch voller unbeschriebener Blätter, die alles aufsaugen. Die Gefühle werden lange Zeit ihre Spuren hinterlassen. Zweifellos erwachen in dieser künstlerischen Umgebung ihre musikalische Begabung und ihre Neigung für die Pantomime. Wahrscheinlich entwickelt sie in jener Zeit die ersten Vorstellungen zu jenen lebenden Bildern, aus denen sie später so wunderbar Kapital schlagen kann.

Was wird aus ihr, nachdem sie die Linleys verlassen hat? Arbeitet sie als Verkäuferin in den Geschäften am Strand? Steht sie als Gemüsefrau hinter einem Marktstand? Bedient sie in einem anrüchigen Lokal? Denkbar ist alles. Über diese Lebensperiode von Emily wird der Prinz von Wales – um 1802 – zu der berühmten Porträtistin und französischen Hofmalerin Élisabeth Vigée-Lebrun sagen, er habe sie zu dieser Zeit mit Holzschuhen an den Füßen in der Tür einer kleinen Käserei stehen sehen.

Fügen wir schnell hinzu, dass diese Behauptung haltlos ist. Wäre er ihr wirklich begegnet, hätte er sich nicht an sie erinnern können. Es ist doch kaum vorstellbar, dass diesem Mann das Gesicht einer kleinen namenlosen Verkäuferin, einer von vielen anderen, über zwanzig Jahre hinweg im Gedächtnis geblieben ist. Tatsächlich hat der Prinz von Wales Emily erst 1791 kennengelernt. Dass er etwas anderes behauptet, ist allerdings nicht verwunderlich in einer Zeit, in der man sich in den besseren Kreisen gerne rühmte, man habe Lady Hamilton in Holzschuhen gekannt.

Ihrer Schönheit verdankt sie es auf alle Fälle, dass eine zumindest eigenartige Dame auf sie aufmerksam wurde: Mrs. Kelly. Eine Halbweltdame, die unter dem Namen «Äbtissin von der Arlington Street» bekannt ist. Sie stellt Emily als *lady's maid* oder Zimmermädchen ein. Das Kloster, dem sie vorsteht, ist in Londoner Kreisen berühmt. Die Äbtissin empfängt viele Besucher, und zwar nur Männer. Einer davon verliebt sich in Emily. Er ist um die dreißig. Ein Marineoffizier wie der junge Linley. Sein Name: John Willet Payne. Das junge Mädchen hat ihm den Kopf verdreht. Wird er ihr erster Liebhaber? Alles deutet darauf hin. Bei welcher Gelegenheit? Darüber gibt es unterschiedliche Angaben. Nach der ersten Version hat einer ihrer Vettern Emily bei Mrs. Kelly aufgesucht und ihr anvertraut, dass er als Matrose angemustert worden ist und seine kranke Frau sowie seine beiden kleinen Kinder habe verlassen müssen – der Dienst bei der Flotte war Pflicht. Emily soll ihm daraufhin vorgeschlagen haben, sich bei Payne für ihn einzusetzen. Ein Gesuch dieses Herrn bei der Admiralität könne vielleicht bewirken, dass er vom Dienst zurückgestellt würde. Als Gegenleistung soll das Mädchen dem Drängen des Offiziers nachgegeben haben ... Die zweite Version besagt, das junge Mädchen sei nicht der Bitte eines Vetters, sondern der einer Freundin nachgekommen. In beiden Fällen sind die Folgen zweifellos dieselben. Mit sechzehn hat Emily ihre Unschuld verloren.

Wo hat das Mädchen wohl die Bekanntschaft von «Doktor» James Graham gemacht? Beim Bummeln durch London oder in der

Wohnung der Äbtissin? Jedenfalls verlässt Emily Mrs. Kelly und folgt dieser schillernden Person. Scharlatan, Spitzbube, Mythomane – er ist alles zugleich. Der in Edinburgh geborene Graham behauptet, ein Medizinstudium an der Universität (er verrät nicht, an welcher) absolviert zu haben; angeblich hat er Frankreich und Amerika bereist und eine Abhandlung über das Werk Benjamin Franklins veröffentlicht. Als Emily ihm begegnet, besitzt er eine Art Theater, das übrigens recht prunkvoll ist und nur wenige Schritte von der Themse entfernt zwischen der Royal Terrace und dem Adelphi Theatre liegt. Der Ort wird «Tempel des Äsculap» oder auch «Tempel der Gesundheit» genannt.

Das dunkle Geheimnis, mit dem er sein Unternehmen umgibt und das er sorgfältig pflegt, ist Teil seines Erfolgs. Die Inszenierung ist prächtig. Fünf Schilling Eintritt sind hoch genug, um die Masse fernzuhalten. Dem Bericht eines Zeitzeugen zufolge wurden die Besucher am Eingang von zwei Dienern empfangen, die mehr als sieben Fuß maßen (das hieße, mehr als zwei Meter, was wohl der Fantasie des Zeitzeugen entsprungen ist), funkelnde Livreen und auf dem Kopf einen betressten Dreispitz trugen. Mit ihren langen Stöcken mit Silberknauf hielten sie die Flut der Gaffer fern, die sich auf dem Bürgersteig versammelten, und nach getaner Arbeit schwärmten sie in die Londoner Straßen aus, um Reklamezettel zu verteilen, die nicht verlockender hätten sein können. «Ich erinnere mich an die Kutschen, die vor dem Eingang zum Tempel vorfuhren», fährt der Augenzeuge fort, «die jungen Stutzer standen massenhaft Schlange und bemühten sich, die Besucher beim Eintritt zu erkennen. Doch alle Damen verbargen ihr Gesicht hinter einem dichten Schleier; man verkehrte dort nur inkognito.» In einem strahlend hell erleuchteten Vortragssaal gibt Graham vor dicht gedrängtem Publikum tröpfchenweise therapeutische Ratschläge zum Besten. Die empfohlenen Heilmethoden sind in erster Linie Schlammbäder, und um jegliches Misstrauen zu zerstreuen, unterzieht sich der Doktor vor der Masse seiner Patienten selbst dieser harmlosen Behandlung. Zudem preist er die Vorzüge einer eigenartigen Maschine an, mit der er sich anheischig macht, die Blutarmut erfolgreich zu bekämpfen, die Schönheit zu erhalten oder wiederzuerlangen und sogar das Leben zu verlängern.

Es ist das Zeitalter, in dem der Okkultismus auf dem Kontinent

Hochkonjunktur hat. Der deutsche Arzt und führende Kopf des «tierischen Magnetismus» Franz Anton Mesmer lehrt seit 1778 den Parisern das Staunen, Giuseppe Cagliostro unterhält Hof und Stadt seit 1780 mit seinen Experimenten zum Magnetismus. Graham, der während seines Parisaufenthalts wahrscheinlich Sitzungen dieser Pseudophysiker beigewohnt hat, begreift rasch, welchen Vorteil er aus der Leichtgläubigkeit des Publikums ziehen kann, wenn er seine Anhänger in «die Mysterien des Jenseits» einführt. Er garniert seine Veranstaltungen mit nie gesehenen Vorführungen. Den Zuschauern erscheint «Hygiene, die gewaltige, riesige und wunderbare Göttin der Gesundheit» – um den Werbezettel zu zitieren – in antikisierenden Posen. Das Wesen singt «mit bezaubernder Stimme» «unendlich süße» Melodien. Knüller ist das «himmlische Bett» oder «Bett Apollos», das Eheleute für eine Sitzung zum Preis von fünfzig Pfund Sterling (ein kleines Vermögen) mieten können. Im Gegenzug erhalten sie das Versprechen, dass ihr Geschlecht nie erlöschen wird. Die Nebenzimmer schließlich bergen zahlreiche andere Sehenswürdigkeiten, deren Natur geheimnisumwittert bleibt.

An diesem surrealen Ort tritt Emily in einem locker fallenden Gazeschleier auf, in blasses Dämmerlicht getaucht, freilich nicht als «riesige Göttin Hygieia». Diese Rolle war, wie der Name schon besagt, einer stattlichen und vollschlanken Frau vorbehalten. Emily ist mit sechzehn ein großes, geschmeidiges Mädchen, und ihr Körper ist von bewundernswertem Ebenmaß. Ihre Schönheit und die Vollkommenheit ihrer Gestalt schlagen die Zuschauer in Bann, begeistern sie. Innerhalb weniger Wochen wird sie zur Hauptattraktion im «Tempel». Sie zeigt sich dort zum ersten Mal in plastischen, antiken Statuen nachempfundenen Posen, die unter dem Namen *Attitüden* bekannt werden und die sie zeitlebens immer wieder mit nie ausbleibendem Erfolg aufführen wird. Der einhellige Beifall, den sie erhielt, beweist, dass sie aus dieser Form des körperlichen Ausdrucks eine höhere Kunst gemacht hat. Selbst ihre schlimmsten Verächter nehmen niemals Anstoß daran und sparen nicht an Lob für die Neuartigkeit und die überwältigende Schönheit ihrer Darbietung. Madame Vigée-Lebrun, die Emily bekanntermaßen nie geschont hat, schreibt dazu: «In der Tat gab es nichts Merkwürdigeres als Lady Hamiltons Fähigkeit, ihren Zügen plötzlich den Ausdruck des Schmerzes oder der Freude zu verleihen, und in vortrefflich ange-

Charles Greville, William Hayley, George Romney und Emma Hart, George Romney, British Museum, London.

passten Stellungen verschiedene Persönlichkeiten darzustellen. Mit dem lebhaften Blick und dem aufgelösten Haar war sie eine köstliche Bacchantin, (...) oder man hatte eine wunderbar schöne büßende Magdalena vor sich.»[1]

In diesen Zeitraum fällt wahrscheinlich Emilys erste Begegnung mit dem berühmten Maler George Romney. Wie verschiedene seiner Kollegen könnte er eines Abends, angezogen von der Fremdartigkeit des Ortes und in der Hoffnung, dort das ideale Modell zu finden, Grahams «Tempel» aufgesucht haben. Romney ist damals siebenundvierzig. Er lebt seit einigen Jahren von seiner Frau getrennt. Diese hatte seine anhaltend depressive Grundstimmung und seine krankhafte Empfindlichkeit nicht lange ertragen. Von einer Geliebten weiß man nichts. Romney ist etwas jünger als seine Kollegen Reynolds und Gainsborough. Böse Zungen nennen ihn mit einem Anflug von Geringschätzung einen «mondänen Porträtisten» und werfen ihm vor, sich weniger für die körperliche Gestalt seiner Modelle als für ihre soziale Stellung interessiert zu haben. In Wirklichkeit bringt Romney vor Thomas Lawrence (dessen Kunst er in vieler

Hinsicht vorwegnimmt) unter Wahrung der notwendigen Distanz die Förmlichkeit einer Gesellschaft zum Ausdruck, die auf dem äußeren Schein beruht und in der letztendlich die Maske und die Kleidung häufig den Menschen ausmachen.

Zwischen Juli 1773 und Juli 1775 hatte der Künstler Italien bereist, wo er zahlreiche alte Meister kopierte. Seit seiner Rückkehr nach London steht er in enger Verbindung mit englischen Intellektuellen, die nach dem Vorbild seines Dichterfreunds, des Essayisten und Biographen William Hayley, dem «Neoklassizismus» anhängen. Viel von seinem Bekanntheitsgrad verdankt er dem Lordkanzler Thurlow, der 1781 erklärt hat: «Reynolds und Romney spalten die Stadt. Ich gehöre zu denen, die für Romney streiten.»

Der Maler ist im wahrsten Sinne des Wortes besessen von allem, was einen Bezug zur Antike hat. Als er Emily sieht, ist er erschüttert, fassungslos. Im Halbdunkel des Saals sieht er keine junge Frau, sondern Aphrodite persönlich; die Erscheinung überwältigt ihn. Emily wird seine große Liebe. Eine platonische Liebe, gewiss, aber eine, die ihn nicht mehr loslässt. Er nennt sie seine *divine lady*. Hat er sie schon gleich nach ihrer ersten Begegnung eingeladen, für ihn Modell zu stehen? Oder hat er einige Monate gewartet? Obwohl das erste bekannte Porträt der jungen Frau von 1782 stammt, spricht nichts gegen die Annahme, dass sie dem Maler bereits vor dieser Zeit als Modell diente.

Doch Emily erfährt nicht nur die platonische Leidenschaft Romneys. Andere bemühen sich verzweifelt, sie zu verführen, und dies mit Absichten, die nichts mit Kunst zu tun haben. Einer wird Erfolg haben: Sir Harry Fetherstonehaugh. Er macht dem Mädchen den Hof. Sie erliegt ihm ohne weiteres. Wie hätte es auch anders sein können? Sir Harry – schmales Gesicht, rotblondes Haar, weder hübsch noch hässlich – ist sechsundzwanzig Jahre alt, sportlich, fröhlich, voll Unternehmensgeist, ein erfahrener Frauenheld. Er lebt genau so, wie Emily später instinktiv am liebsten leben wird: ohne Einschränkungen und Zwänge. Sein Vater, Sir Matthew, besitzt seit sieben Jahren den prunkvollen Landsitz Up Park nahe Portsmouth in Sussex. Sein Onkel, Referend Ulrick Fetherstonehaugh, ist Pfarrer von South Harting, einem kleinen Dorf in der Nähe des Landsitzes. In einer Ausgabe des *Gentleman's Magazine* aus jener Zeit wird Sir Harry schlichtweg als «ein gewöhnlicher Dandy ersten Grads» beschrieben, *a buck of the first head*: Ein verwöhntes Bürschchen, der einzige Sohn, der sich auf die faule Haut legt und sich darin gefällt, aus Snobismus, und weil es Mode ist, seine Sätze mit französischen Ausdrücken zu spicken.

Doch davon weiß Emily nichts. Und als der junge Stutzer ihr vorschlägt, mit ihm zu kommen und sein Leben zu teilen, ist sie außer sich vor Freude und Aufregung. Endlich eine Chance, sich von diesem Ort zu verabschieden, wo sie nur eine Schaufensterpuppe ist, die Entbehrungen hinter sich zu lassen, die Absteige, in der sie wohnt. Endlich zeigt sich Licht am Ende des Tunnels, tut sich die große Welt auf. Gründe genug, um sich in die Arme ihres Verehrers zu werfen. Ohnedies wird es sie kaum noch lange bei James Graham und den Träumen, die er feilbot, gehalten haben. Und wo ist ihre Mutter? Marys Aufenthaltsort ist unbekannt. Sie scheint sich in Luft aufgelöst zu haben.

Im Sommer 1781 nimmt Emily zum ersten Mal in ihrem Leben Platz in einer Berline. Eine weitere Kutsche mit dem Gepäck folgt ihnen. London liegt unter einer Wolkendecke. Als sie in Sussex ankommen, ist der Himmel klar.

«*My country house*», kündigt Sir Harry nicht ohne Stolz an.

In Wirklichkeit ist das, was sich Emilys staunendem Blick darbietet, weit mehr als ein schlichtes Landhaus. Das Gebäude war von William Talman gebaut worden, einem renommierten Architekten und ehemaligen Mitarbeiter von Christopher Wren, dem wir unter anderem die St. Paul's Cathedral in London verdanken.

Ein eindrucksvolles schmiedeeisernes Tor öffnet sich auf eine lange Allee, die sich wie ein Band bis vor das Bauwerk erstreckt. Ein paar Steinstufen führen auf die lange Terrasse vor dem Haupteingang. Neun Fenster schmücken die Fassade, sieben die Giebelseiten. Das fast hundertjährige Bauwerk ist ganz aus Ziegelstein gemauert und steht inmitten eines hübsch angelegten Gartens. Etwas abgeschieden davon ahnt man die Gemüsegärten und die Ställe sowie einen kleinen Wasserlauf in einiger Entfernung. Man kann sich leicht vorstellen, was die junge, sechzehnjährige Frau empfindet, als sie dieses Anwesen sieht: Aschenputtel triumphiert über das Schicksal und hält Einzug im Schloss. Und noch hat das Staunen kein Ende. Drinnen erwarten sie Diener in Livree, Zimmermädchen, die da sind, um ihre kleinsten Wünsche zu erfüllen. Feines Porzellan, Tafelsilber, edle Hölzer mit

Goldverzierungen, Vorhänge aus Satin und Brokat, französische Möbel ... Das kleine Bauernmädchen aus Ness muss nur die Hand ausstrecken, um diesen Traum zu berühren. Beinahe jedenfalls. Denn Sir Harry gibt ihr sehr schnell zu verstehen, dass sie nicht ständig in Up Park wohnen kann. Seine Mutter stattet ihm von Zeit zu Zeit ihren Besuch ab, und da gilt es, den Anschein zu wahren. Das Mädchen wird hauptsächlich in Rosemary Cottage, einige Meilen von dem Landsitz entfernt am Fuß des Hügels, wohnen. Emily ist einverstanden. Unauffällig wird sie durch den Dienstboteneingang verschwinden, sobald man es ihr befiehlt. Nicht nur, wenn Sir Harrys Mutter einfällt, auch wenn man bei bestimmten «vornehmeren» Gästen ihre Gegenwart unpassend findet. Sie wird sich bereitwillig ihrem Liebhaber unterwerfen und die Anstandsregeln einhalten. Die Aussicht auf das Leben, das sich vor ihr auftut, wird die Anflüge von Aufbegehren und die Frustration, die in ihr aufkommen, schon besänftigen, denn über eines können wir uns sicher sein: Emilys Charakter beginnt sich auszuprägen. Empfindsam und feinfühlig, schrankenlos in ihrer Großzügigkeit wie in ihrer Offenherzigkeit, zärtlich und mit einem an Dünkel grenzenden Stolz beseelt, kann sie auch heftig, launisch, wütend und unglaublich kopflos sein.

Up Park bietet ihr ein Leben in Saus und Braus. Die meisten Tage vergehen mit der Jagd, die Abende klingen in üppigen Soupers bei Kerzenschein aus. Emily lernt reiten. In kurzer Zeit wird sie zu einer hervorragenden Reiterin, die Schülerin überholt ihren Lehrmeister. Sir Harry ist der erste, der über ihre Unerschrockenheit und ihr Durchhaltevermögen staunt. Ebenso rasch blüht sie in ihrer neuen Rolle als «Dame des Hauses» auf. Durch ihre Schönheit, ihre mitreißende Fröhlichkeit, doch ebenso dank der weit gefächerten Begabung für mimisches Spiel und Gesang hat sie bald die zahlreichen Gäste für sich eingenommen, die sich regelmäßig in Up Park einfinden. Selbst ihr «ländlicher» Akzent und ihre Neigung, zu fluchen wie ein Fuhrmann schaden ihr nicht, sondern bringen ihr die Sympathien ihrer Umgebung ein, und man klatscht beifällig über ihre verrücktesten Einfälle. Es kommt sogar vor, dass sie splitternackt auf dem großen Esstisch tanzt. Ganz wie sie selbst in einem ihrer Briefe schreiben wird: *I like to surprise people* (Ich verblüffe die Leute gerne). Wie hätte sie damals erkennen sollen – so jung, wie sie war, so leichtgläubig, so bereitwillig, sich hinzugeben, anderen blindlings zu vertrauen –, dass sie in den Augen jener in festen Regeln erstarrten englischen Gesellschaft des 18. Jahrhunderts nicht mehr darstellte als ein «Unikum»? Doch ebendiese Züge ihrer Persönlichkeit werden das Drama der künftigen Lady Hamilton ausmachen und ihrem Schicksal eine außerordentlich tragische Wendung geben. Manche Autoren, hauptsächlich französische, haben sie in ihren Darstellungen als eine egoistische, geldgierige und herzlose Frau beschrieben. In dem 1913 von Joseph Turquan und Jules D'Au unter dem Titel *Une aventurière de haut vol* [*Eine gerissene Abenteurerin*] veröffentlichten Werk kann man lesen: «Der Sinn für das Elegante, die Prachtentfaltung, das Streben nach gesellschaftlichem – nicht moralischem – Aufstieg, die man an ihr feststellt, dürften von einem väterlichen Atavismus herrühren, ebenso wie der Egoismus, die Gefühlskälte und die Neigung zur Bequemlichkeit, die sie schon in frühen Jahren erfasst haben. Von der Mutter sollte sie hingegen die Plumpheit, die fast primitive Derbheit und die Geldgier mitbekommen. Vom Vater hatte sie den Liebreiz und die körperlichen Zierden, von der Mutter die Vergnügungs- und die Verschwendungssucht ...» Wie viele zeitgenössische Kollegen sahen diese Autoren in Emma nur «eine Feindin Frankreichs». Doch wie zum Teufel kann man *den Liebreiz und die körperlichen Zierden* eines Henry Lyon schildern, von dem wir doch so gut wie nichts wissen? Und wenn man sieht, wie überaus sparsam Emilys Mutter Mary war, wie gewissenhaft sie über ihre Ausgaben Buch führte, erkennt man deutlich, dass dieses Urteil zumindest parteiisch ist. Bestimmt haben ihr viele, wie wir noch sehen werden, nicht verziehen, dass sie Engländerin war, und als solche musste sie die Interessen ihres Landes verteidigen. Eins ist sicher: Sie mag alles Mögliche gewesen sein, aber nicht berechnend. *Im Gegenteil*, die meiste Zeit sollte sie direkt oder indirekt benutzt werden. Sie ging ohne jede «politische» Ader durchs Leben, ahnte nichts von den wahren Verhältnissen und handelte nur aus ihrem etwas zu impulsiven Charakter und ihrem – leider mehr als unzulänglichen – Instinkt heraus.

Es sind sorglose Wochen in Up Park. Man trinkt. Man spielt Karten. Emma – wie sie von nun an überall genannt wird – findet Gefallen daran. Sie ist sogar richtig wild auf diese neue Form der Zerstreuung. Im Laufe ihres Lebens wird sie viel spielen. Eine Abendgesellschaft folgt auf die andere. Die Gesichter überlagern sich.

Emma sieht sie nicht. Sie hat nur Augen für ihren *dear* Harry. Ihr lieber Harry, der jedoch bereits beginnt, sich mit ihr zu langweilen. Er vernachlässigt sie, lässt sie links liegen. Kurz, er scheint ihrer bereits überdrüssig zu sein. Sie lässt es sich nicht gefallen. Sie wird laut. Immer wieder kommt es zum Streit. Der Streit wird immer heftiger. Und – wir heben es ausdrücklich hervor – die Mutter der jungen Frau ist noch immer nicht an ihre Seite zurückgekehrt.

In diesem angespannten Klima taucht im selben Jahr 1781 Anfang September ein neuer Mann auf. Soeben hat er neben der jungen Frau am Tisch Platz genommen. Er ist ungefähr zweiunddreißig, eine schöne Erscheinung mit ausgewähltem Benehmen, seine große Liebe gilt dem Sammeln von Kunst und Mineralien. Laut Emma ist er *very good looking*. Der Mann heißt Sir Charles Greville. Seit etwa einem Jahr ist er in der Verwaltung der Admiralität tätig. Das hat den Vorteil, dass er kostenlos in einer Wohnung an den King's Mews wohnt, in einem Viertel, in dem einige Staatsverwaltungen zusammengelegt waren. Sein Vater, der achte Baron Brooks und erster Graf von Warwick, trägt einen der berühmtesten Namen Englands. Die Ahnentafel mütterlicherseits steht ihm an Glanz in nichts nach. Greville ist kein Geringerer als der Sohn von Lady Jane Hamilton, Gräfin von Warwick und Enkelin von Lord Archibald Hamilton, dem Gouverneur von Jamaika und Leiter eines Militärhospitals von Greenwich. Schließlich zählt die Familie noch ein berühmtes Mitglied in Sir William Hamilton, dem britischen Botschafter im Königreich Neapel, Onkel mütterlicherseits von Greville, Milchbruder und enger Freund des zukünftigen Königs Georg III., dessen unvorhergesehene Rolle in Emmas Leben sich bald abzeichnen sollte. Dieser Greville also macht keinen Hehl aus seiner Bewunderung für die blutjunge Gastgeberin. Er erkundigt sich bei ihr:

«Was erwarten Sie vom Leben? Woher kommen Sie?»

Mit einer unbewussten Handbewegung scheint er eine unsichtbare Tonstatue zu modellieren. Er spricht mit ihr über Kunst, erzählt von den Malern, mit denen er befreundet ist, Thomas Lawrence und ... George Romney. Am nächsten Tag reist er nach London zurück, doch er wird des Öfteren nach Up Park zurückkehren. Eines Tages – mit wachsender Vertrautheit – überreicht er ihr unauffällig Briefumschläge, die ordnungsgemäß mit seiner persönlichen Anschrift am Portman Square beschriftet sind, für den Fall, dass ...

Sollte die vernachlässigte Emma in dieser Zeit die Geliebte Charles Grevilles geworden sein? Nichts in ihrem Briefwechsel deutet darauf hin, dass sich zwischen den beiden eine Liebschaft entsponnen hätte, solange Emma mit Sir Harry unter einem Dach gelebt hat. Dennoch kommt man bei der Lektüre von Grevilles erstem Brief an die junge Frau nicht um die Feststellung herum, dass zwischen beiden insgeheim großes Einverständnis geherrscht haben muss. Aus welchem Grund sonst hätte Emma mehrmals Reißaus nehmen und ihn in London treffen sollen? Harry könnte von ihren Eskapaden Wind bekommen haben, vielleicht hat er sogar bemerkt, dass sie ihn betrügt, und fühlt sich nun gekränkt.

Es ist Herbst geworden. Die Felder um Up Park sind abgeerntet. Emma ist gerade in den Salon getreten, wo das Kaminfeuer brennt. Sir Harry hebt den Blick und sieht sie an. Er ahnt, dass etwas nicht stimmt. Die Stirn gerunzelt, wartet er schweigend ab. Emma geht einen Schritt auf ihn zu, zögert.

«Was ist los?» fragt Sir Harry. «Fühlst du dich nicht wohl?»

Emma senkt den Blick. Das Geständnis kommt ihr schwer über die Lippen.

«Ich bin schwanger.»

«Schwanger?»

Harry wird leichenblass.

«Ja. Im fünften Monat. Ich hatte nicht den Mut, es dir zu sagen.»

Das Gesicht den jungen Baronets verkrampft sich. Er gibt sich Mühe, einen gleichmütigen Eindruck zu machen: Für ihn ist es eine echte Katastrophe. Die Geburt eines Kindes würde eine Heirat unumgänglich machen. Eine Heirat, die er nicht will, die er nie wollte. Und schon gar nicht mit einer Bürgerlichen, einem Mädchen von niederem Stand. Er nuschelt etwas vor sich hin, erhebt sich ein wenig ungelenk von seinem Sessel und schließt Emma in die Arme. Seine Geste ist mehr tröstend denn gerührt.

«Was wird jetzt?» ängstigt sich die junge Frau mit erstickter Stimme.

«Ich weiß nicht. Es kommt so plötzlich.»

Kurz streift er den Gedanken, das Kind könne vielleicht nicht von ihm, sondern von Greville stammen. Doch das voraussichtliche Geburtsdatum im März schließt dies aus. Greville ist erst Anfang September in Up Park aufgetaucht.

Er löst sich aus der Umarmung. Er vermeidet es, Emma in die Augen zu sehen. Es bedarf keiner Worte. Sie weiß, sie ist verloren.

In den folgenden Tagen verschärfen sich die Spannungen noch, die ohnehin zwischen ihnen herrschen. Eines Morgens – alle widrigen Umstände treffen zusammen -verkündet der Baronet, er habe Geldsorgen. Noch schlimmer: Er besitzt keinen Pfennig mehr. Das Leben, das sie in Up Park führten, hat ihn ruiniert. Was nun? Er kann Emma nicht länger bei sich behalten. Sie müssen sich trennen – ein Euphemismus, der in Wirklichkeit nichts anderes besagt, als dass die junge Frau ihre Koffer packen muss.

«Und was wird aus dem Kind?»

Sir Harry antwortet nicht. Er begnügt sich damit, seiner Geliebten zwischen Tür und Angel ein paar Schillinge in die Hand zu drücken.

Januar 1782

2 *Lieber Grevell,*
Gestern erhielt ich Ihren freundlichen Brief. Er hat mich aufgewühlt, glauben Sie mir, ich bin fast von Sinnen. Sir H. hat nichts mehr von sich hören lassen und zur Zeit ist er nicht in Chester, da bin ich sicher. Ich habe ihm sieben Briefe geschrieben und keine Antwort. Was soll ich tun? Großer Gott! Was soll ich nur tun? Ich kann nicht nach London zurück, denn ich habe kein Geld mehr. Ich besitze nicht einen Pfennig, meine Freunde begegnen mir abweisend, glaube ich, wenn nicht schlimmer. Oh G., was soll ich machen? Würde ich doch nur Ihnen gehören, wie ich Sir Harry gehörte! Was für ein glückliches Mädchen würde ich sein! Was bin ich statt dessen, doch nur ein Mädchen in Not, in höchster Not? Um Himmels willen, Grevell, schreiben Sie mir gleich, nachdem Sie dies erhalten haben, und sagen Sie mir, was ich tun soll ... Ich werde noch wahnsinnig. Oh! Um Himmels willen! Sagen Sie mir, was aus mir werden soll. Oh! Lieber Grevell, schreiben Sie mir. Schreiben Sie mir, G. Adieu, und glauben Sie mir, ich bin für alle Zeit Ihre

Emily Hart

PS. Sagen Sie meiner Mutter nichts von meiner Notlage, und trösten Sie mich ein wenig. Mein Geburtsdatum ist aus dem (Tauf-)Register gelöscht, ich schicke es an meinen lieben Charles. Noch einmal Lebewohl, mein lieber Freund.

Im selben Umschlag liegt auch der Taufschein von Emma. Darauf steht:

Amy(ly) Tochter von Henry Lyon aus Nesse und seiner Ehefrau Mary. Getauft am 12. Mai 1765.
Beglaubigte Kopie und Auszug aus dem Taufregister von G. Neston.
Vikar R. Carter.
Neston, den 19. Dezember 1781.

Der Brief erreichte Greville in seinem Londoner Wohnsitz am Portman Square. Er wurde von ihm aufbewahrt und eigenhändig mit einem Vermerk versehen: «Erh. am 10. Januar 82.» Wir stellen fest, dass es sich hier um den ersten *bekannten* Brief handelt. Er lässt keinen Zweifel daran offen, dass Emma zuvor einen Brief erhalten hat, der verschollen ist. Emma schreibt: «Gestern erhielt ich Ihren freundlichen Brief.» Warum sollte Greville ihr diesen *ersten* Brief geschrieben haben, wenn sie ihn nicht zuvor davon benachrichtigt hätte, dass sie sich bei ihren Großeltern in Hawarden aufhielt? Andererseits nimmt Greville in seiner Erwiderung, wie weiter unten zu lesen sein wird, ein Detail auf, das Emma in diesem ersten Brief nicht erwähnt hat: das Kind, das sie erwartet. Auch diese Anspielung spricht für einen vorausgegangenen Briefwechsel. Darüber hinaus folgt Emma offensichtlich einer Bitte, indem sie dem Brief ihren Taufschein beilegt.

Werfen wir zuerst einen Blick auf den mit Emily *Hart* unterzeichneten Brief. Er weist bereits jenen eigentümlichen Schreibstil auf, den sie nie wirklich verbessern konnte. Ihr gesamter Briefwechsel ist gespickt mit Rechtschreibfehlern (im englischen Original schreibt sie, wie hier wiedergegeben, Grevell statt Greville), und er sollte immer diesen spontanen Eingebungen folgenden Gesprächscharakter behalten. Ihr Leben lang wird die junge Frau die grundlegendsten Regeln von Rhythmus und Syntax nicht beherrschen. Die Schrift ist kaum leserlich, manche Wörter sind nicht zu entziffern, und manchmal müssen ganze Satzteile eingefügt werden, um einen Text verständlich zu machen, der ohne Punkt und Absatz auskommt wie ein Telegramm. Zudem meint Emma, Großbuchstaben stünden nicht am Satzanfang, sondern mitten im Satz, und ihr Zweck liege darin, bestimmten Worten – die übrigens meist völlig unbedeutend sind – mehr Gewicht zu geben. Manchmal geht sie mit ihren Einfällen so weit, einen Großbuchstaben mitten im Wort zu schreiben, wo er ihrer Meinung nach die stärkste Wirkung haben soll. Dennoch sind Emmas Briefe in ihrem kontrastreichen und fehlerhaften Stil so reizvoll, so geprägt vom Ton aufrichtiger Naivität, dass ihr Zauber in der wörtlichen Übersetzung am besten erhalten bleibt.[2]

Ein Detail in diesem Brief fällt dem Leser sofort auf: Emily unterzeichnet nicht mit Emily Lyon, sondern mit Emily Hart. Zu diesem plötzlichen Wechsel des Familiennamens gibt es verschiedene Vermutungen. Eine Erklärung liegt allerdings sehr nahe. Vergessen wir nicht: Als Emma sich nach Hawarden zu ihren Großeltern flüchtet, ist sie schwanger. Was liegt zu ihrer Ehrenrettung näher, als vorzugeben, sie habe in der Zwischenzeit besagten Hart geheiratet. Warum hat sie ausgerechnet diesen Namen gewählt? Hat vielleicht ein gewisser «Hart» sie darauf gebracht, den sie bei ihrem Aufenthalt in South Harting kennenlernte, oder, noch plausibler, hat sie sich eines gleichnamigen Musikers erinnert, mit dem sie am Drury Lane Theatre bekannt geworden war? Wir wissen lediglich, dass ein Musiker namens Hart sie 1786 in Neapel besuchte. Lord Hamilton stellte sie ihn als einen «alten Bekannten» vor. Woher auch immer der Name stammen mag, mit dieser Änderung handelte sie, ohne es zu wissen, ganz im Sinne Grevilles, wenngleich der seinen Willen noch gar nicht bekundet hatte.

Die zweite Sonderbarkeit betrifft die Sache mit dem Taufschein. Warum meint sie, ihren Taufschein beilegen zu müssen? Wie gesagt, mit vierzehn besaß sie schon alle körperlichen Reize einer erwachsenen Frau. Mit sechzehn dürfte sie drei oder vier Jahre älter ausgesehen haben. Vielleicht hat Greville so große Zweifel an ihrem Alter gehabt, dass er die besagte Urkunde verlangte.

Er antwortet noch am gleichen Tag:

10. Januar 1782

Liebe Emily,
Ich entschuldige Sir H.s Betragen Ihnen gegenüber nicht, obgleich ich Ihnen geraten habe, sein Ansehen durch ein entsprechendes Vorgehen zu wahren. Ich gestehe indessen, dass ich nichts Besseres von ihm erwartet habe. Ich habe es kommen sehen. Sie verdienten mehr Rücksichtnahme, doch Ihre Unbesonnenheit war nicht hilfreich.[3] *Es war unbesonnen, als Sie das erste Mal vom Land gekommen sind und G. [Greville selbst] besucht haben, und auch, als Sie* das letzte Mal in die Stadt gekommen sind. *Ich hatte die Hoffnung aufgegeben, Sie je glücklich zu sehen. Zum Beweis, dass ich Ihnen nicht grundlos Vorhaltungen mache, erinnere ich Sie an die fünf Guineen, die ich Ihnen geben musste, und den halben Guinee, damit Sie so schnell wie möglich zurückkehrten. Doch jetzt, meine liebe Emily, da das Glück Sie anscheinend ganz verlassen hat, will ich Ihnen keine Vorwürfe machen, sondern Ihnen Hoffnung geben und Ihnen Ihre vergangenen Verirrungen verzeihen. Ich wage zu hoffen, dass Sie sich nach dieser Erfahrung Mühe geben werden, sich künftig besser zu benehmen.*

Jetzt werde ich auf Ihren Brief antworten. Sie schreiben, Ihre Freunde scheinen Ihnen gegenüber abweisend. Höchste Zeit also, sie zu verlassen! Doch es ist wichtig, einige Dinge zu regeln, bevor *Sie in die Stadt zurückkehren.*

Sie müssen sich voll und ganz darüber im Klaren sein, dass Sie weiterhin nicht mehr so leichtsinnig leben dürfen wie zuvor. Sie dürfen nie wieder versuchen, mit irgendeiner Person aus Ihrer Vergangenheit Verbindung aufzunehmen. Ich glaube nicht, dass wir noch mehr Zeit verlieren sollten, denn ich habe noch nie eine Frau getroffen, die geschickt genug war, einen Mann zu halten, der ihrer überdrüssig ist. Viel wichtiger ist meiner Ansicht nach, und dazu rate ich dringend, ihn [Sir Harry] nie wiederzusehen und ihn mit einem Brief über Ihre Entscheidung in Kenntnis zu setzen. Sie werden zweifellos einsehen, meine liebe Emily, warum es absolut notwendig ist, dass diese Frage vollständig geregelt ist, bevor ich irgendetwas für Sie tun kann. Kehren Sie zu Sir H. zurück, wenn Sie ihn lieben. Doch zählen Sie nicht mehr auf meine Hilfe.

Im anderen Fall sollen Sie wissen, dass ich mich um nichts auf der Welt, weder von Ihren Nächsten (ausgenommen Ihre Mutter) noch von Sir H.s Freunden, in Schwierigkeiten bringen lassen werde.

Meiner Meinung bedarf es eines festen Vorsatzes, nach dem man sich verhält. Ich wiederhole: Wenn Sie meinen Schutz wünschen, müssen Sie mit allen Ihren Bekanntschaften brechen, welcher Art auch immer sie sein mögen, und mir versichern, dass Sie niemals ohne mein Einverständnis wieder mit jemandem in Verbindung treten. Nur dann sehe ich mich imstande, die Tränen meiner reizenden Emily zu trocknen, die, wenn sie mein Vertrauen nicht missbraucht, vielleicht wieder glücklich sein wird. Sollte sie sich nicht daran halten und mich enttäuschen, werde ich Ihr auf der Stelle meinen Schutz entziehen.

Bevor Sie Hawarden verlassen, müssen Sie Ihr Dienstmädchen entlassen und einen anderen Namen annehmen. Nach und nach werde ich Ihnen einen neuen Freundeskreis verschaffen, und ich bin sicher, solange ich Ihr Geheimnis eifersüchtig hüte und es kein anderer verraten kann, wird es Ihnen an Achtung und Bewunderung nicht fehlen. So weit zu Ihnen. Was das (erwartete) Kind angeht, wird seine Mutter das Nötige von mir erhalten, und es wird ihm nie an etwas fehlen.

Beigelegt finden Sie einen kleinen Geldbetrag. Geben Sie ihn nicht unüberlegt aus. Wenn Sie wieder in der Stadt sind, können Sie einige Zuwendungen davon bestreiten; doch treten Sie die Reise nicht an, ohne etwas

Geld bei sich zu haben, damit Sie, wenn Sie es wünschen, gemächlicher reisen können.

Gott behüte Sie, mein liebes, reizendes Geschöpf; entscheiden Sie sich schnell und schreiben Sie mir wieder.

Leben Sie wohl, liebe Emily.

Charles Greville

Hier stellt sich eine grundsätzliche Frage: Steckt hinter diesem scheinbar freundlichen und großmütigen Brief eine reiflich überlegte, gar machiavellistische Taktik, wie häufig vermutet wurde? In der Flut von Arbeiten, die über die künftige Lady Hamilton veröffentlicht wurden, melden sich entweder erbitterte Verteidiger Grevilles zu Wort oder unerbittliche Verleumder. Sagen wir es gleich offen: Die Letzteren sind bei weitem in der Überzahl. Aus welchem Grund? Wenn man die Angelegenheit wirklich objektiv betrachten will, kommt man um eine Tatsache nicht herum: Greville ist alles andere als ein Mann von hervorragender Menschlichkeit, aber ebenso wenig ist er ein Ungeheuer, auch wenn er bei vielen diesen Ruf hat. Zweifelsohne hat er Emma vor seinen Karren gespannt, doch weder hat er sie übermäßig ausgenutzt, noch ist er – die am häufigsten vorgebrachte Anschuldigung – eine Art Kuppler gewesen.

Warum, zum Teufel, hätte Charles Greville sich auf diese Verbindung einlassen sollen, obwohl er selbst nicht gerade in großem Wohlstand lebte, fragt zu Recht Hugh Tours, der Historiker und unermüdliche Sammler der Briefe von und an Lady Hamilton. Nicht genug, dass ihm seine Stelle bei der Admiralität nur ein erbärmliches Gehalt eintrug, zudem war sie in Zeiten politischer Unbeständigkeit äußerst unsicher. Und dann verlangte diese Position auch noch einen tadellosen Lebenswandel. Man kann sich denken, welches Risiko der junge Lord einging, Mitglied der Admiralität, Sohn des Grafen von Warwick und Träger eines der berühmtesten Namen Englands, als er sich eine knapp sechzehnjährige Mätresse zulegte, insbesondere wenn es sich um eine so ausgefallene und impulsive Frau wie Emma handelte. Das London des 18. Jahrhunderts pflegte höchst selten Nachsicht zu üben mit jemandem, der gegen die bestehenden Regeln verstieß. Noch hundert Jahre später hatte sich an diesem Klima wenig geändert, denken wir nur an die Qualen, die Oscar Wilde durchlitt.

Ob es den Verächtern von Greville gefällt oder nicht, wir haben keinen launischen Gentleman vor uns, der einen Kunstgegenstand von außergewöhnlicher Schönheit in seinen Besitz bringen will, sondern einen verliebten Mann.

Auch war er nicht, wie man ebenfalls lesen kann, «ein Lump, der so billig wie möglich an eine Mätresse kommen wollte, die ihm alles schuldete, eine fügsame, unterwürfige Frau, die von ihrem Wohltäter nichts fordern würde, was dieser ihr nicht sowieso zugestehen würde». Gewiss, er ist an der kritischen Lage, in der sie sich befindet, nicht ganz unschuldig. In Up Park hat er ihr Avancen gemacht und versucht, sie zu verführen. Gab er ihr nicht zu verstehen, dass er gegebenenfalls bereit wäre, sie in jeder Hinsicht zu unterstützen, ja sogar «Sir Harry abzulösen», als er ihr die an ihn persönlich adressierten Briefumschläge überreichte? Und er hat sich ihr nicht entzogen.

Vielfach hat man ihm auch den Ton seiner berühmten Antwort auf Emmas Brief vorgeworfen, die Art und Weise, wie er darin eine Reihe von Vorbedingungen stellt, die wie Ukasse klingen. Manche Autoren sind so weit gegangen, diese Anweisungen mit «Gesetzestafeln» zu vergleichen, die er beim geringsten Verstoß der jungen Frau hochhalten würde. Aber das alles ist unbegründet. Was soll denn so grausam an Grevilles Forderungen sein?

1. «Sie müssen sich voll und ganz darüber im Klaren sein, dass Sie weiterhin nicht mehr so leichtsinnig leben dürfen wie zuvor.»

2. «Sie dürfen nie wieder versuchen, mit irgendeiner Person aus ihrer Vergangenheit Verbindung aufzunehmen. Sie sollen wissen, dass ich mich um nichts auf der Welt, weder von Ihren Nächsten (ausgenommen Ihre Mutter) noch von Sir H.s Freunden in Schwierigkeiten bringen lassen werde.»

3. «Viel wichtiger ist meiner Ansicht nach, und dazu rate ich dringend, ihn (Sir Harry) nie wiederzusehen und ihn mit einem Brief über Ihre Entscheidung in Kenntnis zu setzen.»

Waren denn diese Forderungen nicht mehr als berechtigt?

Erinnern wir uns: Emma ist erst sechzehn. Sie ist in der Tat leichtsinnig, ebenso ungestüm – beides Eigenschaften, die sie zeitlebens charakterisieren werden. Außerdem kennt Greville ihre zumindest zweifelhafte Vergangenheit. Bei seiner beruflichen Stellung ist es doch nur selbstverständlich, dass er auf keinen Fall mit den Grahams oder Mrs. Kelly in Berührung kommen will. Und seine letzte Forderung ist der endgültige Bruch mit Sir Harry.

Die meisten Autoren sehen in Greville nur einen scharfen Rechner, einen ehrgeizigen, geldgierigen Mann. Die beiden letzten Merkmale treffen zweifellos zu. Am Ehrgeiz lag es übrigens nicht, dass er erfolglos blieb. Darin liegt das ganze Drama seines Lebens. Den unheilvollen, verächtlichen Ruf verdankt er ausschließlich seiner Gier nach materiellen Gütern. Ein Makel, das Wort scheint hier sehr passend, der sich in der Folge wie ein dunkler Schleier über seine gesamte Persönlichkeit legte. Halten wir ihm aber zugute, dass er nicht knauserte, als es darum ging, in die Bildung seiner Mätresse zu investieren. Und Emma ist teuer: Gesangsunterricht, Grammatikunterricht, Schneiderin, Porträtmaler ... Nichts oder fast nichts wird ihr abgeschlagen.

Eines ist sicher: Zu keinem Zeitpunkt hätte er sich vorstellen können, welche ungeahnten Kräfte in der jungen, unreifen und vollkommen verzweifelten Frau steckten, die er gerade bei sich aufnehmen will, eine Energie, die es ihr eines Tages ermöglichen sollte, von selbst nach oben zu kommen und ein um vieles aufregenderes Leben zu führen als jenes Leben, das noch vor ihm liegt.

Ein anderes Detail, das in diesem Brief erwähnt wird, wirft ein bezeichnendes Licht auf Emmas Charakter. Greville spricht von einem Dienstmädchen, das die junge Frau begleitet. Da nimmt also eine mittellose Frau ohne Zukunftsperspektive auch noch solche finanziellen Belastungen auf sich! Das ist typisch für Emma: Zeitlebens begriff sie nicht, was die Dinge kosteten. Ob ein Schilling oder tausend Pfund – für sie lag darin kein bedeutender Unterschied. Grevilles unbedingtes Streben nach Gewinn stürzte ihn ins Elend; und umgekehrt trug Emmas Gleichgültigkeit in Geldangelegenheiten dazu bei, dass sie alles verlor.

Einen Monat später sind wir im Februar 1782.

Emma kehrt Hawarden den Rücken und zieht mit klopfendem Herzen unter das Dach ihres Geliebten in ein Viertel namens Edgware Row, das im Londoner Vorort Paddington Green liegt. In unserer Zeit ist die Gegend nur noch ein Gewirr von bescheidenen Gassen und unbedeutenden Gebäuden. Vor zwei Jahrhunderten war das anders. Der Name Edgware Row bezeichnete damals eine Reihe von Villen zwischen Feldern und Teichen am Stadtrand von London. Hier ist es beinahe wie auf dem Land. Ein vorgelagertes Dorf, malerisch und ruhig. Das Haus, das Emma vorfindet, hat nichts mit dem Prunk von Up Park gemein. Es ist ein behaglicher, in erster Linie ansprechender Wohnsitz, groß genug, damit Greville dort seine Gemälde, Statuen und vor allen Dingen seine wertvolle Mineraliensammlung unterbringen kann, die regelmäßig seinen Haushalt belastet. 1774 war er kurz davor gewesen, eine Lieferung für die schwindelerregende Summe von nahezu 500 Pfund Sterling zu erwerben, was beinahe seinem gesamten Jahreseinkommen entsprach ...

Emily schreibt auf den Kopf ihrer Briefe: Edgware *Road*. Doch dieser Name bezeichnet die gesamte Straßenlänge und nicht die genaue Lage (Edgware Row) von Grevilles Haus.

Nicht weit entfernt steht die kleine Kirche von Paddington Green (die heute verschwunden ist) mit ihrem Friedhof. Später sollte Mary, Emmas Mutter, dort ihre letzte Ruhe finden neben so illustren Persönlichkeiten wie Matthew Dubourg, dem berühmten Hofgeiger, Jane Thornhill, der Tochter des Malers James Thornhill (er malte die Kuppel der St. Paul's Cathedral aus), und zahlreichen anderen Berühmtheiten. Heute findet man in Paddington Green ein Anwesen namens «Greville House». Es wurde 1849 erbaut, vierzig Jahre nach Grevilles Tod, und steht in keinem Zusammenhang mit der Originalvilla.

Edgware Row ist weit genug vom Stadtzentrum entfernt, um Greville vor jeglicher Indiskretion zu schützen. Der junge Lord besitzt außerdem noch ein weiteres Haus in London, das er selbst bauen ließ (und das noch immer abbezahlt werden muss). Es liegt am Portman Square in der Gegend des heutigen Trafalgar Square.

Ziemlich schnell stößt Emmas Mutter zu dem Paar. Sie ist also wieder aufgetaucht. Doch von dem Augenblick an, als sie das Haus betritt, ist sie nicht mehr Mary Lyon oder Mary Kidd, sondern Mrs. Cadogan, sofern sie ihre Verwandtschaft mit Emma nicht verbirgt. Man darf vermuten, dass die Absicht, nach dem Vorbild ihrer Tochter alle Spuren ihrer Vergangenheit zu verwischen, sie zu diesem Namenswechsel führte. Der Name Cadogan ist nicht zufällig. Wie man weiß, war Mary eine Zeit lang in Cowbridge im walisischen Bezirk Glamorgan als *Nanny* bei einem Arzt gleichen Namens beschäftigt. Zur damaligen Zeit war es gängige Praxis, dass Kindermädchen

Mrs. Cadogan, Lady Hamiltons Mutter.

den Familiennamen ihres Arbeitgebers annahmen. Das Schicksal – das uns kleine Existenzen so manches Mal zum Narren hält – wird uns völlig unerwartet wieder auf ein Mitglied dieser Familie stoßen lassen.

Mrs. Cadogan also kümmert sich (unterstützt von zwei weiteren Hausangestellten) mit Feuereifer um den Haushalt, Einkäufe und Küche. Wie sie es übrigens ihr ganzes Leben lang tat, ungeachtet der Veränderungen, die das turbulente Leben ihrer Tochter immer wieder umkrempelten.

Emma ist kaum in Paddington Green angekommen, als Charles Greville ihr bis ins Kleinste auseinander legt, wie sich sein Haushaltsbudget zusammensetzt. Er verfügt über eine jährliche Rente von ungefähr 500 Pfund Sterling, was – tatsächlich – kaum ausreicht, um den gesellschaftlichen Verpflichtungen nachzukommen, die seine Stellung ihm auferlegt. Unter diesen Umständen steht eine Equipage gar nicht zur Diskussion, noch weniger eine aufwendige Toilette. Charles einziger Wunsch ist es, ruhig und schlicht an Emmas Seite zu leben. Von sich aus tut er alles, um sie in ihrer Entfaltung, ihrer Bildung, ihrer Weltläufigkeit zu fördern. Bei ihm wird sie lernen, sich gewählt auszudrücken, ihren schrecklichen walisischen Akzent abzulegen, nicht mehr zu fluchen wie ein Kutscher, sich bei Tisch und in der Öffentlichkeit manierlich zu betragen. Sie erhält Gesangsunterricht, wird in der Malerei und der Kunstbetrachtung im Allgemeinen unterwiesen. Man hat das Gefühl, geradewegs in «Pygmalion» geraten zu sein, und kann sich fragen, ob der Dramatiker Bernard Shaw sich außer vom antiken Mythos nicht auch von dieser Episode hat inspirieren lassen, als er 1913 die Eponymen-Komödie schrieb, auf der George Cukors Film *My Fair Lady* beruht.

Was bedeuten schon die Zwänge, die ihr Geliebter ihr auferlegt? Für Emma, die zwei Monate zuvor einer düsteren Zukunft entgegenblickte, ist Greville nicht nur der unverhoffte Retter, sondern zudem ein anziehender Mann. Ohne Murren wird sie alle seine Bedingungen akzeptieren. Hat sie eine andere Wahl? Sie ist siebzehn, mittellos, sie erwartet ein Kind und hat keinen Vater dafür. In Hawarden zu bleiben, hieße ein Leben in bitterer Armut führen. Wäre sie in einer Stadt wie London auf sich alleine gestellt, bedeutete dies über kurz oder lang den sicheren Untergang. Charles Grevilles Angebot ist mehr als verlockend. Sie wird nicht mehr für sich ausgeben als die 30 Pfund im Jahr, die er ihr als persönliches Budget bewilligt, und auch darauf achten, dass die Ausgaben für den Haushalt 100 Pfund pro Jahr nicht überschreiten. Zum Beweis genügt ein Blick auf eine Seite in ihrem sorgfältig geführten Haushaltsbuch. Sie vermerkt darin jede noch so kleine Ausgabe. Wenn man weiß, wie überaus verschwenderisch sie später sein wird, versteht man, warum die Führung dieses Haushaltsbuchs ein echtes Martyrium für sie war.

Emma Hart, Haushaltsbuch, 27. Oktober 1784.

27. Okt.	*Backwaren, für eine Woche*	*£ 0,411*
»	*Butter, für eine Woche*	*£ 0,51*
»	*Metzger*	*£ 0,78½*
»	*Holz*	*£ 0,10*
28. »	*Tauben*	*£ 0,20*
29. »	*Kerzen*	*£ 0,23*

29. Okt.	*Handschuhe*	£ 0,16
"	*Briefpapier*	£ 0,04
"	*Kutscher*	£ 0,10
"	*Äpfel*	£ 0,02½
"	*Bettler*	£ 0,00½
"	*Kalender*	£ 0,05
30. "	*Tee*	£ 0,12
"	*Zucker*	£ 0,99

Man muss unweigerlich lächeln und ist gerührt von der jungen Frau, die unter dem 29. Oktober eine kleine Gabe an einen Bettler verzeichnet.

In den ersten Märztagen bringt die junge Frau ein Mädchen zur Welt, dem sie ihren eigenen Rufnamen «Emma» gibt. Wir besitzen keine Geburtsurkunde, die uns Auskunft über ihr genaues Geburtsdatum gäbe. Wir wissen lediglich, dass das Baby auf Anraten Grevilles sofort zu den Großeltern nach Hawarden gebracht wurde. Wenn Emma in den Tagen nach ihrer Entbindung nicht gleich jenen Trieb spürt, den man «Mutterinstinkt» nennt, so ist offensichtlich, dass sich ihre Haltung zwei Jahre später geändert hat. Als sie 1784 ihre gerade zwei Jahre alte Tochter besucht, schreibt sie an Greville: «Ich vergöttere sie. Wenn sie mir um den Hals fällt und *Mama* sagt, fühle ich mich plötzlich voll und ganz als Mutter mit allem, was diese Gefühle bedeuten.»

Zur selben Zeit wendet Greville, wie er es sich vorgenommen hat, einen nicht unerheblichen Teil seiner Mittel für Emmas Ausbildung auf. Während ihre Rechtschreibung nur langsam Fortschritte macht, blühen die musikalischen Fähigkeiten der jungen Frau geradezu schlagartig auf. Ihr Gesangslehrer spart nicht mit Lob für seine Schülerin und rühmt vorbehaltslos ihre Begabung. Ihre Stimme ist schön, sie besitzt einen großen Stimmumfang, hat ein dramatisches und leidenschaftliches Timbre. Zur gleichen Zeit findet Emma Gefallen daran, sich Wissen anzueignen, bis niemand mehr merkt – die meisten ihrer Zeitgenossen bestätigen dies –, dass sie alles andere als ein «subtiler Feingeist» ist. Sie strengt sich an. Die fleißige Schülerin möchte sich des Vertrauens würdig erweisen, das man in sie gesetzt hat.

Sobald die junge Mutter ihre Figur wieder einigermaßen zurückerlangt hat, bringt Greville sie zu seinem Freund Romney, der am Cavendish Square Nr. 32 sein Atelier hat. Das Tagebuch des Malers nennt den genauen Zeitpunkt: Es ist der 12. März um 11 Uhr. Erzählte sie ihrem Geliebten, dass Romney ein alter Bekannter von ihr war? Mit Sicherheit nicht. Ängstlich scheint sie sich jede Anspielung auf ihre Vergangenheit zu verbieten, und der Maler ist so taktvoll, dasselbe zu tun.

Von da an sitzt sie immer öfter Modell für ihn. Mit Ausnahme einer Unterbrechnung von circa achtzehn Monaten dauern die Sitzungen bis zum Tod des Males 1802. Emma inspirierte Romney zu mehr als vierundzwanzig Porträts, zahllosen Studien, Skizzen und Entwürfen. Sie war seine Muse, seine Inspiration, eine *divine lady*, nahm sein ganzes Können in Anspruch, ohne dass jemals ein Schatten auf ihre Beziehung fiel. Bis an sein Lebensende verehrte der Künstler Emma wie eine Göttin, und sie erwiderte seine Verehrung mit einer bedingungslosen Freundschaft. Was der in antike Kunst vernarrte Romney besonders an seinem Modell geschätzt haben dürfte, war die erstaunliche Lebendigkeit ihres Gesichts, ihre Fähigkeit, durch die Mimik eine außerordentliche Ausdrucksvielfalt hervorzubringen.

John Romney, der Sohn des Malers, erzählt in der Biographie seines Vaters einige Einzelheiten über Emmas Besuche am Cavendish Square:

Nichts liegt mir ferner, als Emmas Apologet zu werden; mir ist bekannt, dass ihr Verhalten in jungen Jahren Gegenstand von Verleumdungen war und dass man sich über sie und Sir Romney die unglaublichsten Geschichten erzählte, Tratsch, der jeglicher Grundlage entbehrt. Aus Nächstenliebe und Gerechtigkeitssinn soll hier von den Umständen berichtet werden, die sie wieder ins rechte Licht rücken … Allein durch die Tatsache der etwas ungewöhnlichen Stellung, die sie innehatte, war sie zu Recht von der Gesellschaft ausgeschlossen, und die einzigen Mittel, über die sie verfügte, um sich über die Einsamkeit hinweg zu retten, waren die Musik, die Lektüre und die Sitzungen als Modell ein oder zwei Mal wöchentlich. Sie hatte immer ein Fiaker, der sie brachte und zurückfuhr, und sie ging nie ohne ihre Mutter auf der Straße.

Man kann diese Zeilen zusammen mit den Aussagen lesen, die der Dichter und Biograph William Hayley in einem seinem engsten Freund Romney gewidmeten Werk gemacht hat:

Sie [Emma] hatte einen erlesenen Geschmack und besaß so viel Ausdruckskraft, dass sie einem Maler die wunderbarsten Inspirationen zu ganz unterschiedlichen Bildern verschaffen konnte, gleich, ob er zärtliche Liebe oder das Gefühl des Erhabenen darstellen wollte. Eine der ersten Allegorien, die er [Romney] nach diesem Modell schuf, war ein Bild von Circe (eine berühmte Zauberin, Tochter des Helios und der Ozeanide Perseis) mit Zauberstab in voller Lebensgröße. Das war genau 1782, denn ich erinnere mich an den Brief eines meiner Freunde aus diesem Jahr, in dem er mit schildert, welch starken Eindruck dieses Bild auf eine Gruppe von Betrachtern machte. Emmas Gesichtszüge gaben, vergleichbar mit Shakespeares erhabener Sprache, alle Naturempfindungen und alle Grade der verschiedenen Leidenschaften mit einer verblüffenden Überzeugungskraft und mit einem höchst gelungenen Ausdruck wieder.

Aus Liebe zu seinem Modell hat Romney sich bei der Arbeit verzehrt. Kaum hatte er ein Porträt fertig gestellt, inspirierte ihn ein unvermittelter Gesichtsausdruck, eine überraschende Körperhaltung Emmas zu einem neuen Gemälde, das häufig unvollendet blieb. Auf den Bildern, die ihre Person zeigten, «posierte die junge Frau nur für das Gesicht», wie John Romney berichtet. «Vom übrigen Körper fertigte der Maler nur eine Skizze; für die Faltenwürfe der Gewänder hatte er andere Modelle oder irgendwen, der ihm Modell saß. Eine seiner Figuren forderte eine gewisse Freizügigkeit in der Bekleidung, ich meine die *Bacchantin*. Auch hier war das gewählte Arrangement zurückhaltender als man es bei einem solchen Thema erwarten durfte, und lediglich der Kopf ist nach dem Modell von ihr [Emma] gemalt.»

Halten wir fest, dass Romney nicht der einzige Künstler war, der mit diesem außergewöhnlichen Modell arbeitete, doch auf den «guten, alten Kerl vom Cavendish Square», wie Emma ihn nannte, hat sie schöpferisch am meisten Einfluss ausgeübt. Thomas Lawrence malte sie in Lebensgröße. Das Bild, das heute im British Museum hängt, trägt die eigenhändige Bemerkung des Künstlers: «Emma 1791». Reynolds malte sie gleichfalls als *Bacchantin*, Hoppner zeigte sie mit den Zügen der *Magdalena*, später als *Muse der Komödie*. Dann nahmen Angelica Kauffmann[4] und Élisabeth Vigée-Lebrun sie als Modell und ebenso die meisten großen Bildhauer, Kupferstecher, Schöpfer von Wachsabdrücken. Man kann also getrost behaupten, dass keine Frau der Welt jemals so häufig auf den Bildern ihrer Epoche erschien.

Trotz der Zurückgezogenheit, zu der Greville Emma gewissermaßen per Vertrag verurteilt hat, führt er sie eines Tages ins Ranelagh aus. Das Ranelagh ist eine Vergnügungsstätte, die sich damals großer Beliebtheit erfreut. Die prachtvolle Rotunde befindet sich auf dem ehemaligen Besitz von Lord Ranelagh im noblen Viertel von Chelsea und ist von weitläufigen Parkanlagen umgeben. Der Festsaal, der bei Einbruch der Nacht in seinem Licht erstrahlt, ist mit Ornamenten im asiatischen Stil überladen. Ein Orchester gibt täglich Konzerte, man unterhält die Besucher mit konzertanten Lied- und Instrumentaldarbietungen, dazwischen finden Maskenbälle und Feuerwerke statt. Sogar der Hof besucht die berühmten Bälle, von denen der Schriftsteller und Chronist Horace Walpole sagt, «sie stellen alles in den Schatten, was in Märchen beschrieben wird». Der Ort genießt Weltruf, und als 1774 in Paris das Ranelagh de Passy gebaut wird, richtet man sich weitgehend am Original in Chelsea aus.

Dort also hat Emma unter den Besuchern Platz genommen. Sie ist hingerissen. Eine Sängerin tritt auf. Die junge Besucherin verschlingt im wahrsten Sinne des Wortes die Darbietung mit den Augen. Als die Sängerin ihr Repertoire beendet hat und der erste Beifall erklingt, erhebt Emma sich von ihrem Sitzplatz und beginnt, als wüsste sie nicht, was sie tut, mit lauter Stimme ein Stück aus ihrem eigenen Repertoire vorzutragen. Im Saal herrscht Fassungslosigkeit. *Shocking*! Vereinzelt wird Protest laut. Wie kann man es wagen …? Wer ist diese Frau? Entsetzt zieht Greville Emma an ihrem Kleid und versucht, sie dazu zu bewegen, sich wieder zu setzen. Unbeeindruckt von der Verwirrung, die sie hervorgerufen hat, singt Emma weiter. Ihre Stimme klingt immer ergreifender. Sie ist weit weg von allem, fern vom Reetdachhaus in Ness, von Mrs. Kelly, Doktor Graham, Sir Harry. Sie ist aus sich herausgetreten. Und das Wunder geschieht. Die Missbilligung verwandelt sich nach und nach in Staunen. Die Zuschauer, die sich bereits zum Gehen erhoben haben, setzen sich leise wieder auf ihre Plätze. Das Ranelagh hält den Atem an. Emmas Gesicht hat eine übernatürliche Ausstrahlung. Die Anspannung hilft ihr, verleiht ihren an sich schon erhabenen Gesichtszügen noch größere Schönheit. Als die letzte Note verklingt, ist der Triumph perfekt. Der Saal steht. Emma schließt die Augen, um diesen magischen Augenblick auszukosten: Sie hat soeben ihr erstes

Publikum erobert. Mit einem Mal *gibt es sie*. Das kleine Bauernmädchen aus Ness, das bisher im Schatten stand, ist in sein eigenes Licht getreten.

Ihr innerer Jubel ist ebenso stark wie die Verlegenheit und die Wut, die ihr Begleiter mühevoll unterdrückt. Der ehrbare Greville muss sein ganzes britisches Phlegma aufbieten, um ihr nicht in aller Öffentlichkeit entgegenzutreten. Mit undurchdringlichem Blick entreißt er Emma den Beifallsstürmen des Publikums, zieht sie zum Ausgang und wirft sie buchstäblich in seine Kutsche. Erst als sie zu Hause ankommen, entlädt sich der Sturm. Die Aussprache könnte nicht heftiger sein. Verängstigt flieht Emma in ihr Zimmer, tauscht das elegante Kleid gegen das eines Dienstmädchens. In dieser Aufmachung kehrt sie zu Greville zurück, geht auf ihn zu und erklärt mit tränenerstickter Stimme, sie werde Buße tun und diese Kleidung tragen, solange sie unter seinem Dach lebt. Sie schwört, sie würde nie wieder so etwas unternehmen. Da er sich in Schweigen hüllt, fügt sie hinzu, sie sei bereit zu gehen, wenn ihr Gebieter es wünsche, diese Trennung sei möglicherweise der einzige Weg, ihren grauenhaften Fehltritt zu sühnen. Schließlich erteilt Charles Greville ihr die Absolution. Der Zwischenfall steht exemplarisch für die Beziehung, die Emma zu Männern hatte. Sie liebt sie blind und bedingungslos. Sie liebt sie sogar, wenn sie im Unrecht sind. Die kleinste Freundlichkeit, die man ihr erweist, weckt in ihr sogleich ein Gefühl unendlicher Dankbarkeit. Sie fürchtet sie, verehrt sie und nimmt alle Fehler auf sich. Im Grunde genommen zeigte sie dieses Verhaltensmuster gegenüber jedem Menschen, nicht nur gegenüber Männern. Sie wurde abgekanzelt, verunglimpft, beleidigt, aber nie ist in ihren Worten oder ihren Briefen auch nur der leiseste Anflug von Bitterkeit oder der Wunsch nach Rache zu spüren. Was immer man über sie denken mag, ob man sie bewundert oder kritisiert, sie besaß unbestreitbar eine Eigenschaft, die es anzuerkennen gilt: Sie war ein von Grund auf guter Mensch, großzügig in jeder Hinsicht.

Emma hat Romney wahrscheinlich von dem Zwischenfall erzählt. Er inspirierte ihn zu dem Gemälde, das unter dem Namen *Die Arbeiterin* bekannt wurde und auf dem die junge Frau in ärmlicher Kleidung zu sehen ist.

3 Seit dem Zwischenfall im Ranelagh ist ein Jahr vergangen. Wir befinden uns im August 1783.
Greville geht unruhig in seinem Landhaus in Paddington Green auf und ab. Er ist sehr angespannt. Von Zeit zu Zeit streift sein Blick seine Mätresse, als wollte er sich versichern, dass sie tadellos gekleidet ist.

Seine Hand fährt in die Westentasche, er holt einen Briefumschlag hervor, den sein Onkel, Sir William Hamilton, bevollmächtigter Botschafter mit Generalvollmacht Seiner Majestät des Königs von England im Königreich Neapel-Sizilien, an ihn gerichtet hat. Darin kündigt dieser seinen Besuch an. Der Diplomat ist vor einer Woche, am 14. August, in London angekommen. Er ist im Nerot's Hotel an der King Street im Stadtteil Mayfair abgestiegen. Ein halbes Jahr zuvor hatte ihn der Außenminister Grantham für diese Zeit vom Dienst beurlaubt, damit er einige Angelegenheiten regeln kann, die seit dem Tod seiner Ehefrau unerledigt geblieben sind. In erster Linie handelte es sich darum, die Asche Catherines nach Pembrokeshire in das Dorf Slebec zu überführen, um den letzten Willen der Verstorbenen zu erfüllen. Anschließend gedenkt er, seinen Aufenthalt in England zu nutzen, um eine gewisse Anzahl von Sammlerobjekten loszuschlagen, darunter sowohl Mineralien als auch ein Gemälde von Correggio, an dem angeblich der Großherzog von Russland interessiert ist. Auch eine prächtige Vase ist dabei. Laut Lord Hamilton handelt es sich um ein einzigartiges Stück, ja um ein «Denkmal». Wie hätte die Herzogin von Portland da widerstehen können?

Hamiltons Ankunft in England ist ein Geschenk des Himmels. Dieser Onkel, mit dem Charles die Leidenschaft für Kunstgegenstände teilt und der ihn liebt wie einen Sohn, ist der Einzige, der ihm helfen kann, seine finanzielle Zukunft in den Griff zu bekommen. Nicht, dass Greville vor dem Bankrott stünde, er sucht vielmehr nach einer dauerhaften Absicherung, nach neuen Geldquellen. Er hat tatsächlich schwere Zeiten hinter sich. Genau gesagt, seit dem 20. März 1782, jenem Tag, an dem das Parlament aufgelöst wurde, das sich der Politik König Georgs III. widersetzt hat. Im Anschluss an die Auflösung schreibt der Herrscher in einem Brief vom 27. März an seinen Premierminister Lord Frederick North, der ihm bis zu diesem Tag ergeben gedient hatte: «Nun ist der unheilvolle Tag gekommen, an dem ich genötigt bin, mich von Ihnen und den Mitgliedern der Regierung zu trennen. Ich habe versucht, der Opposition entgegenzutreten, um möglichst viele meiner Getreuen in ihren Ämtern zu belassen, leider war mir wenig Erfolg beschieden. Nur eine Handvoll Auserwählte, darunter mein Kammerherr, sind von diesem Desaster verschont geblieben.»

Charles Greville zählt nicht zu den Auserwählten. Er ist gezwungen, seine Dienstwohnung in den King's Mews aufzugeben und wieder in sein Haus am Portman Square zurückzukehren, er muss sich von seiner Kutsche und einigen Pferden trennen. So schnell er kann, unterrichtet er Lord Hamilton in allen Einzelheiten davon: «Ich glaube, ich werde nicht mehr so viel Geld für Mineralien ausgeben können wie früher.» Oder: «Ich bin keineswegs in dem Alter, mich in den Ruhestand zurückzuziehen, und nicht im Geringsten bereit, Elend und Armut auf mich zu nehmen.»

In seinem Antwortschreiben rät Lord Hamilton ihm eindringlich, sich der von Lord Shelbourne angeführten Oppositionspartei anzuschließen, doch Greville lehnt ab und erklärt, er wolle nicht übereilt handeln. In dieser Zeit politischer Unbeständigkeit bleibt er stets hinter den Ereignissen zurück und erweist sich als unfähig, im richtigen Moment die richtigen Entscheidungen zu treffen. Paradoxerweise hat es dieser Pygmalion zeitlebens vorgezogen, Befehle auszuführen, statt sie zu erteilen. Seinem Onkel vertraute er einmal an: «Ich bin ein guter Mittelsmann für einen Freund, aber ein sehr ungeschickter in eigener Sache.»

Durch die Fürsprache seines älteren Bruders Robert Fulke Greville, des Lieblingsrittmeisters des Königs, wird er am 22. Februar desselben Jahres (1783) zum Schatzmeister des Königshauses ernannt. Aber dieses Gehalt reicht seines Erachtens nicht aus, um zu erlangen, was er insgeheim anstrebt, nämlich vollkommenen und endgültigen finanziellen Wohlstand.

Die Kosten für die verlängerte Heizperiode des rauen Winters,

Charles Greville, Entwurf in Öl von George Romney (1783).

der gerade zu Ende geht, Emmas Unterhalt, Romneys Honorare (zwanzig Guineen für ein kleines Porträt, vierzig für ein mittelgroßes, sechzig für ein großes) und die Rechnungen der Schneiderin Mrs. Hackwood geben Greville das Gefühl zu ersticken. Um die Wahrheit zu sagen, Romneys Porträt mit dem Titel *Natur* bezahlt er noch pünktlich, doch für das Bild *Circe* bekommt Romney nie etwas. Fügen wir hinzu, was bei einer Durchsicht des Terminkalenders von

Romney auffällt: In der Zeit zwischen dem 3. August 1782 und dem 19. Dezember 1783 taucht der Name Emma Hart nicht mehr auf. Das entspricht ungefähr dem Zeitraum, in dem Greville arbeitslos ist (März 1782 bis Februar 1783). Die Erklärung liegt nahe, dass ihm damals daran gelegen war zu sparen. Einige Biographen vermuten, er sei eifersüchtig gewesen. Zweifel daran sind berechtigt. Charles kannte seinen Freund. Romney war eine Persönlichkeit, die viel zu streng war, als dass sie Privatleben und Arbeit vermischt hätte. Und was Greville selbst angeht, so kann man nicht behaupten, er habe je den Eindruck eines misstrauischen und beunruhigten Liebhabers gemacht.

Ah! Wenn Lord Hamilton ihn doch nur in seinem Testament bedenken und ihn zum Universalerben einsetzen würde! Warum sollte er es nicht tun? Der Diplomat liebt Greville, er teilt seine Leidenschaften, er hat keine Kinder zu versorgen, und seine Frau Catherine ist tot.

Die Ehe zwischen Sir William und Catherine hatte fast fünfundzwanzig Jahre gedauert, aber es war nur eine Vernunftehe, wie der Diplomat selbst angedeutet hat: «Schönheit allein genügt nicht. Und nicht einmal der Teufel persönlich hätte mich zum Altar führen können, doch in Catherine fand ich eine tugendhafte Frau, die immer gut gestimmt war und die, was nie schadet, ein kleines persönliches Vermögen hatte, das uns – wenn ich in meiner Karriere gescheitert wäre – ein anständiges Leben erlaubt hätte, ohne irgendjemandem verpflichtet zu sein.»

Tatsächlich bestand ihr Erbe aus Ländereien in Pembrokeshire und Wales, die nicht weniger als achttausend Pfund im Jahr einbrachten.

Zudem liebte Catherine ihren Ehemann abgöttisch. Da sie sehr besitzergreifend war, ertrug sie es nur schwer, wenn er sie vernachlässigte, um sich seiner Jagdleidenschaft oder seinen Wanderungen an den Hängen des Vesuvs zu widmen. In den langen Stunden der Einsamkeit suchte sie Zuflucht bei der Musik. Sie verbrachte viel Zeit zurückgezogen in einem Zimmer ihrer neapolitanischen Residenz und spielte – nicht ohne eine gewisse Begabung – Cembalo oder Harfe. Anscheinend hat sie bei einem Aufenthalt in Österreich sogar vor dem Wunderknaben Mozart gespielt.

In den letzten Ehejahren erlebte Catherine starke Anwandlungen von Mystizismus. Sie wurde geradezu bigott, rügte sogar Lord Hamilton (der ein Freidenker war) und beschwor ihn inständig, er möge sein «ausschweifendes Leben» aufgeben. Der Diplomat begnügte sich bei seiner Antwort mit einem Kopfnicken. Seine Verpflichtungen ließen ihm kaum Zeit, sich auf theologische Debatten einzulassen. Der unglücklichen Catherine blieb nichts anderes übrig, als sich entmutigt wieder ans Cembalo zu setzen oder ihren Leibarzt, Doktor Drummond, zu sich zu rufen. Im Laufe der Jahre war er ihr Busenfreund, ihr Vertrauter geworden. Der gebürtige Brite hatte sich in den siebziger Jahren, sechs Jahre vor Ankunft der Hamiltons, nach Neapel zurückgezogen. Doch weder seine Heilkunst noch seine Freundschaft konnten die Krankheit aufhalten, die Catherine dahinraffte. Man weiß übrigens nicht genau, woran sie litt. Der neapolitanische Gesandte am französischen Hof, Marchese di Gallo, war der Auffassung, sie sei *un poco asmatica* (*ein wenig asthmatisch)* gewesen. Was auch immer ihre Krankheit hervorgerufen hat, sie war immerhin so ernsthaft, dass Catherine gezwungen war, regelmäßig das Bett zu hüten. Zu allem Unglück starb Doktor Drummond am 13. August 1782 nach einem Sturz vom Pferd. Zwölf Tage später folgte ihm Catherine.

Es klingelt.

Greville muss sich zügeln, um nicht aufzuspringen. Er eilt zur Tür, doch Mrs. Cadogan ist ihm zuvorgekommen.

Im Türrahmen steht ein etwa fünfzigjähriger Mann von mittlerer Größe. Sehr elegant. Vornehme Erscheinung. Da er viel zur Jagd geht, ist er schlank geblieben. Sein sehr dünnes, fast weißes Haar sieht aus wie Seide. Leichte, kaum erkennbare Augenringe betonen seine blassblauen Augen. Mit den hauchdünnen Falten und der durchscheinenden Haut an Hals und Wangen, mit dem schmalen und scharf konturierten Mund wirkt er wie eine ältere Blondine, die noch Spuren ihrer früheren Schönheit zeigt.

Er hat eine glänzende Karriere gemacht, deren Gipfel 1764 seine Ernennung zum englischen Botschafter und bevollmächtigten Gesandten im Königreich Neapel war, das auch Königreich der Beiden Sizilien genannt wird. Von König Georg III. hoch geehrt, wurde er zum Ritter geschlagen und bekam den Most Honorable Order of Bath [Bath-Orden] verliehen. Diese hohe Auszeichnung wird durch eine sternförmige goldene Medaille dargestellt. Die Mitte besteht aus drei Königskronen, die von Rose (für England), Klee (für Irland) und Distel (für Schottland) umrankt werden. *Tria juncta in uno* (Drei in einem) ist darauf eingraviert. Wie ein Wink des Schicksals nimmt dieses Motto quasi augenzwinkernd das künftige Schicksal des Botschafters vorweg, doch dazu später.

Onkel und Neffe schließen sich in die Arme. Dann gehen sie in den Salon. Dort erwartet Emma sie. Sie deutet einen Knicks an. Greville beeilt sich, sie vorzustellen. In Ritter Hamiltons Brust schlägt das Herz unmerklich höher. Nie zuvor ist er einem so vollkommenen Geschöpf begegnet. Mit ihren stolzen achtzehn Lebensjahren zeigt sich Emma als leuchtende Schönheit. Obwohl sie noch nicht auf dem Gipfel ihrer Schönheit steht, strahlt diese junge Frau schon etwas aus, das selbst die unempfindlichsten Gemüter verwirrt. Als der Botschafter ein Jahr zuvor gezwungenermaßen nach London gekommen war, um seine Ehefrau zu bestatten, hatte er sich bereitwillig die Herzensergüsse seines Neffen angehört, der damals lang und breit von den Reizen der jungen Frau schwärmte. Doch was Hamilton jetzt sieht, übertrifft seine Vorstellungskraft bei weitem.

Sie machen es sich gemütlich. Unter dem Vorwand, den Tee zu bereiten, zieht sich die junge Frau zurück. Die beiden Männer nutzen ihre Abwesenheit für einen Lagebericht.

Greville beschreibt abermals seine Befürchtungen. Der Botschafter beruhigt ihn, so gut er kann.

Emma kehrt zurück.

Sie serviert den Tee. Lord Hamilton findet ihn köstlich. Als ob er nie einen besseren getrunken hätte. Später wird er die junge Frau *the fair tea-maker* nennen, «die schöne Teeköchin».

Man spricht über dieses und jenes. Besonders der Diplomat. Emma ist sofort eingenommen von der zuvorkommenden Höflichkeit des alten Gentleman, von seiner überschwänglichen Fröhlichkeit, die von der verdüsterten Persönlichkeit Charles' so stark absticht. Die Geschichten, die Anekdoten, die der Botschafter erzählt, unterhalten und faszinieren sie.

Lord Hamilton ist weit davon entfernt, sich etwas auf sein Wissen einzubilden, im Gegenteil, er möchte auch für Nichteingeweihte verständlich sein. Und dann ist er der Erste, der sich über die Schrullen lustig macht, von denen kaum ein leidenschaftlicher Sammler frei ist. Hat er nicht selbst mit viel Geduld einem Affen beigebracht, sich wie ein Numismatiker aufzuführen, der, in Arbeit versunken, mit der Lupe ein paar wertvolle antike Münzen betrachtet? Das ist seine Art, sagt er, über Antiquitätenhändler zu spotten.

«Wie war das eigentlich mit dem Affen?», unterbricht ihn Greville. «Hatten Sie nicht gesagt, dass Sie Ihren Koch Gaetano verdächtigen, ihn vergiftet zu haben? Haben Sie inzwischen einen Beweis dafür erhalten?»

«Nein. Doch ich bin sicher, dass es so war.»

Sie unterhalten sich weiter, bis es dunkel wird. Dann setzen sie sich zu Tisch. Mrs. Cadogan serviert das Abendessen.

«Wissen Sie, wie mein Neffe und ich uns nennen, meine Liebe? Plinius der Ältere und Plinius der Jüngere. Vielleicht kennen Sie Plinius nicht?»

Emma verzieht fragend den Mund.

«Gaius Plinius Secundus, so sein richtiger Name, war ein römischer Edelmann, der aus Como stammte und vor langer Zeit lebte. Aber er war auch Naturforscher und ein Mann der Wissenschaft. Man nannte ihn den Älteren, um ihn von seinem Neffen und Adoptivsohn Plinius dem Jüngeren zu unterscheiden. Übrigens interessierte sich Plinius der Ältere auch für den Vesuv. Was der Vesuv ist? Ein Vulkan über der Bucht von Neapel. Ich bin ganz wie der römische Ritter fasziniert von diesem brodelnden Ungeheuer. Ich habe sogar einige Abhandlungen zu diesem Thema veröffentlicht.»

Sir William hätte hinzufügen können, dass sich Plinius der Ältere beim Ausbruch des Vesuv im Jahre 79 unserer Zeitrechnung, als Pompeji zerstört wurde, selbst ein Bild von der Katastrophe machen wollte. Von der Neugier des Gelehrten ebenso getrieben wie vom Pflichtgefühl, Hilfe organisieren zu müssen, starb er allerdings am Ufer des Flusses Stabia, zweifellos an einem Herzinfarkt, den die giftigen Gase ausgelöst hatten.

Indessen beabsichtigt Lord Hamilton nicht, seinem großen Vorbild bis zu diesem Punkt nachzueifern. Er ist drciundfünfzig, wirkt etwas jünger, und hat keineswegs vor, in Bälde das Zeitliche zu segnen; schon gar nicht, seit er Emma erblickt hat. War es Liebe auf den ersten Blick? Lord Hamilton war immer ein Epikureer, ein Verehrer des Ideals der Schönheit. Um jeden Zweifel auszuräumen, genügt es, einen Abschnitt aus einem Brief an Emma nachzulesen, den er 1792 an sie schrieb: «Das Studium der Kunstgegenstände hat bei mir den Sinn für das Vergängliche geschärft. Die wahre Kunst besteht darin, jeden Augenblick unseres Lebens intensiv zu erleben und sich die schönsten Stunden die das leben bietet, von den kleinen Widrigkeiten des Alltags nicht verderben zu lassen. Dazu gehört auch, den Schöpfer und seine uns unbegreifliche Schöpfung zu bewundern, auf Erden Gutes zu tun, soviel wir können, und furchtlos unsere Chance auf Ewigkeit wahrzunehmen.» An jenem Tag ist es in erster Linie der Kunstliebhaber und Philosoph, der den Reizen der jungen Frau erliegt. Und ist Emma nicht rührend? Er lächelt über ihre sprachliche Unbeholfenheit, ihre Grammatikfehler, all die Ungeschicktheiten, die ihr unterlaufen, obwohl sie sich alle Mühe gibt, die Situation zu meistern. Ihm gefällt ihre Impulsivität, die Art, wie sie sich für ein Nichts begeistert. Eigentlich schätzt der Botschafter an der jungen Frau gerade das, was Greville am liebsten zum Verschwinden bringen würde: ihr natürliches Wesen.

Emma fühlt sich äußerst geschmeichelt. Geschmeichelt und bewegt. Eine angesehene Persönlichkeit schätzt sie dafür, wie sie ist?

Seit sie vor einem Jahr nach Edgware Row gezogen ist, hat sie außer Greville so gut wie niemanden gesehen. Sie lebt nur für ihn, ist eifrig bemüht, noch dem kleinsten seiner Wünsche nachzukommen. Er besteht darauf, dass sie ihren Akzent ablegt. Sobald sie den Mund aufmacht, denkt sie nur noch daran. Er möchte, dass sie sich bildet, dass sie fehlerlos schreibt, und sie lernt stundenlang. Schon Frau und doch immer noch Kind, ist das junge Geschöpf in seinen Schöpfer verliebt. Sie liebt ihn über alles. Uneingeschränkt. Doch wann hört die Liebe auf? Wo sind ihre Grenzen? Ihre Liebe war immer leidenschaftliche Hingabe.

Hamilton kehrt nach Neapel zurück. Im Gepäck ein Porträt der *Schönen Teeköchin*, das er bei seinem Freund, dem Maler Reynolds, in Auftrag gegeben hatte.

Wieder vergeht ein Jahr. Bei Greville hat sich etwas verändert. Er ist jetzt weniger zu Hause und verbringt viel Zeit – zu viel nach Emmas Geschmack – in Gesellschaft einer Dame aus der bürgerlichen Oberschicht: Lady Craven. Ihre spektakuläre Liaison mit dem französischen Gesandten im Jahr 1773 hat ihr die Ächtung durch die Gesellschaft eingebracht. Voller Anteilnahme hört sie Greville stundenlang zu, wenn er über seine Zukunftsaussichten und Geldsorgen stöhnt. Sind sie ein Liebespaar? Es lässt sich nicht mit Gewissheit sagen. Immerhin war ihre Beziehung so zweideutig, dass Emma es noch Jahre später, 1791 bei einer Reise in die Hauptstadt, entschieden ablehnt, der fraglichen Dame zu begegnen.

Ende Mai 1784 kehrt Hamilton wieder nach London zurück. Er besucht das Paar häufig, immer in Edgware Row. Zu keinem Zeitpunkt hält Greville es für angebracht, seiner Lebensgefährtin vorzuschlagen, sie möge gemeinsam mit ihnen in der Stadt zu Abend essen. Die wenigen Male, die er sie aus seiner Höhle ausführte, sollte er jedes Mal bereuen. Kaum ans Licht getreten, zieht Emma alle Blicke auf sich und weckt alle Begehrlichkeiten. Ein gewisser Sir Francis Willoughby wird ihr sogar eine eigene Wohnung in einem der vornehmsten Viertel von London anbieten, dazu Kutschen, Schmuck und unbeschränkten Kredit für ihre gesamten Ausgaben, so groß ist der Zauber, den die Schönheit der jungen Frau auf ihn ausübt. Emma beantwortet sein Angebot mit strikter Ablehnung.

Die meiste Zeit begnügt sie sich damit, auf Charles zu warten. Was bedeutet es schon, dass sie seit einiger Zeit häufig an akuten Ekzemen leidet (es macht die einsamen Stunden auch nicht schlimmer), solange ihr Geliebter immer zu ihr zurückkehrt?

Damals ahnte Emma nicht das Mindeste von dem Plan, der in den Gedanken ihres Geliebten aufkeimte. Wann genau ist ihm die Idee dazu gekommen? Als Lord Hamilton sie zum ersten Mal in Edgware Row besuchte? Oder später? Fest steht, dass seine Geldgier ihn unmerklich zu folgenden Überlegungen führte: Wollte er ein für allemal finanziell abgesichert sein, musste er eine reiche Frau heiraten. Um eine reiche Frau zu heiraten, musste er seine Freiheit zurückgewinnen. Und weil er nicht der Mann ist, der Emma auf die Straße setzt wie seinerzeit Sir Harry, muss er auch einen Weg finden, die Zukunft der jungen Frau abzusichern. Wo? Wie? Bei wem? Wie von selbst drängt sich ihm ein Name auf: Lord Hamilton. Lebt der Diplomat nicht ganz allein in seiner großen Residenz in Neapel? Besitzt er nicht ein ansehnliches Vermögen? Und er ist ein Gentleman im nobelsten Sinn des Wortes, er hält große Stücke auf Emma, die seine Hochachtung ganz und gar erwidert.

Einige Autoren haben behauptet, Greville habe sich nicht nur seiner Mätresse entledigt, als er Emma in die Arme von Lord Hamilton «warf», sondern seinem Onkel auch jeden Gedanken an eine

Sir William Hamilton, nach einem Grignion zugeschriebenen Porträt.

neue Ehe ausgetrieben, die ihn um die Erbschaft hätte bringen können. Manche haben auch gesagt, das Ganze sei nichts anderes als eine Art unseliger Tauschhandel zwischen Onkel und Neffe. Wir werden noch sehen, dass keine dieser Beschuldigungen stichhaltig ist.

Die Umsetzung des Vorhabens ist allerdings eine knifflige Angelegenheit. Greville wird die Zeit darauf verwenden, die es bedarf.

Jetzt muss er erst einmal Sir William nach Pembrokeshire begleiten, um die Ländereien zu besichtigen, die Catherine hinterlassen hat; anschließend reisen die beiden Männer nach Schottland weiter, wo sich Lord Hamiltons eigener Landbesitz befindet. Greville schlägt Emma vor, seine Abwesenheit zu nutzen und mit ihrer Mutter nach Hawarden zu reisen, um die Großeltern zu besuchen. Und wenn sie schon in der Gegend sei, könne sie auch gleich Seewasserbäder in Abergele nehmen. Das werde ihrem Hautausschlag gut tun.

Und Emma packt die Koffer.

Sie bleibt einige Tage in Hawarden, dann reist sie in Begleitung ihrer Tochter und Mrs. Cadogans weiter nach Chester. Eine Zeit lang wohnen sie bei einer gewissen Mrs. Burt, die ihnen eindringlich den Kurort Parkgate empfiehlt. Emma zögert. Sie denkt an Greville. Er wird sie bestimmt dafür tadeln, wenn sie sich an einen Ort begibt, der so nahe bei ihrem Heimatdorf liegt. Gleichzeitig wäre es Greville sicher willkommen, wenn sie sich für Parkgate entscheidet, denn dieser Kurort ist nach Aussage von Mrs. Burt weit weniger kostspielig als das Seebad Abergele, das ihr Geliebter ihr empfohlen hat. Sie entscheidet sich für Parkgate. Bevor Emma sich dorthin aufmacht, schreibt sie Greville. Er fehlt ihr schon jetzt.

Chester, 12. Juni 1784

Ich habe noch keinen Brief von Ihnen, darüber bin ich traurig. Ich kann nicht nach Abergale (sic) reisen, es ist 40 Meilen von hier und im übrigen ein sehr wenig angenehmer Strand; ich gehe deshalb nach Parkgate, der einzige Ort, sieht man von Highlake ab, wohin ich reisen kann. Ich bitte Sie, mein lieber Greville,schreiben Sie mir direkt und senden Sie den Brief postlagernd nach Parkgate, ich werde ihn dort abholen. Die arme kleine Emma ist bei mir, und ich habe mich von allen meinen Freunden verabschiedet. Ich habe sie aus einem Zuhause gerissen, wo sie glücklich war, und ich hoffe, sie wird sich der Herzensgüte würdig erweisen, die Sie für sie und ihre Mutter haben. *Ich hätte Ihnen nicht vor meiner Ankunft in Parkgate geschrieben, wenn ich nicht so gerne Nachricht von Ihnen hätte. Ich bitte Sie, lieber Greville, schreiben Sie mir gleich. Ich war so traurig, als ich mich von Ihnen verabschieden musste! Ich habe meiner Großmutter fünf Guineen gegeben, weil sie Ausgaben für die Kleine hatte und ich nicht in ihrer Schuld bleiben wollte, als ich sie mitnahm. Aber Emma wird Sie entschädigen.*

Leben Sie wohl, mein allzeit geliebter Greville, Ihre treu ergebene
Emma Hart.

P. S. Am Montag werde ich Ihnen wieder schreiben. Herzlichste Grüße an Sir William. Erzählen Sie ihm schön. Ich habe nicht den Kopf dazu; bitte entschuldigen Sie mich bei ihm; ich wäre so gerne bei Ihnen, mein lieber Greville. Gott behüte Sie.

Sollten noch Zweifel an der Fügsamkeit und an der Unterwürfigkeit bestanden haben, die Emma in ihrer Verbindung mit Greville zeigt, sind sie mit diesem Brief endgültig ausgeräumt. Sie fließt über vor Angst und Dankbarkeit zugleich: «Ich hoffe, sie (*little Emma*) wird sich der Herzensgüte würdig erweisen, die Sie für sie und ihre Mutter haben.» Und mehr noch: «Emma wird Sie entschädigen.» In diesen Beteuerungen liegt etwas Beschämendes für sie. Greville wird sich dessen nie bewusst sein.

Drei Tage später kommt das Trio am Zielort an und steigt bei Mrs. Ladmore ab, einer Seemannswitwe, die in dem Dorf eine Pension betreibt. Kaum sind die Koffer ausgepackt, stürzt sich Emma auf das Tintenfass. Sie wird Greville regelmäßig zwei Briefe pro Woche schreiben. Sie hätte jeden Tag geschrieben, jede Stunde, wäre die Post mehr als zweimal wöchentlich abgegangen. Einige Auszüge aus den Briefen verdienen es, abgedruckt zu werden, denn sie zeugen von der großen Unsicherheit der jungen Frau.

15. Juni 1784. Parkgate
(über London nach Haverford-West, Pembrokeshire)

Lieber Greville,
Sie sehen am Briefkopf, wo ich bin, indessen ist es nicht so, dass ich nicht nach anderen, passenderen Orten gesucht hätte. Was Abergale (sic) betrifft, so ist das Strandbad vierzig Meilen von hier, aber es ist so teuer, dass mich eine Unterkunft für mich, meine Mutter und das Kind mindestens zweieinhalb Guineen pro Woche gekostet hätte. (...) Ich bin im Haus einer Dame untergekommen, deren Mann zur See fährt. Sie lebt mit ihrer Großmutter zusammen, und wir bleiben hier, bis wir Nachricht von Ihnen erhalten. Es ist teuer, aber unsere Wirtinnen vermieten an niemanden, der nicht bereit ist, zusätzlich zur Unterkunft auch das Essen zu nehmen; und da alles ordentlich, bequem und ruhig ist, habe ich gedacht, dass es uns nicht ruinieren wird, bis

ich die Nachricht von Ihnen bekomme, auf die ich sehnsüchtig warte. Sagen Sie mir Ihre Meinung frei heraus, denn glauben Sie mir, niemand wünscht sich mehr als ich, Ihren Rat treu zu befolgen, welcher auch immer es sein mag. Ich bin sicher, dass Sie nur das Beste für mich wollen, wenngleich mein Temperament manchmal vielleicht mit mir durchgegangen ist, aber seien Sie versichert, noch habe ich mich ausnahmslos immer Ihren Argumenten angeschlossen, sobald ich meine Beherrschung wiedergefunden hatte.

Lieber Greville, schreiben Sie mir schnell, und sagen Sie mir, was ich mit dem Kind anstellen soll. *Sie ist ein solcher Wildfang, dass ich nicht weiß, wie ich sie in Griff bekommen kann. Ich denke, sie ist nicht hässlich, ich denke sogar, dass sie um vieles schöner geworden ist; sie ist groß, hat schöne Augen und schöne Brauen; ihre Kleider sind zu klein geworden; ich bin dabei, ihr neue zu machen und das zu flicken, was sie hat. Ich flehe Sie an, mein lieber Greville, holen Sie mich nach Hause zurück, sobald Sie können, ich bin sehr unglücklich, wenn ich von Ihnen entfernt bin. Ich habe dann wirklich keine Freude, keinerlei Glück. Wenn ich doch nur nicht immer an Sie denken müsste!* Selbst wenn ich die Königin von England wäre, ohne Sie könnte ich nicht glücklich sein. (...) *Sagen Sie Sir William alles Liebe von mir; sagen Sie ihm, wie sehr ich es bedauere, dass mein erbärmlicher Gesundheitszustand mich daran gehindert hat, ihn bei der Abfahrt zu umarmen; damals brach mir fast das Herz. Aber ich würde ihn umarmen, wenn er es mir erlaubt. Fragen Sie ihn nach seiner Meinung über mich, und erlauben Sie ihm, Ihrem Brief ein paar nette Worte an mich beizufügen. (...) Denken Sie nicht mehr an meine Fehler, Greville; denken Sie nur daran, was Gutes in mir steckt, und vergessen Sie alles, was schlecht ist, denn die Vergangenheit ist so tief begraben, dass sie niemals wieder hervorkommen wird.*

So sage ich Ihnen Lebewohl, lieber Greville, denken Sie an niemand anderen als an mich, denn keiner meiner Gedanken ist Ihnen fremd. Gott behüte Sie, Ihre Ihnen für alle Zeit aufrichtig ergebene

Emma Hart

Wieder spürt man den Druck, den Greville auf die junge Frau ausübt, wenn es um Geldausgaben geht: «(...) habe ich gedacht, dass es uns nicht ruinieren wird, bis ich die Nachricht von Ihnen bekomme, auf die ich sehnsüchtig warte.» Ebenso ersichtlich ist, wie aufrichtig verbunden Emma dem Mann ist, den sie als ihren Wohltäter ansieht: «Und wenn ich die Königin von England wäre, ohne Sie könnte ich nicht glücklich sein.» Auch fühlt man, welche Bedeutung in ihren Augen das Urteil Lord Hamiltons besitzt: «Fragen Sie ihn nach seiner Meinung über mich.» Ahnt sie, dass dieser Mann eine entscheidende Rolle in ihrer Zukunft spielen wird? Spürt sie vage, welchen Einfluss er auf ihr Schicksal haben kann? Man könnte es glauben. Es kommt vor, dass in unseren Köpfen unerklärliche Vorahnungen entstehen, die man im jeweiligen Augenblick für absurd hält, die sich über kurz oder lang aber als gerechtfertigt erweisen.

Sieben Tage später greift sie wieder zur Feder.

Parkgate, den 22. Juni 1784

Wie lang wird mir die Zeit ohne Neuigkeiten von Ihnen! Es kommt mir vor, als hätte ich Sie ein Jahrhundert lang nicht mehr gesehen, seit Jahren nichts mehr von Ihnen gehört! Wirklich, ich wäre ziemlich traurig, wenn ich mich nicht daran erinnerte, wie herzlich wir uns Lebewohl gesagt haben mit einem Lebewohl, auf das noch viele glückliche Jahre folgen werden. Oh Greville, wenn ich an all Ihre Großherzigkeit, Ihr zärtliches Wohlwollen denke, ist mein Herz so voller Dankbarkeit, dass mir die Worte fehlen, um es auszudrücken. Doch ich habe das gute Ziel davon erkannt und bin entschlossen, es zu erreichen: Es ist eine ausgeglichene Stimmungslage und ein ernsthafter Charakter. Ich werde es schaffen, das Notwendige zu tun, um Greville zu gleichen. *Gewiss, das wird mir nie gelingen, doch ich werde mir alle Mühe geben, und das allein wünscht er. Ich glaube, wenn ich mein Leben noch einmal leben könnte, würde ich es ziemlich anders machen als bisher. Aber was solls! Nichts ist wertvoller als die Erfahrung. Vielleicht kann ich gerade wegen meiner vergangenen Irrtümer nun das Glück finden. Ich möchte an die Zukunft denken, nicht an die Vergangenheit (…) Die leichtsinnige, die schreckliche Emma ist ein ernster und nachdenklicher Philosoph geworden. Das ist wirklich wahr, Greville, und ich werde Sie davon überzeugen, sobald Sie mich wiedersehen. Doch was rede ich da!* Damit ich nicht wieder von meiner törichten und eigenwilligen Tochter anfange. Was machen wir mit ihr, Greville? *(…) Stellen Sie sich vor, am Samstag hatten wir einen kleinen Streit – ich meine, Emma und ich –, ich habe ihr auf die Hand geschlagen; als sie dann zu mir kam, um mich zu umarmen und mich um Entschuldigung zu bitten, habe ich sie auf meinen Schoß gesetzt und geweint. Wenn sie zu mir kommt, «Mama» sagt und mir dabei in die Augen sieht, bin ich wirklich eine Mutter. Alle mütterlichen Gefühle erwachen mit einem Schlag und sagen mir immer wieder, dass ich Mutter bin und Mutter sein sollte. Ich werde alles tun, was in meiner Kraft steht, damit sie nicht dieselben Fehler macht wie ihre unglückliche Mutter. (...) Bald ist Badezeit, und ich muss die Feder sinken lassen. Ich möchte diesen Brief nicht beenden, bevor nicht der Postbote da war, falls er einen Brief für mich hat. Er kommt in einer Stunde. Ich hoffe so sehr, dass heute ein Brief für mich dabei ist.*

Es wird an diesem Tag kein Brief von Greville kommen. Auch nicht an den folgenden Tagen. Vielleicht beginnt er, mit Blick auf die angestrebte Trennung, von ihr abzurücken. Dennoch schreibt sie ihm unbeirrt weiter, beschreibt ausführlich ihren Gesundheitszustand und kommt immer wieder auf ihre Ausgaben zurück: «Ich muss jeden Tag einen Schilling für das Pferd und die Frau ausgeben, die uns ins Wasser fahren, dazu zwei Pence für die Badekleidung. Das sind große Ausgaben, und es ärgert mich, wenn ich jetzt daran denke.»

Drei endlose Wochen lang schreibt Emma vergeblich einen Brief nach dem anderen; immer wenn der Postbote kommt, ist sie aufs Neue enttäuscht. Die Gleichgültigkeit, die Greville vorgibt, versetzt sie in höchste Aufregung:

Noch immer habe ich keinen Brief von Ihnen, lieber Greville! Warum, verehrter G.? Aus welchem Grund schreiben Sie mir nicht? Wenn Sie sähen, wie bedrückt ich bin, würden Sie schreiben. Sie haben versprochen, mir zu schreiben, bevor ich von Hawarden wegging, und ich war sehr enttäuscht darüber, dass Sie es nicht taten; aber ich dachte natürlich, Sie hätten Gelegenheit dazu, wenn Sie in Wandower Hill sind. Ich habe zwei Briefe nach Haverford West gesandt und keine Antwort erhalten. Und jetzt ist es schon drei Wochen her, dass ich Sie zum letzten Mal gesehen habe ... Sagen Sie Plinius meine herzlichsten und besten Grüße. Sagen Sie ihm, dass ich Sie ihm anvertraue und dass ich ihn zur Rechenschaft ziehen werde, wenn ich ihn wiedersehe. Ich hoffe, er hat sich nicht in irgendeine knochige Schottin verliebt, deren Schönheit in ihrem Vermögen besteht, so dass er ihr bald überdrüssig sein würde. Hmm! Er liebt ja die alten Porträts dieser Art so sehr, da könnte er sich auch für die Originale begeistern und das könnte die Antwort auf alle seine Fragen sein. Sagen Sie ihm, dass ich mich seiner immer in Dankbarkeit erinnern werde, dass ich mit Freude an ihn denke und seine angenehme Gesellschaft immer vermissen werde. Sagen Sie ihm, dass ich ihm alles Gute wünsche, dass ich für ihn bete und ihn meine besten Wünsche begleiten, solange ich lebe ...

Ich flehe Sie an, lieber Greville, holen Sie mich so schnell wie möglich nach Hause zurück. Jetzt sind drei Wochen vergangen, und wenn ich noch vierzehn Tage bleibe, werden daraus sogar fünf Wochen. Hinzu kommen die Ausgaben, die sich auf zwei Guineen pro Woche belaufen, Wäsche, Badefrau und alles andere eingeschlossen, und ich glaube, in vierzehn Tagen oder drei Wochen werde ich keinen Penny mehr übrig haben.

Mehr denn je scheint Lord Hamilton in ihrem Brief gegenwärtig zu sein. Am 25. Juni greift sie wieder zur Feder:

Wie ungeduldig ich beim Schreiben bin, während ich auf den Postboten warte! Heute bekomme ich ganz bestimmt einen Brief. Kann es sein, lieber Greville – nein, das ist unmöglich –, dass Sie Ihre arme Emma schon vergessen haben? Ich denke unentwegt an Sie, und bisweilen kommt es mir so vor, als könnte ich Sie hören und sehen. (...) Oh, Greville! Denken Sie an die vielen Tage, Wochen und Jahre voller Glück, die uns, wie ich hoffe, noch beschieden sind. Eine einzige Zeile von Ihnen, und ich wäre glücklich.

Endlich gibt Greville ein Lebenszeichen von sich. Einzig die Post hat Schuld an der großen Verspätung, und wenn man Emmas Dankbarkeit zum Maßstab nimmt, müssen in dem erwarteten Brief Dinge gestanden haben, die dem in der Ferne Weilenden alles verzeihen:

Meine Großmutter hat mir letzten Freitag Ihren Brief nachgesandt, der vor fünfzehn Tagen dort angekommen ist. Ich bin Ihnen sehr dankbar für all die Liebenswürdigkeiten, die Sie mir schreiben. Danken Sie Sir William für seine Erklärung, ich hätte einen guten Eindruck auf ihn gemacht. Ich hoffe, er ändert seine Ansicht nie; ich bin stolz auf dieses Lob und werde alles tun, damit er nie lügen muss.

Anfang Juli erreicht die Verbannte in Parkgate ein zweiter Brief, der sie tief beunruhigt. Die Absicht hinter den Zeilen scheint nicht eindeutig zu sein. Was mag der Anlass für diese willkürliche Strenge sein? Emma erkennt ihren Freund kaum wieder, als dieser davon spricht, in Edgware Row eine andere Lebensweise einzuführen, die wenn nicht bereits ein Versuch des Bruchs, so zumindest eine neue Phase in ihrer Beziehung darstellt. Der liebenswürdige, fast väterliche Ton, in dem der Briefeschreiber sich sonst an sie wendet, kann diesmal nur schlecht einige gehässige kritische Bemerkungen überdecken, einige so unerklärliche Vorwürfe, dass Emma sich darauf verlegt, sie nicht ernst zu nehmen. Nichtsdestotrotz spürt sie sehr deutlich, dass sie dringend nach London zurückkehren sollte:

Parkgate, 3. Juli 1784

Ich war sehr glücklich darüber, mein lieber Greville, Nachricht von Ihnen zu erhalten, als Ihr schrecklicher Brief eintraf. Sie haben so geschimpft! Doch jetzt ist alles verziehen und vergessen … Ich freue mich sehr, wenn ich daran denke, dass wir bald wieder glücklich, zufrieden und fröhlich vereint sein werden. Ich für meinen Teil werde all das sein, und ich zweifle nicht daran, dass es Ihnen ebenso geht. Sie wissen nicht, geliebter Greville, wie froh ich darüber bin, dass meine arme kleine Emma gut untergebracht ist und glücklich sein wird; und welche Freude wird es sein, Greville, wenn sie sich gut entwickelt! Meine Mutter entbietet Ihnen und Sir William ihre Grüße. Sagen Sie ihm von mir alles, was Ihnen an Liebenswürdigkeiten einfällt und was mich ihm liebenswürdig macht.

Emma wartet fast einen Monat lang auf den herbeigesehnten Tag der Rückkehr und verlässt Parkgate erst in den letzten Julitagen. Die Rückreise ist getrübt durch die Trennung von *little* Emma. Sie hat sie im Laufe der letzten Wochen sehr lieb gewonnen. Selbst wenn sie sich über ihren «schlechten Charakter» beschwert, die gemeinsam verbrachte Zeit hat sie ihrem Kind näher gebracht. «Sie ist ein richtiger Wirbelwind, immer in Wallung, aber wenn Sie wüssten, wie sehr ich sie liebe.»

Kaum hat sie sich in Edgware Row wieder eingelebt, da erkrankt sie; vielleicht hat sie sich mit Masern angesteckt. Auf ihrem Weg nach London erfahren Greville und sein Onkel in ein und demselben Brief vom 10. August 1784 sowohl von ihrer Erkrankung, als auch von ihrer Genesung:

Ich habe den gütigen Brief von Ihnen letzte Nacht erhalten und suche nach Worten, mein lieber Greville, um die Freude auszudrücken, die er mir bereitet hat. Ich glaubte tatsächlich schon, ich sei wie ein verlorenes Lämmlein vollkommen von Ihnen vergessen worden. Jetzt muss ich Ihnen von meiner Krankheit berichten. Mein ganzer Körper war übersät mit Ausschlag, und ich hatte hohes Fieber. Doch jetzt geht es mir viel besser. Vielleicht noch besser als vor der Krankheit. Meine herzlichen Grüße an Sir William, und sagen Sie ihm, dass ich ihm tausend Küsse geben werde, wenn er zurückkommt, weil ich ihn auch ein bisschen gern habe.

4 Greville kehrt in der Woche nach dem 17. August 1784 nach London zurück.

Um Emmas Großeltern zu entlasten, hat man sich im Dezember entschlossen, das Kind in der Nähe von Manchester in ein Pensionat zu geben, das von einem Ehepaar namens Mr. und Mrs. Blackburn geführt wird. Aus diesem Anlass äußert sich Greville in einem Brief an seinen Onkel in ungewöhnlich zynischer Weise: «Die Zuneigung, die eine Mutter für ihr Kind empfindet, wächst proportional zu der Zeit, die sie an seiner Seite verbringt. Ich habe einen Weg gefunden, wie ich es Emma ersparen kann, Opfer dieses Prozesses zu werden.»

Er irrt sich. Für die Mutter war es bestimmt eine neue Prüfung. Wenn man nicht ganz und gar gefühllos ist – und davon war Emma weit entfernt –, kann man nur unglücklich sein bei dem Gedanken, dass das eigene Kind allein, ohne jede familiäre Verbindung, in einer fremden Umgebung heranwächst. Und wir wissen, dass diese Trennung schreckliche Folgen für das Kind gehabt hat. Als Erwachsene schreibt *little Emma* fünfundzwanzig Jahre später: «Ich habe niemals wirklich an Emma denken können, wie man an eine Mutter denkt. Ich habe etliche Erinnerungen an sie, aber nicht so viele, wie ich gerne gehabt hätte.» Noch trauriger sind die Auswirkungen auf Emma, die ihre Tochter unter dem Zwang, von ihr getrennt zu leben, schließlich aus ihrem Bewußtsein ausblendet.

In Edgware Row geht das Leben ohne äußerlich sichtbare Veränderungen weiter. Mitte September jedoch tauchen neue Probleme auf. Greville entscheidet sich, seinen Besitz am Portman Square zu verkaufen. Der Preis, den er erzielt, reicht nicht einmal aus, um die Schulden zu begleichen, die er bei dem Architekten gemacht hat. Ein neues Trauma. Er bemüht sich daraufhin, seine Gemäldesammlung und seinen wertvollen Weinkeller loszuschlagen, den er im Untergeschoss des Anwesens von Romney eingerichtet hatte. Die Verhandlungen ziehen sich in die Länge. Der Verkauf wird erst 1786 abgeschlossen sein. Da ist Emma bereits nicht mehr da.

In den folgenden Monaten schreibt Greville regelmäßig an seinen Onkel und rühmt in jedem seiner Briefe die Tugenden seiner Lebensgefährtin:

Sie dankt Ihnen sehr für die Grüße. Sie hat allerdings große Fortschritte gemacht, seit sie bei mir ist. Sie hat all die schlechten Neigungen überwunden, die sie aus Torheit und Unerfahrenheit entwickelt hat und die im Umgang mit schlechter Gesellschaft in ihr aufkeimten. Sie hat ein großes Selbstwertgefühl und würde sich eher dazu verdammen, einsiedlerisch zu leben, als die Nähe einer Person zuzulassen, der zu begegnen anstößig wäre. Sie besitzt eine natürliche Eleganz und fügt sich mühelos in alle Gegebenheiten, denn sie ist sehr geschickt und hat Taktgefühl.

Er teilt auch mit, dass ein neues Porträt von Emma als Bacchantin mit dem nächsten Schiff abgesandt werden soll. Er warte nur noch darauf, dass Romney dem Gemälde das letzte Element hinzufüge. Offenbar geht es um einen jungen Hund, der neben ihr abgebildet ist. Möglicherweise gab es diesen Hund tatsächlich, und vielleicht war er ein Geschenk von Greville an Emma, damit die einsamen Tage der jungen Frau ein wenig ausgefüllt waren.

Und:

Zwei oder drei Personen kennen zu lernen, Musik- und Zeichenunterricht zu nehmen oder sich irgendeiner anderen Beschäftigung dieser Art zu widmen, reicht völlig aus, um sie so glücklich zu machen wie sie es wäre, wenn sie ein völlig ausschweifendes Leben führen würde. Sie ist alles andere als töricht; im Gegenteil, in ihrem Charakter findet sich ein Gefühl für das Maßvolle, das ihr ebenso viel Freude an ihrem einsamen und zurückgezogenen Leben verschafft wie an einem Leben voller glänzender Ereignisse … Ich habe oft sagen hören, dass man mit gutem Willen alles vermag, doch ich habe noch nie jemanden gesehen, der so viel Nutzen aus seinen natürlichen Anlagen zieht; ich glaube, sie stürbe lieber, als dass sie sich über eine zu strenge Behandlung beklagte.

Gleich im Anschluss an diese Zeilen erinnert Greville an seine Sorgen; er meint, sein Onkel müsse aufgrund dieses Gegensatzes von sich aus den gewünschten Schluss ziehen. Es geht wohlgemerkt um seine finanziellen Schwierigkeiten, die drückender sind denn je:

Wenn ich unabhängig wäre, würde ich so wenig an irgendeine andere Verbindung denken, da ich niemals heiraten würde. Ich habe übrigens im

Augenblick kein konkretes Vorhaben im Auge, doch wenn sich eine günstige Gelegenheit ergäbe, wäre ich ziemlich ratlos und wüßte weder, welchen Entschluss ich fassen noch wie ich Emma ein angemessenes Leben sichern sollte ... Der Preis, zu dem ich meine Gemälde angeboten habe, würde mich von den Verpflichtungen gegenüber Humberston [der Architekt, bei dem er sich verschuldet hatte] befreien, von denen ich Ihnen erzählt habe; es ist mir gelungen, tausend Pfund Sterling zusammenzubringen, doch ich benötige noch einmal tausend. Wenn Ross [Ross und Ogilvie, die Bankiers von Lord Hamilton] mir diese Summe vorstrecken könnte, würde ich Ihnen meine Mineraliensammlung als Sicherheit anbieten. Ihr Wert übersteigt die fragliche Summe bei weitem, und es ist mir gleichgültig, ob sich die Sammlung in meinem oder in Ihrem Besitz befindet. Nur unter dieser Bedingung wäre ich bereit, Sie damit zu belästigen. Mir einen Gefallen zu tun ist eine Sache, aber hier geht es um ein Geschäft.

Das ist nicht mehr und nicht weniger als das Ersuchen um eine Anleihe. Lord Hamilton wird die Anfrage positiv beantworten, aber die Mineraliensammlung ablehnen, die sein Neffe ihm als Sicherheit anbietet.

So kommt Greville wieder auf das Thema Emma zu sprechen und erklärt unumwunden:

«Ich hätte mir gewünscht, die schöne Teeköchin wäre die Ihre. *Ich weiß nicht mehr, was ich anstellen soll, um mich von etwas zu trennen, dessen ich nicht überdrüssig bin. Und gleichzeitig weiß ich nicht, wie ich ihr weiterhin meine Zuneigung geben kann. So steht es um mich, und ich bin mir bewusst, das ich früher oder später gezwungen sein werde, diese Beziehung zu beenden. Wenn dieser Tag kommt, werde ich ihr [Emma] vielleicht eine Rente von einhundert Pfund jährlich anbieten müssen. Dazu müsste ich sie in eine Lage bringen, die es ihr unmöglich machen würde, sie auszuschlagen*, denn ich weiß, dass sie lieber allein im Elend leben würde als mir zur Last zu fallen. *Wenn ich wie gehabt weitermachen könnte, wäre ich nie auf solche Gedanken verfallen. Doch ich bin unter allen Umständen gezwungen, mir wieder Bewegungsfreiheit zu verschaffen, um zu Rande zu kommen. Anschließend könnte ich für ihren [Emmas] Lebensunterhalt aufkommen. Sie ist zu jung und zu schön, um ihr Leben in einem Kloster oder auf dem Land zu beschließen*. Ich frage mich, an welchem Ort sie wohl glücklich sein könnte. *Ich weiß, dass Sie wegen des Interesses, das Sie ihr entgegenbrachten, einen Moment lang dachten, ich sei eifersüchtig. Das stimmt nicht.* Sie Ihnen zugänglich zu machen, scheint mir sogar eine Notwendigkeit zu sein.»

Er wagt sich sogar noch weiter vor: «Emma ist bei voller Gesundheit, und ich muss hinzufügen, dass sie die einzige Frau ist, mit der ich geschlafen habe, ohne dass einer meiner Sinne beleidigt wurde. Es gibt keine zärtlichere und gepflegtere Bettgefährtin.»

Deutlicher kann man kaum werden. Dieses Geständnis, das besonders übertrieben ist, hat der Historiker Georges Blond nicht ohne Humor kommentiert: «Welche Kupplerin hat je besser gesprochen?» Das hieße aber doch vergessen, in welchem Gemütszustand Greville sich befindet. Er will *um jeden Preis* erreichen, dass Lord Hamilton Emma in seinem Haus aufnimmt. Dazu ist ihm keine Strategie zu schade. Aber er denkt dabei immer an das Wohlergehen seiner Mätresse. Er will sich von ihr trennen, *doch er wünscht eine Absicherung für sie*. Eines geht aus seinem Vorstoß jedenfalls deutlich hervor: Er ist nicht mehr verliebt.

Im April 1785, das heißt fast ein Jahr später, fasst sich Greville, der noch immer ohne zufrieden stellende Antwort ist, ein Herz und unterbreitet seinem Onkel in aller Verschwiegenheit eine neue Lösung: Heirat. «Ich habe nur die Wahl, mich zu verheiraten oder arm zu bleiben.» Letzteres möchte er sich zu diesem Zeitpunkt umso weniger wünschen, als ihm die Verbindung mit einer der Töchter von Lord Middleton möglich erscheint, der am Portman Square sein Nachbar war. Er geht sogleich ins Detail:

Die älteste hat sich letztes Jahr verheiratet, die zweite, Henrietta, wurde erst in diesem Winter am Hof eingeführt. Sie kennen mich gut genug, um zu wissen, dass ich zwei Dinge vereint vorfinden muss, um eine Heirat zu erwägen: körperliche Reize und moralische Qualitäten (sic). Nun, die jüngere ist in beiderlei Hinsicht mehr, als der jüngste Spross einer Familie, wie ich es bin, fordern darf. Ich habe herausgefunden, dass sich ihre Mitgift auf 30 000 Pfund Sterling beläuft; nun heißt es jedoch, die ältere habe nur 20 000 Pfund bekommen. Jede sehr verliebte Person könnte dieses Vermögen gegenwärtig zufrieden stellen; andererseits aber wäre es kaum angebracht, eine Ehepartie vorzuschlagen, die lediglich 500 Pfund Sterling an Renten und einige Schulden einbrächte. Infolgedessen habe ich immer davon abgesehen, Aufwartungen zu machen, und ich halte das Vorhaben für nicht realisierbar. Dennoch bleibe ich davon überzeugt, dass meiner Wer-

bung nichts mehr entgegenstünde, wenn ich eine Lösung fände und mit ein paar rosigen Zukunftsaussichten glänzen könnte.

Zwischen den Zeilen liest man ein unausgesprochenes, aber nichts desto weniger klar umrissenes Anliegen. Greville würde es begrüßen, wenn sein Onkel bei Lord Middleton vermittelte und ihm versicherte, dass er seinen Neffen als Universalerben einsetzen wird. Daher der Satz: *wenn ich eine Lösung fände und mit ein paar rosigen Zukunftsaussichten glänzen könnte*. Mit dieser Unterstützung im Rücken würde ein Heiratsantrag seiner Überzeugung nach mehr Chancen haben. Auch dieser Bitte kommt Lord Hamilton nach. Im Gegenzug dazu scheint er ganz und gar nicht gewillt, auf das Angebot seines Neffen bezüglich Emmas Zukunft einzugehen. Seine langjährige Erfahrung in diplomatischen Verhandlungen haben aus ihm einen Mann gemacht, der nichts überstürzt und nicht ohne reifliche Überlegung handelt. Es ist auch denkbar, dass seine Lebenserfahrung ihm sagte, dass Emma weitaus stärker und weniger naiv ist als die Person, die ihm beschrieben wird. Zudem scheint die Annahme berechtigt, dass der Botschafter das Paar wirklich ins Herz geschlossen hat. Aus seiner Sicht wäre es das Beste gewesen, wenn Greville seine Mätresse behalten und seine Heiratspläne mit Henrietta Middleton begraben hätte. Das bringt er in einer seiner Antworten auch deutlich zum Ausdruck. Warum zeigt er sich zögernd hinsichtlich der Heiratsabsichten seines Neffen? War er nicht selbst eine Vernunftehe eingegangen? Diese Form der Problemlösung kann ihm nicht unannehmbar vorgekommen sein. Zehn Jahre zuvor, im Dezember 1774, hatte er aus Neapel seinem Neffen noch geschrieben: «Schade, dass Sie im Augenblick nicht hier sind. Sie hätten die Bekanntschaft einer vorzüglichen jungen Person gemacht. Miss Saint George. Ihr Vater ist erst kürzlich verstorben und hat ihr eine jährliche Rente von 6000 Pfund hinterlassen. Sie tanzt wunderbar, *le nez un peu retroussé*[5]. Schade.» Doch als es um die Tochter von Lord Middleton geht, ist der Diplomat anderer Ansicht. Warum? Wegen Emma. Die junge Frau hat sein Mitgefühl, er hat Achtung vor ihr. Er weiß auch, wie sehr sie in Greville verliebt ist und wie sehr ein Bruch sie verletzen würde. Kurz und gut: Er versucht sie zu schützen.

Greville lässt nicht locker. In einem Brief vom Mai 1785 denkt er weiter laut nach in Worten, die an Rüpelei grenzen:

Auch in Ihrem Alter ist es doch nicht unerwünscht, eine gefällige und rechtschaffene Frau um sich zu haben. Ich an Ihrer Stelle würde sie mir lieber anbieten lassen, als sie mir selbst besorgen zu müssen, *es sei denn, versteht sich, diese Frau gäbe eine erträgliche Partie ab. In diesem Sinne hat Ihr Bruder mir gegenüber angedeutet, dass es für Sie das Vernünftigste wäre, Sie kauften sich eine «schlüsselfertige» Liebe. Er meint auch, es wäre an der Zeit,* dass Sie Ihren Erben benennen, in diesem Fall also mich. *Ich schreibe Ihnen das alles ohne Umschweife und frei heraus, ohne jeden Hintergedanken. Ich wünsche nichts anderes, als dass Sie glücklich sind und so lange wie möglich leben.*

Im nächsten Brief breitet er seinen Plan aus:

Sie könnten folgendermaßen vorgehen: Sie laden sie [Emma] ein und erklären ihr, dass ich England nicht verlassen könne und kein Geld mehr hätte, um unsere Verbindung fortzusetzen. Stellen Sie die Sache so hin, als handelte es sich um eine Liebenswürdigkeit mir gegenüber, wenn sie Ihrer Einladung folgen würde. Die Abreise wird ihr weniger Kummer bereiten, da sie wie geplant für sechs Wochen ans Meer fährt. Sie könnten der Antwort auf diesen Brief eine Nachricht für sie beilegen, ich würde dann versuchen, ihr diese zukommen zu lassen. Sie würde entweder mit der Kutsche oder auf dem Seeweg zu Ihnen nach Neapel kommen. Ich muss Ihnen sagen, dass der Zeitpunkt ideal wäre. Nach über einem Monat der Trennung von mir wird sie den Vorschlag gelassener aufnehmen. Wenn es einen Menschen auf der Welt gibt, für den sie nahezu die gleiche Hochachtung hat wie für mich, dann sind das Sie. Und ich würde nicht das Risiko eingehen, sie zu Ihnen zu schicken, wenn ich nicht wüsste, dass die Gefühle, die Sie für sie empfinden, frei von sexuellen Hintergedanken [sic] *sind.*

Das heißt, die Einladung von Lord Hamilton soll unverfänglich aussehen. Emma soll davon überzeugt werden, dass es sich um eine zeitlich begrenzte Trennung handelt (höchstens sechs Monate), dass sie und ihre Mutter sich durch die Einladung in die Botschaft von Neapel geehrt fühlen dürfen. Greville legt großen Wert auf diese Vorgehensweise, da er sich vollkommen darüber im Klaren ist, wie sehr Emma ihn liebt. Mit anderen Worten, welcher Vorwand lässt sich finden, um sich von einer Frau zu trennen, die einen jeden Tag ein wenig mehr zu lieben scheint? «Ich bin ganz sicher, dass sie an mir hängt, sonst hätte sie nicht die überaus verlockenden Angebote ausgeschlagen, die ihr, wie mir bekannt ist, gemacht worden sind.»

Am 1. Juni 1785 legt Lord Hamilton seine Karten offen auf den Tisch. Wenn man verstehen will, wie in dieser Affäre alles ineinander greift, ist sein Brief von größtem Interesse:

Lieber Charles,
sollte ich sterben, sind Sie nach dem Testament, das ich in London aufgesetzt und bei meinem Notar Lincoln hinterlegt habe – ich selbst besitze eine Kopie davon –, mein alleiniger Erbe. Ich möchte klarstellen, dass dieses Dokument gleich nach dem Tod meiner Ehefrau *verfasst wurde. Daraus können Sie ersehen, das ich Sie von allen Menschen auf der Welt am meisten wertschätze. Ich habe Sie nicht früher darüber in Kenntnis gesetzt, weil ich die Wechselfälle des Lebens kenne. Sie sind so vielfältig, dass niemand mit Sicherheit sagen kann, was noch auf ihn zukommt. Hätte ich mich zum Beispiel zwischenzeitlich verheiratet, wäre es für Sie eine grausame Enttäuschung gewesen, wenn Sie von dem Testament gewusst hätten. Was Emma anbelangt, so bin ich bereit, Ihrer Bitte nachzukommen und sie bei mir aufzunehmen, denn sie ist ein Mensch, den ich sehr gerne habe und von dem ich sehr viel halte. Dennoch, mein lieber Charles,* es ist ein grundlegender Unterschied, ob sie unter einem Dach mit mir wohnt oder ob sie mir Gefühle entgegenbringt, die an Ihre Person gebunden sind. Ich sehe so viele Schwierigkeiten, die aus dieser Situation erwachsen könnten, dass ich Ihnen ernstlich rate, die Sache nicht bis zur Trennung voranzutreiben. *Zudem herrscht in Neapel, obgleich es eine große Stadt ist, ein sehr provinzieller Geist, fast wie auf dem Lande. Nichts von dem, was man tut oder sagt, bleibt lange geheim. Und es wäre ein feiner Spaß für junge Engländer auf der Durchreise, wenn sie dem alten Gesandten, der ich bin, die Hörner aufsetzen könnten. Ob es ihnen gelänge oder nicht, es brächte mich in eine unangenehme Lage. Ich achte Emmas Ansehen so sehr, das ich bereit wäre,* ihr eine jährliche Rente von 50 Pfund zu geben, wenn sie sich bereit erklärte, sich aufs Land zurückzuziehen, bis Sie wieder imstande sind, mich abzulösen. *Während meines Aufenthalts in London war ich sehr beeindruckt von ihrer Schönheit und ihrem Charme, doch es wäre mir nie in den Sinn gekommen, ihr mehr als einen unschuldigen Kuss zu rauben, da ich mir vollkommen im Klaren darüber bin, dass sie zu meinem Freund gehört.* Es wäre mir wirklich lieber, sie kämen beide zu mir nach Neapel, als dass ich Emma ganz allein für mich hätte. Ich weiß, wie empfänglich ich bin und wie wenig gewappnet, um eine solche Schönheit zu erobern.

In diesem Brief zeigt sich unter anderem die große Menschlichkeit von Lord Hamilton. Seltsamerweise zieht Greville keine der dargelegten Vorsichtsmaßnahmen in Betracht. Er antwortet: «Sie müssen Emma keineswegs am Sitz der Botschaft beherbergen, sondern könnten sie ohne Bedenken in einer kleinen Villa in der Nähe von Neapel unterbringen. Ich garantiere Ihnen, sie wird sich weder zu den Mahlzeiten aufdrängen noch überraschend zu Besuch erscheinen. Was die jungen Engländer angeht, so haben Sie nichts zu befürchten. Sie wird Ihre Anweisungen in jedem Punkt befolgen und sich ganz der Musik, der Malerei oder sonst einem Zeitvertreib widmen, der sie beschäftigt.»

Paradoxerweise erweisen sich die Anschuldigungen, die gegen ihn erhoben werden, gerade an dieser Beharrlichkeit als falsch. Werfen wir einen Blick auf die Situation. Greville hat endlich Gewissheit darüber, dass sein Onkel ihn zum Universalerben einsetzt, wie er es sich schon immer so sehr gewünscht hat. Außerdem konnte er dank Hamiltons Unterstützung die Anleihe bei Humberston bereits zurückzahlen. Die weit verbreitete Auffassung, Greville habe Emma für diese beiden Gegenleistungen «verkauft» und Sir William habe gar nicht schnell genug zuschlagen können, erweist sich als abwegig. Greville hat, was er wollte: Er ist Universalerbe, und seine Schuld ist beglichen. *Doch Lord Hamilton hat noch immer nichts dafür erhalten*. In ihrem gesamten Briefwechsel zeigt sich, dass er zu keinem Augenblick eine «Gegenleistung» bekommen hat. Was kann man daraus anderes schließen, als dass Greville, überzeugt davon, dass Emma ihre Trennung nur bei seinem Onkel verkraften könnte, *aufrichtig nach einer Bleibe für sie suchte*? Schließlich hätte ihn nichts daran hindern können, sie irgendeinem anderen zu überlassen, nachdem ihm klar geworden war, dass Sir William sie nicht aufnehmen wollte und dass er sich um seine finanzielle Zukunft keine so großen Sorgen mehr zu machen brauchte. Wenn er sie wirklich nur hätte «loswerden» wollen, warum reichte er sie dann nicht an den berühmten Willoughby weiter, der nur auf ein Zeichen wartete? An Anwärtern fehlte es nicht.

Ahnungslos über das, was sich zusammenbraut, reist Emma in Begleitung von Mrs. Cadogan in ein Kurbad. Sie verlässt Edgware Row nicht gerne, doch sie folgt damit den Anweisungen Grevilles, der in Begleitung seines Bruders Robert Fulke eine Ferienreise in die Gegend zwischen Wales und Cornwall unternimmt. Diese erneute, von langer Hand vorbereitete Trennung sollte seinen Plan besiegeln. Fehlt nur noch die Einladung. Ob Lord Hamilton seine Abwesenheit nutzt und Emma den Brief schreibt, den er ihm vorgeschlagen hat?

Irrtum. Lord Hamilton schickt keine Einladung an Emma. Dagegen sieht es ganz so aus, als hätte er bei Lord Middelton angeklopft und ihn gebeten, er möge sich den Absichten seines Neffen hinsichtlich seiner jüngsten Tochter Henrietta gewogen zeigen, wobei er ihm versichert, er habe Greville als Universalerben eingesetzt. Der Vorstoß wird mit strikter Ablehnung beantwortet.

Als Greville von der Abweisung erfährt, ist er enttäuscht und niedergeschlagen. Er teilt seinem Onkel mit, er erwäge ernsthaft, sich nach Edinburgh zurückzuziehen, um sich zusammen mit einem gewissen Doktor Black ganz der Chemie zu widmen. Er werde ein karges Eremitendasein führen, bekräftigt er. Über seine Mätresse verliert er kein Wort mehr.

Befürchtet er, sein Neffe könnte sein Vorhaben in die Tat umsetzen? Ängstigt er sich tatsächlich um Emma? Ist er der Sache überdrüssig, oder verspürt er plötzlich Lust, der Versuchung nachzugeben? Oder hat er den Entschluss gefasst, mit der Devise auf der Medaille des Bath-Ordens Ernst zu machen: *Tria juncta in uno*? Zweifellos greift all das ineinander. Jedenfalls gibt sich Sir William plötzlich einen Ruck und lässt Greville wissen, er sei schließlich und endlich bereit, Emma bei sich aufzunehmen. Warum sollte er auch so halsstarrig sein und einen so hübschen Gegenstand ablehnen, wenn sein Neffe ihn unbedingt loswerden will? Im Unterschied zu Plinius ist er kein Römer, sondern Engländer, und sein Stoizismus hat Grenzen! Endlich. Greville atmet auf. Sein Traum scheint Wirklichkeit zu werden. Doch leider zwingt ein unvorhergesehenes Ereignis die beiden Männer, ihr Vorhaben aufzuschieben. Kaum ist Emma von ihrer Badekur zurückgekehrt, erleidet ihre Mutter eine Embolie. Mrs. Cadogan stirbt nicht, sie ist jedoch mehrere Wochen lang gelähmt. In panischen Schrecken versetzt, informiert die junge Frau ihren Geliebten, der noch immer in Cornwall umherspaziert. Nach seiner Rückkehr greift Greville zur Feder, um seinen Onkel über die neuen Umstände zu unterrichten:

11. November 1785

Bei meiner Rückkehr nach London fand ich Ihren Brief vor, auf den ich gewartet habe. Die Krankheit ihrer Mutter hat Emma sehr geängstigt und mitgenommen. (...) Sie können sich sicher denken, dass ich ihren Zustand nicht noch dadurch verschlimmern wollte, dass ich mit ihr über unsere Angelegenheit gesprochen hätte. Vor nächstem Frühjahr kann auf keinen Fall irgend etwas unternommen werden. (...) Ich konnte nur zehn Tage in Edgware Row bleiben, da ich eine Verabredung mit dem Bürgermeister von Warwick hatte und zurück musste. Ich habe diesen kurzen Aufenthalt aber nutzen können, um ein Abendessen mit Gavin Hamilton[6] und Emma zu arrangieren. Im Vertrauen sagte er mir, er habe in ganz England noch nie eine so schöne Frau gesehen. Sie erinnerte ihn an eine Person, die er in Rom gekannt hatte und die er sehr bewunderte. Er sagte, er habe keinen Augenblick mehr Ruhe, bis er die Zusage erhalte, dass sie für ihn Modell steht.

Und als fürchtete er, diese Geschichte könnte Lord Hamilton abschrecken, rühmt er von Neuem die Vorzüge seiner Mätresse:

Sie macht große Fortschritte, die Aufrichtigkeit im Urteil und ihre Bereitwilligkeit sind viel deutlicher als zu der Zeit, da Sie uns verlassen haben, und sie ist so viel schöner geworden, dass mich, wie ich gestehen muss, der Gedanke an die Trennung noch mehr schmerzt. Trotzdem bleibt mir bis auf weiteres immer nur die Wahl, entweder zu heiraten oder weiter im Elend zu leben. Ich werde also an meinem Entschluss festhalten und die Gelegenheit nicht verstreichen lassen, wenn sie sich ergibt. Doch Sie sollten nicht denken, dass ich nur mein eigenes Interesse im Auge habe, wenn ich Emma nach Neapel schicke.

Bis Anfang Dezember bleibt alles beim Alten. Dann überstürzen sich die Ereignisse. Lord Hamilton teilt seinem Neffen mit, seine finanzielle Lage könne aufgrund einer wichtigen Ausgabe beeinträchtigt werden. Er hat soeben beschlossen, seine Wohnungen neu auszustatten (es ist bereits das zweite Mal innerhalb von sechs Monaten). Die Kosten für die Umgestaltung beliefen sich auf beinahe 4000 Pfund. Dachte Greville, der Diplomat wolle dies zum Vorwand nehmen, um Emma nicht mehr aufzunehmen? Er gerät in Panik. Da sein Onkel sich der jungen Frau gegenüber immer noch nicht geäußert hat, nimmt Greville die Sache selbst in die Hand.

Er ruft Emma zu sich und kündigt ihr unumwunden an, seine Geschäfte nötigten ihn, für mehrere Monate nach Schottland zu gehen. Er habe keine andere Wahl, und es sei für beide das Beste. Emma bringt kein Wort heraus. Sie bricht in Tränen aus, erwidert, dass diese Abreise sehr nach einer endgültigen Trennung aussehe, dass sie seine neuerliche Abwesenheit nicht ertrage. So lange einsam in Edgware Row zu leben, übersteige ihre Kräfte.

Daraufhin schlägt er ihr vor, nach Neapel zu reisen.

«Nach Neapel?»

Ja, nach Neapel, wo Lord Hamilton ihr mit großer Freude seine Gastfreundschaft anbietet. Was spricht dagegen, seine «Einladung» anzunehmen? Der Ortswechsel verschaffe ihr die Möglichkeit, die leeren Tage ohne ihn besser zu überstehen. Mehr noch, sie könnte ihren Aufenthalt dazu nutzen, ihre musikalischen Kenntnisse bei großen italienischen Musikern zu vervollkommnen.

Emma lehnt ab. Doch Greville leistet echte Überzeugungsarbeit. Schließlich willigt sie ein. Sie willigt ein, allerdings nur unter der ausdrücklichen Bedingung, dass er spätestens nach sechs Monaten kommt, um sie zurückzuholen. Greville gibt ihr das Versprechen.

Am 3. Dezember benachrichtigt er seinen Onkel, dass alles geregelt sei: «Da Sie mir Ihre Gefühle hinsichtlich Emma eröffnet haben und die meinen für sie kennen, brauche ich Ihnen den Grund für den beigefügten Brief [von Emma] nicht ausführlich darzulegen. Ich habe ihr eröffnet, in welcher Notlage ich mich befinde, dass ich unbedingt meine Ausgaben verringern muss, um die Zinsen für meine Schulden aufzubringen, ohne mich von meiner Mineraliensammlung zu trennen. Ich habe ihr mitgeteilt, dass ich mich aus diesen Gründen mehrere Monate lang nach Schottland begeben müsse.»

Daraufhin wendet sich Emma, ohne Begeisterung und nach dem Diktat ihres Geliebten, an den Botschafter: «Greville, für den ich, wie Sie wissen, die zärtlichsten Gefühle hege, muss für vier bis fünf Monate aufs Land fahren, wohin ich ihn schicklicherweise nicht begleiten kann, und ich liebe ihn zu sehr, um ihn von der Durchführung seiner Vorhaben abzuhalten.» Nachdem Sir William so gütig gewesen sei, ihr Mut zu machen, fährt sie sinngemäß fort, möchte sie ihm eröffnen, was ihr vorschwebe. Sie würde sich freuen, wenn sie sich «einige Monate lang in Italien vervollkommnen» könnte; außerdem erscheine ihr die Trennung weniger hart, seit Greville ihr versprochen habe, sie zurückzuholen, sobald seine Geschäfte geregelt seien. Er werde dann vielleicht sogar einige Zeit in Neapel bleiben, wo Sir William, wie sie wisse, sich glücklich schätzen werde, ihn zu sehen. Als Reisedatum habe Greville ihr den 1. März des kommenden Jahres vorgeschlagen, an welchem auch er nach Schottland aufbreche. Sie könnte dann die Reise am selben Tag wie er antreten. Es würde ihr sehr schmeicheln, wenn Lord Hamilton die Güte hätte, ihr eine Wohnung zuzuweisen, und Greville erlaubte, in denselben Räumen zu wohnen, wenn er komme.

Sie wissen, das muss sein; da Sie ein namhaftes Haus haben und schon wegen der Art Ihrer Aufgaben Geschäfte tätigen und viele Besucher empfangen, müsste ich mich immer in mein eigenes Zimmer zurückziehen, wenn Ihre Tätigkeiten Sie anderswo festhielten. Ich hoffe, dass Sie mir zu anderer Gelegenheit die Freude Ihrer Gesellschaft und Ihrer Unterhaltung machen können, woran mir immer mehr gelegen ist als an allem, was ich sonst in Italien antreffen könnte. Im Übrigen hoffe ich, dass Ihre baldige Antwort von derselben Freimütigkeit und Aufrichtigkeit geleitet wird, mit der ich mich an Sie wende ... Ich werde mit allen Vorkehrungen, die Sie treffen, vollkommen zufrieden sein und vertraue auf die Güte und zarte Rücksichtnahme, mit der Sie mir begegnet sind.

Am 20. Januar 1786 bestätigt Charles Greville Sir William, dass Emma sich ernsthaft auf die Reise vorbereitet. Hat die junge Frau Verdacht geschöpft? Hat vielleicht Mrs. Cadogan als unbeteiligte, aber nichtsdestotrotz erfahrene Beobachterin ihr die Augen geöffnet? Angesichts der Kommentare von Greville könnte man es meinen: «Sie [Emma] hat mir immer zu verstehen gegeben, sie werde sich, im Falle einer länger andauernden Trennung, durch die fortschreitende Entwöhnung früher oder später von mir lösen. Sie hat mir einige Andeutungen gemacht, dass wir uns vielleicht nie wiedersehen.»

Wie dem auch sei, Anfang März schickt der Ritter Hamilton fünfzig Pfund für die Reisekosten, dann werden die Einzelheiten der Reise ausgearbeitet. Interessanterweise übernimmt Gavin Hamilton es, Emma und ihre Mutter bis Rom zu begleiten, wo er seinen festen Wohnsitz hat. Angesichts dieser Tatsache ist es nur ein kleiner Schritt zu dem Schluss, Greville habe das Abendessen, zu dem er den Maler einige Monate zuvor eingeladen hatte, nur zu diesem Zweck arrangiert. Ab Genf sollten sich ein Schweizer Fuhrmann namens Dejean und Sir Williams Lakai Vincenzo Sabatino der beiden Frauen annehmen.

Am 11. März schreibt Greville an seinen Onkel:

Lieber Hamilton,
Sie werden bald den Koffer erhalten, der auf dem Seeweg unterwegs ist. Emma wird die Reise am Donnerstag antreten. Seien Sie hiermit versichert, dass allein die Gewährleistung, dass Mr. Gavin Hamilton mit Emma zusammen reist, mich veranlasste, dieser Verzögerung von ein paar Tagen zuzustimmen. Der Brief, den Sie mir geschrieben haben, wurde so aufgenommen, wie man es von einer von Dankbarkeit durchdrungenen Seele erwarten kann. Emma war tief bewegt von der Güte, die Sie ihr und mir erweisen. Ich zahle Mr. Gavin 30 Guineen für die Reise bis Genf, die verbleibenden 50 Pfund Sterling wird sie im Handgepäck haben. Durch den Verkauf einiger Gemälde und einer meiner Statuen konnte ich etliche Schulden von Emma und mir begleichen, die mit unserer früheren Verbindung zusammenhingen. Mein Kopf und mein Herz lagen heftig mit meiner Vernunft im Streit. Aber die Erfordernisse haben mir die Augen geöffnet, und diese Notwendigkeiten werden nun dank Ihrer Güte, Ihrer Freundschaft und Ihrer Zuneigung weniger bedrückend für sie sein. Letzten Endes hätte ich nie den Mut zu einer endgültigen Trennung gefasst, wenn ich nicht sicher gewesen wäre, dass sie Zuflucht findet. Wenn Sie sie mit Güte behandeln, können Sie von ihr erlangen, was Sie möchten, denn sie hat ein großmütiges Herz; wenn Sie sie aber verletzen oder verstimmen, erreichen Sie nichts. Sie ist ein waschechtes *Weib, ich will sagen, sie gehört zu jenen, die ihre Interessen und sich selbst vergessen, wenn die Zuneigung Hand in Hand geht mit dem gesunden Menschenverstand, und der gesunde Menschenverstand durch Zeichen der Freundschaft unterstützt wird. Sie werden in der schönsten Frau von London den besten Trost haben – Dichter und Maler würden sogar noch weiter gehen …*

Letzten Endes treten Emma und ihre Mutter am 13. und nicht am 1. März die Reise nach Italien an … Die junge Frau leidet. Die Abreise zerreißt ihr das Herz. Hat sie durchschaut, wie damals ihr Schicksal zum Spielball anderer wurde?

In ihrem unermesslichen Schmerz ahnt sie nicht, dass an den Ufern des Mittelmeers Ruhm und Reichtum auf sie warten …

5 *Die Aussicht, einen solch entzückenden Gegenstand unter meinem Dach zu haben, erfüllt mich schon im Voraus mit Freude, indessen weckt sie in mir auch einige Befürchtungen darüber, wie mit diesem Besuch umzugehen ist. Ich werde alles tun, was in meiner Macht steht, um es ihr [Emma] bei mir so bequem und annehmlich wie möglich zu machen, allein, nachdem ich gesehen habe, wie sie bei Ihrer Trennung [damals in Parkgate] reagiert hat, werde ich wohl zahllose Tränen dieser reizenden Augen trocknen müssen.*

Als der Botschafter diese Worte an Greville richtet, ist Emma schon auf dem Weg zu ihm. Seine Vorahnungen sollten sich bewahrheiten.

Am 27. März kommt die junge Frau in Genf an, wo Vincenzo Sabatino, der Lakai Lord Hamiltons, und der Schweizer Kutscher Dejean sie erwarten.

Die Himmel ist wolkenlos. Der See liegt ruhig da. Gavin nutzt die Rast, um einige Skizzen von der jungen Frau zu machen, die sie auf einem Sofa liegend zeigen. Einige Jahre später (1798) wird er sie Lord Hamilton zukommen lassen.

Am nächsten Morgen setzt man die Reise fort. Es geht durch die Alpen Richtung Italien. Sie nehmen die Strecke über den Mont-Cenis nach Turin, dann reisen sie durch das Großherzogtum Toskana und den Kirchenstaat nach Rom. Dort hat der Maler seine Wahlheimat erreicht und verlässt die Reisegruppe.

Emma sieht nichts von all den Schönheiten, die sie umgeben. Sie blickt kaum auf, als sie das Colosseum oder die Via Appia passieren. Sie hört den Singsang der Stimmen nicht, der bis an ihre Kutsche dringt. Emma denkt an Greville. Sein Gesicht verdüstert alle anderen, seine Stimme übertönt jede Melodie.

Am 26. April schließlich fährt die Reisekutsche durch die Porta Capuana am Castel Nuovo. Zufällig ist es auch Emmas Geburtstag. Sie ist genau einundzwanzig Jahre alt.

Trotz der Hitze und des Dunstes kann man deutlich die Umrisse des Mittelmeers erkennen. Auf der Via dei Tribunali fahren sie stadteinwärts bis zum Largo di Castello, dann weiter die Strada di Chiania hinauf. Unmittelbar nach einer sanften Kurve mündet eine enge Gasse ein, der Vico di Capella Vecchia. Einige Meter weiter, auf der Höhe von Hausnummer 30, hebt sich die Residenz des Botschafters ab: der Palazzo Sessa. Weißes Mauerwerk. Über dem Ehrenhof erheben sich drei Stockwerke. Ein verziertes Wappenschild krönt das Portal. Von Beginn des sechzehnten Jahrhunderts an und fast bis zur Ankunft von Sir William beherbergte das Gebäude nacheinander verschiedene Ordensgemeinschaften. Einige ihrer Gäste wurden berühmt. Zu ihnen zählen unter anderem Papst Marcellus II. (er sollte nur einundzwanzig Tage regieren) und Kardinal Francesco Buoncampagni, der Erzbischof von Neapel. Um 1763 wurde die Abtei durch ein Dekret von Bernardo Tanucci, damals Premierminister des Königreichs, aufgelöst. Der Beschluss dazu wurde im Rahmen des Kampfs gegen die Privilegien der Kirche und des Adels gefasst. Einen Teil des Anwesens wandelte man in eine Schule um, den anderen erwarb der Marchese di Sessa. Von ihm mietete der Botschafter bei seiner Ankunft in Neapel den gesamten Südflügel des Palasts für eine jährliche Summe von 804 Dukaten (das entsprach damals ungefähr 150 Pfund Sterling).

Die Räumlichkeiten des englischen Gesandten liegen im ersten Stock. Man erreicht sie über eine große Steintreppe, die dem Ehrenhof gegenüberliegt. Durch einen engen Flur gelangt man in eine Reihe von Zimmern, deren Fenster zur Bucht hinausgehen. Die Innenausstattung ist ebenso prächtig wie vielfältig: von Efeu bedeckte Pilaster, bemalte Decken, Skulpturen aller Art, aus England importierte Möbel und zahllose Kunstgegenstände, die der Diplomat und Sammler im Laufe der Jahre zusammengetragen hat und die überall herumstehen. In seinem Privatzimmer thronen Vulkanite, die er von den Hängen des Vesuvs mitgebracht hat, neben einer Sammlung von Münzen des Vatikans; dort steht auch ein Teleskop, das auf den Vulkan gerichtet ist, und an der hinteren Wand hängt eine Karte des Königreichs Beider Sizilien. Rechts ist die Wand mit Inschriften verziert, dort kann man unter anderem lesen: *La mia patria è dove mi trovo bene*. «Meine Heimat ist dort, wo ich mich wohl fühle» – ein Aphorismus, der dazu angetan ist, die meisten englischen Besucher zu erschrecken. Hier nimmt Sir William das Frühstück ein und verbringt einen Großteil seiner Zeit.

Lord Hamilton wartet am Fuß der Treppe. Man hat ihm die Ankunft der Kutsche gemeldet. Er geht Emma entgegen, verbirgt seine innere Unruhe hinter der Gewandtheit des eleganten Herrn, der sich an die Gepflogenheiten hält. Er hilft der jungen Frau beim Aussteigen, bevor er sich mit einer kürzeren, verhaltenen Geste über ihre Hand beugt. Man tauscht Höflichkeiten aus, dann führt der Botschafter seine Gäste in den Palast. Mrs. Cadogan glänzen die Augen angesichts des herrschaftlichen Anwesens. Sie hat das Gefühl, in ein Museum zu kommen. Emma drückt ihre Bewunderung nur widerstrebend aus. Im ersten Stock schlägt der Diplomat vor, man möge kurz auf die Terrasse treten, um die Aussicht zu bewundern.

Im Vordergrund sieht man, eng aneinander gepresst, farbenprächtige Häuser, die ein malerisches Durcheinander bilden, ärmliche Häuser, deren leuchtende Farben unter der strahlenden Sonne schimmern. Daneben blanker Fels, von Feigenbäumen, Aloe und blauen Clematis überwuchert. Zur Rechten erhebt sich der anmutige Hügel des Posillipo, übersät mit Villen, deren Gärten bis zum Ufer reichen. Links auf einer schmalen Halbinsel ragt der Festungsturm des Castell dell'Ovo empor, und dahinter ahnt man den Hafen, das ganze Gewimmel einer lauten Bevölkerung, das Arsenal, die Mole, und ganz hinten blickt man schließlich auf die Konturen der Berge von Sorrent und auf die matte Silhouette von Capri, die den Horizont dieses, wie Goethe sagte, «unwandelbar blauen Meeres» abschließen. Eine Traumlandschaft, in der zu leben eine einzige Wonne zu sein scheint. Eine neapolitanische Legende besagt, dass Gott die Bucht von Neapel betrachtet, um neue Kraft zu schöpfen, wenn er es müde ist, das Auf und Ab seiner Welt zu sehen.

Emma mag verstört sein von so viel Schönheit, doch die Traurigkeit, die seit ihrer Abreise auf ihr lastet, hindert sie, die Aussicht ganz zu genießen. Lord Hamilton will nichts erzwingen. Er sieht, was los ist. Er versteht es. Er weiß, welche Gedanken seinem Gast im Kopf herumschwirren. Aus Lebenserfahrung weiß er, dass man den Dingen Zeit lassen muss, damit sie zur Vollendung gelangen. Man wird nicht geheilt vom Liebesschmerz, man gewöhnt sich nur an die Trennung, das ist alles.

«Kommen Sie, ich zeige Ihnen Ihre Zimmer.»

Er hat nicht vor, Emma außerhalb der Residenz unterzubringen. Emma ist einverstanden. Es tut ihr leid, dass sie ihm solche Sorgen macht.

«Sorgen?»

Sir Williams verzieht das Gesicht zu einem amüsierten Lächeln:

«Gäbe es nur diese Art von Sorgen auf der Welt, würde ich sie noch mehr lieben.»

Schnell fügt er hinzu:

«Sie haben heute Geburtstag. Beim Abendessen sollten wir mit einem Champagner darauf anstoßen.»

Er meint, einen Schimmer in den violetten Augen seines Gasts aufleuchten zu sehen. Champagner? Emma würde ihre Seele dafür hergeben, wenn sie den ganzen Tag nur Champagner trinken könnte. Champagner hatte sie zum letzten Mal in Up Park getrunken, zu Zeiten Sir Harrys. Es schmeckte wunderbar. Sie wird immer eine Schwäche für Champagner haben.

Sie treten in das Appartement, das die junge Frau bewohnen soll. Es hat vier Zimmer. Ein langer, schmaler Flur trennt es von Lord Hamiltons Wohnung. Eine Besucherin, Miss Cornelia Knight, hat es einmal das große «Boudoir» genannt. Das Schlafzimmer – ursprünglich geplant als Observatorium des Diplomaten – ist kreisrund. Der Balkon, der es größtenteils umgibt, bietet eine atemberaubende Aussicht. Rechts der Posillipo und der königliche Palast, links ein altes Kloster, das ehemals den Jesuiten gehörte, das Castel dell'Ovo und die Mole, die von der Festung Castel Sant'Elmo überragt wird.

Das kleine Mädchen, das einst Kohlen verkaufte, betrachtet die Landschaft. Ach, wenn nur Greville da wäre und diesen zauberhaften Anblick mit ihr teilen könnte! Lord Hamilton zieht sich diskret zurück.

Es ist dunkel geworden.

Lichter funkeln auf dem Meer. Im Speisezimmer hat man die Leuchter angezündet. Unter dem strengen Auge des Butlers Russo scharen sich die Diener um den großen Tisch. Darunter auch der treue Gasparo. Doch Lord Hamilton besteht darauf, seinem Gast selbst ein neues Glas Champagner einzuschenken. Zufälligerweise streift seine Hand die von Emma. Fast wäre er erschauert. Diese Hand mit den wie Perlmutt schimmernden Fingernägeln ist kühl wie Quellwasser, weich und samtig. Er räuspert sich und murmelt:

«Warten Sie nur, Emma, es wird Ihnen hier gefallen, da bin ich mir sicher.»

Sie antwortet ohne große Überzeugung:

«Ja, gewiss. Ich möchte Ihnen noch einmal für Ihre Güte danken.»

Dann fügt sie noch schnell hinzu:

«Greville ... Hat Greville nicht geschrieben?»

Hamilton schüttelt den Kopf. Und als wollte er das Schicksal beschwören, gibt er einige pikante Anekdoten aus seiner langen Laufbahn als Diplomat zum Besten. Jetzt kommt er in Schwung, erzählt vom Leben in Neapel und von dem Herrscherpaar, das über das Königreich regiert.

«Der König wird Ihnen ganz bestimmt einmal begegnen. Er ist ein ziemlich eigenartiger Monarch. Er folgte seinem Vater Karl III. auf den Thron, als dieser König von Spanien wurde.»

«Was macht ihn denn so eigenartig?»

«Oh! Eigentlich verbietet es meine Funktion, ein Urteil abzugeben.»

Wie eine Komplizin legt Emma den Zeigefinger auf die Lippen und wispert:

«Ich sage es nicht weiter, versprochen.»

«Wie soll ich sagen? Er ist eine Art Operetten-König und in erster Linie bemerkenswert wegen seiner riesigen Nase. Die Neapolitaner lachen über ihre übermäßige Größe und haben ihm den Spitznamen *Nasone*, ‹die Nase›, gegeben.

Die junge Frau lacht laut heraus.

«Die Nase? So nennen sie ihn wirklich?»

«Genau. Sie werden genügend Zeit haben, es zu überprüfen. Der König weiß Bescheid darüber, aber er nimmt es seinem Volk nicht übel. Dieser rundum prächtige Kerl mit prächtigem Mundwerk, prächtigem Bauch und prächtigem Verstand fühlt sich übrigens in den Vorstädten und auf den Kais wohler als in den Salons. Und, halten Sie sich fest, er singt.»

«Er singt?»

«Ja, aus voller Kehle, mit Hingabe und falsch, aber er ist deshalb nicht weniger begeistert von sich. Das ist so ungefähr alles, was er kann. Man hat versucht, ihm Lesen und Schreiben beizubringen, aber er ist auf halbem Wege stehen geblieben. Seine Hoheit hasst das Schreibzeug. Aufgrund seines gesunden Menschenverstands schafft er es, jeder Gelegenheit aus dem Weg zu gehen, wo er gezwungen wäre, öffentlich einen Brief vorzulesen oder einen Satz zu schreiben. Er hat sogar im Ministerrat verboten, dass auf dem Tisch Federn, Löschblätter und Papier bereitliegen. Eigentlich ist er nur eine Art gewitzter Bauer, der wild ist auf alle Sinnesfreuden, Essen in sich hineinstopft, bis die Hose kracht, alle Flaschen leert bis zur Bewußtlosigkeit, jedem Rock hinterherjagt und in jedes Bett steigt, egal wo.»

«Und seine Frau ist nicht eifersüchtig?»

«Sie macht sich über seine Eskapaden lustig, solange die Eroberungen Seiner Majestät keine Auswirkungen auf sie haben. Dann allerdings fegt sie mit härterem Besen. Die Engländerin Sarah Goudar, die einen Spielsalon in der Stadt betrieb, wurde, ehe sie sich versah, auf Anordnung der Königin aus Neapel verbannt.»

Lord Hamilton zwinkert ihr zu.

«Der König wird sicher versuchen, Sie in seine Netze zu bekommen.»

«Ich? Von einem König umworben?»

«Er wird mehr um Sie werben als um jede andere. Zweifeln Sie an Ihrer Schönheit?»

Emma bleibt still.

«Der Vollständigkeit halber», fährt Sir William fort, «möchte ich hinzufügen, dass Seine Majestät volkstümliche Romanzen liebt und gerne gepfefferte Anekdoten zum Besten gibt, die mit dem berüchtigten Witz der *lazzaroni* wetteifern ...»

«Der *lazzaroni*?»

«So nennt man das beschäftigungslose niedere Volk von Neapel. Angeblich sind es fast 50 000. Das ist viel. Sie werden sie in diesem

Ansicht des Vesuv während des Ausbruchs 1779,
Tafel von Pietro Fabris aus Hamiltons «Campi Phlegraei»,
Britisches Museum, London.

III

Sommer bestimmt sehen. Wegen der Hitze schlafen sie in den Parks, auf der Mole oder ganz einfach in den Straßen. Im Winter suchen sie Zuflucht in den Katakomben, die an den königlichen Palast auf dem Capodimonte grenzen. Seine Majestät findet größte Freude an der Gesellschaft dieser kleinen Leute.»

«Seltsamer Mensch. Für eine königliche Hoheit ist er aber nicht sehr gut erzogen. Sonst gefällt ihm nichts?»

«Doch, die Jagd – ein Vergnügen, das ich mit ihm teile – und das Fischen. Als Besitzer der Seen von Patrio und Fuzaro befiehlt er einmal im Jahr, die Netze auszuwerfen. Dabei klopft er sich jedesmal auf die dekorierte Brust und erklärt: ‹Da diese Seen zu meinem Landgut gehören, habe ich das Recht, über sie als meinen Besitz zu verfügen.› Dann lässt er eine Bude errichten und die Fische auf einer Fleischbank auslegen. Mit einer roten Wollmütze auf dem Kopf wie ein echter Neapolitaner und mit großen Kupferringen an den Ohren zerlegt er selbst die Fische und verkauft sie Stück für Stück. In Wirklichkeit regiert nicht er, sondern Maria Carolina, die Königin.»

Die junge Frau ist überfordert. Tausend Gedanken wirbeln durch ihren Kopf. Welch eine Kluft tut sich plötzlich zu ihrem Leben in Edgware Row auf! Ihr schwindelt. Sie muss in ihre Zimmer zurück, muss sich hinlegen, nachdenken.

«Entschuldigen Sie, Sir William ... Darf ich mich zurückziehen? Die Erschöpfung von der Reise ...»

Der Gesandte hat sich aufgerichtet.

«Ich verstehe. Ich rede und rede ... Erlauben Sie, dass ich Sie zurückbringe.»

Emma geht zu Bett. Sie wird in dieser Nacht kein Auge schließen. Sie denkt an Greville, immer an Greville.

Es ist Tag geworden. Lord Hamilton erwartet sie. Er bietet sich an, ihr die Stadt zu zeigen.

Sie setzt sich in die Kutsche des Diplomaten. *Volanti*, deren Aufgabe darin besteht, den Weg frei zu halten, eilen ihnen voraus. Ihr Blick, funkelnd wie ein Aquamarin, ist bereit für die ersten Eindrücke einer neuen Welt. Eine gaffende Menge drängt sich um die Equipage. Die goldbraunen Fassaden sind in das Sonnenlicht getaucht. Wäsche hängt aus den Fenstern. Kirchen und immer wieder Kirchen. Die Kutsche erreicht San Gennaro, die Kathedrale des Heiligen Januarius, einen mystischen Ort mitten in der Stadt, wie

Sir William erklärt, weil sich dort das Reliquiar mit dem angeblichen Schädel des Seligen befindet und vor allem jene Fläschchen mit der roten Substanz, die angeblich Januarius' geronnenes Blut ist. Einmal im Jahr, im Januar, verflüssigt sich diese Substanz auf rätselhafte Weise vor den Augen einer aufgeregten Menschenmenge, und somit können die Neapolitaner sicher sein, dass ihr im Jahr 305 gestorbener Märtyrer noch immer über sie wacht. Ob es tatsächlich Blut ist? Neapel ist eine Stadt der Wunder.

Seit 79 v. Chr. bis in die heutige Zeit ist Neapel der noble Außenbezirk von Rom. Erst im Besitz von Byzanz, dann normannisch, hat die Stadt unter der Herrschaft von Karl I. von Anjou, dem Bruder Ludwigs des Heiligen, nacheinander so berühmte Persönlichkeiten wie Boccaccio, Petrarca oder auch Giotto gesehen. Später fiel Neapel an König Alfons V. von Aragon, der es 1442 unter dem Namen «Königreich der Beiden Sizilien» mit Sizilien vereinigte.

Im Jahre 1700 hat der Tod des letzten spanischen Habsburgers, der keinen Erben hinterließ, in ganz Europa den so genannten Spanischen Erbfolgekrieg ausgelöst. Habsburger und Bourbonen standen sich gegenüber, und der ältere Zweig der Letzteren hat schließlich Neapel erhalten.

«Wie wäre es mit einer kleinen Rundfahrt auf dem Schiff?»

Emma ist einverstanden.

Sie fahren zur Mole und gehen an Bord eines Segelboots, das dem Diplomaten gehört. Als sie die Mitte der Bucht erreichen, eröffnet sich der jungen Frau jenes Schauspiel, das Goethe später einmal so beschreiben wird: «Der größte Anblick tat sich vor uns auf. Neapel in seiner Herrlichkeit, die meilenlange Reihe von Häusern am flachen Ufer des Golfs hin, die Vorgebirge, Erdzungen, Felswände, dann die Inseln und dahinter das Meer war ein entzückender Anblick. Ein gräßlicher Gesang, vielmehr Lustgeschrei und Freudegeheul des hintenaufstehenden Knaben erschreckte und störte mich. Heftig fuhr ich ihn an, er hatte noch kein böses Wort von uns gehört, er war der gutmütigste Junge. Eine Weile rührte er sich nicht, dann klopfte er mir sachte auf die Schulter, streckte seinen rechten Arm mit aufgehobenem Zeigefinger zwischen uns durch und sagte: *Signor, perdonate! questa è la mia patria!* (Herr, verzeiht! Ist das doch mein Vaterland!) (...) Mir armem Nordländer kam etwas Tränenartiges in die Augen!»[7]

Neapel sehen und sterben. Emma schwindet wirklich dahin, doch vor Liebe. Lord Hamilton bleibt gelassen. Am selben Abend besuchen sie ein Konzert im Teatro dei Fiorentini. Tags darauf nimmt er sie mit in die Oper San Carlo, wo er für ein Jahr eine Loge für sich abonniert hat. Ein ruhmreicher Ort, die älteste Oper Italiens. Er weicht keinen Augenblick von Emmas Seite, begleitet sie wie ihr Schatten. Er frühstückt, isst zu Mittag und speist zu Abend mit ihr und setzt sich immer neben sie, wobei er sie mit den Augen verschlingt. Sie kann keine Hand, kein Bein, keinen Fuß bewegen, ohne dass er nicht sogleich bemerkt, wie anmutig und schön diese Bewegung seiner Meinung nach ist. Zum Geburtstag schenkt er ihr einen indischen Kaschmirschal, ein herrliches, weißes Satinkleid mit indischen Motiven und zahlreiche Dinge aus dem Besitz der seligen Lady Hamilton. Er tut alles, um sie aufzuheitern, ihre Trauer zu zerstreuen. Emma stürzt in einen wahren Strudel von Ereignissen.

«Ich hatte Sie gestern abend unterbrochen, als Sie mir vom König erzählten. Sagen Sie mir, was ist mit der Königin?»

«Maria Carolina? Im Gegensatz zu ihrem Ehegatten ist sie eine energische Frau. Sie schlägt nicht aus der Art, denn sie ist die Tochter Maria Theresias.»

«Maria Theresia?»

«Die österreichische Kaiserin.»

«Wie alt ist die Königin?»

«Vierunddreißig. Sie hatte fünfzehn Schwangerschaften.»

Emma macht große Augen.

«Sie hat fünfzehn Kinder?»

«Nur sechs haben überlebt. Und wie mir zu Ohren gekommen ist, soll sie wieder ein Kind erwarten.»

«Sie muss wohl sehr jung geheiratet haben?»

«Mit sechzehn. Sie ist am Wiener Hof aufgewachsen und hat von ihrer Mutter eine Erziehung erhalten, die ihren Ehrgeiz geweckt hat. Ihr gebieterischer und stolzer Charakter ist das leibhaftige Gegenbild zur trägen Natur ihres Mannes. Als Tochter Ihrer erlauchten Kaiserin sieht sie mit Bitterkeit auf das glänzende Schicksal ihrer Schwester Marie Antoinette und ist eifersüchtig auf die französische Königin. Da sie die Grenzen, die sie einengen, nicht erweitern kann, träumt sie davon, diesen kleinen Flecken Land, der, wie sie meint, ihrer nicht würdig ist, wenigstens eine glänzende Rolle spielen zu lassen, und versäumt keine Gelegenheit, die Öffentlichkeit mit Stoff über ihre rührige Persönlichkeit zu versorgen.»

«Ich habe von Marie Antoinette gehört … Ist Maria Carolina hübsch?»

«Sie hat etwas von der französischen Königin, wirkt insgesamt jedoch ein wenig strenger. Man kann nicht behaupten, dass sie schön ist. Sie ist eine große, knochige Frau. Ihr ovales Gesicht, die regelmäßigen Gesichtszüge und ihre schönen Augen können aber bei manchen durchaus Gefallen finden. Doch ihr ausgeprägtes Kinn, ihr stechender Blick, der männliche Gesichtsausdruck haben zugegebenermaßen etwas Rohes, das abstoßend wirkt. Aufgrund dieser Erscheinung …»

Leicht verlegen senkt Lord Hamilton die Stimme und murmelt, als wollte er sie in ein Geheimnis einweihen:

«Böse Zungen behaupten, sie fühle sich mehr zu Frauen denn zu Männern hingezogen.»

Emma schreckt auf.

«Im Ernst?»

«Es ist ein Gerücht. Meiner Meinung nach ist es unbegründet. Ob es stimmt oder nicht, dieser Hang zu Frauen hindert sie nicht, eine Galerie Liebhaber anzusammeln. Die sie übrigens ganz unter ihrer Fuchtel hat. Seit ich hier bin, habe ich ein Dutzend davon gekannt. Der letzte ist der gegenwärtige Flotten- und Kriegsminister, General Acton, ein Ire, der in Besançon geboren wurde.»

Plötzlich schweifen Emmas Gedanken ab, sind fern von allem. Sie hört kaum noch, was Lord Hamilton weiter berichtet:

«Zum vollständigen Bild der Königin gehört, dass sie vier Sprachen spricht: Deutsch als ihre Muttersprache, Französisch, Spanisch und Italienisch. Doch in allen Sprachen hat sie einen sonderbaren Akzent. Aufgrund eines Sprachfehlers scheint sie Steine im Mund zu wälzen. Die Neapolitaner haben sie deshalb *Polpette in bocca* getauft. Wörtlich übersetzt heißt das so viel wie ‹Fleischklöße im Mund›. Als ob das Schicksal sich einen Spaß daraus gemacht hätte, hat es die Tochter von Kaiserin Maria Theresia in das Land um den Vesuv verschlagen. Ich habe selten eine vulkanischere Herrscherin getroffen. Ständig brodelt es in ihr, und ihre Wutausbrüche sind ebenso heftig wie widersprüchlich. Sie glüht bestimmt vor Eifersucht darüber, dass ihre Schwester mehr Glück hatte als sie und über das Königreich Frankreich herrscht.»

Emma ist abwesend. Sie äußert den Wunsch, in die Residenz zurückzukehren. Vier Tage ist sie nun schon in Neapel. Ohne ihren Greville. Sie muss ihm jetzt unverzüglich schreiben.

Kaum in ihr Zimmer zurückgekehrt, eilt sie zum Schreibtisch:

Ich bin hier am 26. angekommen und hätte Ihnen schon früher geschrieben, wenn die Post nicht erst morgen abgehen würde und allein der Gedanke, Ihnen zu schreiben, mich nicht traurig machte. Ich muss vor Sir William so fröhlich wie möglich erscheinen, andererseits weiß ich, dass ich in Tränen ausbrechen werde, sobald meine Gedanken den Weg zu Ihnen suchen. Unsere Trennung macht mich immer unglücklicher, denn ich kann nicht ohne Sie leben. Es kommt mir vor, als gäbe es nichts Schlimmeres auf der Welt, sei es Armut, Hunger oder Tod, ich würde es sogar vorziehen, barfuß auf den Straßen von Schottland zu marschieren, um bei Ihnen zu sein. Deshalb mein lieber, meiner geliebter Greville, wenn Sie mich wirklich lieben, tun Sie um Ihrer Liebe willen das Unmögliche und kommen Sie morgen hierher.

Dann macht sie ihm ein unerwartetes Geständnis, das beweist, dass sie trotz allem nicht völlig unbedarft und schon gar nicht blind ist:

Ich achte Sir William, und weil er Ihr Onkel und Freund ist, begegne ich ihm mit größter Ehrerbietung; aber, Greville, er liebt mich ...! Seine Gefühle für mich sind ebenso stark wie die, die er für Lady Bolingbroke[8] *empfand. Ich kann ihm höflich begegnen, ich weiß, dass ich ihm das schuldig bin, aber ich kann ihm nicht gehören. Ich werde niemals einem anderen gehören als Ihnen.*

Sicher, bei der Lektüre dieses Abschnitts sind wir versucht, diesen Hinweis einer unglücklichen Frau zuzuschreiben, die versucht, die Saiten der Eifersucht anzuschlagen. Doch dem ist nicht so. Etwas vorspiegeln, Schliche erfinden, das sind Tricks, die Emma nicht kennt. Sie ist deshalb keineswegs eine Heilige, eine Madonna ohne Tadel, aber *sie versteht sich nicht darauf*, ein falsches Spiel zu treiben, und sie wird sich nie darauf verstehen. Ihr Leben und ihr Tod zeugen davon.

Lord Hamilton ist also verliebt. Was liegt näher, als daraus abzuleiten, dass er es schon eine gewisse Zeit lang ist. Das würde mit einem Schlag alles erklären: seine Sturheit, sein Zögern, seine Weigerung, Emma bei sich zu beherbergen. Solange sie fern von ihm war, konnte er sein Feuer beherrschen, doch nun, wo sie in Reichweite ist, fällt die Maske, er ist entwaffnet. Jetzt werden auch die Anspielungen in dem Brief verständlich, den er am 1. Juni 1785 an Greville geschrieben hatte: «Und es wäre ein feiner Spaß für junge Engländer auf der Durchreise, wenn sie dem alten Gesandten, der ich bin, die Hörner aufsetzen könnten. Ob es ihnen gelänge oder nicht, es brächte mich in eine unangenehme Lage.» Und weiter: «Ich weiß, wie empfänglich ich bin und wie wenig gewappnet, um eine solche Schönheit zu erobern.»

Er muss verliebt gewesen sein, und zwar viel mehr als in Lady Bolingbroke, sonst hätte er wohl kaum das Risiko auf sich genommen, den grundlegendsten Vorsichtsmaßnahmen zum Trotz ohne Rücksicht auf die Moral und das Gerede Emma vor den Augen der gesamten neapolitanischen Gesellschaft unverhohlen unter seinem Dach zu beherbergen und sich in aller Öffentlichkeit mit ihr zu zeigen. Dort, wo Greville Kleinmut bewies, erlaubt sich Sir William jede Verwegenheit. Er lässt sich von seiner gesellschaftlichen Rolle, die weit bedeutender ist als die seines Neffen, kein bisschen zügeln.

Emma fährt fort:

Mein Vertrauen in Ihr Versprechen tröstet mich jedoch, und ich weiß, ich werde Sie im September oder Oktober wiedersehen.

Und noch einmal erwähnt sie die Aufmerksamkeit, die der Botschafter ihr entgegenbringt:

Ich muss Ihnen mitteilen, dass Sir William mir eine englische Kutsche gegeben hat, deren Anstrich erneuert wurde, dazu einen Kutscher und einen Lakai, dessen Livree abgeändert wurde. Denn wenn ich in der Kutsche von Sir William ausfahren würde, hieße es, ich sei seine Frau oder seine Mätresse. Da ich niemals weder das eine bin noch das andere sein kann, haben wir einen sehr guten Mittelweg gefunden. (...) Alles in allem zerbricht er sich den Kopf darüber, womit er mir eine Freude machen könnte.

Dann fügt sie noch schnell hinzu:

Ich flehe Sie an, Greville, schreiben Sie mir, wenn Sie Geld brauchen. Ich fürchte, ich habe Sie ruiniert. Ich bin sicher, Sir William schickt Ihnen welches, und ich habe ihm gesagt, dass er Ihnen jetzt ein wenig unter die Arme greifen und Ihnen ein bißchen Geld für die Reise nach Italien schicken soll. Er hat mich in die Arme geschlossen. In seinen Augen standen

Tränen, und er sagte, ich könne von ihm alles verlangen, was ich wollte, weil er uns alle beide zärtlich liebt.

Emma wartet die Post aus London ab, bevor sie den Brief in den Umschlag steckt. Sie rechnet zumindest mit einem Brief von Greville. Zwei Tage später kommt ein Brief an, doch er ist an Sir Hamilton adressiert, nicht an sie. Der ehrenwerte Lord ergeht sich in tausenderlei Einzelheiten über sein neues Leben, seine Zukunftspläne, doch von einer Reise nach Italien ist nicht mehr die Rede, ja er scheint schon vergessen zu haben, dass es ein solches Vorhaben je gegeben hat.

Emma kann nicht mehr an sich halten und endet ihren Brief mit einem Zusatz, in dem sie unter Drohungen ihre Enttäuschung zum Ausdruck bringt:

Ich möchte dem, was ich Ihnen gestern geschrieben habe, nur noch dies hinzufügen, danach soll Schluss sein; denn mein Kopf und mein Herz werden von dem Hin und Her der Gefühle so zerrissen, dass ich noch verrückt werde. Vergessen Sie nicht Ihr Versprechen für Oktober, Greville. Sir William sagt, Sie hätten mit keinem Wort erwähnt, dass Sie nach Neapel kämen. Und dabei wissen Sie ganz genau, was geschehen wird, wenn Sie nicht herkommen und mich holen. Ich werde nicht lange fackeln: Ich komme nach England zurück. (...) Greville, mein geliebter Greville, schreiben Sie mir ein paar Zeilen, die mich beruhigen. Denken Sie nur daran, dass Sie von niemanden jemals so sehr geliebt werden wie von Ihrer ergebenen und aufrichtigen Emma.

Diese ersten Anzeichen eines Bruchs beunruhigen sie aufs Äußerste. Indessen weigert sie sich, sie ernst zu nehmen, sie schließt die Augen vor einer Tatsache, die sie zu sehr verletzen würde, und bemüht sich mit aller Kraft, sich ihre Illusionen so lange wie möglich zu bewahren. Ihre Befürchtungen sind zweifelsohne aus der Luft gegriffen, schließlich hält sich Hamilton an das Programm, das in Edgware Row aufgestellt worden war, und scheint nicht vergessen zu haben, dass die junge Frau nach Neapel gekommen ist, um sich in bestimmten Fächern, in denen sie unterrichtet wurde, zu vervollkommnen. Sie macht sich also an die Arbeit, übt das Klavierspiel, lernt eifrig Französisch und Italienisch. Unter der Anleitung ihres Gesanglehrers Galluci lernt sie, ihre Stimme richtig einzusetzen, sie besser zu beherrschen. Sehr schnell erreicht sie eine Stimmqualität, der selbst eine der größten Sängerinnen jener Zeit in Neapel, Georgina Brigida Banti, einmal die Anerkennung nicht verweigern wird. Georgina Banti wird übrigens der Königin einen Anlass geben, ihren herrischen Charakter unter Beweis zu stellen: Da sie die *Banti* verdächtigt, die Mätresse Ferdinands zu sein und vor allen Dingen einen Sprössling von ihm zu haben, wird Maria Carolina sie des Landes verweisen und in der Postkutsche über die Grenze bringen lassen.[9]

Überraschend lässt Lord Hamilton verlauten, es habe zu keiner Zeit in Grevilles Absicht gestanden, nach Neapel zu kommen. Zweifelsohne ist er ein wenig erbittert, da er Emma den lieben langen Tag ihrem Geliebten hinterherweinen sieht. Diese greift sofort zur Feder: «Ich hatte heute morgen eine Unterhaltung mit Sir William, die mich sehr aufgeregt hat. Er spricht in Andeutungen. Ich weiß nicht, wie ich das verstehen soll! Greville, mein lieber Greville, wenn Sie mich lieben, schreiben Sie mir, ich flehe Sie an, ein paar Zeilen, die mich beruhigen.»

Keine Reaktion.

Es wird Sommer. Emma geht es nicht besser.

Lord Hamilton bewahrt nach außen Ruhe, doch im Innersten leidet er unter dieser Situation und lässt es in einem Brief an seine Nichte Mary Dickenson zwischen den Zeilen durchblicken: «Ich habe eine «Besucherin» bei mir aufgenommen, die einen Teil der Residenz bewohnt. Es handelt sich um einen Akt namenlosen Großmuts. Ich sage nicht mehr dazu, aber ich glaube, die Person wird nicht mehr lange hier sein. Mag dies, in Anbetracht meiner Position, auch gegen mich sprechen, wenn Sie wüssten, welche Umstände mich dazu bewegt haben, mich darauf einzulassen, würden Sie es mir nicht verübeln, denn Sie wissen besser als jeder andere Mensch, was gut ist und was nicht.»

Trotzdem macht Lord Hamilton weiterhin gute Miene zum bösen Spiel. Als die Hitze in Neapel unerträglich wird, bringt er Emma in das kleine Haus am Meer, *la capanina*, das er besitzt. Dort verbringen sie zwischen Mai und September den Großteil des Sommers, unterbrochen von gelegentlichen Ausflügen in seine Villa am Posillipo. Sie fahren mit seinem Schiff die Küste entlang, machen einen Umweg über Pompeji, wo Sir William ausführlich und voller Leidenschaft Vorträge über seine geliebten Vulkane hält, dehnen ihr Spazierfahrt entlang der Küste von Amalfi aus, kehren mit Kurs auf

Capri, Ischia und Sorrent wieder zurück. In ihren Briefen wird Emma – Orthographie bleibt ihre Schwäche – Corprea, Ischea und Sormenta schreiben.

In die Residenz zurückgekehrt, empfangen sie viele Gäste. Fast jeden Abend. Noch gehören sie nicht zur Elite der neapolitanischen Gesellschaft – von dieser wird Emma geschnitten –, dennoch sind ihre Besucher hochangesehene Leute. Bei einem dieser Abendessen wird Emma einem alten, aus Österreich stammenden Freund von Greville vorgestellt, dem Fürsten von Dietrichstein, der auf der Durchreise ist. Ihm schwinden buchstäblich die Sinne beim Anblick der jungen Frau: «Ich habe die Bekanntschaft von Fürst Draydrixton [sic] gemacht. Er ist mir ritterlich ergeben, hat sich wie verrückt in mich verliebt und wünscht sich ein Porträt von mir.»

Bei ihrer regen Teilnahme am gesellschaftlichen Leben kommt es bald auch zur Begegnung mit dem König. Sie treffen ihn an einem Spätnachmittag in den Gärten des Posillipo, auf dem Kap, das die Bucht überragt. War es Zufall oder hatte es Ferdinand IV. so eingerichtet, dass sich sein Weg mit dem der jungen Engländerin kreuzte, über deren Anwesenheit im Haus von Sir William ganz Neapel sprach? Wenn nicht sogar die Königin ihren Gatten beauftragt hatte, um Nachricht aus erster Hand zu erhalten. Es geschieht, was geschehen muss: Beim Anblick Emmas schmilzt seine Majestät nach dem Vorbild des Bluts von San Genaro auf der Stelle dahin. Dem Fürsten von Dietrichstein hat er später gestanden, er sei sehr geneigt gewesen, diesem bewunderungswürdigen Geschöpf den Hof zu machen, da Lord Hamilton jedoch sein Freund sei und dieses Geschöpf seinem Neffen gehörte, habe er jeden Vorsatz zur Verführung aufgegeben. Bleibt immerhin, dass Emma sich außerordentlich geschmeichelt fühlen wird, ob eines Königs, der ihretwegen geschmachtet hat.

In diesen Tagen ist auch William Hayley unter den zahlreichen Gästen zu finden, die zu den Diners in der Residenz geladen sind, der «Eremit von Eartham», wie der Dichter, Schriftsteller, Biograph und vor allem enge Freund und Vertraute von Romney wegen seiner Neigung zur Abgeschiedenheit genannt wird. Seinen Ruhm verdankt er in erster Linie dem Erfolg seines 1781 erschienenen Gedichts *The Triumphs of Temper*[10]. Es ist eine Eloge auf die Selbstbeherrschung. Das Buch sollte lange Zeit die Lieblingslektüre – und sicherlich auch das einzige Buch – von Emma sein, die häufig darauf hinweist, wenn sie über ihren eigenen Charakter spricht, der ihrer nicht ganz unzutreffenden Auffassung nach zu impulsiv und zu sehr von Leidenschaften bestimmt ist.

Leider bringen alle diese Zerstreuungen ihr liebendes Herz nicht zum Schweigen. Sie füllt Seite um Seite und schickt sie nach London. Sie berichtet bis in jede Kleinigkeit von ihrem Tagesablauf, beschreibt ihre Spaziergänge, die Abendgesellschaften. Ihre Briefe erinnern an ein Tagebuch, das in verschlüsselter Form von ihrer Trauer, ihrer Verzweiflung und ihrer Wut erzählt. Vom Tag ihrer Ankunft bis zum 22. Juni hat sie insgesamt mehr als vierzig Briefe geschrieben! Zum Glück sind sie nicht in Grevilles Papierkorb gelandet. Er bewahrte sie auf und gab sie später mit einem Postskriptum versehen Lord Hamilton. Darin schreibt er ziemlich gewunden und seltsamerweise auf Französisch: «Flüchtig ist das Vergessen des Beiliegenden, halten Sie es fest: Wenn man die Tugend zu Wort kommen lässt, ohne die Wahrheit beizufügen, ist man der Geprellte, und ich lege selbstverständlich Wert auf die Wahrheit, wie ich es immer getan habe.» Warum gebraucht er plötzlich die französische Sprache? Sicher aus Angst, sein Kommentar könnte Emma in die Hände fallen – die spricht kein Französisch. Er weiß freilich noch nicht, das die Sprache Molières ihr eines Tages nicht mehr fremd sein wird. Vier Monate nach ihrer Ankunft kann sie sich schon auf Italienisch ausdrücken.

Sir William liebt sie nach wie vor und bewundert sie im Stillen. Am 1. Juni gesteht er seinem Freund Joseph Banks, dem großen Naturforscher und Vorsitzenden der Royal Society: «Eine bewundernswerte Blume namens Emma ist von England hierherverpflanzt worden. Gott sei Dank hat sie nichts von ihrem Glanz und von ihrer Schönheit verloren.»

Drei Monate später. Drei lange Monate sind vergangen, bis Greville sich entschließt zu antworten. Der Inhalt seines Briefs ist für sie ein Dolchstoß. Sie antwortet auf der Stelle am 1. August:

Ich wußte immer, vom ersten Tag an, als ich Ihnen begegnet bin, dass ich niemals glücklich mit Ihnen sein würde, denn es gibt auf der Welt keinen Fürsten und keinen König, der Sie ersetzen könnte. (…) Ich will gar nicht antworten auf das, was Sie mir vorschlagen! Ich soll Sir William gefügig sein! *Oh! Wenn Sie wüssten, wie sehr es mich schmerzte, als ich diese Zeilen las. Ich habe keine Worte für meine Empörung und meine Wut! Ich verliere den Verstand!* Wie können Sie so gleichgültig sein und mir vorschlagen, mit Sir William zu schlafen! *Ich könnte Sie umbringen und mich hinterher, wenn Sie bloß hier wären. (…) In sechs Monaten [eigentlich sind es nur fünf, wenn man die Reise abzieht] habe ich ganze zwei Briefe von Ihnen erhalten. Ich werde nach London zurückkehren und mich allen Ausschweifungen überlassen, und dann werde ich einsam und im Elend sterben. (…)* Sie haben alles getan, damit ich mich in Sie verliebte und ein anständiges Mädchen aus mir wird, und jetzt geben Sie mir den Laufpass. *Wenn Sie das wünschen, füge ich mich, aber Greville, ich flehe Sie an, beenden Sie nicht unser Verhältnis. Ich kann nur bitten oder beten, eine andere Wahl habe ich nicht.*

Emmas Postskriptum zu diesem Brief ist wie ein Hackbeil, und man spürt darin eine bemerkenswerte Veränderung im Charakter der jungen Frau:

Wenden Sie sich wieder zuträglicheren Gefühlen zu, es liegt nicht in Ihrem Interesse, mich so vor den Kopf zu stoßen, denn Sie ahnen nicht, welche Macht ich hier habe. Ich werde niemals seine Mätresse sein. Wenn Sie mich zum Äußersten treiben, werde ich seine Ehefrau. *Möge Gott Sie immer schützen.*

Greville nimmt die Drohung nicht ernst, außerdem ist er sowieso nicht in der Lage, seine Haltung zu ändern. Er hat ein für alle Mal eine bestimmte Richtung eingeschlagen und denkt nicht daran, seine Entscheidung zu überdenken: «Sie soll sich vor allen Dingen nicht einbilden, dass ich einen Schritt zurück mache und wieder so mit ihr zusammenleben könnte wie in der Vergangenheit. Erstens habe ich nicht die Mittel dazu, zweitens würde ich meinen Anschluss an die Gesellschaft verlieren, wenn sie an meiner Seite wäre, und das würde unser beider Ruin bedeuten. Dagegen könnte sie mich als Vertrauten und Freund behalten, wenn sie eine klügere und vernünftigere Einstellung annähme.»

Eine klügere Einstellung … Der ehrenwerte Greville hat keine Ahnung von der Wandlung, die sich in seiner ehemaligen Geliebten vollzieht. Seit sie in Neapel ist, verkehrt sie ständig mit Menschen, die viel bedeutender sind als er. Sie trifft Fürsten, einen König, Künstler, Schriftsteller, man macht ihr den Hof, umschmeichelt und bewundert sie. Wenn sie singt oder ihre Pantomimen aufführt, löst sie wahre Beifallsstürme aus. Die Komplimente, die sie hört, klingen nicht nach Höflichkeitsfloskeln. Man feiert ihre Begabung. Die kleine Kohlenhändlerin wird sich immer mehr der Wirkung bewusst, die sie auf ihre Umgebung hat: *Sie ahnen nicht, welche Macht ich hier habe.* Sie badet mitten in einer neuen Welt, und eine innere Stimme flüstert ihr zu, dass sie eine Rolle darin spielen könnte. Emma verändert sich schnell, schneller, als Greville je gedacht hätte. Unmerklich ist aus der Puppe ein Schmetterling geworden. Und der Schmetterling will zur Blüte.

Sieben Monate nach ihrer Ankunft, ziemlich genau im Herbst 1786, nimmt das Verhältnis zwischen der jungen Frau und dem Botschafter eine andere Wendung. Emma gibt William endlich nach. Sie tut es in vollem Bewußtsein und in der endgültigen Überzeugung, dass zwischen ihr und ihrem ehemaligen Geliebten für immer alles vorbei ist. Sie tut es auch und vor allem, weil es für sie ums Überleben geht. Kein Wunsch nach Rache leitet sie. Sie überlegt ganz einfach. Man hat ihre Liebe ausgeschlagen. Man hat sie zum Narren gehalten. Man hat sie belogen. Auf der einen Seite ein unentschlossener und schwacher Mann, der sie zurückstößt, auf der anderen ein reifer Mann, der sich und sein Schicksal im Griff hat, eine mächtige Persönlichkeit, die sie anbetet. Sie kann nicht, sie darf nicht länger zögern, will sie nicht sich selbst verlieren.

Wenn sie nicht Lady Greville sein darf – nun denn, so wird sie eben Lady Hamilton …

6 Ende 1786 sind die Würfel also gefallen. Emma und Sir William sind ein Paar. Doch im Gegensatz zu ihrem Verhältnis mit Greville ist es diesmal nicht sie, die sich ihrer neuen Liebe mit Leib und Seele verschrieben hat ... «Kein Wunder, dass Sir William so sehr verliebt ist, in alten Häuser wütet das Feuer heftiger», bemerkt ein Zeitzeuge. Sicher, Lord Hamilton glüht vor Liebe, aber mit welchem Frohlocken! Von diesem Augenblick hat er zweifellos seit dem ersten Tag geträumt, ohne es sich einzugestehen. Und für Emma beginnt ein neues Leben.

Von Ende Dezember bis Mitte Februar des neuen Jahres begleitet der Cavaliere den König und frönt seiner anderen großen Leidenschaft: der Jagd. In dieser Zeit bezieht Emma das Haus, das der Diplomat im vornehmen Teil von Caserta besitzt, ganz in der Nähe des königlichen Palasts. Nebenbei bemerkt, der Monarch kann die junge Frau gar nicht schnell genug kennen lernen, die Königin hingegen weigert sich kategorisch, sie am Hof zu empfangen. Mochte Fürst von Dietrichstein mit noch so großer Begeisterung von der «jungen Engländerin» schwärmen, in den Augen Maria Carolinas ist Emma allenfalls die «Mätresse», eine bloße Konkubine, und dieser wenig schmeichelhafte Titel räumte ihr keinerlei Vorrechte ein, schon gar nicht das, im königlichen Palast empfangen zu werden. Der Marchesa di Solari vertraute sie sogar an, sie finde es äußerst schockierend, «dass ein so ehrenhafter Mann, der ein so herausragendes Amt bekleidet, sich in aller Öffentlichkeit mit einer Prostituierten zeigt, die er in den Straßen Londons aufgegabelt hat».

Das Leben in Caserta wird für Emma schnell bedrückend. Lord Hamilton ist zu häufig und zu lange abwesend. Wie schon Catherine, die frühere Gemahlin des Cavaliere, lernt Emma die Einsamkeit kennen. Sie hat keinen Vertrauten, keinen Doctor Drummond. Sie dreht sich in ihrem goldenen Käfig im Kreis, erinnert sich an die Zeit des Wartens in Edgware Row und gewinnt den Eindruck, alles beginne aufs Neue. Aber dieses Mal unterwirft sie sich nicht wie eine Sklavin. Sie hat das Heft in der Hand und gibt Lord Hamilton klar und deutlich zu verstehen: Sollte der Cavaliere sein Verhalten nicht ändern, wird sie ihre Koffer packen und nach England zurückkehren. Und sie setzt sich durch. Von nun an wird sich Lord Hamilton mehr um sie kümmern und die Dauer seiner Abwesenheit begrenzen.

Zwischen Dezember und Januar beginnt Emma einen neuen Briefwechsel. Jetzt ist Greville nicht mehr der einzige Adressat, auch dem abwesenden Lord sendet sie Briefe hinterher. Während er auf der Jagd ist, unterrichtet sie ihn laufend über ihre musikalischen Fortschritte, ihren Stundenplan und ihre Begegnungen: «Gestern habe ich Greffer getroffen [Graeffer ist der Gartenarchitekt]. Er sagte, er würde heute Abend kommen, um eine Partie Whist mit mir zu spielen. Viel lieber wäre mir aber, Sie wären da. (...) Nichts kann mich mehr entzücken als die Nachricht von Ihrer baldigen Rückkehr.» Am 7. Januar schreibt sie ihm: «Ich bin glücklich, denn ich weiß, dass Sie gutes Wetter haben. Ich hätte Sie gerne bei der Jagd gesehen, aber ich fürchte, bei meinem Mitgefühl für die Tiere hätte ich keine große Freude daran gehabt.» Und dann am 8. Januar: «Wie gerne würde ich Ihnen einen heißen Punsch zubereiten und Sie die ganze Nacht in meinen Armen ausruhen lassen.»

Ist sie verliebt? Wenn ja, dann lassen sich ihre Gefühle für ihn jedenfalls nicht mit der verzehrenden Leidenschaft vergleichen, die sie mit ihrem Ex-Liebhaber verband. Menschlich ist sie dem Onkel hingegen viel näher, als sie es dem Neffen jemals war. Sie liebt, was er verkörpert. Sie achtet ihn und bringt ihm die höchste Wertschätzung entgegen. Alles in allem wird ihre Beziehung den ganzen Zauber einer liebevollen Freundschaft entfalten, ohne dass es zu Stürmen der Leidenschaft kommt. Greville hingegen bleibt in Emmas Herz allgegenwärtig. Und sie führt den Briefwechsel mit ihm fort – meist eine einseitige Angelegenheit. Zweifellos empfindet sie eine gewisse Genugtuung, wenn sie ihm schreibt, wie sehr sie von allen bewundert wird: «Wir haben zur Zeit zwei Maler im Haus, die mich porträtieren. Das eine Porträt ist bereits fertig; es hat dieselben Abmessungen wie die Bacchantin. Ich bin sitzend mit Turban und Kleid als Orientalin dargestellt. Auf dem anderen trage ich einen Hut mit schwarzen Bändern und weißen Federn und ein blaues Satinkleid. Sobald diese beiden Gemälde fertig sind, werde ich zwei anderen Malern Modell stehen und auch Angelaca [Angelika Kauffmann], wenn sie kommen kann.»

Ein andermal schreibt sie: «Ich gehe jeden Abend in den Gärten der Villa Reale spazieren. Zu unserer Gesellschaft gehören immer zwei Fürsten, zwei oder drei Adlige und der König in großer Begleitung.»

Und schelmisch fügt sie hinzu: «Ich muss Ihnen unbedingt von einer Galanterie des Königs erzählen. Jeden Sonntag isst er in Posillipo zu Abend und kommt dann mit seinem Schiff zum Kasino, um mich zu sehen. Einmal feierten wir ein kleines Fest unter Diplomaten. Wir waren auf unserem Boot; der König steuerte mich sogleich an, ließ das Boot mit den Musikern beidrehen, dann mussten alle französischen Hornisten und die ganze Truppe spielen. Er zog den Hut, setzte sich und hielt die ganze Zeit über den Hut auf den Knien. Als wir anlegten, grüßte er mich herzlich und sagte, es sei eine Sünde, kein Englisch zu können. Ich habe ihn ständig auf den Fersen, jeden Abend in der Villa oder in der Oper.»

Man spürt förmlich ihre Stiche gegen Charles und ihre stille Freude, wenn sie sich seinen Gesichtsausdruck und, wer weiß?, seine Frustration beim Lesen dieser Anekdoten vorstellt. Es ist ihre einzige Rache. Die verlassene Geliebte gewinnt an Selbstsicherheit, sie tritt aus der Kindheit heraus und in die Welt der Erwachsenen ein. Aber Emma ist, man kann nicht oft genug darauf hinweisen, was Greville und sein Verhalten ihr gegenüber angeht, nie nachtragend. Als sie von Lord Hamilton erfährt, dass er seinen Neffen zu seinem Universalerben gemacht hat, kommt nicht die leiseste Kritik von ihr, und sie unternimmt nichts (was sie durchaus hätte tun können), um ihn von seiner Entscheidung abzubringen. Stattdessen beeilt sie sich, Greville die Neuigkeit zu verkünden: «Ich freue mich irrsinnig für Sie! Von nun an haben Sie eine gesicherte Zukunft.» Als sie dies an ihn schreibt, weiß sie natürlich nicht, dass ihr ehemaliger Geliebter schon seit fast einem Jahr darüber informiert ist.

Im März 1787 kommt der große Johann Wolfgang von Goethe auf seiner Italienreise nach Neapel. Er wird dort gebührend empfangen und gefeiert und freundet sich mit dem Gesandten an, der ihn mehrmals in den Palazzo Sessa einlädt. Dort wird er von Emma willkommen geheißen und durch das Haus geführt. Nach dem Abendessen gibt sie zur großen Freude der Gäste eine Darbietung ihrer «Attitüden», ihrer «lebenden Bilder», die sie zu einer Kunstform erhoben hat. Die Aufführung ist brillant, vollkommen. Der Eindruck, den sie beim Autor der *Leiden des jungen Werther* hinterlässt, könnte nicht besser sein. So kann man in seiner *Italienischen Reise* unter dem Datum des 16. März lesen: «Der Ritter Hamilton, der noch immer als englischer Gesandter hier lebt, hat nun nach so langer Kunstliebhaberei, nach so langem Naturstudium den Gipfel aller Natur- und Kunstfreude in einem schönen Mädchen gefunden. Er hat sie bei sich, eine Engländerin von etwa zwanzig Jahren. Sie ist sehr schön und wohl gebaut. Er hat ihr ein griechisches Gewand machen lassen, das sie trefflich kleidet, dazu löst sie ihre Haare auf, nimmt ein paar Schals und macht eine Abwechslung von Stellungen, Gebärden, Mienen etc., dass man zuletzt wirklich meint, man träume. Man schaut, was so viele tausend Künstler gerne geleistet hätten, hier ganz fertig in Bewegung und überraschender Abwechslung. Stehend, knieend, sitzend, liegend, ernst, traurig, neckisch, ausschweifend, bußfertig, lockend, drohend, ängstlich etc., eins folgt aufs andere und aus dem andern. Sie weiß zu jedem Ausdruck die Falten des Schleiers zu wählen, zu wechseln, und macht sich hundert Arten von Kopfputz mit denselben Tüchern. Der alte Ritter hält das Licht dazu und hat mit ganzer Seele sich diesem Gegenstand ergeben. Er findet in ihr alle Antiken, alle schönen Profile der sizilianischen Münzen, ja den Belvederschen Apoll selbst. So viel ist gewiss, der Spaß ist einzig! Wir haben ihn schon zwei Abende genossen.» Und am 27. Mai: «Hamilton und seine Schöne setzten gegen mich ihre Freundlichkeit fort. Ich speiste bei ihnen, und gegen Abend produzierte Miss Harte [sic!] auch ihre musikalischen und melischen Talente.»

Man kann Goethes Beschreibung durch die der Comtesse de Boigne vervollständigen – sie sollte sich später Emma gegenüber unnachsichtig zeigen –, die in ihren *Memoiren* notiert: «Dieses engelschöne Geschöpf, das niemals fließend Lesen oder Schreiben gelernt hat, besaß doch Sinn für die Künste. Sie zog schnell Nutzen aus dem Vorteil, den der Aufenthalt in Italien und der Geschmack Hamiltons ihr boten. Sie wurde eine gute Musikerin, und vor allem bildete sie ein einzigartiges Talent in sich aus, dessen Beschreibung vielleicht albern erscheint, das aber alle Zuschauer bezauberte, und die Künstler begeisterte: Man nannte das die ‹Attitüden› der Lady Hamilton. Entsprechend dem Geschmack ihres Gatten war sie gewöhnlich in eine weiße Tunika gehüllt, die in der Taille gegürtet war. Ihr Haar floss frei herunter oder war mit einem Kamm hochgehalten, aber sonst ohne jede Frisur. Wenn sie sich dazu herbeiließ, eine Vorstellung zu geben, so versah sie sich mit zwei oder drei Kaschmirschals, einer Urne, einer Vase zum Verbrennen von Parfüm, einer Lyra und einem Tamburin. Mit diesem leichten Gepäck und in ihrem klassischen Gewande stellte sie sich in die Mitte eines Salons. Über das Haupt warf sie einen Schal, der sie bis zum Boden hin völlig bedeckte. So verhüllt, drapierte sie sich mit den anderen. Dann hob sie ihn plötzlich empor, ließ ihn manchmal auch ganz fallen, ein andermal diente er, halb entfernt, als Draperie zu dem Modell, das sie darstellte. Immer aber wirkte sie dabei wie eine wundervoll komponierte Statue. Ich habe ihr dabei manchmal als Statistin zur Darstellung einer Gruppe gedient. Sie schob mich in die passende Stellung und drapierte mich, bevor sie den Schal entfernte, der uns beide einhüllte und uns als Vorhang diente. Meine blonden Locken gaben einen guten Kontrast zu ihrem prachtvollen schwarzen Haar (Emmas Haar war allerdings kastanienbraun!), das ihre Schönheit noch betonte. Eines Tages hatte sie mich kniend vor eine Urne postiert, die Hände wie flehend verschlungen. Über mich gebeugt, schien sie in ihren Schmerz versunken. Unsere Haare waren aufgelöst. Plötzlich richtete sie sich auf, trat ein wenig zurück und packte mich so heftig an den Haaren, dass ich mich überrascht, erschreckt umwandte – und das versetzte mich in den Sinn meiner Rolle: Denn plötzlich schwang sie einen Dolch in der Hand! Der leidenschaftliche Beifall der anwesenden Künstler äußerte sich in dem Zuruf: ‹Bravo, die Medea!› Dann zog sie mich an sich, presste mich an ihren Busen und schien mich dem Zorn der Götter streitig zu machen, und schon ertönte der Beifallsruf: ‹Hoch die Niobe!› So hatte sie sich durch die antiken Statuen inspirieren lassen und rief sie, ohne sie sklavisch zu kopieren, der poetischen Phantasie der Italiener durch eine improvisierte Handlung in Erinnerung. Andere haben wohl versucht, das Talent der Lady Hamilton nachzuahmen. Ich glaube nicht, dass es gelungen ist. Bei solchen Versuchen ist es nur ein Schritt vom Erhabenen zum Lächerlichen. Und um ihrem Erfolg es gleichzutun, muss man erst einmal vom Kopf bis zu den Füßen vollendet schön sein, und solche Personen sind selten zu finden.»[11]

Hamilton seinerseits zeigt Goethe seinen Gewölbekeller, in dem er die kostbarsten Stücke seiner Sammlung aufbewahrt: «Auf Antrieb Freund Hackerts, der sein Wohlwollen gegen mich steigert und mir alles Merkwürdige zur Kenntnis bringen möchte, führte uns Hamilton in sein geheimes Kunst- und Gerümpelgewölbe. Da sieht es denn ganz verwirrt aus; die Produkte aller Epochen zufällig durcheinander gestellt: Büsten, Torsi, Vasen, Bronze, von sizilianischen Achaten allerlei Hauszierat, sogar ein Kapellchen, Geschnitztes, Gemaltes und was er zufällig zusammenkaufte. In einem langen Kasten an der Erde, dessen aufgebrochenen Deckel ich neugierig beiseite schob, lagen zwei ganz herrliche Kandelaber von Bronze. Mit einem Wink machte ich Hackerten aufmerksam und lispelte ihm die Frage zu, ob diese nicht ganz denen in Portici ähnlich seien. Er winkte mir dagegen Stillschweigen; sie mochten sich freilich aus den pompejischen Grüften seitwärts hierher verloren haben. Wegen solcher und ähnlicher glücklicher Erwerbnisse mag der Ritter diese verborgenen Schätze nur wohl seinen vertrautesten Freunden sehen lassen. Auffallend war mir ein aufrecht stehender, an der Vorderseite offener, inwendig schwarz angestrichener Kasten, von dem prächtigsten goldenen Rahmen eingefasst. Der Raum groß genug, um eine stehende menschliche Figur aufzunehmen, und demgemäß erfuhren wir auch die Absicht. Der Kunst- und Mädchenfreund, nicht zufrieden, das schöne Gebild als bewegliche Statue zu sehen, wollte sich auch an ihr als an einem bunten, unnachahmbaren Gemälde ergötzen, und so hatte sie manchmal innerhalb dieses goldenen Rahmens, auf schwarzem Grund vielfarbig gekleidet, die antiken Gemälde von Pompeji und selbst neuere Meisterwerke nachgeahmt. Diese Epoche schien vorüber zu sein, auch war der Apparat schwer zu transportieren und ins rechte Licht zu setzen; uns konnte also ein solches Schauspiel nicht zuteil werden.»

Bei der Lektüre kommt man unwillkürlich ins Nachdenken. Könnte sich nicht von Mrs. Kelly über Doktor Graham, Sir Harry, Greville bis zu Lord Hamilton eine Art roter Faden durch Emmas Leben ziehen? Ist nicht jeder von ihnen, wenn auch aus unterschiedlichen, ja gegensätzlichen Gründen, derselben Versuchung erlegen, Emma vorzuzeigen, sie auszustellen, wie man eine wunderbare Tanagrafigur ausstellt? Es versteht sich von selbst, dass die Gründe der Äbtissin von Arlington oder des Scharlatans vom Äskulap-Tempel nicht mit denen vergleichbar sind, die Greville hatte oder die Sir Williams jetzt hat. Trotzdem ist nicht zu bestreiten, dass der Diplomat über die Liebe hinaus, die er der jungen Frau entgegenbringt, Emma nach dem Vorbild seines Neffen *auch* mit den Augen des Kunstliebhabers und Sammlers betrachtet. Als lastete ein Fluch auf außerordentlichen Schönheiten.

Die Zeit vergeht. Im Palazzo Sessa wird das neue Jahr gebührend gefeiert, und die junge Frau wird weiterhin mit Segnungen überhäuft. Sie ist fast zweiundzwanzig, Neapel liegt ihr zu Füßen. Auch wenn sich die Königin, die englische Gemeinde und die diplomatischen Kreise ihrer Anziehungskraft noch verschließen, andere erliegen ihr. Die Kunde von ihrer Schönheit dringt bis nach Moskau, wo Zar Alexander I. ein Porträt von ihr bestellt. Die Countess Mahoney findet sie nach einer Begegnung auf der Insel Ischia einfach *marvellous*. Auf einem prosaischeren Gebiet kann Emma schließlich auch Mrs. Dickenson für sich einnehmen, die Nichte Lord Hamiltons, die die Verbindung zwischen ihrem Onkel und dieser «Parvenü» anfangs mit bösem Blick beäugte.

Ihr bezauberndes Wesen sucht nicht nur Männer und Frauen im weltlichen Leben mit verheerender Wirkung heim, auch diejenigen, die ihr Leben dem Geistlichen gewidmet haben, können sich ihm nicht entziehen. Mildtätigkeit ist ihr zur zweiten Natur geworden. Emma hat es sich zur Gewohnheit gemacht, den Bedürftigen mit Kleidern und Unterstützung jeder Art zu helfen. Zu diesem Zweck begibt sie sich regelmäßig in das Kloster, das neben der Residenz liegt. Die Ordensschwestern dienen als Mittelsfrauen. Dort lernt sie Schwester Beatricia Acquaviva kennen. Man braucht nur den Brief zu überfliegen, den Emma an den abwesenden Sir William schreibt, und man versteht, dass die fromme Schwester im Kontakt mit der Wohltäterin alles andere als nur «verstört» ist: «Oh, Sir William, Beatricia ist eine wunderschöne Frau. Sie ist neunundzwanzig Jahre alt. Sie hat den Schleier gewählt, als sie erst zwanzig war, und scheint es nicht zu bereuen. Und dennoch, wenn ich danach urteile, wie sie mich ansieht, hat ihr Blick nichts von einer Nonne. Er ist ebenso fröhlich wie feurig. Sie hat meine Lippen, Wangen und meine Stirn geküsst und dabei gemurmelt: ‹Wie schön Sie sind, *che bellissima creatura.›* Immer wieder hat sie mein Kleid bewundert und wiederholt, ich sähe aus wie ein Engel. Sie hat ausgiebig mein Haar gestreichelt und dann gesagt: ‹Für jemanden wie Sie lohnt es sich wirklich zu leben.›»

Parallel zu diesem unbeschwerten Leben arbeitet sie weiter unermüdlich sowohl an ihrer musikalischen Ausbildung als auch an ihrem Französisch und Italienisch. Ihr Tanzlehrer Guiseppe Aprile ist kein Geringerer als der Lehrer Maria Carolinas. Dreimal pro Woche kommt er in den Palazzo. Von Gallucci, ihrem Gesangslehrer, erhält sie dreimal täglich eine Gesangsstunde, morgens um acht Uhr, vor dem Abendessen und am späten Abend. Ihr Ruf als Sängerin verbreitet sich allmählich überall, und sie kann sich vor Angeboten kaum retten. So will beispielsweise die Oper von Madrid sie mit einem Vertrag über 2000 Pfund jährlich auf die Bühne holen. Sie lehnt das Angebot ebenso ab wie alle späteren.

Sir William ist im siebten Himmel, als er an Greville schreibt: «Ich gehe fast jeden Tag auf die Jagd, aber ich bin überglücklich, wenn ich nach Hause komme und dort Emma antreffe. Sie können sich nicht vorstellen, welche Fortschritte sie auf allen Gebieten gemacht hat, in ihrem Benehmen wie in der Sprache, insbesondere aber in der Musik. Ihre Stimme ist sehr beachtlich und voller Ausdruckskraft. Die musikalischen Grundlagen beherrscht sie immer besser.»

Gegen Ende Juli beschließen Sir William und Emma, einige Tage in Sorrent zu verbringen, wo sie im Landhaus des Herzogs von San Demetrio wohnen, einem Günstling König Ferdinands. «Der Ort liegt auf einem Kap, und wir können Capri, Ischia, den Vesuv und Portici, den Posillipo und Neapel sehen. Sie können sich nicht vorstellen, wie wunderschön es ist», schwärmt Emma.

Am 4. August sind sie wieder zurück in Neapel, und schon am nächsten Tag nimmt der Cavaliere seine Geliebte auf einen Ausflug zu den Hängen des Vesuvs mit. Sie zeigt sich sehr interessiert an dem Schauspiel, stellt tausend Fragen. Bald bergen die vulkanischen Phänomene kein Geheimnis mehr für sie.

Im November gibt das Paar ein prunkvolles Souper mit sechzig geladenen Gästen. Nach dem Essen schickt Emma ihre Kutsche und ihren Lakaien zur *prima donna* Georgine Brigida Banti, um sie zu bitten, die Soirée mit ihrem Besuch zu beehren. Die Sängerin nimmt die Einladung an. Während sie sich unter die anderen Gäste mischt, wagt Emma das Unglaubliche. Sie singt. Von Musikern umringt, trägt sie die *Nina* von Paisiello vor. Als sie zu Ende ist, hallt der große Musiksaal von donnerndem Applaus wider, und die Banti richtet sich mit lauter Stimme an sie: «*Dio mio! che maravigliosa vocce!* Ich würde alles hergeben, was ich besitze, um eine solche Stimme zu haben!» Kam dieser Ausruf wirklich von Herzen, oder war es ein höfliches Kompliment? Der Erfolg war jedenfalls so bemerkenswert, dass der unter den Gästen weilende englische Flottenadmiral Henry Dundas Melville[12] seine geplante Abreise nach London verschob, um Emma und Sir William zu einem Dinner an Bord seiner Fregatte zu empfangen: «Sir William, meine Mutter und ich», berichtet sie Greville, «sind die Mole entlang gegangen, wo uns ein Kapitän und vier Offiziere erwarteten. Sie halfen uns, ein Beiboot zu besteigen. Dann ruderte man uns zu der Fregatte, auf der sich der Commodore aufhielt. Das Schiff war über und über geschmückt. Zu unserem Empfang war die Mannschaft vollzählig angetreten. Ein erhebender Augenblick. Auch ein Orchester war da, und wir wurden mit einem Salut aus sechsundzwanzig Kanonen begrüßt. Dreißig Gäste waren zum Dinner versammelt. Der Commodore setzte mich ans Kopfende der Tafel und verlieh mir den Titel einer *Herrscherin des Festes*. Sie hätten mich sehen sollen in meinem weißen Satinkleid, mit dem Haar, das über meine Schultern fiel.»

Was mag der achtbare Greville wohl bei all diesen Schilderungen gedacht haben? Oder als er neun Monate später, im August 1788, erfährt, dass Emma von Sir William Diamantschmuck im Wert von …500 Pfund Sterling geschenkt bekommt. Er muss beinahe in Ohnmacht gefallen sein. Die Summe ist phantastisch verglichen mit dem Jahresbudget, das der Diplomat Emma und Mrs. Cadogan «für Kleidung und Wäsche» bewilligte. Der Preis des Colliers lag doppelt so hoch. Kein Zweifel, der Mann war unsterblich verliebt.

Und die Heirat?

Zwei Jahre sind vergangen, seit Emma in Neapel eingetroffen ist. Und von einer Heirat ist noch immer nicht die Rede. Ganz offensichtlich liegt es an Emma, das Thema anzusprechen, das geht zumindest aus einem Brief Lord Hamiltons an seinen Neffen vom Mai 1789 hervor: «Emma fragt mich oft: *Lieben Sie mich?* Und mit einem leicht ironischen Ton antwortet sie gleich selbst: *Ja, zweifellos, wie*

Ihre neuen Gemächer. Ich weiß, was sie möchte. Aber ich fürchte, dass die Verwirklichung ihres Wunsches nicht in meiner Macht liegt. Das bleibt aber bitteschön *entre nous.* Sollte ich je gezwungen werden, mich von ihr zu trennen, würde ich ihr eine jährliche Rente von 150 Pfund garantieren, und ihrer Mutter, die, nebenbei gesagt, eine hoch zu schätzende Frau ist, würde ich auch 50 gewähren. Tatsächlich denke ich darüber nach, während ich Ihnen schreibe. Stellen Sie sich nur den Altersunterschied vor: sie, vierundzwanzig, ich, neunundfünfzig! Diese Spanne könnte ungeahnte Folgen haben. Dennoch muss ich sagen, dass ihr Verhalten in jeder Hinsicht einwandfrei ist. Aber ihr Temperament – Sie wissen, was ich meine – ist unvorhersehbar. Ich habe übrigens vor, mich im Laufe des Monats nach England zu begeben. Aber ich sehe nicht, wie ich Emma alleine lassen könnte. Die Angelegenheit ist nur aufgeschoben.»

7 Der Botschafter reist im Frühjahr 1789 in den Süden Italiens, um Kunstwerke für seine Sammlung zu erwerben. Emma begleitet ihn. Nach einem Umweg über Bari, Brindisi, Foggia entdeckt der Diplomat in Tarent einen Herkuleskopf aus wunderbarem griechischen Marmor. Zum Dank «für ein Lied, das Emma gesungen hat», überlässt man ihm die Büste. Einige Tage später erwirbt er die Maske einer Römerin, deren Gesichtszüge ihn an seine Begleiterin erinnern. Nach der zwanzigtägigen Rundreise ist seine Liebe größer denn je.

Der Sommer naht, als eine unerwartete Besucherin Emma hilft, in der sozialen Rangordnung eine Stufe höher zu klettern. Bisher öffnen sich ihr nur die Türen der neapolitanischen Gesellschaft. Die englische Gemeinde übergeht Emma hartnäckig. Man teilt dort im Wesentlichen die Meinung von Maria Carolina über sie. In den Augen der feinen Gesellschaft stellt Emma nichts dar. Nach weit verbreiteter Auffassung ist sie eine kleine Kurtisane, die es geschafft hat, dem alten Hamilton den Kopf zu verdrehen. Aber das Schicksal meint es gut mit ihr.

Mitte Juni trifft die Herzogin Elizabeth von Argyll in Begleitung ihrer Tochter Lady Augusta und deren Ehemann in Neapel ein. Zu jener Zeit gehört die Herzogin zu den meistbeachteten Persönlichkeiten am englischen Hof. Ihre Berühmtheit verdankt sie ähnlich wie Emma ihrer strahlenden Schönheit. Allerdings ist die Herzogin nicht mehr die Jüngste und überdies krank. Ihr Gesundheitszustand erfordert einen Aufenthalt in Italien, sie möchte in Neapel den ganzen Winter verbringen. Als sie Emma kennen lernt, schenkt sie ihr spontan und ohne jeden Vorbehalt ihre innige Zuneigung. Und sie gibt ihre Wertschätzung für Emma deutlich zu erkennen. Man betrachtet ihre Haltung als Huldigung des sinkenden an den aufgehenden Stern. Es kommt einem Ritterschlag gleich. Neapel ist eine kleine Stadt. Neuigkeiten verbreiten sich in Windeseile. Seit sie die Protektion einer so hoch gestellten Persönlichkeit genießt, öffnen sich Emma die Türen zu den bisher verschlossenen gesellschaftlichen Kreisen. Innerhalb weniger Monate wird sie zu einer umworbenen Frau. Jeder Salon bittet um die Ehre, sie empfangen zu dürfen, man ringt um ihre Freundschaft. Sie gewinnt die Frau des neuen spanischen Gesandten und die Frau des russischen Gesandten, die schöne Madame Skawronska, zu Freundinnen, bald sind sie unzertrennlich. Der Fürst von Monaco und die Herzogin von Fleurus werden Stammgäste bei den Abendgesellschaften in der englischen Botschaft.

Emma weiß um den entscheidenden Einfluss, den die Herzogin auf ihr Schicksal gehabt hat. Als Letztere Ende 1790 stirbt, ist die junge Frau erschüttert: «Sie können sich meine Verzweiflung nicht vorstellen», schreibt sie an Greville. «Nie habe ich solche Freunde gehabt wie sie. Sie sollen alles erfahren, wenn wir uns wiedersehen. Ich werde Ihnen von allen Beweisen ihrer Güte mir gegenüber erzählen; es sind ihrer zu viele und sie sind zu bewegend, als dass ich Ihnen brieflich eine Ahnung davon geben könnte.»

Der Herzogin größter Dienst war es, Emma in die engstirnige englische Gesellschaft eingeführt und Sir William auf diese Weise bewiesen zu haben, dass sie dem Rang einer (künftigen) Lady Hamilton mühelos gerecht zu werden weiß. In der Öffentlichkeit geht schon das Gerücht von einer insgeheim vollzogenen Heirat des Gesandten und seiner Mätresse um, ein vollkommen haltloses Gerücht, in dessen Folge der Cavaliere sich aber mit dem Gedanken an eine solche Verbindung anfreundet. Tatsächlich hat sich Sir William in diesem Zeitraum entschieden. Und es ist durchaus denkbar, dass seine Entscheidung unter dem Einfluss der Herzogin von Argyll gefallen ist. Wenn er zögert, sein Vorhaben in die Tat umzusetzen, so weniger aus Furcht, Maria Carolina zu missfallen, und noch weniger, weil er Skrupel gegenüber Greville hätte. Er sorgt sich aber um den Skandal, den eine solche Heirat am Hof von England zwangsläufig hervorrufen würde – eine Heirat, die seiner politischen Laufbahn schaden und ihn dem König, seinem treuesten Gönner, sowie Königin Charlotte, die für ihre Prüderie bekannt war, entfremden könnte.

Als Schützling der Herzogin von Argyll ist es Emma von nun an gestattet, Lord Hamilton auf den Treibjagden des Königs von Neapel zu begleiten und regelmäßig mit den wichtigsten Mitgliedern des Hofes zu verkehren, die zur unmittelbaren Entourage Maria Carolinas zählen. Dort trifft sie insbesondere niemand Geringeren als den Liebhaber der Königin General John Francis Edward Acton. Geboren 1736 als Sohn eines katholischen irischen Arztes und später seltsamerweise der syrisch-jakobitischen Kirche[13] beigetreten, hat Acton seine Laufbahn bei der französischen Marine begonnen und sein Schwert dann, sei es aus Lust an der Veränderung, sei es aus Verdruss darüber, dass man seine Verdienste nicht entsprechend würdigte, in den Dienst des Hofes von Florenz gestellt, wo er sich großes Ansehen erwarb. 1779 wird der Fürst von Caramonico auf ihn aufmerksam, einer der Minister Maria Carolinas. Auf seine Empfehlung hin sichert man sich seine Dienste und ernennt ihn gleich zum Admiral der neapolitanischen Flotte. Und das ist erst der Anfang. In kurzer Zeit klettert er alle Stufen der Karriereleiter empor, wird Kriegs- und Marineminister. Dieser steile Aufstieg ist nicht verwunderlich, wenn man weiß, dass unterdessen die Königin Gefallen an ihm gefunden und ihm sogar ihre Gunst geschenkt hat. Der anpassungsfähige Acton begriff, dass die ehrgeizige Herrscherin einen Mann für alle Fälle braucht. Auch wenn er erst 1789 offiziell an die Spitze der neapolitanischen Diplomatie berufen wird, sein Einfluss macht sich schon lange zuvor bemerkbar. Nur die Finanzen bleiben außerhalb seiner Kontrolle, da er sich davor scheut, die Verantwortung für einen Verwaltungsbereich zu übernehmen, von dem er nichts versteht. Um jede Rivalität mit einem allzu eifrigen Kollegen zu vermeiden, schafft er diesen Ministerposten jedoch ab und ersetzt ihn durch einen einfachen Staatsrat.

Maria Carolina hat das Glück gehabt, den Minister ihrer Träume zu finden. Ehrgeizig und herrschsüchtig, wie sie war, wäre sie schlecht beraten gewesen, hätte sie sich nicht mit einem Mann zufrieden gezeigt, der mit solcher Hingabe ihre Gefühle teilte und ihren Willen umsetzte. Es ist seltsam, aber diese gebieterische und aufsässige Frau bemerkte nicht, dass sie sich, indem sie sich für Acton stark machte, einen Herrn heranzog, der sie seine Macht bisweilen auf harte Weise spüren lassen sollte. In den hohen Rang eines Ministers aufgestiegen, hält Acton sich schließlich für eine Art Spitzendiplomat. Mit seinen militärischen wie politischen Begabungen maßt er sich an, alles zu beherrschen, und lange bevor er den reinen Ehrentitel eines Feldmarschalls erhält, ernennt er sich selbst zum General.

Im Juli 1789 erschüttert ein Donnerschlag Europa: Frankreich stürzt in die Revolution. Die Pariser haben die Bastille gestürmt. Der Marquis de Launay, Gouverneur der Bastille, wird umgebracht, ebenso der Bürgermeister von Paris.

Maria Carolina beginnt bald um ihre Schwester zu bangen. Welches Schicksal werden die Revolutionäre Marie Antoinette bereiten? Die Adeligen gehen einer nach dem anderen ins Exil. Unter ihnen Madame Vigée-Lebrun, die berühmte Porträtistin. Ihr Ruf eilt ihr schon voraus, als sie in Neapel an Land geht, um bei Maria Carolina Zuflucht zu finden. Kaum dass sie sich eingerichtet hat, bittet Sir William sie um ein Porträt von Emma. Davon schreibt sie auch in ihren *Erinnerungen*: «Graf Skawronski (sic!) hat mir das Versprechen abgenommen, zuerst das Porträt seiner Frau zu malen, bevor ich jemand anders porträtierte; ich verpflichtete mich, es zu tun, und begann zwei Tage nach meiner Ankunft das Bild, auf dem die Gesandtin beinah in ganzer Figur gemalt ist, in der Hand ein Medaillon mit dem Porträt ihres Gatten haltend, das sie betrachtet. Ich hatte gerade die erste Sitzung gehabt, als Chevalier Sir Hamilton, der Gesandte Englands in Neapel, zu mir kam, um es sich als eine Gnade von mir auszubitten, dass mein erstes Porträt, welches ich hier mache, das einer herrlichen Frau sein solle, die er mir vorstellte, nämlich Madame Harte, seine Geliebte, die nicht lange darauf Lady Hamilton und durch ihre Schönheit berühmt wurde. Nachdem ich meinen liebenswürdigen Nachbarn bereits das gleiche Versprechen gegeben hatte, wollte ich das Porträt nicht eher anfangen, als bis das der Gräfin Skawronska schon weiter fortgeschritten sei. (...) Madame Harte malte ich als Bacchantin am Meeresufer liegend und eine Trinkschale in der Hand haltend. Ihr schönes Antlitz war sehr beseelt und bildete einen vollkommenen Gegensatz zu dem der Gräfin; sie besaß eine Unmasse schöner, kastanienbrauner Haare, in die sie sich vollkommen einhüllen konnte, und war als Bacchantin [mit aufgelöstem Haar][14] wundervoll. Chevalier Hamilton ließ das Bild für sich anfertigen, aber man wusste, dass er häufig seine Bilder wieder verkaufte, wenn er es mit Gewinn tun konnte. So kam es, dass M. de Talleyrand, der älteste Sohn unseres Gesandten in Neapel, als er eines Tages sagen hörte, Chevalier Hamilton beschütze die Künste, antwortete: ‹Sie könnten viel eher behaupten, dass die Künste ihn beschützen.› Tatsächlich erreichte er, nachdem er längere Zeit um das Porträt seiner Geliebten gefeilscht hatte, dass ich es ihm für hundert Louis überließ, und verkaufte dann das Bild in London für dreihundert Guineen.[15] Später malte ich Lady Hamilton als Sibylle noch einmal für den Herzog de Brissac und kopierte den Kopf, um damit dem Chevalier Hamilton ein Geschenk zu machen, aber auch dies Bild verkaufte er ohne Zögern wieder. (...) In der Tat gab es nichts Merkwürdigeres als Lady Hamiltons Fähigkeit, ihren Zügen plötzlich den Ausdruck des Schmerzes oder der Freude zu verleihen, und in vortrefflich angepassten Stellungen verschiedene Persönlichkeiten darzustellen. Mit dem lebhaften Blick und aufgelöstem Haar war sie eine köstliche Bacchantin, dann drückten ihre Gesichtszüge plötzlich tiefen Schmerz aus, und man hatte eine wunderbar schön büßende Magdalena vor sich. Als Chevalier Hamilton sie mir vorstellte, wünschte er, dass ich ihr Mienenspiel sähe; ich war entzückt davon, aber sie war wie alle Welt gekleidet, was mich störte. Ich ließ ihr solche Kleidung anfertigen, wie ich sie trug, um bequem malen zu können, und die man Bluse nannte; sie hüllte sich dann noch in Schals, die sie in schönem Faltenwurf umzulegen vortrefflich verstand; man hätte eine jede ihrer Stellungen so wie ihren verschiedenartigen Gesichtsausdruck zeichnen mögen, um eine ganze Galerie von Bildern zu erhalten, es existiert sogar eine derartige Sammlung von Friedrich Rehberg[16] gezeichnet, die in Kupfer gestochen wurde.»[17]

Und während man in Neapel malt, nimmt in Frankreich die Revolution ihren Lauf.

Im August 1790 führen die Veränderungen zu neuer Unzufriedenheit im Volk und zu einer Welle von Unruhen in vielen Regionen, wo die Bauern über die unzureichenden Zugeständnisse enttäuscht sind und sich weigern, Steuern zu bezahlen. Auch das Heer und die Marine sind in heftigem Aufruhr. Die alte Gegnerschaft zwischen Katholiken und Protestanten – die einen lehnen die neue Regierung ab, während die anderen sie unterstützen – artet zwischen Mai und Juni in der Umgebung von Montauban und Nîmes zu Massakern aus. Das Land ist gespalten, die Maßnahmen gegen die Kirche verschärfen den Konflikt. Die zivilrechtliche Konstituierung des Klerus, die am 12. Juli 1790 verabschiedet wird, verstärkt die laizistische Ausrichtung des Landes.

Ein Jahr ist vergangen.

Auch wenn Lord Hamilton in Gedanken vor allem bei den Ereignissen ist, die sich bei Englands Erbfeind abspielen, so schlägt sein Herz doch weiterhin nur für Emma. Unmerklich hat sich der Gedanke an eine Heirat in seinem Kopf festgesetzt. Im Januar 1791 schreibt er an eine Freundin, Georgina Dowager, Countess Spencer: «Ein sechzigjähriger Mann, der beabsichtigt, eine vierundzwanzigjährige Frau [Emma war inzwischen allerdings sechsundzwanzig] zu ehelichen, deren Vergangenheit man lieber nicht in allen Einzelheiten betrachten sollte, ein solcher Mann wäre mehr als unbesonnen. Und zu neunundneunzig Prozent würde es sich als ein Fehler herausstellen, wenn er sein Vorhaben durchführte. Ich aber schmeichle mir damit, dass Emmas Benehmen mich kein einziges Mal enttäuscht hat. Wir leben jetzt seit fünf Jahren zusammen, und ich kann mich an keinen Tag erinnern, an dem ich über diese Verbindung nicht froh gewesen wäre.» Und am Ende des Briefes zieht er den Schluss: «Ich glaube, es ist an der Zeit, dass ich sie zu dem mache, was unsere Gesellschaft ‹eine ehrbare Dame› nennt. (...) Emma ist eine außergewöhnliche Frau, dessen können Sie gewiss sein.»

Bleibt nur noch, zur Tat zu schreiten. Er verkündet der jungen Frau seine Entscheidung, da er aber seinen Posten nicht verlieren und sicher gehen möchte, dass eine Mesalliance ihn nicht die königliche Gunst kostet, besteht der Cavaliere auf einer Heirat in England.

Emma wäre vor Glück beinahe in Ohnmacht gefallen. Aber weder sie noch Sir William halten es für nötig, Greville über ihre Heiratsabsicht zu unterrichten. Beide begnügen sich damit, ihn von ihrer bevorstehenden Ankunft in England zu benachrichtigen. Warum diese Verschwiegenheit? Vielleicht, weil sie – zu Recht – meinen, die Nachricht könnte ein zu harter Schock für ihn sein. Er muss seine Sorge wohl in drastischen Worten ausgedrückt haben, denn Emma versucht umgehend, ihn zu beruhigen. Ihr Brief ist vom Januar 1791:

Machen Sie sich keine Sorgen um mich wegen England. Wir werden nur für kurze Zeit kommen. Ich möchte keine Aufmerksamkeit erregen und ein Beispiel vollkommenen Benehmens geben, um der Welt zu zeigen, dass eine hübsche Frau nicht immer eine Närrin ist. Mein ganzes Streben besteht darin, Sir William glücklich zu machen, und Sie werden sehen, er ist es. Zwei getrennte Wohnungen (zweifellos ein Vorschlag Grevilles) zu nehmen, ist nicht unsere Absicht, warum sollten wir das auch tun? Sie können nicht ernstlich in Betracht ziehen, dass zwei Personen, die seit fünf Jahren im glücklichen Einvernehmen miteinander leben, eine Trennung hinnehmen sollen, wo sie doch keine andere Freude kennen, als in gegenseitiger Gesellschaft zu sein. Nein, das kann nicht sein, und Sie werden selbst zu diesem Urteil kommen, wenn Sie uns wiedersehen. (…) Zu gegebener Zeit werden wir Sie in unsere Pläne und unsere Geheimnisse einweihen. Wir werden im Frühjahr bei Ihnen sein; im November kehren wir nach Neapel zurück, und im nächsten Jahr können Sie uns dort besuchen. Wir freuen uns darauf, Sie bald zu sehen. Angesichts der Zuneigung, die Sie Sir William entgegenbringen, werde ich immer eine hohe Meinung von Ihnen haben, und ich bin Ihnen dankbar, dass Sie die Rolle des Vermittlers übernommen haben, sonst hätte ich ihn wohl nie kennengelernt. Ich kann niemand anderen mehr lieben als ihn. Dieses Geständnis wird Sie glücklich machen, das weiß ich.

Seine Aufregung und Sorge über den wahren Grund dieser Reise wird noch gesteigert, als er einen Eilbrief seines Freundes Heneage Legge erhält, der zu dieser Zeit gerade in Neapel weilt. Als hätte er von Greville den Auftrag, das Paar auszuspionieren, berichtet er:

Die Lage, in der sich Sir William befindet, erlaubt ihm keine öffentliche Ankündigung, es kann aber kein Zweifel an seiner Absicht bestehen, Mrs. Hart zu ehelichen. (…) Ihr Einfluss auf ihn ist nicht zu fassen. Und seine Zuneigung zu ihr weckt Bewunderung. Das Maß an Zuwendung ist vollkommen ausgewogen. Sie hat in ihrer ganzen Umgebung verkündet, sie beabsichtigten nach England zu reisen, um die Zustimmung des Königs zu ihrer Heirat zu erbitten. Sie sagt, es sei ihr nicht länger möglich, ihre Verbindung zu Lord H. unter den derzeitigen Bedingungen fortzusetzen. Bedingungen, die sie ständig der üblen Nachrede und der Ablehnung aussetzten.

Daraufhin bittet Greville Legge, bei Lord Hamilton vorzusprechen und ihn zu überreden, seine Entscheidung noch einmal zu überdenken. Der Vorstoß endet mit einem Fiasko. Sir William ist rettungslos verliebt; Emma scheint unantastbar, und von allen Seiten ertönen Lobeshymnen. Legge bekommt nur eine kritische Stimme zu hören: Ihr Gesangslehrer soll ihm unter dem Siegel der Verschwiegenheit anvertraut haben, ihrer bewundernswert vollen und umfangreichen Stimme fehle es bisweilen an Reinheit. Man kann wohl schwerlich auf ein solches Argument setzen, um eine Heiratsabsicht zu durchkreuzen.

Greville weiß nun, woran er ist. Seine ehemalige Geliebte, jenes Mädchen, das ihn vergöttert hat, die kleine Emma, wird in Kürze … seine Tante sein.

8 Sie reisen wie geplant ab. Am 22. April erreicht das Paar in Begleitung von Mrs. Cadogan Venedig. Hier trifft Lord Hamilton den späteren Karl X. Am Hof von Versailles hatte der jüngere Bruder Ludwigs XVI., der Comte d'Artois (wie sein offizieller Titel lautete), das Leben eines Libertins geführt, der den Damen eifrig nachstellte. Da er während der Krise von 1789 die reaktionäre Partei unterstützt hatte, war er im Volk so unbeliebt geworden, dass sein Bruder ihm nach dem 14. Juli 1789 dringend empfahl, das Land zu verlassen. In der Emigration haben sich die aktivsten und eifrigsten Verfechter der Gegenrevolution um ihn gesammelt. Für die meisten französischen Emigranten ist der englische Gesandte kein Unbekannter. Viele haben wie der Marquis de Vaudreuil oder die Polignacs während eines Aufenthalts in Neapel seine Bekanntschaft gemacht.

Emma und ihr künftiger Gemahl reisen nach Brüssel weiter, wo sie einige Tage bleiben. Eine Woche später, am 16. Mai, kommen sie in London an und steigen im Nerot's Hotel an der King Street ab, wo Lord Hamilton regelmäßig Gast ist.

Im Frühling 1791 spricht die ganze Hauptstadt nur von dieser Sensation. Freunde und Verwandte Sir Williams warten beunruhigt auf die neue Frau an seiner Seite und drängen darauf, ihre Meinung über sie kundzutun. Die Maler erbitten bereits die Gunst, ihre Gesichtszüge auf die Leinwand zu bannen. Zu ihnen gehört auch der knapp zweiundzwanzigjährige Thomas Lawrence. Einer ihm nahestehenden Person teilt er mit: «Ein Freund hat mir versprochen, sich dafür zu verwenden, dass ich Sir William Hamilton vorgestellt werde, um seine wunderschöne Frau zu sehen, von der Sie bestimmt schon gehört haben: Mrs. Hart … Mir ist zu Ohren gekommen, für ein Malerauge könne nichts wünschenswerter sein.» Lawrence wird tatsächlich ein Porträt Emmas malen, und das Werk sollte lange Zeit in Hampden House hängen, dem Wohnsitz des Herzogs von Abercorn in London. Heute scheint das Porträt verschollen zu sein.

Doch von all den Künstlern wartet keiner ungeduldiger auf Emma als der alte Romney. Seit zwei Jahren schon lässt seine schwer zerrüttete Gesundheit dem Maler kaum noch Zeit zum Arbeiten. Doch mit Emmas Ankunft erwacht seine Lust am Leben und Malen wieder. Als Lord Hamilton London verlassen muss, um geschäftlichen Angelegenheiten in Wales nachzugehen, eilt die junge Frau zum Cavendish Square. Sie weiß noch nicht, wie man sie in London aufnehmen wird, von ihrem Freund aber wird sie so herzlich begrüßt wie früher. Überglücklich schlägt Romney ihr sogleich eine Reihe von Porträts vor. Emma ist einverstanden. Und obwohl die Hochzeitsvorbereitungen ihr nur wenig freie Zeit lassen, gewährt sie dem Maler täglich eine Sitzung. Mehr braucht es nicht, damit Romney wieder seinen gewohnten Schwung bekommt und sein ganzes Können entfaltet. Überglücklich schreibt er am 7. Juli an seinen Freund William Hayley: «In diesen Tagen und den Großteil des Sommers werde ich damit beschäftigt sein, Porträts von der göttlichen Lady zu malen. Für mich steht sie über den anderen Frauen, deshalb kann ich ihr kein anderes Epitheton geben. Der Prinz von Wales hat zwei Porträts von ihr bei mir bestellt.[18] Sie hat mir gesagt, sie wolle Sie unbedingt sehen, bevor sie England wieder verlasse; das wird Anfang September sein. Sie hat mich gefragt, ob es nicht in Ihrer Absicht läge, eine Biographie über mich zu schreiben. Ich habe ihr geantwortet, dass Sie bereits damit begonnen haben. Da sagte sie, dass sie hoffe, Sie hätten in dieser Geschichte auch einiges über sie zu berichten, und dass sie sehr stolz darauf sei, mir Modell gestanden zu haben. Sie sehen also, ich muss in London bleiben, bis sie abreist. Ich widme mich ganz dieser bezaubernden Frau. Sie hat vor, London für zwei oder drei Wochen zu verlassen. Im Augenblick ist sie von den Vorbereitungen zu der baldigen Hochzeit sehr in Anspruch genommen. Die halbe Welt läuft ihr hinterher, man nimmt sie so sehr in Beschlag, dass sie davon völlig durcheinander sein müsste, doch bei ihr obsiegt der gesunde Menschenverstand über die Eitelkeit. Die Bilder, die ich begonnen habe, sind eine Jeanne d'Arc, eine Magdalena und eine Bacchantin. Für den Prinz von Wales plane ich eine Calypso. Außerdem muss ich für die *Alderman Boydell's Shakespeare Gallery* eine Gestalt der Constanze in Angriff nehmen.»

Während ihres Aufenthalts in London steht Emma Romney nicht weniger als sechsunddreißig Mal Modell.

Nachdem Lord Hamilton von seiner Geschäftsreise zurückgekehrt ist, verlässt das Paar das Nerot's und bezieht, Grevilles Empfehlungen in den Wind schlagend, eine Wohnung in der Sommerset Street. Von den vielen Besuchen bei Freunden und Verwandten ihres Bräutigams ebenso beansprucht wie vom gesellschaftlichen Leben, fällt es Emma schwer, sich regelmäßig zu den Sitzungen für die Porträts zu begeben. Romney fühlt sich davon unglaublich verletzt. Das ist nicht verwunderlich, wenn man weiß, von welch krankhafter Empfindlichkeit er war. Als Emma eine Reise in der Umgebung von London unternimmt, die zwei Wochen dauern soll, macht er ein Drama daraus. Er glaubt, bei seiner göttlichen Lady in Ungnade gefallen zu sein, und verfällt in tiefe Depressionen. An Hayley schreibt er am 8. August: «Da mein Schweigen Sie zweifellos überraschen wird, schulde ich Ihnen wohl eine Erklärung dafür. In meinem letzten Brief habe ich Sie, glaube ich, davon unterrichtet, dass ich zu einem Dinner bei Sir William und seiner Frau sein würde. Sie hatten an jenem Abend einige Personen von hohem Stand eingeladen, um Emma singen zu hören. Im komischen wie im dramatischen Fach erfüllte sie ihre Aufgabe auf bewundernswerte Weise, ihre Stimme ist auf der Höhe ihrer mimischen Kunst. Aber ihre Darstellung der *Nina* übertrifft alles, was ich je gesehen habe. Das ganze Publikum verspürte eine schmerzliche Beklemmung; ihr Spiel ist großartig, einfach, schrecklich, pathetisch. Ich geriet in einen solch überreizten Zustand, dass ich beinahe nach Eartham gerannt wäre, um Sie zu holen. Leider meinte ich wenige Augenblicke später eine Veränderung in ihrem Verhalten zu entdecken. Kälte und Vergessen schienen an die Stelle ihrer wiederholten Beteuerungen der Freundschaft getreten zu sein. Sie ist mit Hamilton aus der Stadt abgereist, um verschiedene Besuche auf dem Lande zu machen. Ich erwarte sie Ende der Woche zurück, und je nachdem, wie sie sich dann mir gegenüber ins Benehmen setzen wird, werden sich meine Ängste (unter denen ich stark gelitten habe) zerstreuen oder weiter steigern. Es ist nur allzu wahrscheinlich, dass keines der Bilder fertig wird, wenn sie sich mir gegenüber nicht liebenswürdiger zeigt, als es mir bei unserer letzten Begegnung erschienen ist.»

Während Romney tausend Tode stirbt, reisen Emma und Sir William als Liebespaar durch die Grafschaften Derbyshire, Herefordshire und Wiltshire, bis sie in Bath eintreffen, jener Sommerfrische, die damals groß in Mode war. Offensichtlich hat es keiner von beiden besonders eilig, Charles Greville wiederzusehen. Im August weilt ganz London in dem Kurbad. Man sucht Zerstreuung in den pump rooms (Kursäle, in denen es Thermalwasser gibt), man spielt Whist, tratscht und promeniert. Allen voran hat die Königsfamilie, die seit vielen Jahren jeden Sommer nach Bath kommt, das Kurbad berühmt gemacht. Natürlich richten sich alle Blicke auf den Gesandten und seine Dulcinea. Allenthalben hört man spöttische Bemerkungen. Lord Hamilton allerdings hört nichts und sieht nichts. Er ist mit seiner alten Freundin Georgina Dowager, Countess Spencer verabredet. Leider ist die Countess nach Longleat entschwunden. Sie zieht es vor, nicht mit Emma zusammenzutreffen, solange das Paar seine Verbindung nicht durch eine Eheschließung legalisiert hat. Aber das macht nichts, sind doch drei andere alte Bekannte zugegen, an die sich der Ritter Hamilton halten kann: Herzogin von Devonshire, Lady Betty und Lady Elizabeth Foster. Während letztere sich ebenso geschickt entzieht wie Georgina Dowager, finden die beiden anderen Frauen nichts dabei, mit Emma zu soupieren. Man kann davon ausgehen, dass diese ihre «lebenden Bilder» vorgeführt und eine Gesangseinlage geboten hat, denn in Lady Betty's Tagebuch findet sich diese sehr differenzierte Betrachtung: «Ich habe soeben Mrs. Hart kennengelernt, die dank ihres außergewöhnlichen Talents eine neue Form des Schauspiels für die Menschheit erfand. Ich werde nie vergessen, welchen Eindruck sie auf mich machte. Gestern abend wurde sie von Sir W. Hamilton der Herzogin von Devonshire vorgestellt. Sie ist eine Frau von großer Schönheit, jedoch einfach und plump. Wenn sie singt, hat sie eine ungeheure Ausstrahlung, doch obwohl ihre Stimme immer kraftvoll und in der richtigen Tonlage ist, klingt sie, wie ich fand, nicht sehr zart und sanft; es fehlt ihr an Geschmeidigkeit. Ihre *Attitüden* hingegen, die sie uns heute vormittag vorgeführt hat, sind ein so außergewöhnliches Schauspiel, dass ich es kaum zu beschreiben vermag. Von einer griechischen Tunika aus Musselin umhüllt, das Haar aufgelöst und über die Schultern fallend, war sie nacheinander Cassandra und Andromache. Keine trojanische Prinzessin, keine griechische Göttin kommt ihr gleich. (...) Am nächsten Abend haben wir uns wieder getroffen; obgleich sie besser gekleidet war als am Vortag, empfand ich ihre Konversation als völlig belanglos, wenngleich höflich und keineswegs affektiert. Ich nahm nur Anstoß an ihrem ungeschliffenen Akzent. Zum Schluss gebe ich eine Äußerung Lord Bristols wieder, die das Porträt dieser Person zusammenfasst: «Wenn Sie davon absehen, dass es sich um Mrs. Hart handelt, wird sie ihnen wie eine Dame von hohem Stand vorkommen, aber eigentlich ist die Frau vulgär.» Ich muss allerdings hinzufügen, dass Mrs. Harts Vulgarität durch ihre Herkunft zu erklären ist. Sie hat bis zu ihrem neunzehnten Lebensjahr in den niedersten Schichten gelebt und ist zu allem nur als Mätresse Lord Hamiltons gekommen.»

Weder Emma noch ihr Geliebter scheinen von solchen Äußerungen verletzt zu sein, aber natürlich hütet man sich davor, die beiden offen zu kritisieren. In ihren Traum versunken, verlassen sie Bath, um einen Freund des Cavaliere in Twickenham in der Gegend von Strawberry Hill zu besuchen. Sie tragen sich dort in das Goldene Buch ein. Der Freund ist kein anderer als Horace Walpole, nunmehr ein betagter Herr von einundsiebzig Jahren. Der Sohn Sir Robert Walpoles hat in Eton, am namhaften King's College [in London] und später in Cambridge studiert. Als Mitglied des Parlaments (bis 1768) hat er kaum von sich reden gemacht. Die ganze Leidenschaft des Schriftstellers und Kunstsammlers gilt der Gotik, und das spiegelt sich in der Architektur seines Hauses wider. 1747 erworben, hat er es vollständig im neugotischen Stil umgebaut und im Laufe der Jahre mit Türmchen, Zinnen und Kreuzgängen ausgestattet. Im Haus hat er die verschiedensten Dinge versammelt, vor allem aber Bücher, von denen er zahllose besitzt. Er hat seine eigene Druckerei im Kellergeschoss eingerichtet und veröffentlicht seine Werke selbst. Darunter nichts wirklich Interessantes bis auf den Schauerroman, der ihn berühmt gemacht hat: *Das Schloss von Otranto.* Ansonsten kennt man Horace Walpole vor allem wegen der äußerst bissigen Bemerkungen zum Zeitgeschehen, die er in seinem Tagebuch vermerkt. Über Emma hat er bereits einige Zeit zuvor geschrieben: «Ich werde den restlichen Platz noch mit ein paar Zeilen zu Mrs. Hart füllen, der Mätresse und baldigen Gattin Sir William Hamiltons, die, in einen Kaschmirschal gehüllt, sämtliche antiken Statuen darstellt. Da ich sie noch nicht gesehen habe, kann ich kein Urteil darüber abgeben. Aber die Leute sind völlig aus dem Häuschen ob ihrer wundervollen Ausdruckskraft, was mir nur schwer begreiflich ist, da die antiken Statuen doch wahrlich wenig

Ausdruck besitzen, auch wenn es allgemein heißt, sie hätten welchen.»

Doch zu unserem großen Erstaunen greift er eine Woche später wieder zur Feder, um festzuhalten: «Samstag Abend war ich beim Herzog von Queensberry mit einer kleinen Gesellschaft, zu der auch Sir William Hamilton und Mrs. Hart zählten, die am 3. des Folgemonats *Madame l'Envoyée de Naples*[19] werden soll. In diesem Fall kann sie nicht behaupten, in einen Kreis eingeführt zu werden, in dem so überaus tugendhafte Damen verkehren wie die Herzogin von Kingston und Mrs. Hastings, die mit einem Gatten an jeder Hand aufwarten können. Aber ich vergesse schon wieder, mich zu korrigieren und Mrs. Hart *amende honorable*[20] [Abbitte] zu leisten. Ich hatte nur von ihren *Attitüden* gehört. Aber nicht davon, wie wundervoll sie singt. Oh! Sie besitzt eine schöne und ausdrucksstarke Stimme, glänzt in der Opera buffa und erweist sich als erstaunliche Tragödin. Sie singt die *Nina* mit allergrößter Vollkommenheit, und dabei meistert ihre Stimme die Tonleiter mit allen Variationen der Anmut und des Ausdrucks.»

Am 17. August trennt sich Mrs. Cadogan von dem Paar, um in Manchester eine Vergessene zu besuchen: *little Emma*. Das Mädchen ist gerade neun geworden. Aus unerklärlichen Gründen hat man sie auf den Namen Emma Carew getauft. Sie trägt also weder den Namen Lyon noch den der Kidds. Sie besitzt keine Familie und hat an ihre Mutter nur noch die ferne Erinnerung von den wenigen Wochen, die sie sieben Jahre zuvor in Parkgate zusammen waren. Mrs. Cadogan will sich davon überzeugen, dass es ihrer Enkelin gut geht und dass es ihr an nichts fehlt. Wie mag *little Emma* auf diese Unbekannte reagiert haben? Hat Mary Cadogan ihr gesagt, dass sie ihre Großmutter ist? Wir werden es nie wissen.

Bei Emmas Rückkehr am 22. August zerstreuen sich Romneys Ängste: Das befürchtete Zerwürfnis gab es nur in seiner Einbildung. Das vertraut er auch seinem Freund Hayley an: «Cassandra [Emma] ist am 16. in die Stadt zurückgekehrt, ich habe sie aber erst am 20. wiedergesehen. Sie können sich also vorstellen, wie ich gelitten habe. Am 23. ist sie wieder zu mir gekommen, und seither hat sie mir jeden Tag Modell gestanden. Als sie mein Atelier betrat, schien sie noch liebenswürdiger zu mir zu sein als früher. Jetzt bin ich mir sicher, dass sie mir so herzlich verbunden ist wie eh und je. Sie be-

Emma Hamilton als Botschafterin
(auch: Emma Hamilton an ihrem Hochzeitstag),
George Romney, Privatsammlung.

dauert sehr, aus England abzureisen, bevor sie Sie gesehen hat. Ich bin Ihnen äußerst dankbar für Ihre große Anteilnahme an meiner Verzweiflung. Tatsächlich hat mein Verstand so sehr gelitten, dass meine Gesundheit davon stark angegriffen ist, und ich befürchtete schon, nach ihr nichts mehr malen zu können. Doch seit sie mir wieder ihre alte Herzensgüte schenkt, bin ich gesundheitlich und geistig wieder vollkommen hergestellt.»

Emmas Aufenthalt in London zieht sich in die Länge.

Eines Abends besucht sie mit ihrem künftigen Gatten eine Vorstellung im Theater, wo sie einst – vor zwölf Jahren – in den Kulissen wie gebannt auf die Schauspieler gestarrt und an ihren Lippen gehangen hatte. Tatsächlich gehen sie in das berühmte Drury Lane Theatre, und diese Wahl ist kein Zufall. Auf den Plakaten steht der Name Jane Powells. Wir erinnern uns: Es ist das kleine Dienstmädchen, mit dem Emma in der Praxis von Doktor Budd zusammen gearbeitet hatte. Die eine ist als Schauspielerin auf dem Gipfel ihres Ruhmes angelangt, die andere kurz davor, die Frau des Botschafters zu werden.

Alles in allem entwickeln sich die Dinge besser, als Sir William gehofft hatte. Ein Wölkchen trübt indessen den klaren Himmel dieser Reise: Trotz aller Anstrengungen des Botschafters wird diejenige, die noch immer nur seine Mätresse ist, nicht am Hof empfangen. Zur Not hätte Georg III. der Audienz zugestimmt, um die er so heftig gebeten wurde, aber er wagt es nicht, sich über den systematischen Widerstand von Königin Charlotte hinwegzusetzen. Trotz dieses betrüblichen Fehlschlags unterlässt Sir Hamilton es nicht, dem König seine Heiratsabsicht mitzuteilen, und erhält von ihm sein stillschweigendes Einverständnis. Endlich, die ersehnte Stunde naht.

Am 6. September 1791 …

Wir befinden uns in der kleinen Kapelle von Marylebone in der Marylebone Road. Emma bebt vor Aufregung. Die beiden Trauzeugen, den Marquis von Abercorn und Louis Dutens, den Sekretär des englischen Gesandten in Turin, nimmt sie kaum wahr. Ob auch der gute Greville zugegen war? Wir können es nicht mit Sicherheit sagen.

Die Zeremonie ist ebenso kurz wie formlos. Reverend Edward Berry hält die übliche Ansprache, kraft derer der Ehrenwerte Sir William Hamilton und Amy Lyon zu Mann und Frau erklärt werden. Am selben Nachmittag äußert Emma den Wunsch, ein letztes Mal zum Cavendish Square zurückzukehren. Während dieses Besuchs skizziert Romney das Bild, dem er später den Titel *Die Bot-*

schafterin geben wird. Am nächsten Tag veröffentlicht das *Gentleman's Magazine* eine kurze, lakonische Meldung: «Sir William Hamilton, außerordentlicher und bevollmächtigter Gesandter am Hof von Neapel, hat Miss Hart zur Frau genommen, eine Dame, die für ihre Schönheit wie für ihre musikalischen Talente berühmt ist.»

Als die Sitzung beendet ist, trennt sich die junge Frau schweren Herzens von ihrem großen Freund. Für den Maler ist dieser Augenblick noch grausamer; er weiß zweifellos, dass er diese Frau nicht wiedersehen wird, die eine so wichtige Rolle in seinem Leben gespielt, einen so großen Einfluss auf sein Talent gehabt und sein Alter mit einem letzten Freudenstrahl erleuchtet hat.

Zwei Tage später machen sich Sir William und seine Frau auf den Weg nach Neapel.

Und schon bald sollte die Frau, die jetzt Lady Hamilton heißt, in die Geschichte eingehen …

9 Das Paar überquert bei Dover den Kanal und geht in Calais an Land: auf französischem Boden. Und das, obwohl Frankreich seit zwei Jahren in Aufruhr und Chaos versinkt. Im Laufe des Sommers 1791 hat sich die Politisierung des Landes beschleunigt. Die royalistischen Zeitungen rufen zum Widerstand auf, immer mehr Menschen emigrieren. Überall im Land weitet sich der Bürgerkrieg aus.

Am 21. Juni 1791 hat die königliche Familie einen Fluchtversuch unternommen in der Hoffnung, unter den Schutz des österreichischen Kaisers zu gelangen. Nachdem sie in Varennes erkannt wurden, hat man den Monarchen und seine Frau nach Paris zurückgebracht und im Louvre unter Hausarrest gestellt.

Es ist also eine stürmische Zeit, in der Lady Hamilton und ihr Gatte in der französischen Hauptstadt eintreffen. Sie nehmen ein Hotel in der Rue de l'Université. Einige Tage später kommt es zu einer Begegnung, die sich als entscheidend für die künftigen Beziehungen zwischen Emma und Maria Carolina erweisen sollte. Wie? Auf welchen Wegen? Auf wessen Empfehlung? Rätsel über Rätsel. Wir wissen lediglich, dass Marie Antoinette höchstpersönlich dem Gesandten und seiner Frau eine Audienz gewährt. Es gibt keine Zeugen dieser Zusammenkunft und kein glaubwürdiges Schriftstück darüber. Über den Wortlaut des Gesprächs zwischen dem englischen Botschafterpaar und der gefangenen Königin können wir nur spekulieren. Aber worüber sollte Marie Antoinette mit ihnen gesprochen haben, wenn nicht über die beklagenswerte Situation, in der sich das französische Herrscherpaar befand, und über die traurigen Ereignisse, deren Schauplatz ihr Land war. Vielleicht hat sie ihnen auch etwas über ihre Pläne zum Widerstand mitgeteilt. Eines ist allerdings gewiss: Am Ende ihrer Unterredung übergibt Marie Antoinette dem Paar einen vertraulichen Brief, den sie von eigener Hand verfasst hat und der ihrer Schwester, der Königin von Neapel, überbracht werden soll. Später lässt Emma verlauten, dieser Brief sei der letzte, den Marie Antoinette ins Ausland habe versenden können. Diese Behauptung ist falsch. Auch nach der Audienz sollte die Königin noch Gelegenheit haben, mit ihren Freunden im Ausland in Verbindung zu treten. Nichtsdestotrotz ist dieses vertrauliche Schreiben in vielerlei Hinsicht kostbar. Für Emma bedeutet es, dass sie wie selbstverständlich Zugang zur Königin von Neapel bekommt.

Am 19. September diniert das Ehepaar zum zweiten Mal in der Residenz des neuen Botschafters der Vereinigten Staaten von Amerika, Gouverneur Morris. Er ist soeben erst von George Washington auf diesen Posten berufen worden. Der Mann könnte Held eines Romans sein. Der Anwalt, Bankier und Diplomat Gouverneur Morris ist einer der «Gründerväter» der Vereinigten Staaten. In seinem Tagebuch hat er den Hamiltons einige Zeilen gewidmet: «(...) Lady Hamilton singt und zeigt beim Singen ein so vollkommenes Schauspiel, wie ich es noch nie gesehen habe. Sie ist wirklich eine bezaubernde Frau, aber man sieht ihr noch ein wenig ihre frühere Profession an!»

Nach ihrer ersten Begegnung zwei Tage zuvor am selben Ort hatte Morris notiert, dass Lady Hamilton eine außergewöhnliche und sehr schöne Frau sei, «die ausgehalten wurde und bei Sir Hamilton soviel Leidenschaft entfachte, dass er sie geheiratet hat».

In den darauffolgenden Tagen machen sich der Chevalier und seine Frau, wie immer in Begleitung der treuen Mrs. Cadogan, auf den Weg nach Genf. Am 27. September treffen sie dort ein. Beim Anblick des Sees hat Emma wahrscheinlich Bilanz gezogen über die letzten Jahre und den Weg, den sie zurückgelegt hat. Es scheint erst gestern gewesen zu sein, dass sie hier für Gavin Hamilton Modell gestanden hat. Dass Abschiedsschmerz, Liebeskummer und Zukunftsangst sie bedrängten. Sie nutzt die Zwischenstation in der Schweiz, um einen Brief an Mrs. Dickenson, die Nichte von Sir William, zu schreiben und ihr für den guten Empfang während ihres Aufenthalts in London zu danken. Die Sendung ist nicht weiter von Interesse, aber zum ersten Mal unterschreibt sie nicht mehr mit Emma *Hart*, sondern mit Emma *Hamilton*.

Auf dem Rückweg nach Neapel durchqueren sie die Toskana und machen erneut in Rom Station. Der Gesandte nutzt die Gunst der Stunde und bestellt bei Angelika Kauffmann ein Porträt seiner Gattin. Sie malt *Emma Hamilton als Muse der Komödie*. Darauf sieht man die junge Frau mit einer antiken Maske in der Hand hinter einem Vorhang hervortreten.

Kaum haben sie sich in Neapel wieder eingerichtet, als ein Brief aus der Residenz eintrifft: Ihre Majestät die Königin lädt *sua eccellenza l'ambasciatrice*, ihre Exzellenz die Botschafterin, zu einem Besuch ein. Sie war bereits von der Begegnung in Paris in Kenntnis gesetzt worden und wartet ungeduldig darauf, den Brief ihrer Schwester zu lesen. Emma eilt in den Palast. Auch hier besitzen wir keinerlei Informationen darüber, was sich die beiden Frauen zu erzählen hatten, aber wir können es uns vorstellen ...

Ein Privatsekretär führt Lady Hamilton in die Gemächer der Königin. Von Angesicht zu Angesicht stehen sich die Tochter Maria Theresias und die Tochter eines Schmieds aus Hawarden gegenüber, die ehrgeizige, über ein ganzes Volk herrschende Königin und jene Frau, die ihre Schönheit zur Königin gemacht hat. Tief bewegt, ja, verstört, irrt Emma sich vielleicht in der Etikette und erweist der Königin mit drei Hofknicksen jene Reverenz, die eigentlich dem König vorbehalten ist, den ersten Knicks beim Betreten des Zimmers, den zweiten zehn Schritte vor dem König und den dritten direkt vor ihm. Maria Carolina lächelt insgeheim, ihre Gesichtszüge bleiben aber unbewegt. Sie beobachtet. Mit der für sie typischen Art beäugt sie jeden, der sich ihr nach der ersten, förmlichen Verbeugung nähert. Die Frau des Gesandten richtet sich wieder auf und mustert verstohlen die Frau vor ihr. Sie findet ein bisschen von Marie-Antoinette wieder. Maria Carolina ist groß und wirkt trotz der etwas fülligen Silhouette schlank. Das Gesicht ist sehr länglich, oval, das Haar blond, die Augen sind von leuchtendem Azur. In ihrem Blick liegt eine kühle Klarheit, aber in sinnlichen Momenten dürfte er sehr lebhaft sein.

Maria Carolina bedeutet ihr, sich zu setzen. Bevor sie Platz nimmt, reicht Emma ihr den Brief von Marie Antoinette. Die Königin nimmt ihn entgegen, reißt ihn Emma geradezu aus der Hand, so groß ist ihre Nervosität. Mit einer schroffen Geste bricht sie das Siegel auf und vertieft sich in die Lektüre. Als sie fertig ist, hebt sie den Blick. Sie ist totenblass. Ihre Unterlippe zittert. Aber sie sagt nichts über den Inhalt des Schreibens. Und sie wird kein Wort über ihre heftigen Gefühle verlieren, über ihren Hass auf die Franzosen, ihre

Lady Hamilton als Thalia, um 1791,
Gemälde von Angelika Kauffmann.

Verachtung für die Mirabeaus, Dantons und Robespierres, die in ihren Augen nur Inkarnationen des Teufels sind. Im Innersten weiß sie bereits, was man tun muss, um diesem Ungeziefer entgegenzutreten, das ihr Königreich bedroht. Hat sie nicht in Wien von der Pieke auf gelernt, dass eine Habsburger Prinzessin, ist sie erst einmal in Besitz einer Krone, die Interessen ihres Heimatlandes nie aus den

Augen verlieren darf, auch wenn sie die Interessen ihrer Wahlheimat vertritt? Und waren ihrer Schwester nicht dieselben Grundsätze eingeschärft worden? Mit einem kleinen Unterschied freilich: Bei Maria Carolina hat sich ihre Mutter nicht auf Grundsätze beschränkt. Sie hat auch dafür gesorgt, dass in den Heiratsvertrag zwischen ihrer Tochter und Ferdinand eine Klausel aufgenommen wurde, die Maria Carolina eine entscheidende Stimme im Ministerrat geben würde, sobald sie den ersten männlichen Erben gebar. Diese Bedingung war beachtet worden. Der Thronfolger war vor vierzehn Jahren auf die Welt gekommen. Maria Carolina ist keine Marionettenherrscherin. Das sollten die französischen Revolutionäre noch zu spüren bekommen.

«Hatten Sie eine gute Reise?»

Emma zuckt zusammen. Die Königin hat einen starken östlichen Akzent. Schüchtern gibt sie ein paar Allgemeinheiten zur Antwort.

Maria Carolina betrachtet weiter diese prächtige Kreatur, von der Acton gesagt hat, sie sei nur eine Prostituierte.

Es klopft an der Tür: Gleich beginnt die nächste Ratssitzung. Die Herrscherin komplimentiert den Eindringling mit einer unwirschen Handbewegung wieder hinaus.

Emma lässt ihren Blick gesenkt, sicher auch, um nicht den freudigen Glanz zu verraten, der auf ihren Augen liegt. Was für ein Triumph! Sie ist hier. Im Palast. In den Gemächern einer Königin, die es ihr gegenüber nicht an Höflichkeit fehlen lässt. Eine innere Stimme flüstert ihr zu, dass sie gewonnen hat. Zuhause wird sie den Namen Maria Carolinas auf die Tafel ihrer Eroberungen schreiben können.

Eine offizielle Einführung am Hof findet nicht statt, aber in den folgenden Tagen lädt die Königin die frischgebackene Botschaftergattin zu Tisch. Diese Einladung wird noch häufiger ergehen. Lady Malmesbury, die sie bei einer dieser Soireen kennen lernte, teilt uns mit: «Lady Hamiltons Benehmen lässt nichts zu wünschen übrig und ist wirklich verblüffend, bedenkt man ihre Herkunft und ihre Bildung. Die Königin hat sie mit großer Liebenswürdigkeit als Lady Hamilton empfangen, jedenfalls beileibe nicht nur als Frau des englischen Gesandten, und ich habe den Eindruck, dass alle Engländer hier sehr freundlich zu ihr sind, was ganz und gar angemessen ist.»

Einige Autoren deuten an, zwischen Emma und der Königin habe

Königin Maria Carolina von Neapel-Sizilien, Gemälde von Georg Weikert, Kunsthistorisches Museum, Wien.

es mehr als nur freundschaftliche Bande gegeben. Unsinn. Tatsächlich gleicht Emma nie jenen Hofdamen, die als Adelige geboren werden, und sie wird ihnen auch nie gleichen. Sie wird immer einen anderen Duft an sich haben. Die Schmiedstochter mit der undurchsichtigen Vergangenheit stößt diese Leute auf eine ihnen meist unbekannte Welt. Sie ist auch Gegenstand von Neugier für diese Königin, die seit einem Vierteljahrhundert herrscht und, die Augen immer auf die Karte Europas gerichtet, die Geschicke ihres Landes staatsmännisch lenkt. Wir haben bereits darauf hingewiesen: Emma ist alles, nur nicht berechnend. Im Gegenteil, meistens wird sie es sein, die man direkt oder indirekt benutzt. Ihre Beziehung zu Maria Carolina wird dies bestätigen.

Auch wenn Emma frohlockt, der Erfolg steigt ihr nicht zu Kopf. Die triumphierende Lady Hamilton denkt nicht daran, die aus bescheidenen Verhältnissen stammende Emily Lyon zu verleugnen. Man braucht nur zu lesen, was sie an Romney schreibt, um sich darüber zu vergewissern:

Mein lieber Freund, ich freue mich, Ihnen mitzuteilen, dass wir wohlbehalten in Neapel eingetroffen sind. Ich bin von allen Neapolitanern beiderlei Geschlechts mit offenen Armen empfangen worden, ebenso von allen vornehmen Ausländern. Und der Königin wurde ich auf ihren eigenen Wunsch hin vorgestellt. Sie hat mir jede Art freundlicher Aufmerksamkeit und Zuneigung bezeugt. Kurz, ich bin die glücklichste Frau der Welt. Sir William liebt mich jeden Tag mehr, und ich hoffe, dass es für uns nie einen Grund geben wird, unser Handeln zu bereuen. Ich bin ihm so viel Dank schuldig, dass ich fast darüber verzweifle, ob ich mich seiner Güte je würdig erweisen kann. Aber warum erzähle ich Ihnen das alles? Sie kennen mich zur Genüge. Sie sind der erste sehr enge Freund gewesen, dem ich mein Herz geöffnet habe. Sie müssen mich ja kennen, schließlich haben Sie mich auch an den düstersten Tagen gesehen und wir haben miteinander geredet. Sie haben mich gekannt in meiner Armut wie auch im Wohlstand. Es hätte wohl kaum einen Grund für mich gegeben, weiterhin in Not und Elend zu leben, wenn ich nicht einige tugendhafte Regungen in mir gespürt hätte. Ach lieber Freund! Es gab eine Zeit, da war es um meine Tugend zugegebenermaßen schlecht bestellt! Doch zum Glück war mir der Sinn für das Rechtschaffene nicht abhanden gekommen. (…) Freuen Sie sich mit mir, mein Lieber, mein Freund, der ich Sie nur noch meinen Vater nenne. Glauben Sie mir, ich bin immer jene Emma, die Sie gekannt haben. Ich leide bei dem Gedanken, dass Sie vergessen könnten, wer ich einst war. *Kommen Sie nach Neapel und ich werde Ihnen wieder Modell stehen. Ich werde alles in meiner Macht Stehende tun, um Sie hierher zu locken, damit ich Ihnen meine Dankbarkeit bezeugen kann. Aus Liebe zu uns allen, achten Sie auf Ihre Gesundheit. (…) Sagen Sie Hayley, dass ich unaufhörlich seine* Triumphe des Frohlockens *lese. Durch dieses Werk bin ich Lady Hamilton geworden; denn Gott weiß, wie sehr ich fünf Jahre lang gegen meinen Charakter angekämpft habe, und ohne das gute Beispiel der Donna Serena [der Heldin des Gedichts] hätte ich wohl zurecht Angst davor gehabt, es nicht zu schaffen. Dann wäre ich verloren gewesen, denn Sir William schätzt Charakter weit mehr als Schönheit. Deshalb wünscht er sich, Mr. Hayley möge kommen, damit er sich bei ihm bedanken kann, eine Gemahlin von liebenswertem Charakter bekommen zu haben. Ich schwöre Ihnen, dass ich seit dem 6. September letzten Jahres keinen einzigen Wutanfall mehr hatte. Gott segne Sie. Ihre Emma.»*

Acht Monate später, im Frühjahr 1792, weihen Lord Hamilton und seine Frau den englischen Garten der königlichen Villa [Villa

Reale] ein. Die Arbeiten zu der Anlage waren einige Monate zuvor auf Anregung des Diplomaten begonnen worden. Von dem Gartenarchitekt Graeffer weitgehend nach Landschaftsbildern des Malers Claude Lorrain entworfen, scheint dieser Park geradewegs einem Märchen entsprungen zu sein.

Ein Brief von Greville lenkt ihre Aufmerksamkeit wieder auf prosaischere Dinge. Er kündigt ihnen an, dass er die Kosten für Schule und Unterhalt von *little Emma* nicht mehr übernehme, und unterrichtet Lord Hamilton davon, dass er einen Wechsel über die Summe von 32 Pfund bei den Bankiers Ross und Ogilvie zu Lasten des Cavaliere einreichen werde. Greville erklärt dazu, er habe sich aufgrund seiner häufigen finanziellen Probleme diese Freiheit herausgenommen. Eigentlich bräuchte er gar keine Entschuldigung. Aus welchem Grund hätte er die Ausbildung der Tochter seiner ehemaligen Geliebten weiter finanzieren sollen, nachdem diese eine ordentliche Ehe eingegangen ist?

Im Juli geht es in Europa drunter und drüber. Der Sturm, der Frankreich heimgesucht hat, erschüttert den Kontinent. In einer Erklärung vom 25. Juli drohen der Kaiser und der preußische König den Revolutionären mit der unerbittlichen Niederschlagung.

Am 10. August dringen die Aufständischen in den Louvre ein, greifen die Wachen des Königs an und massakrieren sie. Der König und seine Familie suchen Schutz bei der Nationalversammlung, die den Staatsstreich billigt, das Königtum abschafft und die königliche Familie im «Temple», dem alten, befestigten Kloster der Templer in Paris einkerkern lässt.

Auf diesen Akt, den sie als barbarisch bezeichnet, antwortet Maria Carolina mit einschneidenden Maßnahmen: Am 3. September lässt die Königin Monsieur de Mackau, den neuen französischen Botschafter, durch Acton zur *persona non grata* erklären. Er ist gerade mal seit zwei Wochen im Amt.

Und dabei sollte es nicht bleiben. In Genf missbraucht ein französischer Gesandter, Huguet de Sémonville, seinen diplomatischen Status so offensichtlich, dass man ihn für einen Agenten der Revolutionspropaganda halten muss. Er verbringt seine Zeit damit, Schriften, in denen zur Abschaffung der Monarchien aufgerufen wird, ins Italienische zu übersetzen und sie über die ganze Halbinsel zu verteilen. Solcherlei Machenschaften entgehen der Wachsamkeit der italienischen Kabinette nicht. Acton ist der erste, der sich darüber aufregt. Als Sémonville, der in Genf nicht länger auf seinem Posten bleiben kann, vom Konvent zum ottomanischen Sultan gesandt wird, schreitet Acton ein. Um ihn auszuschalten, richtet er eine Mitteilung an die Hohe Pforte, in der das Verhalten des französischen Diplomaten in Italien streng getadelt wird. Diese Vorgehensweise, die allen diplomatischen Gepflogenheiten zuwiderläuft, hat dennoch den erhofften Erfolg. Der Sultan legt sein Veto gegen die Ernennung Sémonvilles ein.

Frankreich zögert nicht mit einer Reaktion auf diese *diplomatischen Aggressionen*. Am 17. Dezember 1792 taucht eine Kriegsflotte mit vierzehn Schiffen in der Bucht von Neapel auf, um den Affront zu beseitigen. Sie wird von Konteradmiral Latouche-Tréville befehligt. Ein einfacher Grenadier namens Belleville überreicht Ferdinand das Ultimatum von der Hand des Konteradmirals: «König von Neapel», schreibt Latouche und behandelt somit den König als seinesgleichen, «ich komme im Namen der französischen Republik, um von Ihrer Majestät Wiedergutmachung für die Beleidigung zu verlangen, die meiner Nation durch Ihren Minister, General Acton, widerfahren ist, der sich in einer Mitteilung, die ich in Abschrift beifüge, erlaubt hat, den Bürger Sémonville zu beschimpfen, der das Vertrauen der Nation besitzt und ihr Gesandter bei der ottomanischen Pforte ist. Ich bitte Ihn, mich binnen einer Stunde wissen zu lassen, ob Er die Schuld für ein Vorgehen auf sich nehmen oder von sich weisen will, das ein stolzes, freies und republikanisches Volk nicht hinnehmen kann. Sollte Ihre Majestät die gerechte Genugtuung verweigern, die ich von ihm verlange, habe ich den Befehl, diese Weigerung als Kriegserklärung zu werten. Ich brauche Ihrer Majestät nicht zu verhehlen, dass ich, sollte ich gezwungen sein, zu den Waffen zu greifen, der Zerstörung und dem Töten erst Einhalt gebieten werde, wenn Neapel in Schutt und Asche liegt.»

Angesichts der Drohung mit dem sofortigen Bombardement – in jener verklausulierten Sprache, die damals so beliebt war – tut der Hof von Neapel alles, um keine Vergeltungsmaßnahmen befürchten zu müssen. Er missbilligt das Vorgehen seines Ministers. Wuterfüllt erkennen Maria Carolina und ihre Regierung die Republik an und unterzeichnen einen Vertrag, der die Neutralität des Königtums gegenüber Frankreich garantiert. Zufrieden lässt Latouche die Segel setzen. Der Hof hat kaum Zeit, Atem zu schöpfen, als die Flotte wegen des schlechten Wetters wieder in die Bucht von Neapel einläuft. Sie sollte noch eine Woche in den neapolitanischen Gewässern vor Anker liegen, bis sich das Wetter wieder beruhigt hatte. Als sie endlich wieder in See sticht, ist nichts mehr wie zuvor. Die Matrosen, die während des erzwungenen Aufenthalts durch die Gassen der Stadt gestreunt sind, haben die Saat des neuen revolutionären Denkens gestreut. Und dieses hat sich in der Bevölkerung unmerklich niedergeschlagen, insbesondere bei den *Lazzaroni*. Jetzt nagt der Wurm am Apfel.

Während sich diese dramatischen Ereignisse abspielen, haben Sir William und Emma ganz andere Sorgen. In den ersten Dezembertagen wurden ihre Flitterwochen abrupt unterbrochen. Sir William ist ernsthaft erkrankt. Die Symptome sind so schlimm, dass die Ärzte um sein Leben fürchten. Emma, regelrecht entsetzt, spricht von einem galligen Fieber, was medizinisch gesehen für Verwirrung sorgt, denn diese Art von Infektion tritt normalerweise nur bei Menschen auf, die zuvor an Malaria erkrankt sind. Doch Sir William soll nie am Sumpffieber gelitten haben. Wie dem auch sei, solange er krank ist, verwandelt Emma sich in eine mustergültige und aufopferungsvolle Krankenschwester. Sie isst nicht mehr, schläft nicht mehr, wechselt eine Woche lang nicht die Kleider und verbringt jede Nacht am Krankenbett. Gleichzeitig erfüllt sie ihre neuen Pflichten als Botschaftergattin und vergisst auch nicht, ihren Großeltern zum Weihnachtsfest eine Geldsumme zukommen zu lassen. Für Letzteres spannt sie Greville ein. Hier stoßen wir auf ein Detail, das im weiteren Verlauf der Geschichte nicht unerheblich sein wird: *Emma hat kein Geld*. Sie verfügt über kein eigenes Kapital. Ihre persönlichen Ausgaben, ihre kleinen Vergnügen muss sie von dem Geld begleichen, das ihr Ehegatte ihr jährlich zukommen lässt: 200 Pfund. Eine nicht unbedeutende Summe, doch ausgabefreudig wie sie ist und es ein Leben lang sein wird, reicht sie nie lange. Als sie Greville beauftragt, ihrer Großmutter 20 Pfund zu senden, verfügt sie über keinen Schilling mehr. Also muss ihr ehemaliger Geliebter ihr die Summe vorstrecken. Emmas noble Geste zeugt jedenfalls von der Großzügigkeit, die sie zeitlebens an den Tag legen wird. Aber ebenso von ihrem unbeugsamen Willen, ihre Vergangenheit nicht zu verleugnen: «Da Sir William krank ist, kann ich ihn leider nicht bitten, die Summe anweisen zu lassen, aber wenn Sie die 20 Pfund beschaffen und zustellen könnten, würden Sie mir den größten Gefallen tun. Sollte nämlich das Fest verstreichen, ohne dass meine Großmutter etwas von mir hört, könnte sie meinen, ich hätte sie vergessen, und um nichts auf der Welt möchte ich die arme, alte Seele warten lassen. Sie kennen ihre Adresse: Mrs. Kidd in Hawarden, Flintshire. Könnten Sie nicht, wenn sie meinen Auftrag ausführen, auch ein Wort dazu schreiben, so als ob es von mir käme? Sie könnte dann Ihnen schreiben, und Sie würden mir ihre Antwort übermitteln. *Ich kann meine Familie nicht vergessen und hänge an ihr*; es wird zu meinem Glück beitragen, davon bin ich überzeugt. Sagen Sie ihr, dass sie jedes Jahr 20 Pfund erhalten wird. Am 4. November trug ich zu einer Gala am Hof *ein Kleid für 25 Pfund, und glauben Sie mir, ich habe mich geschämt, so lange ich es trug.*»

Zu Weihnachten ist Sir William wieder genesen. Aber im neuen Jahr wartet eine neue Prüfung auf das Paar: Die Botschaftsresidenz wird von einem Schwarm Reisender aus London überschwemmt. Zum Durcheinander der Gäste gehören die Damen Plymouth, Dunmore, Webster, Forbes, Palmerston, die Herzogin von Ancaster … «Unser Haus in Caserta hat sich in einen Hotelbetrieb verwandelt. Es liegt gerade drei Tage zurück, dass uns die Familie Devonshire verlassen hat, da verbringen fünfzig Verwandte aus unserer Familie (der des Cavaliere) vier Tage bei uns.»

Vollkommen ausgelastet mit seinen gesellschaftlichen Ereignissen, ahnt das Paar nichts von dem Komplott, das das Schicksal in diesem Augenblick gegen sie schmiedet. Eine andere Revolution sollte sie heimsuchen. Sie wird nicht weniger zerstörerisch sein und sie tief verwunden.

10 Januar 1793.
Die Franzosen sind im Rausch. Sie wissen, dass sie einen einzigartigen Moment in der Geschichte erleben, während sie in Angst und unter großem Druck eine neue Gesellschaft erfinden. Ludwig XVI. wird als Feind und Fremdkörper innerhalb der Nation angesehen, als «Usurpator», der außerhalb der «menschlichen Gemeinschaft» steht. Diese Anschuldigungen führen in der Nationalversammlung zu einer Entschließung, die mit knapper Mehrheit angenommen wird: das Todesurteil für den König. Er stirbt am 21. Januar 1793 auf dem Schafott. Die Nachricht erreicht Neapel am 7. Februar, am Vorabend des Karnevals. Die Bestürzung ist unbeschreiblich. Die Königin lässt ihrer Wut freien Lauf. Sie empfindet nicht nur tiefe Trauer über den Tod ihres Schwagers, bei dieser überspannten und sehr leicht reizbaren Frau übertrifft der Zorn im allgemeinen alle anderen Gefühle: «Liebe Mylady», schreibt sie einige Tage später an Emma, «Ihre Anteilnahme an der abscheulichen Katastrophe, mit der die schändlichen Franzosen sich besudelt haben, hat mich sehr bewegt. Ich schicke Ihnen das Porträt dieses unschuldigen Kindes [des Dauphins], das um Hilfe und um Rache fleht. Sollte dieses Kind auch Opfer geworden sein, werden seine sterblichen Überreste vereinigt mit denen seiner Eltern vor dem Ewigen nach schrecklicher Rache schreien. Bei der Erfüllung dieser heiligen Mission zähle ich auf Ihre edelmütige Nation. Und verzeihen Sie diese Gefühle angesichts meines tiefen Schmerzes. In freundschaftlicher Verbundenheit, Ihre Maria Carolina.»

Eine Welle der Empörung geht durch Europa, und mit Unterstützung Englands, das sich bisher zurückgehalten hatte, wird der Krieg wieder aufgenommen. Die meisten europäischen Länder verbünden sich gegen Frankreich, das eine Gefahr für sie darstellt. Am 24. Februar 1793 beschließt der Konvent, zusätzlich dreihunderttausend Mann an die Grenzen zu schicken. Wer sich mit Waffen oder der weißen Kokarde sehen lässt, wird als Gesetzesbrecher behandelt und binnen vierundzwanzig Stunden hingerichtet. Auf diese Weise fällt das Land der Logik des Terrors anheim.

Zur selben Zeit rücken die europäischen Armeen an allen Fronten vor. Am 23. Juli 1793 muss Mainz kapitulieren; Ende August wird Dünkirchen belagert; die Spanier überqueren die Grenze und finden in den westlichen wie in den östlichen Pyrenäen Unterstützung bei der Bevölkerung; der englische Admiral Samuel Hood of Catherington landet in Toulon.

In diesem Abschnitt der Geschichte muss sich das Schicksal von Lord Hamilton und Emma besiegelt haben. Es brauchte eine Revolution und den Krieg, um eine Liebesgeschichte zum Scheitern zu bringen, die darauf angelegt war, ein Leben lang fortzudauern.

Admiral Hood war von französischen Royalisten zu Hilfe gerufen worden, um in Toulon gemeinsam mit spanischen Truppen den Gewaltstreichen der Revolution Einhalt zu gebieten.

An einem Morgen im September 1793 stellt Hood eine Order für einen englischen Kapitän aus, der in ruhigen Gewässern vor Hyères auf Reede liegt, um sich mit Proviant zu versorgen. Fest entschlossen setzt der Admiral seine Unterschrift auf das Dokument und befiehlt der Fregatte *Tartar*, damit in See zu stechen.

Eine Stunde später ist die Fregatte in Sichtweite der *Agamemnon*, einem Schiff mit 64 Kanonen. Ein Mann kommt an Bord und übergibt dem Kapitän die Botschaft von Admiral Hood: «Nehmen Sie sofort Kurs auf Neapel und bringen Sie dem Gesandten Lord Hamilton beigefügten Brief, nachdem Sie von seinem Inhalt Kenntnis genommen haben. Und geben Sie der Botschaft mündlich den notwendigen Nachdruck.» Offensichtlich soll das Königreich beider Sizilien gebeten werden, eiligst ein Expeditionskorps loszuschicken, um die vereinten englischen und spanischen Truppen in Toulon zu verstärken.

Der Kapitän steckt den Brief in den Umschlag zurück. Endlich! Es ist zwar keine Mission, bei der er sich auszeichnen könnte, aber wenigstens kann er sich nützlich machen.

Für einen flüchtigen Moment fällt sein Blick in den einzigen Spiegel, der seine bescheidene Kajüte schmückt. Er ist fünfunddreißig, ein kleiner, vorzeitig kahl gewordener Mann mit einem gebräunten, hageren Gesicht, der nur aus Haut und Knochen zu bestehen scheint. Seine großen Augen sehen aus, als wären sie in irgendeinen Traum versunken. Die geraden Augenbrauen ragen wie ein Vordach über seine blauen Augen und drücken seinen unbeugsamen Willen aus. Seine Pupillen funkeln gelegentlich, es ist dasselbe Aufleuchten wie im starren Auge eines Raubvogels.

Der Mann heißt Nelson. Horatio Nelson. Der Sohn von Reverend Edmund Nelson, Pfarrer von Burnham Thorpe (in der Grafschaft Norfolk) und Catherine Nelson, geborene Suckling. Seine Mutter starb, als er neun war. Er hat zwei Brüder, Maurice und William, sowie drei Schwestern, Anne, Susannah und Catherine, genannt Kitty, seine Lieblingsschwester. Sechs Jahre zuvor hat er eine Witwe namens Fanny Nisbet geheiratet, die von den Antillen stammt und einen Sohn namens Josiah mit in die Ehe brachte. Fanny kommt aus dem Kleinbürgertum, ist eher engstirnig und praktisch veranlagt. Sie findet ihr ganzes Glück darin, unauffällig zu bleiben, ein zurückgezogenes und bescheidenes Leben zu führen. Als Frau ist sie eher pflichtbewusst denn zärtlich, mehr eifersüchtig als liebend, und über ihren hervorstechendsten Charakterzug herrscht allgemeine Übereinstimmung: Sie ist eine ewige Nörglerin, *a nagger*, wie die Engländer sagen. In Anlehnung an *Tom Thumb* (Däumling) hat man ihr den Spitznamen *Tom Tit* gegeben – Sie können sich denken, warum.

Zwei Leidenschaften beherrschen Nelson: atavistischer und unerbittlicher Hass auf Frankreich, bedingungslose Vaterlandsliebe zu der Nation, die er für das große Vorbild Europas hält. Sein Hass auf die französische Nation ist reines Gefühl, völlig irrational, eine instinktive Abneigung. Bisweilen sieht er sich sogar gezwungen, ihn als eine angeborene Schwäche zu rechtfertigen. Davon zeugt auch das Fragment eines Briefes an George Elliot[21], der ihm die Dienste eines französischen Spions angetragen hatte: «Ich werde nie einen Franzosen an Bord nehmen, es sei denn als Kriegsgefangenen. Ich habe nicht das geringste Vertrauen in sie.»

Nelson handelt spontan, der Instinkt leitet ihn mehr als alle Überlegung. Als er sich bei der entscheidenden Seeschlacht vor Kap St.-Vincent entschloss, seinen Befehlen zuwider zu handeln, soll er ausgerufen haben: «Entweder Westminster Abbey oder ein glorreicher Sieg.» Fügen wir hinzu, dass Nelson durch und durch fromm ist. In den großartigsten Augenblicken seiner Karriere ruft er inbrünstig den Namen jenes Schutzgottes an, der sein innig geliebtes Vaterland beschützt.

Obwohl er schon seit dem zwölften Lebensjahr bei der Marine ist, hat er noch immer keine Gelegenheit gehabt, auf sich aufmerksam zu machen. Keine Glanzleistung steht in seinem Logbuch. Er vergeht fast vor Ungeduld. Trotz seiner wiederholten Vorstöße, ein eigenes Kommando zu erhalten, war er bisher nur mit einer Mission in den Gewässern von Guernsey betraut worden, die kein klares Ziel hatte, und wo er nach eigener Aussage «keinem einzigen Feind begegnen konnte».

Jetzt erst begreift man, mit welchem Hochgefühl er die Botschaft von Hood vernommen hat. Nelson befiehlt, die Segel zu setzen.

Am 11. September 1793 trifft die *Agamemnon* in der Bucht von Neapel ein.

Von seiner Ankunft unterrichtet, eilt Lord Hamilton ihm sogleich entgegen. Er ist ebenso gespannt wie der König und die Königin, die neuesten Nachrichten über den Kampf um Toulon zu erfahren.

Kaum stehen sich die beiden Männer gegenüber, fassen sie herzliche Zuneigung zueinander, eine spontane Freundschaft entsteht. «Sie sind ein Mann nach meinem Geschmack», hat Nelson dem Diplomaten erklärt, «Sie versehen Ihr Geschäft wie ich das meine. Bisher bin ich nur Kapitän, aber wenn Gott mich leben lässt, werde ich die Spitze des Baums erklimmen.»

Sir William, selbst Sohn eines Seefahrers, empfindet seinerseits nur Hochachtung und Bewunderung für die Männer des Meeres.

Bei welcher Gelegenheit ist Nelson Emma vorgestellt worden? Sir William jedenfalls kündigt ihn seiner Gattin mit jener Leichtfertigkeit an, die manch einem später betrogenen Ehemann eigen ist: «Sie werden sehen, er ist ein kleiner Mann, den man nicht unbedingt als hübsch bezeichnen würde, der aber, glaube ich, die Welt eines Tages in Staunen versetzen wird. Ich habe noch nie Offiziere unter meinem Dach beherbergt, aber ich bin entschlossen, ihm meine Gastfreundschaft anzubieten.»

Sir William vergisst dabei allerdings, dass er schon einmal zwei Offiziere im Palazzo Sessa empfangen hat: Captain Finch und Commodore Melville.

Hat Nelson wirklich in der Botschafterresidenz gewohnt? Nichts ist ungewisser. Sein Stiefsohn Josiah, mit dreizehn Jahren midshipman auf der *Agamemnon*, begleitet ihn.

Wahrscheinlich fand die erste Begegnung zwischen Nelson und

Lady Hamilton bei einem Essen statt, das die Monarchen in ihrem Palast für ihn gaben und bei dem er gegen alle protokollarischen Gepflogenheiten rechts neben dem König saß. Welchen Eindruck hatte er von ihr? Was empfand Emma? Während die Botschaftergattin, die schöner war denn je, den Kapitän mit ihren Reizen nur bezaubern konnte, ist dies umgekehrt eher unwahrscheinlich. Zur Erinnerung: Nelson ist kein anziehender Mann. Es geht sogar eine gewisse Schroffheit von ihm aus, eine Strenge, die nicht dazu angetan ist, die Damenwelt zu beeindrucken. Die vorbildlich treue Emma steht noch ganz im Banne ihrer wundersamen Heirat, und ihre Liebe ist noch ungetrübt. Einer Liebe auf den ersten Blick, wie es einige Biographen gerne kolportieren, müssen wir folglich in den Bereich von Liebesromanen verweisen. Trotzdem muss es zwischen den beiden irgendetwas gegeben haben, das nicht genauer zu bezeichnen ist. Zweifellos fühlten sie sich zueinander hingezogen, welcher Art dieses Gefühl war, ist ihnen aber völlig entgangen. Man könnte von «starker Sympathie» sprechen. Dazu passt auch, dass Emma den Stiefsohn des Kapitäns unter ihre Fittiche nimmt. Ihm widmet sie die meiste Zeit: Sie zeigt ihm die Stadt, lässt ihn sämtliche italienischen Süßigkeiten kosten und geht auf jeden seiner Wünsche ein. Nelson ist für diese Aufopferung nicht unempfänglich und erwähnt sie in einem Brief an seine Frau: «Lady Hamilton hat sich Josiah gegenüber in bewundernswerter Weise zuvorkommend und gütig gezeigt. Sie ist eine liebenswürdige Frau, die dem Rang, in den sie erhoben wurde, alle Ehre macht.»

Auf politischer Ebene erhält der Kapitän alles, was Hood wünscht. Man stellt ihm nicht nur eine 6000 Mann starke Truppe zur Verfügung, die Monarchen unterzeichnen zudem ein Geheimabkommen über einen Angriffspakt gegen Frankreich. Und durch seine bloße Anwesenheit in Neapel schafft Nelson es, dass noch die größten Skeptiker auf das Bündnis mit den Engländern blind vertrauen. «Ich glaube», schreibt er, «dass die Welt nun wirklich überzeugt ist, dass kein bedeutender Feldzug ohne unsere Beteiligung unternommen werden kann.»

In einer privaten Unterredung, bei der Emma vielleicht als Dolmetscherin dient, erklärt Maria Carolina dem Kapitän, alle Hoffnungen Europas ruhten nun auf der englischen Flotte und auf jener

Vizeadmiral Viscount Nelson, Porträt von Sir William Beechey.

«wackeren Nation», die als einzige «in Frankreich die Ordnung wiederherstellen, den König rächen und ihrer Schwester, der Königin, wieder zu ihrem Thron verhelfen» könne.

Die Männer in den englischen Uniformen werden überall bejubelt. Die Anhänger der Franzosen dagegen werden in den Straßen und Theatern ausgebuht. Nelson kann auf den Erfolg seiner Mission stolz sein: In nur vier Tagen hat er ein Gegengewicht zu den republikanischen Ideen geschaffen, die ein Jahr zuvor, während der Bedrohung durch Admiral Latouche, von den französischen Matrosen unters Volk gestreut wurden.

Die Festlichkeiten sollen mit einem Abschiedsessen an Bord der *Agamemnon* enden. Zu Ehren seiner hohen Gäste ist Nelson gezwungen, sich Geschirr und Bestecke beim englischen Botschafter auszuleihen. Gegen ein Uhr Mittag – der König und die Königin, die Hamiltons und die wichtigsten Persönlichkeiten der Stadt schicken sich gerade an, in den Booten Platz zu nehmen, die sie an Bord des Schiffes bringen sollen – wird alles abgesagt. Acton hat Nelson mit einer Eildepesche davon in Kenntnis gesetzt, dass ein französischer Konvoi vor der Küste Sardiniens aufgetaucht sei. «Die Pflicht ruft», meint der Kapitän und macht sich unverzüglich an die Verfolgung des Feindes.

Nelsons kurzer Aufenthalt war für Emmas Schicksal von entscheidender Bedeutung. Nachdem sich der englische Einfluss in Neapel durchgesetzt hatte, wurde die junge Frau indirekt – und ohne es zu wissen – zu einer Art Mittelpunkt der neuen Politik, und es kam ihr die beachtliche Funktion einer Erfüllungsgehilfin zu.

Von einem Tag auf den anderen wird die neue Gemahlin des Botschafters für Königin Maria Carolina eine wichtige Person. Und die Gunst der Königin zeigt sich mit jedem Tag mehr. Emma wird mit Geschenken, Lob und den heftigsten Beteuerungen der Zuneigung eingedeckt: «Sie beherrschen mein Herz, liebe Mylady. Für Freunde wie Sie ändern sich meine Gefühle oder meine Ansichten nie.»

Wenn Sir William oder Emma krank sind, schickt die Königin mehrmals täglich Boten, um sich nach ihrem Befinden zu erkundigen. Sie vergisst keinen Geburtstag und feiert den Emmas in lyrischen Worten. Zum Geburtstag von Englands König Georg III. erhält Lord Hamilton dieses Glückwunschschreiben: «Ich bitte Sie, tun Sie mir den Gefallen und übermitteln Sie der ganzen Gesellschaft, die sich bei Ihnen versammelt, meine besten Empfehlungen für heute Abend und sagen Sie ihnen, dass ich die erste wäre, die von Herzen das Lied *God save great George our King* … anstimmen würde. Dem König, dem ich grenzenlose Verbundenheit und meine allergrößte Hochachtung entbiete, wünsche ich alles Glück auf Erden.

Ich vertraue auf die Tapferkeit der englischen Nation, die Europa von der allgemeinen Geißel befreien wird, die es bedroht.»

Die ganze Strategie der Tochter Maria Theresias findet sich in diesen Zeilen. Frankreich ist ihr erklärter Feind. Es stellt eine echte Gefahr für das Königreich beider Sizilien dar. Denn in militärischer Hinsicht besitzt Maria Carolina keine oder nur geringe Mittel, um sich einer möglichen Invasion Neapels entgegenzustellen. Ihr Wohl hängt also ausschließlich von England ab. Oder genauer gesagt, von der Unterstützung, die die englische Flotte ihrem Königreich geben soll.

Wir haben schon davon gesprochen, dass Emma benutzt worden ist. Die veränderte Haltung der Königin bestätigt diese These. Maria Carolina besitzt einen gewissen politischen Instinkt, den sie von ihrer Mutter geerbt hat. Sie hat sofort erkannt, welchen Vorteil sie von Nelson haben würde. Und was hätte wirkungsvoller sein können, um sich dem künftigen Sieger von Trafalgar zu nähern, als Lord Hamilton und seine Gattin dafür zu benutzen?

Emma ahnte nie etwas von den Motiven und Interessen, die hinter diesen zartfühlenden Aufmerksamkeiten steckten. Von der Freundschaft geblendet und berauscht, die ihr die Königin entgegenbringt, schreibt sie an Greville:

Es gibt niemanden, der bezaubernder ist als die Königin; sie ist besser als alles, was man Gutes über sie sagen könnte, die beste Mutter, die beste Ehefrau und Freundin der Welt. Ich bin ständig mit ihr zusammen. Seit zwei Jahren gehöre ich nun zu ihrem engsten Kreis, und nie habe ich in dieser Zeit etwas anderes als Güte und Aufrichtigkeit von ihr erfahren. Sollten Sie je etwas anderes über sie hören, treten Sie diesen Lügen entschieden entgegen, und sollten Sie jemals irgendein bösartiges Pamphlet lesen, das von ruchlosen Franzosen geschrieben wurde, glauben Sie kein Wort davon. Sie hat mir erst gestern eines davon gezeigt, und die Lektüre dieser schändlichen Verleumdung hat mich fassungslos gemacht.

In den folgenden Wochen widmet sich Emma mit großem Ernst der neuen Aufgabe, mit der sie ungewollt betraut worden ist: «Teilen Sie mir», schreibt Sie an Greville, «Ihre politischen und privaten Erkenntnisse mit, denn aufgrund meiner hiesigen Stellung muss ich mich gegen meinen Willen mit der Politik beschäftigen, und ich möchte unserer über alles geliebten Königin, die ich sehr bewundere, gerne Informationen zukommen lassen.» An dieser Stelle gilt es noch nachzutragen, dass Greville inzwischen Zweiter Kammerherr des Königs geworden ist, ein Privileg, das er (einmal mehr) der Unterstützung seines Bruders Robert Fulke zu verdanken hat.

Maria Carolina hat um so mehr Gründe, ihre Vertraute gut zu behandeln, als die Nachrichten, die sie erhält, immer beunruhigender sind. Gegen Ende Oktober 1793, sie ist gerade im siebten Monat schwanger, erfährt sie mit Entsetzen von der Hinrichtung Marie Antoinettes. Sie fällt beinahe in Ohnmacht und schwört jedem, der es hören will, dass dieses Verbrechen nicht ungesühnt bleiben werde. Sie stürzt zu einem Porträt ihrer Schwester und schreibt darauf mit rasender Hand in französisch: «Ich werde bis zum Grab auf Rache sinnen!»

Zwei Monate später gibt es erneut Anlass zur Bestürzung: Alle hatten auf Toulon gehofft, aber es ist nicht gefallen. Durch den Vorstoß eines kleinen, mit Nelsons Worten «unrasierten und einen Zweispitz tragenden» Hauptmanns der korsischen Artillerie sind die mit den Royalisten verbündeten anglo-spanischen Truppen in die Flucht geschlagen worden. Es ist leicht zu erraten, der unrasierte Hauptmann ist kein anderer als Napoléon Bonaparte. Am 19. Dezember 1793 beschließt Admiral Hood, den Hafen zu räumen, statt die Truppen in Toulon der Vernichtung oder der Gefangenschaft anheim zu geben. Im Südosten haben die Franzosen den Var überschritten und Nizza erobert. Sie haben auch das Feldlager von Saorgio genommen und marschieren nun auf Savona zu. Noch nie war das Königreich beider Sizilien so isoliert. Selbst Österreich, das mit seiner Verteidigung mehr als genug zu tun hat, kann ihm keine Hilfe anbieten. Bleibt nur England. England und Nelson.

Nelson aber eilt dem Ruhm entgegen ...

Am 6. April 1794 ist er vor Bastia. Auf Veranlassung von General Paoli hat Korsika sich unter den Schutz der englischen Krone gestellt. Als Vertreter Seiner Majestät König Georg III. ist Sir Gilbert Elliot zum Vizekönig von Korsika ernannt worden. Er hat die englische Flotte im Kampf gegen die Franzosen zu Hilfe gerufen.

Die Belagerung Bastias dauert bis zum 19. Mai. Dann legen die Truppen des Konvents, ungefähr tausendfünfhundert Soldaten, die Waffen nieder und übergeben die Stadt.

Am 17. Juni liegt Nelson einige Taulängen vor Calvi. Wieder eine Belagerung. Wieder ein Sieg. Aber ein teuer erkaufter Sieg, denn ein Steinsplitter trifft den ehrgeizigen Kapitän am rechten Auge. Seither ist er einäugig. Einige Tage darauf schreibt er an einen befreundeten englischen Kaufmann in Livorno: «Meine Feinde haben mir eine Ohrfeige verpasst, jetzt bin ich zur Hälfte blind.»

Zur selben Zeit bekommen Emma und ihr Mann in Neapel in gewisser Weise ebenfalls eine Ohrfeige verpasst, dort allerdings von einem heftigen Ausbruch des Vesuvs. Die Angst, die die Eruption hervorruft, ist offenbar so groß, dass sie – laut Emma – zu einem apokalyptischen Durchfall bei Lord Hamilton führt. Der ohnedies bereits anfällige Gesundheitszustand des alten Gesandten wird weiter geschwächt.

Von Korsika aus segelt die *Agamemnon* nach Livorno, dann die französische Küste entlang von Marseille nach Nizza, weiter nach Genua und zurück, um an der Blockade von Toulon teilzunehmen. Keine wirkliche Herausforderung für einen Mann, der sich unbedingt hervortun will. Überdies passiert absolut nichts. Die militärische Lage in diesen Monaten verschlechtert sich immer mehr. Eine französische Armee ist in Piemont eingefallen. Der kleine korsische Hauptmann hat einen rasanten Aufstieg gemacht. Er ist jetzt Brigadegeneral, und der überwältigende Vormarsch der französischen Truppen geht auf sein Konto.

Am 2. März 1795 läuft die Flotte der Republik aus ihrem Zufluchtshafen Toulon aus und nimmt Kurs auf Korsika, fest entschlossen, die Insel zurückzuerobern, doch in Sichtweite der englischen Schiffe macht sie kehrt. Und wieder herrscht für Nelson völlige Flaute.

In einem plötzlichen Überschwang von Dankbarkeit ernennt die Admiralität den Sieger von Calvi am 27. März zum Kommodore und stellt zwei Linienschiffe mit vier Fregatten unter seinen Befehl, für Nelson eine erste Genugtuung. Mittlerweile haben Bonapartes Siege in Italien die Verbündeten erschüttert. Die Franzosen sind so schnell in Livorno, dass die Engländer, die sich in der Stadt aufhalten, nur mit knapper Not ihre Schiffe erreichen und die Segel setzen können.

In Neapel kämpft Lord Hamilton in der ersten Aprilwoche erneut mit schweren gesundheitlichen Problemen. Nach einem Rückfall – Emma meint immer noch, es handele sich um ein «galliges Fieber» – muss er wieder das Bett hüten. Von diesem Jahr an sollte es mit dem Mann ständig bergab gehen, trotz der fortwährenden Behandlung durch seinen Leibarzt Doktor Nudi.

Seine Gemahlin springt für ihn ein und kümmert sich um die laufenden Angelegenheiten: Sie schreibt Briefe nach dem Diktat ihres Mannes, sie empfängt die ausländischen Diplomaten, geht auf Empfänge und zu den regelmäßigen Unterredungen mit der Königin, einer Herrscherin, die im Laufe dieser Monate völlig paranoid geworden ist und überall Verschwörungen und Komplotte wittert. Tatsächlich hat es solche gegeben. 1791 hatte ein gewisser Carlo Laubert eine solche angezettelt, und im März war ein Komplott geschmiedet worden, das kein geringeres Ziel hatte als die Ausrufung der Republik. Von Polizeispitzeln rechtzeitig aufgedeckt, endete die Affäre mit zahlreichen Verhaftungen. Den Rädelsführern wurde der Prozess gemacht, drei von ihnen wurden zum Tode, rund dreißig zur Galeerenstrafe verurteilt, die übrigen freigesprochen.

Obwohl voll und ganz mit dem Aufruhr in seinem Königreich beschäftigt, verfolgt Ferdinand doch mit ängstlicher Aufmerksamkeit die Wechselfälle des Krieges zwischen Europa und der Republik. Als er sieht, dass Frankreich immer mehr Siege erringt, bereut er schon, nicht neutral geblieben zu sein. Sein Hass auf die Revolution hindert ihn nicht, sich um den Wohlstand seines Staates zu sorgen. Doch die schweren finanziellen Belastungen, die aus der Mobilisierung seiner Truppen resultieren, und der unvermeidliche Rückgang des Handels versetzen diesem Wohlstand einen empfindlichen Schlag. Zumal die Handelsbeziehungen mit England bei weitem nicht so einträglich sind wie die, die man mit Frankreich geknüpft hatte. Der König, der den Frieden eher auf Anraten der Königin denn aus eigener Neigung gebrochen hat, sieht den fortgesetzten Feindseligkeiten nicht ohne Befürchtungen entgegen. Ferdinand denkt deshalb ernsthaft daran, sich mit dem Feind wieder zu versöhnen. Ohne Wissen Maria Carolinas in Verhandlungen zu treten, ist allerdings eine heikle Angelegenheit. Die Herrscherin, die einen Frieden mit der Republik als eine Schande, eine Schmach für die Krone betrachtet, könnte das Haupthindernis für jeden Annäherungsversuch sein. In der Republik von Venedig, die neutral geblieben ist, findet Ferdinand das geeignete Terrain für einen Vorstoß. Dort hat Frankreich zur selben Zeit einen neuen bevollmächtigten Gesandten, der zuvor Konsul in Neapel war, den Bürger Lallement, vom Senat der Stadt akkreditieren lassen. Über diese Verbindung beginnt Ferdinand mit den ersten Unterhandlungen. Zum Leidwesen des *Nasone* kommen ihm die englischen Spione schnell auf die Schliche und unterrichten Lord Hamilton, der sich selbstverständlich beeilt, Maria Carolina alles zu offenbaren. Man kann sich den Zorn der Königin vorstellen.

Schon der Gedanke an eine Versöhnung mit Frankreich ist ihr unerträglich, die Tatsache aber, dass sie vom eigenen Ehemann hintergangen wurde, steigert ihre Wut. Sie bricht nicht nur in helle Empörung aus und protestiert aufs Schärfste gegen den König und Acton, der es gewagt hat, sich für diese Machenschaften herzugeben, sie droht auch dem einen wie dem anderen mit Vergeltung seitens der Österreicher und der Engländer, falls sie die Verhandlungen nicht auf der Stelle abbrechen würden. Von Acton im Stich gelassen, unterwirft sich der schwache Ferdinand.

Kaum ist dieses Feuer gelöscht, da beginnt ein anderer Brandherd zu schwelen. Kurze Zeit später erhält Maria Carolina den Beweis, dass noch andere Gespräche stattfinden, diesmal zwischen Spanien und Frankreich. Der Königin ist es gelungen, einen verschlüsselten Briefwechsel zwischen dem spanischen König und Ferdinand abzufangen. Der Inhalt lässt keinerlei Zweifel an der Tatsache dieser Geheimverhandlungen mehr zu. In dem vertraulichen Dokument unterrichtet Karl IV. seinen Bruder in Neapel inoffiziell von der neuen Richtung, die er mit seiner Politik einzuschlagen gedenkt, und erwähnt das noch vage Vorhaben (das dann im August 1796 verwirklicht wird), einen Friedensvertrag mit Frankreich abzuschließen.

Hier kommen wir zu einem Punkt, der Emma direkt betrifft. In der Auseinandersetzung, die sie Jahre später mit der Admiralität führte, sollte er schwer wiegen.

Wir haben es mit zwei Versionen zu tun. Nach der ersten hat Emma, angetrieben vom Wunsch, ihrem Vaterland zu dienen, die Königin bekniet, ihr den fraglichen Brief zu übergeben, um ihn nach London zu schicken, da von einem Ausscheren Spaniens vor allem England betroffen war.

Die zweite Version besagt, dass Maria Carolina sich in diesem Sinne an die Gemahlin des Botschafters gewandt habe. Angesichts der Dokumente, die Historiker in jüngster Vergangenheit gefunden haben, spricht heute alles für diese Version. Im übrigen ließe sich kaum erklären, wie Emma von einem so vertraulichen Dokument Kenntnis erlangt haben sollte, wenn nicht die Königin selbst sie darüber unterrichtet hätte.

Dies bestätigt auch ein Brief vom 29. April 1795[22]:

Liebe Lady,
Ich bin so durcheinander, und mein Geist ist so erschüttert, dass ich nicht mehr weiß, was ich tun soll. Ich erwarte Sie morgen, ungefähr um zehn Uhr hier. Ich lege Ihnen auch einen verschlüsselten Brief aus Spanien von Galatone[23] *bei, den ich innerhalb von 24 Stunden zurückbekommen muss, damit der König ihn bekommt. Er enthält Tatsachen, die für die englische Regierung sehr interessant sind. Ich wünsche, dass Sie ihr diese übermitteln, um ihr meine Verbundenheit zu bezeugen und das Vertrauen, das ich in den wackeren Cavaliere setze, den ich nur bitte, mich nicht bloßzustellen. Adieu, wir werden morgen über vieles zu reden haben! Adieu. In aller Aufrichtigkeit verbleibe ich, Ihre Freundin*

Charlotte.

Gleich nach ihrer Rückkehr in die Residenz beauftragt Emma einen Kurier, das wertvolle Dokument so schnell wie möglich nach London zu bringen und dem englischen Außenminister Lord Grenville zu übergeben. Die Übersetzung des Briefes ist von der Botschaftergattin eigenhändig niedergeschrieben und von Sir William mit dieser Bemerkung gegengezeichnet worden: «Abschrift eines Briefes des Königs von Spanien an den König von Neapel vom 11. April 1795.»

Bei ihrem Streit mit der britischen Regierung hat Emma immer behauptet, die Kosten für die Zusendung dieses Dokuments hätten sich auf rund 400 Pfund belaufen. Ob zutreffend oder nicht, zwei Dinge gilt es dabei festzuhalten: Zum einen mussten die Beziehungen zwischen Maria Carolina und der Gemahlin des Botschafters eine außergewöhnliche Vertrauensbasis erreicht haben, sonst hätte die Königin ihrer Freundin nicht ohne weiteres einen Brief von solcher Bedeutung ausgehändigt. Und zum anderen spielte Emma bei dieser Angelegenheit eine Rolle, die alles andere als unerheblich war, auch wenn einige Autoren ihre Verdienste gerne herunterspielen und ihr lediglich eine Vermittlungsfunktion zugestehen möchten.

Sir William hat Lord Grenville übrigens selbst darauf hingewiesen: «Eure Durchlaucht konnten sich in meinem Schreiben vom 21. April selbst davon überzeugen, welches grenzenlose Vertrauen die Königin meiner Gattin entgegenbringt.»

Mitte September 1796 trifft ein anderer Kurier am Hof von Neapel ein, der den Wortlaut des Angriffs- und Verteidigungspakts zwischen Frankreich und Spanien überbringt. Durch welche Schliche hat Maria Carolina sich dieses Dokuments bemächtigen können, das mindestens so streng vertraulich war wie das erste? Wir wissen nur eines: Lady Hamilton wurde von der Königin auch über dieses Vertragswerk unterrichtet, denn am 21. September schreibt sie an Greville:

Wir haben bisher keine Zeit gefunden, Ihnen zu schreiben, da wir seit drei Tagen und drei Nächten unablässig damit beschäftigt sind, Botschaften zu verfassen, die für unsere Regierung von allerhöchster Wichtigkeit sind. Sie [die Regierung] sollte Sir William und besonders mir sehr dankbar sein, angesichts der außergewöhnlichen Position, die ich im Moment am Hof von Neapel einnehme und die bisher niemand vor mir erreicht hat. Aber man dankt es mir nicht, und ich bin von diesen Hoheiten ziemlich enttäuscht. Wir stehen hier Todesängste aus, und Gott allein weiß, wo wir demnächst sein werden und was aus uns wird, wenn sich die Dinge weiterhin so entwickeln wie im Moment.

Noch am selben Morgen wird ein Sondergesandter von Neapel nach London geschickt, um Lord Grenville den von Emma selbst aus dem Spanischen übersetzten Brief zu übergeben. Das Ergebnis lässt nicht auf sich warten: Um dem Angriff zuvorzukommen, gibt die Admiralität einige Tage vor Bekanntmachung des Vertrags den Befehl aus, alle spanischen Schiffe abzufangen, egal wo.

Auf diesen ersten Erfolg kann Maria Carolina einigermaßen stolz sein. Doch die folgenden Ereignisse werden sie diese kurze Befriedigung ihres Selbstwertgefühls schnell vergessen lassen.

Monatelang bleibt die Lage unverändert.

Am 2. Februar 1797 erfährt Nelson, dass er zum Konteradmiral ernannt worden ist.

Am 13. nimmt die nunmehr mit Frankreich verbündete spanische Armada Kurs auf Cadiz. Unterwegs stößt sie auf ein englisches Geschwader unter dem Befehl von Admiral Jervis. An Bord der *Captain* bereitet sich Nelson auf das Gefecht vor. Am 14. Februar prallen sie auf Höhe von Kap Saint-Vincent [Capo Sao Vicente, die Südwestspitze Portugals] aufeinander. Ohne auf die Einzelheiten dieser Seeschlacht einzugehen, wollen wir festhalten, dass der überwältigende englische Sieg auf Nelsons Strategie beruht und allein auf sein Konto geht. Am späten Nachmittag ist alles vorüber. Der spanische Admiral, Don José de Cordoba, zieht sich mit den Überresten seiner Flotte nach Cadiz zurück, wo er wenig später von einem Militärgericht abgesetzt wird.

Am 3. März 1797 veröffentlicht die *Gazette* von London in einer Sonderausgabe das offizielle Kommuniqué, in dem der Sieg von Kap Saint-Vincent verkündet wird. Der Name Nelsons wird nicht einmal erwähnt, einzig Admiral Jervis wird genannt. Er erhält den Titel eines Lord [Earl of] Saint-Vincent.

Indessen lässt Reverend Edmund Nelson seinen Sohn noch im selben Monat wissen, dass seine Heldentaten sowohl in den Straßen als auch auf den Theatern besungen werden. Und er fügt hinzu, dass die Städte London, Bath, Bristol und Norwich ihn zum Ehrenbürger ernannt haben.

Nach einem kurzen Aufenthalt in der Hauptstadt sticht Nelson wieder in See.

Am 24. Juni zieht er auf den Kanarischen Inseln von Neuem in den Kampf; es geht um Santa Cruz de Teneriffa. An der Spitze seiner Truppen will er mitten in der Nacht an Land gehen. Als er die Mole erreicht, zerfetzt ein Geschosshagel seinen Ellbogen. Zurück auf dem Schiff kümmert sich ein französischer Chirurg um seine Verletzung: Doktor Ronicet, ein royalistischer Flüchtling aus Toulon. Seine Diagnose lässt keine Widerrede zu: Der Arm muss amputiert werden. Nelson zuckt mit keiner Wimper und antwortet lediglich: «Das dachte ich mir schon. Fangen Sie an.» Man presst ihm ein Taschentuch zwischen die Zähne. In Gedanken ist er bei den 250 gefallenen, ertrunkenen oder gefangen genommenen Soldaten. Der bittere Geschmack der Niederlage erstickt die Übelkeit, die in ihm aufsteigt.

Im September 1797 ist er wieder zurück in England. Als er seine Familie besucht, erkennt man ihn kaum wieder: Der rechte Ärmel ist leer, das rechte Auge starr und erloschen. Eine Narbe durchschneidet die rechte Augenbraue. Hauptsache, er lebt.

Zur Genesung verbringt Nelson einige Wochen bei Fanny. Er nutzt die erzwungenen Ferien, um ein Cottage in Roundwood bei

Ipswich zu kaufen, und wartet auf die Befehle der Admiralität. Sie kommen erst Ende März 1798. Endlich sticht er in See, und das an Bord eines nagelneuen Schiffs mit 74 Kanonen, der *Vanguard*. Sein Ziel: das Mittelmeer; seine Aufgabe: herausfinden, was die Franzosen vorhaben. In den ersten beiden Maiwochen trifft er im Mittelmeer ein. In der Zwischenzeit ist Bonaparte Oberbefehlshaber der französischen Armee in Italien geworden und hat die Österreicher vernichtend geschlagen. Er bedroht Wien und – Nelson weiß noch nichts davon – bereitet auf dem Umweg über Ägypten einen Schlag gegen England vor.

Die englischen Spione haben London davon unterrichtet, dass ein Expeditionskorps und die Flotte, die es transportieren soll, in Toulon zusammengezogen werden. Ein beeindruckender Verband: 13 Linienschiffe, darunter die *Orient* mit 120 Kanonen, 2 Schiffe, 8 Fregatten, 72 Korvetten und mehr als 400 Transportschiffe, alles in allem 500 Segler, die eine Truppe von 40 000 Mann und 10 000 Matrosen aufnehmen können. Aber wohin wollen sie? Das war die große Frage, die die britische Admiralität einige Zeit beschäftigt hat. Es beginnt ein unglaubliches Blindekuh-Spiel.

Am 31. Mai ankert Nelson vor Toulon und wartet mit der Ungeduld einer Katze, die auf die Maus lauert. Wie wütend muss er gewesen sein, als er erfährt, dass die französische Armada den Hafen schon zwei Wochen zuvor verlassen hat. Man nimmt an, dass sie eines der folgenden Ziele ansteuert: Neapel, Sizilien, Malta oder Ägypten. Nelson bekommt nun seine Instruktionen vom König persönlich: Er soll zurück nach Barcelona segeln, die dort befindlichen englischen Fregatten mitnehmen, die Verfolgung der französischen Armada aufnehmen und sie vernichten.

Nelson folgt dem Befehl. Er läuft in Barcelona ein, wo ihn die nächste schlechte Nachricht erwartet: Die Fregatten, mit denen er sich zusammentun soll, sind nicht da. Sie sind unterwegs in einen schweren Sturm geraten und konnten sich in höchster Not nach Gibraltar schleppen, um dort die Schäden ausbessern zu lassen, die sie davongetragen haben. Nelson gerät selbst in einen schweren Sturm, der den Fockmast der *Vanguard* umknickt. Er lässt ihn mehr schlecht als recht reparieren.

Die Zeit drängt. Was tun? Auf die Rückkehr der Fregatten warten? Nein. Nelson hat eine andere Idee. Er nimmt Kurs auf Neapel, nicht ohne eine schnelle Brigg mit einer Eildepesche an Lord Hamilton vorauszuschicken: «Ich hoffe, ich bekomme in Neapel ein paar Fregatten, denn meine sind mir unglücklicherweise abhanden gekommen. Es fehlt mir auch an Informationen über die französische Flotte. Und ich brauche gute Lotsen für die sizilianische Küste oder für jeden anderen Ort, wo der Feind stecken könnte. Wenn es sein muss, werde ich ihn bis ins Schwarze Meer verfolgen.»

Und hier kreuzt sein Schicksal zum zweiten Mal das von Emma.

11 Am 17. Juni 1798 kommt im frühen Morgengrauen der Vesuv in Sicht.

Die *Vanguard* ankert wohlweislich außerhalb der neapolitanischen Hoheitsgewässer. Nelson will jeden diplomatischen Zwischenfall mit dem neuen Gesandten Frankreichs vermeiden, denn der Bürger Lachèze kann von seiner Residenz aus die Bucht von Neapel überblicken.

Gegen sechs Uhr früh stürmt Captain Troubridge[24] in den Palazzo Sessa und bittet um eine Audienz beim englischen Gesandten. Emma und ihr Mann werden aus dem Bett geholt. Ziel seiner Mission: Er soll erreichen, dass die Engländer sich angesichts der drohenden Gefahr über die Bestimmungen des 1796 zwischen Neapel und Frankreich geschlossenen Abkommens hinwegsetzen dürfen. Danach dürfen in den neapolitanischen Häfen nicht mehr als zwei Schiffe aus England liegen. Vom Erfolg dieses Auftrags hängt es ab, ob das englische Geschwader sich in den Häfen des Königreichs mit Wasser und Proviant versorgen kann, ohne Zeit zu verlieren, oder ob es gezwungen sein würde, zur Versorgung und Ausbesserung der Schiffe nach Gibraltar zurückzusegeln, und damit jede Hoffnung aufgeben müsste, die französische Flotte jemals einzuholen.

Trotz der frühen Stunde wecken Emma und ihr Mann Acton und eilen mit ihm zum Palazzo Reale. Hastig tritt der Rat der wichtigsten Entscheidungsträger zusammen. Die Gespräche geraten schnell ins Stocken. Als letzten Ausweg schlägt Acton vor, er könne im Namen des Königs einen vagen, eher inoffiziellen Befehl unterzeichnen, mit dem die Versorgung der englischen Schiffe gestattet werde.

Troubridge hält mit seiner Enttäuschung nicht hinter dem Berg. Was tun? Er hat alle Argumente vorgebracht. Es bleibt ihm nichts anderes übrig, als auf die *Agamemnon* zurückzukehren. Er steht auf und geht zur Tür. Da stürmt plötzlich Emma in den Saal …

Es ist ein echter Überraschungscoup: Sie schwenkt ein Schriftstück, von Maria Carolina persönlich unterzeichnet, das die Versorgung der englischen Flotte *ohne Einschränkung in allen Häfen des Königreichs* erlaubt. Dieser Umschwung ist – daran gibt es keinen Zweifel – das Werk der Botschaftergattin. Der Rat ist sprachlos. Als Emma erkannte, dass man Nelson nicht entgegen kommen wollte, war sie zur Königin geeilt, die noch ahnungslos im Bett lag. Von ihrer Freundin über die Situation unterrichtet, ließ sie sich leicht einen Befehl entlocken, mit dem «alle Gouverneure der Häfen von Sizilien» angewiesen wurden, «die englische Flotte gastfreundlich zu empfangen, ihr Lebensmittel und Wasser zu liefern und in jeder erdenklichen Weise zu helfen».[25]

Ein Eingreifen des Königs in dieser Angelegenheit wurde nicht für nötig erachtet. Tatsächlich war zu befürchten, dass er die unter soviel Mühe zustande gekommene Lösung wieder verworfen hätte. Also beschloss man vorsichtshalber, seinen Schlaf nicht zu stören.

Eine Stunde, nachdem Troubridge aufgebrochen war, ließ Lord Hamilton Nelson dieses Schreiben zukommen: «Das Schriftstück, das ganz in Ihrem Sinne sein wird und mit dem Sie alles bekommen werden, was Sie benötigen, erhalten Sie von Emma selbst.» Und Emma fügt hinzu:

Lieber Admiral,
Ich schreibe Ihnen auf die Schnelle (...). Gott schütze Sie und führe Sie zum Sieg, und möge es mir vergönnt sein zu erleben, wie Sie Bonaparte zurückbringen. (...) Die Königin lässt Ihnen alles erdenkliche Liebenswürdige ausrichten, ich soll Ihnen sagen, dass Sie Ihnen von ganzem Herzen den Sieg wünscht. (...) Ich brauche Ihnen nicht zu sagen, wie gerne ich Sie wiedersehen würde. Mir fehlen die Worte, um Ihnen meine Gefühle zu schildern, wenn ich Sie in meiner Nähe weiß. *Für immer und immer, lieber Herr, Ihre ergebene und dankbare*
Emma Hamilton.

Einer zweiten Nachricht legt sie einen Brief Maria Carolinas bei, der allerdings nur an sie persönlich gerichtet war, und schreibt dazu:

Lieber Herr,
Ich sende Ihnen den Brief, den ich soeben von der Königin erhalten habe. Küssen Sie ihn *und schicken Sie ihn mir mit Bowen zurück, denn ich habe versprochen, keinen ihrer Briefe weiterzugeben. Für immer Ihre Emma.*

Nelsons Antwort lässt nicht auf sich warten:

Liebe Lady Hamilton,
Ich habe den Brief der Königin geküsst. Sagen Sie ihr bitte, dass ich hoffentlich noch die Ehre haben werde, Ihr die Hand zu küssen, wenn alles ausgestanden ist. Versichern Sie Ihrer Majestät, dass Ihr Glück niemandem mehr am Herzen liegt als mir und dass mich am Tage der Schlacht alles Unglück, das Sie und Ihre Familie erleiden muss, zusätzlich anspornen wird. Fürchten Sie nicht um die Zukunft, denn Gott ist mit uns. Gott segne Sie und Sir William (…). Für immer Ihr ergebener Horatio Nelson.

Auf der Rückseite des Briefes, der im British Museum aufbewahrt wird, kann man eine handgeschriebene Notiz von Emma lesen: «Ich habe diesen Brief erhalten, nachdem ich [Nelson] den Brief mit dem Befehl der Königin gesandt hatte, dass alle Häfen unsere Schiffe aufnehmen sollen; die Königin hatte sich entschlossen, gegen die Meinung des Königs zu handeln, der zu diesem Zeitpunkt nicht mit Frankreich brechen wollte. Ohne ihre Anweisung wäre die Flotte gezwungen gewesen, nach Gibraltar zurückzukehren, um sich mit Lebensmitteln und Wasser zu versorgen, und die Schlacht am Nil hätte nicht stattfinden können, da die französische Flotte genügend Zeit gehabt hätte, nach Toulon zurückzukehren.»

In seinem Testament von 1805 hat Nelson Emmas Handeln offiziell bestätigt. Er zählt dort auf, welche Dienste sie dem Land zwischen 1796 und 1798 erwiesen hat, erinnert an die abenteuerliche Beschaffung der Briefe des spanischen Königs und ihre Entschlüsselung, und fügt dann hinzu, «dass die britische Flotte unter meinem Kommando kein zweites Mal nach Ägypten hätte segeln können, wenn die Königin von Neapel unter dem Einfluss von Lady Hamilton nicht den Befehl an die verschiedenen Gouverneure ausgegeben hätte, dass es unserer Flotte gestattet sei, sich in allen Häfen des Königreichs mit dem Nötigen zu versorgen».

Mir fehlen die Worte, um Ihnen meine Gefühle zu schildern, wenn ich Sie in meiner Nähe weiß.

Ich sende Ihnen den Brief, den ich soeben von der Königin erhalten habe. Küssen Sie ihn …

Liebe Lady Hamilton, ich habe den Brief der Königin geküsst.

Ist dieser Briefwechsel, in dem zwischen den Zeilen die uneingestandenen Gefühle hervorscheinen, nicht verwunderlich für zwei Menschen, die sich vor mehr als fünf Jahren zum ersten und letzten Mal gesehen haben?

Natürlich werden Emmas Verleumder entgegnen, sie laufe nur dem Ruhm hinterher. Eine so außergewöhnliche Persönlichkeit wie Nelson zu verführen, müsse ja ihre Vorstellungskraft erregt und ihrer Eitelkeit geschmeichelt haben. Aber sie vergessen, dass der spätere Sieger von Trafalgar verheiratet ist. Und Emma ebenso. Eine Scheidung war völlig undenkbar, nur das Parlament hätte eine solche vornehmen können. Welche Gründe gibt es für die Annahme, sie habe sich blindlings in ein solches Abenteuer gestürzt und sei das Risiko eines Bruchs mit Sir William eingegangen, ohne die geringste Sicherheit zu haben, ihn durch Nelson ersetzen zu können?

Tatsächlich genügt es, sich ihre vergangenen Liebesbeziehungen in Erinnerung zu rufen, um die plötzliche Leidenschaft der Lady Hamilton zu verstehen. Worin bestand denn ihr bisheriges Liebesleben? Aus einem Taugenichts namens Willet Payne, der ihr ihre Unschuld nahm und sie gleich darauf verließ? Aus einem Sir Harry, ein vorgeblicher Gentleman, der in Wirklichkeit ein Gauner war und sich ihrer entledigte, als sie ein Kind von ihm erwartete? Bisher hat Emma zu keinem Augenblick ihres Lebens frei über ihre Gefühle bestimmen können. Zu Greville kam sie in einer Zwangslage, und Zukunftsängste hatten sie in die Arme von Sir William geworfen. Wenn sie sich dieses Mal hingibt, wird es das erste Mal aus freien Stücken sein – und aus Liebe. Mit dreiunddreißig Jahren ist sie endlich in der Lage, selbst zu wählen. Sie allein bestimmt den Weg, den ihr Herz und ihre Sinne einschlagen werden.

Bei Nelson ist die Erklärung viel einfacher. Er ist Seemann. Als solcher kennt er nur flüchtige Begegnungen, die gleich wieder in den Schatten tauchen. Man sagt ihm eine lose Affäre mit einer gewissen Dolly nach, mit richtigem Namen Signora Adelaide Correglia, einer Italienerin aus Livorno. In den Aufzeichnungen eines seiner Offiziere entdeckt man unter dem 3. Dezember 1794 diesen Eintrag: «Dinner mit Nelson und seiner Dolly», und noch einen vom August 1795: «Nelson macht sich lächerlich mit dieser Frau.» Ein undatierter Brief des Admirals an besagte Adelaide ist nur erwähnenswert, weil er auf Französisch geschrieben ist, einem Französisch allerdings, bei dem Molière sich im Grab herumdrehen würde:

Ma chère Adelaide, je suis partant pour la mère, une vaisseau Neapolitan partir avec moi pour Livorne; croire moi toujours votre chère amie [sic] Horatio Nelson. Avez-vous bien successe.

[Auf deutsch ungefähr: *«Meine liebe Adelaide, ich bin in See gestochen, ein neapolitanisches Schiff nehmen mit mir Kurs auf Livorno; ich bleiben immer Ihre sehr liebe [sic] Freund Horatio Nelson. Haben Sie viel Erfolge.»*]

Einige Nelson-Biographen haben in der berühmten Dolly eine Doppelagentin in Diensten Englands gesehen. Davon abgesehen war Nelsons Ehe bekanntermaßen nie mehr als eine Vernunftehe. Die gute Fanny weckte keine Leidenschaften mehr in ihm, sollte sie dies überhaupt jemals vermocht haben. Wie könnte er unter diesen Umständen einer Frau wie Emma widerstehen, deren Schönheit schon viele Männer hat träumen lassen. Er sieht in ihr die Muse, die seinen ungezügelten Enthusiasmus für den Dienst am Vaterland teilt: Der Held hat seine Heldin gefunden.

Als er schließlich die Anker lichtet, bekräftigt er vor seinen Offizieren, dass er es ausschließlich Emma verdanke, wenn der Weg zum Sieg nunmehr offen stehe. Und später, bei der Abreise von Sizilien, fügt er noch hinzu: «Sie und die französische Flotte, das ist mein ganzer Horizont.»

Vorerst allerdings entwischt ihm diese Flotte.

Mitte Juli, nachdem er vergeblich von Malta nach Alexandria und bis an die syrische Küste durch das Mittelmeer gesegelt ist, kehrt er in sizilianische Gewässer zurück. In Palermo wird er zunächst abweisend empfangen. Sogleich teilt er Lady Hamilton (und nicht ihrem Mann) seine Unzufriedenheit und Sorge mit:

Liebe Madam,
Die Behandlung, die wir von der Nation erfahren, zu deren Unterstützung wir gekommen sind und für die wir gekämpft haben, betrübt mich so sehr, dass ich kaum imstande bin, einer eleganten Dame wie Ihnen einen Brief zu schreiben; verzeihen Sie mir, wenn ich es deshalb an der Liebenswürdigkeit fehlen lasse, die ich Ihnen so gerne bezeugen würde. Ich hätte gerne Ihre und Sir Williams Pläne gewusst. Denn sollten wir in je-

dem Hafen der sizilianischen Besitzungen davongejagt werden, wäre es besser, wir führen so schnell wie möglich weiter. Gütiger Gott! wie schwer ich von dieser Behandlung getroffen bin. Ich kann nur beten, dass ich die Franzosen bald aufstöbere und meine ganzen Rachegelüste auf sie abladen kann.

Horatio Nelson

Wenige Tage später kommt die Wende: Die Häfen Siziliens stehen Nelson plötzlich weit offen, und auch darin muss man das Werk Emmas sehen. Auf ihre Bitte hin pflastert Maria Carolina Nelsons Ankerplätze mit Empfehlungsbriefen, in denen sie den Gouverneuren der Hafenstädte befiehlt, allen Bitten des Konteradmirals nachzukommen. Aus Syrakus schreibt er überglücklich an Hamilton: «Meine lieben Freunde, dank Ihrer Bemühungen haben wir Lebensmittel und Wasser bekommen, und da wir das Wasser der Arethusa[26]-Quelle geschöpft haben, gibt es sicher gute Gründe, an unseren Sieg zu glauben. Bei der ersten Brise werden wir die Segel setzen, und seien Sie sicher, entweder ich komme mit einem Lorbeerkranz zurück oder von Zypressen bedeckt!»

Lady Hamilton sieht Nelson abreisen wie den Helden einer antiken Sage. Der bevorstehende Sieg, mit dem sie fest rechnet, stachelt ihre Leidenschaft noch mehr an. Aber dieser Sieg lässt auf sich warten. Wo zum Teufel steckt Bonaparte? Man steuert Syrakus an und trifft dort am 22. Juni ein. Dort erfährt er auch, dass die Franzosen Malta eingenommen haben.

«Kurs auf Alexandria!» befiehlt Nelson rasend vor Wut.

Sechs Tage dauert die Überfahrt, bis am 28. Juni die ersten Palmen und Turmspitzen der Minarette am Horizont erscheinen. Aber kein Schiff auf Reede weit und breit.

«Es ist nicht zu fassen!» tobt der Konteradmiral. Wo sind die verfluchten Franzosen?

Als ob sie sich in Luft aufgelöst hätten.

Erst viel später sollte Nelson erfahren, dass er sie in der Nacht vom 22. zum 23. Juni überholt hatte.

Er lässt wieder die Segel setzen. Dem Konteradmiral bleibt nichts anderes übrig, als das Meer zwischen Malta und Ägypten abzusuchen. Bald kommt Malta in Sicht. Wieder nichts. Den englischen Mannschaften gehen die Lebensmittel- und Wasservorräte aus. Sie steuern Syrakus an, wo sie sich am 19. Juli dank der Schreiben Maria Carolinas frisch versorgen. Dann geht es wieder aufs Meer hinaus. Aber das Mittelmeer bleibt leer, hoffnungslos leer.

Endlich schlägt die Stunde des Glücks. Am 28. Juli bringt ein Schiff der englischen Vorhut vor der Küste des Peloponnes ein französisches Handelsschiff auf. So erfahren sie, dass Bonaparte am 2. Juli in Alexandria an Land gegangen ist. Er hat Kairo eingenommen und in der berühmten Pyramidenschlacht die Mamelucken besiegt.

«Und die französische Flotte?»

Sie ankert unter dem Befehl von Admiral Brueys in der Bucht von Abukir. Nelson lässt wenden. Man kann sich vorstellen, mit welchem Frohlocken er sich am 1. August auf sie stürzt.

Es kommt zu einer wüsten Schlacht, die erst spät in der Nacht zu Ende geht. Am nächsten Morgen zeigt sich das ganze Ausmaß der Niederlage: Die französischen Schiffe sind nur noch Wracks, die im Wasser treiben oder in Untiefen aufgelaufen sind. Die *Orient*, ihr Flaggschiff mit 120 Kanonen, ist mit Mann und Maus im wahrsten Sinne des Wortes in die Luft geflogen.

Die französische Flotte hat elf von dreizehn Linienschiffen verloren. Die Verluste an Menschen sind furchtbar: Von 10 000 Mann sind 1700 tot, 1500 verwundet, 3000 in Gefangenschaft. Bei den Engländern zählt man 218 Tote. Unter den 675 Verwundeten befindet sich auch Nelson selbst. Schon in den ersten Stunden der Schlacht traf ihn ein Splitter an der Stirn und riss ihm ein großes Dreieck heraus, das sein gesundes, linkes Auge verdeckte. Er brach blutüberströmt zusammen. Nach der Behandlung blieb er unter Deck liegen, bis man ihm die Explosion der *Orient* verkündigte.

Die Depeschen über seinen Sieg erreichen London erst am 2. Oktober. Kaum ist der Sieg bekannt, da erhebt sich unglaubliches Jubelgeschrei in England. Es ist nicht nur Begeisterung, es ist ein wahrer Freudentaumel, von dem das ganze Volk erfasst wird. Bettler und Prinzen feiern einstimmig den großen Horatio Nelson. «Die Hauptstadt», heißt es in einer Zeitung, «war hell erleuchtet, eine einzige Illumination.»

In aller Eile werden Gedichte zum Ruhm des Helden verfasst.

«Nelson, Dein Name wird von Ufer zu Ufer erschallen. Freude erfüllt die Nation, Freude erfüllt den König von England! Solche

Heldentaten verdienen jede Belohnung! Sogar die Araber rufen: *Großbritannien herrscht auf allen Meeren.*»

Selbst Lady Spencer, die Frau des Oberhaupts der Admiralität, Lord Spencer, greift zur Feder: «Freude, Freude, Freude über Sie, tapferer, mutiger, unsterblicher Nelson! Möge Gott, dessen Sache Sie so kühn vertreten, Sie schützen und segnen bis ans Ende Ihrer glänzenden Karriere. [...] Doch was ich auch sagen könnte, meine Worte reichen nicht an meine Freude heran.»

Der Sieg von Abukir geht bei den Engländern als «Schlacht am Nil» in die Annalen ein. Das erklärt auch, warum Nelson am 6. Oktober zum «Baron vom Nil und von Burnham Thorpe» erhoben wird. Aus demselben Anlass gewährt das Parlament seiner Familie eine jährliche Pension von 2000 Pfund.

Nun kann er sich in dem Ruhm sonnen, nach dem er sich ähnlich wie Napoleon so sehr gesehnt hat.

Eine Vielzahl von Geschenken ergießt sich über den Helden: Die Stadt London schenkt ihm ein Schwert mit einem edelsteinbesetzten Griff. Der russische Zar lässt ihm eine Schatulle voller Diamanten zukommen. Der Sultan schickt ihm einen Pelzmantel im Wert von 1000 Pfund Sterling, der König von Sardinien eine ebenfalls mit Diamanten besetzte Tabaksdose. Das verblüffendste und sicher auch makaberste unter all diesen Geschenken macht ihm allerdings ein junger Matrose von der *Vanguard*. Während das Schiff Neapel ansteuert, stellt er einen Sarg in der Hütte am Achterdeck ab und überreicht ihm ein kurzes Schreiben: «Mylord, ich schicke Ihnen einen Sarg, der aus den Beschlägen und dem Holz des Großmastes der *Orient* gezimmert ist, damit Sie an dem Tag, an dem Sie von dieser Welt erlöst werden, in Ihrer eigenen Trophäe ruhen können; mögen Sie uns noch lange erhalten bleiben, das zumindest wünscht Ihr gehorsamer und ergebener Diener.» Gezeichnet: *Ben Hallowell.*

Nelson lässt das unheimliche Geschenk in seine Kajüte bringen und ordnet an, man möge es aufrecht, «mit geschlossenem Deckel» hinter dem Platz aufstellen, an dem er für gewöhnlich beim Essen sitzt.

Kein Zweifel: Dieser Sarg würde eines Tages seine sterblichen Überreste aufnehmen.

12 Die Nachricht vom Sieg bei Abukir schlägt in Neapel am 3. September wie der Blitz ein. Am Hof und in der Residenz des Botschafters kommt es zu Freudenausbrüchen, die denen in London an Intensität und aufwallenden Gefühlen nicht nachstehen oder diese sogar übertreffen. Es genügt, den Brief zu überfliegen, den Emma fünf Tage später an Nelson sendet, um einen Eindruck von der euphorischen Stimmung zu bekommen, die in Neapel herrscht:

Mein lieber, lieber Herr,
Womit soll ich beginnen? Was soll ich Ihnen sagen? Es ist unmöglich, ich kann nicht schreiben, denn seit letztem Montag bin ich im Freudentaumel, und ich versichere Ihnen, dass ich fiebere vor lauter Aufregung und Glück. Mein Gott! Was für ein Sieg! Nie, nie zuvor hat es etwas auch nur halb so Ruhmreiches und Vollkommenes gegeben. Ich fiel in Ohnmacht, als ich die freudige Nachricht vernahm, schlug seitlich auf und verletzte mich, aber jetzt bin ich wieder wohlauf. Es wäre ein glorreicher Tod, unter solchen Umständen zu sterben. Doch ich möchte nicht sterben, bevor ich den Sieger vom Nil wiedergesehen und umarmt habe. Wie soll ich Ihnen die Freude Maria Carolinas beschreiben? Es ist unmöglich. Sie fiel in Ohnmacht, küsste ihren Gatten und ihre Kinder, lief im Zimmer hin und her, weinte und umarmte alle, die bei ihr waren. Ganz Neapel feiert! Kein einziger der französischen Hunde würde es wagen, sein Gesicht zu zeigen. […] Ich gehe stolz und hoch erhobenen Hauptes bei dem Gedanken, dass ich im selben Land geboren bin wie der Sieger Nelson […]. Ich lege Ihnen zwei Briefe meiner bewundernswerten Königin bei. Sie sind an mich geschrieben, der erste am Tag, als wir die Nachricht von der Heldentat erhielten, der andere ist von gestern [abend]. Sie können sie behalten, […] ich habe Abschriften für mich gemacht. «Ich bin von Kopf bis Fuß à la Nelson gekleidet. Sogar mein Schal ist blau mit goldenen Ankern übersät. Meine Ohrringe sind Nelsons Anker – kurzum, wir sind alle Nelson-verrückt.

Einer der Briefe lautet:
Liebe Mylady, welches Glück, welche Herrlichkeit, welche Genugtuung für diese einzigartige, große und ruhmreiche Nation! Wie sehr bin ich ihr verpflichtet und dankbar. Morgen werde ich also mit größter Freude die heldenhaften Verteidiger Italiens sehen [sie musste sich allerdings noch zwei Wochen gedulden]. Ah! Wenn jemals ein Porträt des tapferen Nelson gemacht wird, möchte ich es in meinem Zimmer haben. Meine Dankbarkeit ist tief in mein Herz eingegraben. Hoch lebe diese tapfere Nation, diese ehrwürdige Flotte! Liebe Mylady, ich bin im Freudentaumel. Meine herzlichsten Grüße an den Cavaliere. Ich küsse Sie. Meine Kinder, meine Familie, wir wissen, was wir Ihnen verdanken. Adieu.

Die Brigg *Mutine*, die Nelson nach Neapel vorausgeschickt hatte, bringt ihm die Briefe von Emma, der Königin und Lord Hamilton, der ihm bestätigt: «Nun sind Sie unsterblich.»

Nicht ohne einen gewissen Humor antwortet der Admiral ihr: «Liebe Lady Hamilton. Bald können Sie *das Wrack von Horatio Nelson* sehen.» Er übertreibt nicht. Die Verfolgungsjagd hat ihn äußerst erschöpft, und die Verletzung an der Stirn verursacht fürchterliche Kopfschmerzen und Schwindelanfälle.

An Sir William richtet er ein wenig abgespannt die Worte: «Ich werde nur drei oder vier Tage in Neapel bleiben und dann gleich nach England weitersegeln, um mich behandeln zu lassen. Ich bin mir nicht einmal sicher, mein lieber Lord, sie je wiederzusehen. Aber es möge sein, wie es Gott gefällt, ich ergebe mich ganz in seinen Willen.» Als er diese in Melancholie getauchten Zeilen schreibt, weiß er noch nicht, wie sein Sieg von der Londoner Bevölkerung und anderen aufgenommen wird. Er weiß auch nichts von den Ehren, mit denen man ihn überhäufen wird. Er ahnt nicht, wer ihn alles erwartet.

Am 22. September 1798 erscheint er in der Bucht von Neapel. Die beste Beschreibung seiner Ankunft verdanken wir einer englischen Reisenden, Miss Cornelia Knight, die zu dieser Zeit in Neapel wohnt. Die vierzigjährige Schriftstellerin ist Tochter von Joseph Knight, einem ehemaligen Konteradmiral der englischen Flotte. Sie ist als Dichterin an den Hof von Maria Carolina bestellt und hat Nelson und Emma zahlreiche Sonette gewidmet.

Ihr Bericht über den Empfang des Triumphators könnte den *Erzählungen aus Tausendundeiner Nacht* entnommen sein.

Bei ruhigem Seegang pflügt die *Vanguard* im Schlepptau der *Thalla* durchs Wasser. Die ganze Bucht ist von Booten übersät, mehr als fünfhundert bunte Segel gleiten dem Sieger vom Nil langsam entgegen. Musik erklingt. Die neapolitanischen Orchester spielen nacheinander *God save the King*, *Rule Britannia* sowie Melodien von Paisiello und Cimarosa. Die Straßen der Stadt sind ein Blumenmeer. Zwischen den Salutschüssen tönen lautstark die Glocken.

Rundum beflaggt, nähert sich die Barke des Königs. In seinem Gefolge befinden sich auch die Hamiltons. Nur die Königin fehlt. Von ihren Emotionen überwältigt, hat sie es vorgezogen, im Palast auszuharren.

Emmas Herz klopft zum Zerspringen.

Kleopatra eilt Antonius entgegen.

Kaum ist das kleine Schiff längsseits gekommen, erklimmt sie das Fallreep, stürmt mit dem Schrei: «Ah! Mein Gott, ist das möglich?» an Deck der *Vanguard* und fällt ihrem Helden mehr tot als lebendig *in den einen Arm*, den er noch hat.

Der König folgt ihr auf dem Fuß. Er umarmt Nelson und nennt ihn: *Mein Befreier*.

Auf der Mole, den Terrassen und in allen Gassen Neapels ertönt hundertfach das Echo auf das Königswort: *Viva nostro liberatore!*

Ferdinand will die *Vanguard* nicht verlassen, bevor Nelson ihm jeden Winkel des nunmehr berühmten Schiffs gezeigt hat. Er legt auch Wert darauf, den im Kampf verletzten Matrosen zu gratulieren.

Eine endlose Woge von Festlichkeiten beginnt. In kurzen Abständen folgt ein Empfang dem anderen. Alle wollen den Helden sehen, möchten seine Uniform berühren.

Trotz all der Ehren und der ganzen Beweihräucherung scheint Nelson den Hof von Neapel nicht gerade zu schätzen. An Lord Saint-Vincent schreibt er: «Ich rechne fest damit, in einer Woche wieder in See zu stechen. Ich fühle mich hier sehr unwohl, und das erbärmliche Leben am Hof ist nicht dazu angetan, meine leicht reizbare Natur zu beruhigen. Es ist ein Land von Geigern und Dichtern, von Huren und Halunken.»

Ist dieser Stimmungsbericht nur seinem schlechten Gesundheitszustand zuzuschreiben? Aller Wahrscheinlichkeit nach. Wie zum Beweis bricht er eines Abends während eines Banketts zusammen und verliert das Bewusstsein. Achtzehn Stunden lang gibt es – wie er selbst einräumt – wenig Hoffnung für sein Überleben. Aber das hieße, die Rechnung ohne Emma, seinen Schutzengel und seine Beschützerin zu machen. Anstandshalber von Mrs. Cadogan begleitet, bringt sie ihr Idol in die Villa in Castellamare, die Sir William gehört. Fast eine Woche lang behandelt sie ihn mit Eselsmilch, hätschelt ihn und liest ihm jeden Wunsch von den Lippen ab. Kaum vorstellbar, dass sie die Nächte damit verbracht haben, über das Leben, England oder die Jakobiner zu diskutieren. Diese beiden haben Feuer gefangen.

Wieder auf den Beinen, kehrt Nelson in den Palazzo Sessa zurück. Und zu seinem Geburtstag am 29. September legt ihm Emma ganz Neapel zu Füßen.

Eintausendsiebenhundertvierzig geladene Gäste nehmen an dem Ball teil, den sie zu seinen Ehren veranstaltet. Achtzig Gäste sind zum Dîner, achthundert zum Souper geladen. Jede Verzierung, jeder Knopf, jedes Band trägt den Namen «Nelson». Das Geschirr trägt die Inschriften «H. N.» und «Glorreicher 1. August». Zur Erinnerung an die Schlacht am Nil hat die Dame des Hauses unter einem prachtvollen Baldachin einen Obelisk aufstellen lassen.

Für diese Feier muss der englische Gesandte tief in die Tasche greifen: Die Festlichkeiten kosten ihn mehr als zweitausend Dukaten. Ein Vermögen!

Es ist ein wunderbares Fest bis zu dem Moment, als sich ein peinlicher Zwischenfall ereignet, der alle überrascht, am meisten Nelson selbst.

Sie sitzen beim Souper, als Josiah Nisbet (inzwischen achtzehn Jahre alt), offensichtlich betrunken, gegen seinen Vater ausfällig wird und ihm in aller Öffentlichkeit vorwirft, zum Schaden seiner Mutter ein ehebrecherisches Verhältnis mit Emma zu haben. Ein eisiger Wind weht durch den Saal. Man hüstelt, man wendet die Augen ab. Man tut so, *als ob* …

Was mag dem Gesandten durch den Kopf gegangen sein? Hat er begriffen, was sich vor seinen Augen abspielte? Täuschte er Ahnungslosigkeit vor? Diese Fragen umspannen die zukünftigen Verhältnisse in dieser verwickelten Dreiecksbeziehung. Wir haben eine klare Meinung dazu, aber sie ist nicht mehr als das: eine tiefe innere Überzeugung …

Lord Hamilton ist alles andere als ein Dummkopf. Er ist nicht der, für den viele ihn halten: ein gutmütiger Hahnrei. Und er wird es auch nie sein. Ebenso wenig ein unglücklicher, blinder, stumpfsinniger Gatte. Die Gefühle, die er empfindet, sind viel edler, als man annimmt. Die Bewunderung, ja Verehrung, die er Nelson entgegenbringt, ist enorm, seine Zuneigung für Emma mindestens genauso groß. Wir schreiben das Jahr 1798. Seine Gesundheit ist stark angegriffen. Er ist jetzt achtundsechzig, seine Frau dreiunddreißig. Im Laufe der Jahre hat er soviel Wissen und Weisheit erworben (zwei Eigenschaften, die ihn schon immer ausgezeichnet haben), dass er die Welt mit etwas anderen Augen betrachten kann. Seit fast zwölf Jahren ist sein Leben von einem einzigen Wunsch beseelt: Emma glücklich zu machen. Er ahnt, dass er dieser Aufgabe nicht mehr sehr lange nachkommen kann. Es gibt nur eine Alternative: Entweder er reagiert wie die meisten gekränkten Ehemänner, zetert und wirft Nelson den Handschuh ins Gesicht, oder er entscheidet sich ganz bewusst und allen Widerständen zum Trotz, an Emmas Glück teilzuhaben. Lord Hamilton schlug den zweiten Weg ein. Bis zu seinem Tod hat dieser Mann allen Klatsch und alle Anzüglichkeiten ignoriert. Und er hat alle Folgen seiner Entscheidung auf sich genommen, genauso wie damals, als er die ehemalige Kohlenhändlerin vor den Augen der gesamten neapolitanischen Gesellschaft bei sich aufgenommen und sich in aller Öffentlichkeit mit ihr gezeigt hatte. Diese Art von Vernunft mag verwundern, schockieren, aber sie gehört zu Menschen. Und Lord Hamilton ist unbestreitbar einer von ihnen. Dabei ist ganz offenkundig, dass er seine Frau nie einem anderen Mann überlassen hätte als Nelson. Die Hochachtung, die er diesem Mann entgegenbringt, ermöglicht es ihm, seinen Schmerz in eine Opfergabe zu verwandeln.

Während der dreiundzwanzig Tage, die der Held in Neapel bleibt, verlässt er die Hamiltons nicht mehr: «Ich wohne in ihrem Haus», schreibt er am 1. Oktober an seine Frau, «und es bedurfte nicht weniger als die unermüdliche Pflege, die sie mir zukommen ließen, damit ich mich von meinem betrüblichen Zustand erholen konnte. Sie werden die beiden ebenso mögen wie ich, denn sie verdienen die Liebe und Bewunderung der ganzen Welt». Und weiter: «Mein ganzer Stolz ist es, Ihr Ehemann und der Sohn meines lieben Vaters zu sein sowie Sir William und Lady Hamilton zu Freunden zu haben. Solange ich diese beiden mit mir zufrieden sehe, *ist mir die Meinung der Menge vollkommen gleichgültig.*»

Die letzten Worte sind zweifellos eine Anspielung auf die Gerüchte, die bereits umgehen. Die Szene, die Josiah ihm auf seinem Geburtstagsfest gemacht hat, ist nicht unbemerkt geblieben.

Doch es ist zu spät. Nelson ist bereits in ihrem Bann, verzaubert. Als er den zweiten Brief an Lord Saint-Vincent richtet, erlaubt er sich diese Vertraulichkeit: «Heute erörtern wir die Lage mit dem König von Neapel an Bord eines Schiffes. Er ist uns überaus freundlich gesonnen. Die Königin habe ich oft gesehen. Eine wahre Tochter Maria Theresias. Mir gegenüber, an dem Tisch, an dem ich schreibe, sitzt Lady Hamilton, *ich hoffe also, Sie haben Verständnis für mein glorreiches Gestammel.* Ihre Durchlaucht würden vielleicht noch weniger gut schreiben. *Wenn das Herz bebt, muss die Hand ja zittern!* Neapel ist wahrlich ein gefährlicher Ort, und wir sollten ihn so schnell wie möglich verlassen.»

In Wirklichkeit ist ihm jeder Vorwand recht, um nicht in See zu stechen. Die militärischen und politischen Veränderungen, die auf Italien zukommen, liefern ihm ein ausgezeichnetes Alibi dafür.

Es ist der 11. Oktober. General Championnet war im Februar siegreich in Rom eingezogen. Er hatte zwanzig Jahre in der spanischen Armee gedient und die Belagerung von Gibraltar mitgemacht, bevor er Oberkommandierender der französischen Truppen in Italien wurde.

In ihrer Auffassung von Nelson bestärkt, hält Maria Carolina den Zeitpunkt für gekommen, einen Angriff gegen die Franzosen zu führen. Starke persönliche Verbindungen vereinen sie mit England; Russen und Türken haben ihre Unterstützung zugesagt. Bonaparte ist ohne seine Flotte in Ägypten gefangen. Und das Direktorium scheint, von inneren Zerwürfnissen geschwächt, seinen Rückhalt im eigenen Land zu verlieren. Der Moment ist also günstig. Will man verhindern, dass die Franzosen bis vor die Mauern Neapels vorrücken, gilt es jetzt zu handeln. Die Königin ahnt noch nicht, dass dieser übereilte Alleingang ihr Königreich ins Unglück stürzen wird. Österreich, von dem sie militärische Unterstützung angefordert hat, schickt ihr nur einen Offizier, General Karl Mack von Leiberich. Er soll die neapolitanischen Truppen befehligen.

Fieberhaft trachtet Maria Carolina danach, die Franzosen aus Rom zu vertreiben. Höchstpersönlich inspiziert sie das Feldlager in San Germano, überwacht die Vorbereitungen und verfolgt die Truppenübungen. Zu Pferde, «in einem blauen Reitkostüm mit goldenen Knöpfen und einer goldenen Lilie am Kragen, dazu den Hut eines Generals mit einer weißen Feder tragend», reitet sie in Begleitung von Emma die Linien der Soldaten und die Zeltreihen ab.

Ein ehemaliger General, der in der russischen Armee gedient hatte, kann seine skeptische Haltung angesichts der Truppenübungen kaum verbergen. Seiner Ansicht nach besteht diese Armee größtenteils aus Bauern und «ist gerade recht für Paraden, aber sonst ...».

Seltsamerweise scheint Nelson, immerhin ein erfahrener Soldat, nichts von dieser Schwäche zu ahnen. Vielleicht hat er aber auch gedacht, nun sei es zu spät, eine Operation aufzugeben, zu der er selbst mit aufgerufen hat. Schließlich lag es erst ein paar Wochen zurück, dass er Emma auftrug, folgenden Rat an die Königin weiterzugeben: «Die kühnsten Maßnahmen sind die erfolgversprechendsten.»

Mit *il Nasone* an der Spitze setzen sich die neapolitanischen Truppen am 22. November 1798 in sieben Kolonnen in Bewegung. Nelson nimmt an dem Unternehmen teil, er schifft 4000 Infanteristen und einen Teil der Kavallerie ein, um dem Feind in den Rücken zu fallen. Zu diesem Zweck setzt er die Truppen in Livorno an Land und kehrt anschließend nach Neapel zurück.

Er kommt gerade rechtzeitig, um die neueste Nachricht zu vernehmen: Mack ist kampflos in Rom eingezogen. Seit dem 29. November residiert der König im Palazzo Farnese, ohne sich irgendwelche Fragen zu stellen. Er macht sich nicht einmal Gedanken darüber, warum die neapolitanischen Truppen so einfach in die Heilige Stadt einmarschieren konnten, und aus welchem Grund Championnet zur Verteidigung der Stadt alles in allem nur eine Garnison im Castel Sant'Angelo, in der Engelsburg, zurückgelassen hat.

Tatsächlich hat sich der französische General von dem plötzlichen Angriff ein wenig verwirren lassen und es für klüger gehalten, sich in die Umgebung von Rom zurückzuziehen und dort seine Kräfte in aller Ruhe neu zu formieren. Bis Ferdinand dies begreift, ist es zu spät.

Am 7. Dezember geht Championnet zum Angriff über. In wenigen Stunden räumen 15 000 Neapolitaner vor 3000 Franzosen das Feld. Das Heer befindet sich in heilloser Auflösung. Nachdem er den Herzog von Ascoli seine königliche Uniform überziehen ließ, nimmt Ferdinand die Beine in die Hand und flieht in der Tracht seines Stallmeisters nach Neapel.

Im Gefühl der Stärke beschränkt sich Championnet nicht darauf, Rom zurückzuerobern. Er überschreitet die Grenzen zum Königreich beider Sizilien. Nichts hält seinen Vormarsch auf. Die Kommandanten der befestigten Städte kapitulieren einer nach dem anderen, die regulären Truppen oder was von ihnen übriggeblieben ist, ziehen sich völlig ungeordnet zurück. Entsetzen macht sich im ganzen Königreich breit. Maria Carolina ist starr vor Schreck. «Gott allein weiß», vertraut sie Emma an, «welches Unglück die Zukunft für uns bereithält! Ich bin über dies alles zutiefst betrübt und ich mache mich jeden Tag auf das Schlimmste gefasst. Mack hat keinerlei Hoffnung mehr, und er weiß warum.»

Tausend Mann sind außer Gefecht gesetzt, dreißig Kanonen, neun Fahnen, die meisten Pferde und der Großteil des Marschgepäcks dem Feind in die Hände gefallen: Das ist die Bilanz eines Feldzugs, der nicht mehr als siebzehn Tage gedauert hat.

Emma, die in Neapel geblieben war, ist in ständiger Verbindung mit der Königin und vor allem mit Nelson. «Sir William und ich», schreibt sie an letzteren, «sind so besorgt, dass wir weder essen oder trinken noch schlafen können».

Der Zusammenbruch ist nicht aufzuhalten. Ein letzter Versuch Maria Carolinas, aus Wien Verstärkung zu bekommen, scheitert. Das österreichische Volk, meint der Kaiser, verlange nach Ruhe und Frieden. Die Neapolitaner sollen «sich selbst aus der Affäre ziehen».

Wut und Verzweiflung der Königin drücken sich jetzt in Beschimpfungen ihrer Familie aus, die sie anklagt, «sich feige gegen die Kinder und Enkelkinder der großen Maria Theresia zu verbünden». Ihre Verteidigung beschränkt sich nunmehr «auf Tränen und Gebete».

In Neapels Straßen rumort es, das Volk murrt gegen das Herrscherpaar und natürlich macht es sie für die Katastrophe verantwortlich. Man hat es vor allem auf die Königin abgesehen. Ihr wird hauptsächlich ihr Verhalten und ihr verhängnisvoller Einfluss auf den König zur Last gelegt. Das Murren wird lauter, weitet sich zu Tumulten aus. Überall ertönen Beschimpfungen. Man beschuldigt König und Königin des Verrats, und die Bediensteten der Adligen, die bereits die wertvollen Dinge ihrer Herrschaften in den Kutschen verstauen, werden tätlich angegriffen. Das ist kein Aufruhr mehr, hier ist eine Revolution im Gange.

Angesichts der bedrohlichen Situation erklärt Nelson, dem Herrscherpaar bleibe keine andere Wahl mehr als die Flucht. In Neapel liefen sie Gefahr, gesteinigt oder gehängt zu werden. Emma und Lord Hamilton pflichten ihm bei.

Fliehen? Zuerst reagiert die Königin empört auf diesen Vorschlag, der ihrer Ansicht nach einer feigen Abdankung gleichkommt. Der König stimmt einer Flucht nur zu, wenn er sein gesamtes Privatvermögen, Säcke voll Gold, Schmuck und die wertvollsten Stücke seiner Kunstsammlung mitnehmen kann. Außerdem beansprucht er – und die Königin schließt sich dieser Forderung an –, die Königswürde auch nach der Flucht aus der Hauptstadt zu behalten. Und er verlangt, dass man zuerst die Schätze der Staatskasse in Sicherheit bringt. Es herrscht ein vollkommenes Durcheinander. Der Gedanke, dem Sturm standzuhalten und vor Ort zu bleiben, geht ihnen durch den Kopf. Wird es, wenn man Neapel verlässt, nicht zu einer Neuauflage der verhängnisvollen Flucht nach Varennes kommen?

Doch die Zeit drängt. Die französische Armee ist nur noch wenige Tagesmärsche entfernt. Die Entscheidung lässt sich nicht mehr hinauszögern. Man findet sich mit der Flucht ab.

Nachdem die Entscheidung getroffen ist, unterrichtet Emma sofort Nelson: «Mein lieber Lord, ich habe soeben einen Brief meiner ehrwürdigen Königin erhalten. Sie hat den König überzeugen können. Es ist ihr nur sehr schwer gelungen, aber nun stimmt er all unseren Plänen zu. Sie ist völlig erschöpft. Morgen schicke ich Ihnen ihren Brief. Gott segne sie. Hochachtungsvoll, Ihre Emma.»

Nelson verfügt nur über die *Vanguard* und die *Alcmene*, um den ganzen Hofstaat mitzunehmen. Deshalb müssen noch zwei neapolitanische Schiffe, die *Sannita* und die *Archimede* gechartert werden.

Einer entrüstet sich schwer darüber, dass sämtliche Vorbereitungen zur Flucht von den Hamiltons und Nelson getroffen werden: Francesco Caracciolo, noch immer Admiral der neapolitanischen Flotte. Der jetzt sechsundfünfzigjährige Caracciolo hatte im Unabhängigkeitskrieg auf Seiten der Amerikaner gekämpft und nach seiner Rückkehr nach Neapel 1791 zusammen mit Nelson an der Blockade von Toulon teilgenommen. Merken wir uns an dieser Stelle seinen Namen, denn in den folgenden Wochen sollte er ein düsteres Schicksal erleiden.

Am Abend des 17. Dezember will die Königin von einem ihrer Vertrauten namens Saverio 60 000 Golddukaten, ihr gesamtes persönliches Vermögen, in die Residenz des englischen Botschafters bringen lassen. Als ihr einfällt, dass Emma an diesem Abend bei einem Empfang des Marquis de Nice zu Gast ist, verschiebt sie das Vorhaben auf den nächsten Tag: «Der treue und wackere Saverio wird heute mit dem Geld kommen. Da ich wusste, dass der Marquis de Nice gestern Abend einen Empfang gab, wollte ich es nicht gestern schicken, um Sie nicht in Verlegenheit zu bringen. Ich habe Saverio Juwelen, Geld und jene Dinge anvertraut, die wir dort benötigen werden, wo uns unser Unglück hinbringen wird.»

In der Nacht zum 18. bringt Saverio tatsächlich das wertvolle Gepäck mit einem Schreiben der Königin: «Ich schicke Ihnen heute unser ganzes spanisches Geld. Es sind 60 000 Golddukaten, und das ist alles, was wir, der König und ich, an Vermögen haben, denn wir haben es nie gehortet. Morgen Abend kommen noch die Diamanten der ganzen Familie, der männlichen wie der weiblichen Mitglieder, damit sie dem ehrenwerten Admiral Lord Nelson übergeben werden können.»

Tränenerstickt vergisst die Königin freilich, dass sich das gesamte Vermögen, das sie verschiffen lässt, auf nicht weniger als 20 000 Pfund Sterling beläuft. Für eine Familie, die das Geld *nie gehortet* hat, ist das ein hübsches Sümmchen.

Wenige Stunden später trifft eine neue Sendung ein, wieder mit einem Schreiben der Königin: «Liebe Mylady, ich schicke Ihnen noch drei weitere Kisten und eine kleine Schachtel. In der Kiste befindet sich ein wenig Wäsche für meine Kinder an Bord des Schiffes und in der Schachtel einige Kleidungsstücke. Ich denke, es ist nicht unbedacht, wenn ich sie zu Ihnen bringen lasse. Alles andere wird mit dem sizilianischen Schiff abgehen.»

Schließlich kommt noch in derselben Nacht eine dritte Sendung an: «Liebe Mylady, ich nütze Ihre Güte und die unseres wackeren Admirals weidlich aus; sorgen Sie dafür, dass die großen Kisten in den Lagerraum gebracht werden und die kleinen in Reichweite bleiben. Es muss so sein, da ich leider eine sehr zahlreiche Familie habe ... Ich bitte Sie, meine liebe Freundin, halten Sie mich über alles, alles, alles auf dem Laufenden. Und verlassen Sie sich auf meine Diskretion.»

Am nächsten Tag, dem 19. Dezember, lässt Emma sämtliche Juwelen und sechsunddreißig Fässer Gold an Bord der Schiffe bringen. «Auf die Packen», erzählte sie später, «schrieb ich den Hinweis *Waren für Nelson*, um jeden Verdacht zu zerstreuen. Nachdem diese Angelegenheit erledigt war, entschloss sich der König endlich zur Abreise.»

Auch im Hause des Gesandten bereitet man sich auf die Flucht vor und ist fest entschlossen, so wenig wie möglich dem Feind in die Hände fallen zu lassen. Eilig werden das Silber und die kleinen Stücke der Sammlung verpackt. Die wertvollen Gemälde, die (mehr als 2000) griechischen Vasen und die restlichen antiken Stücke, die schwer zu transportieren sind, werden separat verpackt und an Bord der *Colossus* direkt auf den Weg nach England gebracht. Aus Zeitmangel opfert man das Mobiliar im Palazzo Sessa und in der Villa am Posillipo. Später berichtet Lady Hamilton an Greville: «Außer den Vasen und unseren besten Gemälden haben wir drei elegant ausgestattete Häuser, alle unsere Pferde und sechs oder sieben Kutschen in Neapel zurückgelassen. Ich glaube, das ist genug für die französischen Schurken; aber wir konnten nicht mehr herbeischaffen lassen, ohne den Verdacht zu erwecken, die königliche Familie würde fliehen [...] »

In seiner Halsstarrigkeit, Neapel nicht zu verlassen, ohne seine Schätze in Sicherheit gebracht zu haben, verschiebt das Herrscherpaar die auf die Nacht des 20. Dezember festgelegte Abreise um vierundzwanzig Stunden. Der Fluchtplan ist bis in alle Einzelheiten festgelegt. Eine Frage bleibt allerdings offen: Wie kann man der Aufmerksamkeit der *Lazzaroni* entgehen?

Der folgende Abschnitt ihrer Flucht ist eines *Grafen von Monte-Christo* würdig.

Es gab einen unterirdischen Gang vom Palast zum Hafen, der seit der spanischen Herrschaft nicht mehr geöffnet worden war; es galt also, seinen Zustand zu überprüfen.

Emma meldet sich freiwillig für dieses Unternehmen. Begleitet von einigen Bediensteten mit Fackeln bahnt sie sich einen Weg in die Kellergeschosse des Palastes, erforscht das Gewirr der Gänge und scheucht ein paar überraschte Fledermäuse auf. Die unterirdischen Gänge stellen sich als begehbar heraus. Auf diesem Weg würde die königliche Familie unbemerkt ihre Gemächer verlassen und die kleine Mole am Hafen erreichen können. Am Ausgang würde sich Graf Thurn, ein ehemaliger österreichischer Admiral, ihrer annehmen und sie bis zum Beiboot Nelsons begleiten, das an der dunkelsten Ecke des Arsenals vertäut war.

Den ganzen 20. Dezember über bleibt Maria Carolina, von Nervenkrisen und Anfällen von Verzweiflung geplagt, in ihren Gemächern. Allein der Gedanke an Flucht scheint unerträglich für sie zu sein. In ihrer Angst lässt sie «ihre einzige Freundin», «ihre treueste Freundin», ihre liebe Mylady als einzige Vertraute zu sich.

Es ist mit Sicherheit ein seltsames Schauspiel, das hier zu sehen ist: Die ehemalige kleine Kohlenhändlerin, die zwanzig Jahre zuvor noch Kindermädchen war und durch die Wechselfälle des Schicksals in den Rang einer Romanheldin aufgestiegen ist, bestimmt über das Schicksal einer Königsfamilie. In der allgemeinen Panik ist sie die Ruhe selbst und überträgt diese auf ihre Umgebung. «Lady Hamilton,» schreibt Nelson an den Ersten Lord der Admiralität, «scheint ein Engel zu sein, der zum Wohl der Königsfamilie vom Himmel herabgestiegen ist».

Am nächsten Morgen erhält Maria Carolina von Acton die Bestätigung für den endgültigen Zusammenbruch der restlichen neapolitanischen Truppen. An Lady Hamilton schreibt sie: «Liebe Mylady, die Gefahr wächst. *L'Aquila* ist zur ewigen Schande unseres Landes mit sechshundert Mann eingenommen worden. (...) Ich bin wie betäubt, hoffnungslos. Wie sehr das alles auf den Kopf stellt, unseren Staat, unser Leben, unsere Verhältnisse und alle Vorstellungen, die ich und meine Familie vom Leben haben; ich weiß nicht, wo ich heute Abend mit meinen Gedanken sein werde.» Dann kündigt sie eine letzte Sendung an: «Heute Abend werde ich Ihnen noch einige Kisten mit den Klamotten [sic!] meiner großen Familie schicken. Sagen Sie mir aufrichtig, ob ich unsere Koffer von einer uns ergebenen Person, Lalo oder Saverio, ans Hafenbecken bringen lassen kann und ob es noch möglich ist, sie einzuschiffen, oder ob dies rundheraus nur hinderlich wäre. Mit tausend Empfehlungen an unseren Retter, glauben Sie mir, ich bin die unglücklichste aller Frauen, Mutter und Königin, aber immer Ihre aufrichtige Freundin Charlotte.»

Endlich ist es Abend. Alle Anweisungen sind genauestens befolgt worden. Graf Thurn ist schon an der kleinen Mole auf Posten. Die Hamiltons hingegen müssen, um keinen Verdacht aufkommen zu lassen, auf ein Fest gehen, das Kelim Effendi, der Abgesandte des Sultans, an diesem Abend zu Ehren von Sir William gibt. Der Zeitpunkt für ein solches Vergnügen scheint besonders gut gewählt, wenn man bedenkt, dass der Feind wenige Meilen vor der Stadt kampiert. Noch während der Soirée verlässt Emma mit bangem Herzen heimlich die türkische Botschaft. Um ihre Flucht zu verschleiern, lässt sie ihre Kutsche und ihre Diener vor dem Palast warten, verbirgt sich unter einem Kopftuch und macht sich allein und zu Fuß davon. Eine Viertelstunde später erreicht sie die kleine Mole. Von Nelsons Männern begleitet, hat die Königsfamilie den Geheimgang ohne Zwischenfälle hinter sich gebracht und befindet sich bereits wohlbehalten am gemeinsamen Treffpunkt. Die Flüchtlinge beeilen sich, in die Boote zu steigen. Im ersten sitzen der König und die Königin, Prinz Leopold, Prinz Albert und sein Kindermädchen, die Prinzessinnen, General Acton, Fürst Castelcicala, Fürst Belmonte, Graf Thurn und der Herzog von Gravina.

Im zweiten Boot sind bunt gemischt Pater Gius Garano, der Beichtvater des Königs, sein Chirurg Michel Troja, sein oberster Verwalter Falco, sein Koch, Monsieur Pernet, seine Diener und Miss Cornelia Knight.

Emma muss sich gedulden und Sir William Zeit lassen, sich seinerseits bei Kelim Effendi davonzustehlen. Eine halbe Stunde später treffen sich die beiden an der Ecke des Arsenals, wo ein kleines Boot extra für sie wartet. Sie erreichen die *Vanguard*, kurz nachdem das Boot mit der Königsfamilie beigedreht hat.

Es wird höchste Zeit. Während der Überfahrt zu Nelsons Schiff kann man die ersten hasserfüllten Schreie der Menge hören, die soeben die Flucht des Herrscherpaars entdeckt hat …

13 Endlich sind alle an Bord der *Vanguard*. Auf vier Schiffen segeln insgesamt 2000 Flüchtlinge nach Palermo. Der Himmel sieht bedrohlich aus. Der Wind, der vom Land her weht, wird immer böiger. Bald zieht ein Sturm auf, der die Schiffe und ihre Besatzung packt. Als würde sich die Natur gegen die Flucht des Herrscherpaars auflehnen.

Sie werden gewaltig hin- und hergeschüttelt. Das Ächzen der Schiffsrümpfe ist bis zu den Sternen zu hören. Nelson gibt zu, dass er in all den Jahren, die er auf See war, noch nie einen solchen Sturm erlebt hat. Einige Segel werden zerfetzt, und die Matrosen fällen in der Eile die Masten. Mit ungeahnter Energie steht Emma der königlichen Familie in jeder Hinsicht zur Seite, tröstet die Königin, die Prinzessinnen und die jungen Prinzen Leopold und Albert. Mitten im Sturm wird der sechsjährige Albert plötzlich von Krämpfen geschüttelt. Niemand außer Emma scheint sich um ihn zu kümmern. Sie wacht die ganze Nacht bei ihm und versucht, ihm Linderung zu verschaffen. Doch trotz aller Anstrengungen stirbt das arme Kind um sieben Uhr früh in den Armen der jungen Frau. Der König und die Königin, die mit den anderen Mitgliedern des Hofes in einer Kajüte unter Deck Zuflucht gesucht haben, sind wie versteinert. Der österreichische Gesandte, Fürst Esterházy, bringt immerhin die Kraft auf, sich bis zur Reling zu schleppen, um ein verfängliches Beweisstück loszuwerden: Eine Tabaksdose geschmückt mit einer Miniatur, die seine italienische Mätresse vollkommen hüllenlos zeigt.

Nach Emmas Beispiel kümmert sich auch ihre Mutter, von nun an *la signora madre dell'ambasciatrice*, uneigennützig um die anderen, während die verängstigten Domestiken auf die Knie niedersinken und endlos beten. Wie Nelson später berichtete, zeigte Emma den Mut und das Pflichtbewusstsein, die unter diesen Umständen nötig waren, und ließ keinen Augenblick in ihren Bemühungen nach. Zweifellos stolz und froh, ihrem Helden ihre Tapferkeit zeigen zu können, bleibt die junge Frau bis ans Ende der schwierigen Überfahrt auf den Beinen. «Das Königspaar», schreibt der Admiral, «war freilich ohne sein Bettzeug an Bord gekommen. Lady Hamilton lieh ihnen ihr Bett und ihre Bettwäsche und wurde überhaupt ihre Sklavin, denn mit Ausnahme eines Mannes war der Königsfamilie niemand aus ihrem Gefolge eine Hilfe, und Lady Hamilton schlief während der ganzen Überfahrt nicht ein einziges Mal.»

Der arme Sir William ist ebenfalls leidgeprüft. Während der schlimmsten Windstöße steigt Emma in seine Kabine hinunter und findet ihn in tiefster Verzweiflung. Er hat seine beiden Pistolen geladen und in Reichweite gelegt. Im Falle eines Schiffsbruchs will er sich lieber eine Kugel durch den Kopf jagen, um «das unerträgliche Gluckern des Salzwassers in der Kehle» zu verhindern.

Lord Saint-Vincent war der erste, der öffentlich anerkannte, was Emma Hamilton während dieser dramatischen Flucht geleistet hat. Einige Zeit nach ihrer Ankunft bekundete er in einem Brief nach London seine Bewunderung für diese tapfere Frau, und Macpherson, einer der Offiziere in der Admiralität, schrieb daraufhin an Hamilton: «Was haben Sie nur durchgemacht, Sie, Ihr König von Sizilien, die Königin, Lady Hamilton und unser edler Nelson. Lady Hamilton hat gezeigt – was Ihnen und ihr zur größten Ehre gereicht –, dass sie Ihrer ganzen Zuneigung und Ihrer Wahl würdig ist. Hier ist sie Gegenstand allgemeiner Bewunderung, am Hof ebenso wie in den privaten Haushalten. Der König und der Prinz von Wales sprechen häufig von ihr.»

Am Nachmittag des 25. Dezember läuft man endlich längs des großen Piers in den Hafen von Palermo ein. Der Sturm, der noch immer wütet, erlaubt es nicht, dass man die Boote zu Wasser lässt. Wieder heißt es abwarten. Um zwei Uhr früh können sie an Land. Mehr schlecht als recht finden die Flüchtlinge in Palermo Unterschlupf. Maria Carolina, Ferdinand und ihre Kinder verkriechen sich in einem feuchten, eiskalten Gebäude im chinesischen Stil, dem Palazzo dei Colli. Nachdem sie noch zwei Tage in ihrer Gesellschaft verbracht haben, beziehen Nelson und die Hamiltons ihren Wohnsitz an der Marino-Promenade, die Villa Bastioni. Sie liegt in einem herrlichen Garten, «hat fünfzig Zimmer, aber keinen einzigen Kamin».

Der Cavaliere – man kann es sich denken – ist völlig zerrüttet von diesen Umwälzungen, die alle Gewohnheiten und die Behaglichkeit eines ganzen Lebens zunichte machen: «Ich bin», schreibt er an Greville, «aus meiner komfortablen Wohnung in Neapel in ein landestypisches Haus verpflanzt worden, das keinen Kamin hat und eigentlich nur für den Sommer eingerichtet ist. In meinem Alter ist das sehr hart, wenn man ständig gallige [biliöse] und rheumatische Anfälle erleidet. Ich hege immer mehr den Wunsch, mit dem ersten Schiff nach Hause zurückzukehren, denn ich bin am Ende meiner Kräfte und wünsche Ruhe.» Er weiß nicht wie recht er hat. In den nächsten Tagen wird er wieder krank, erleidet erneut einen Anfall seines altbekannten «galligen Fiebers». Der Unglückliche ist aber noch lange nicht am Ende seiner Leiden. Bald darauf teilt man ihm mit, dass die *Colossus* mit Mann und Maus und seinen ganzen Kunstsammlungen an Bord im Mittelmeer gesunken ist. Das bedeutet nicht nur einen riesigen finanziellen Verlust für den Gesandten, damit stürzt ein Grundpfeiler seines Lebens ein.

Nelson denkt nicht mehr daran, seine Freunde zu verlassen. Ein Leben zu dritt beginnt sich abzuzeichnen: *Tria juncta in uno*. Drei in einem. Nie sollte die Devise des Bath-Ordens, den Sir William verliehen bekommen hatte, besser umgesetzt werden.

Am 7. Januar 1799 gibt Emma in einem Brief an Greville einen vollständigen Bericht von den tragischen Ereignissen der jüngsten Vergangenheit.

Eine Woche zuvor schrieb die Königin: «Der Tod ist in meinem Herzen. Das Klima ist eisig. Es schneit den ganzen Tag; Straßen, Dächer, alles ist weiß, was vollkommen ungewöhnlich für Palermo ist. In meinem ganzen Leben habe ich noch nie so gefroren. Die meisten Türen und Fenster schließen nicht dicht, es gibt keinen Teppich auf dem Boden und keinen Kamin in unseren Zimmern.»

Zudem sind die Nachrichten aus Neapel katastrophal. Die Aufständischen triumphieren überall, trotz der lächerlichen Proklamation Ferdinands, der sich noch am Tag vor seiner Abreise die Zeit genommen hatte, Fürst Pignatelli zum Vizekönig von Neapel zu ernennen. Eine Wahl, die überaus bedauerlich war. Wo es einen entschlossenen Mann gebraucht hätte, der nicht davor zurückschreckte, seiner Aufgabe gerecht zu werden, war statt dessen ein unentschlossener Charakter zugange, dessen Zögerlichkeit und Schwäche die allgemeine Unzufriedenheit nur verschlimmern konnte. Schon bald hatte er sich mit dem Rat der Stadt vollkommen überworfen. Und statt zu den Waffen zu greifen, verlor man wertvolle Zeit damit, alle möglichen Pläne hin- und herzuwälzen. Zwischen den gegensätzlichsten Ansichten schwankend, resignierte Pignatelli schließlich und ließ sich auf Verhandlungen mit Championnet ein. Am 12. Januar wurde ein Waffenstillstand vereinbart. Er kommt tatsächlich einer Abdankung gleich. Oder wie soll man die Aufgabe einer wichtigen Festung sonst nennen, der einzigen, die den Zugang nach Neapel kontrolliert, dazu den Abzug aus allen Gebieten in der Umgebung der Stadt und die Verpflichtung, eine Abgabe von 27 Millionen Francs zu entrichten?

Mit vereinten Kräften tauft man Straßen um und gibt ihnen Namen wie *Fortuna*, *Triumph*, *Bescheidenheit* oder auch *Schweigen* und *Mäßigung*.

Durch den Waffenstillstand wird die Lage allerdings nicht besser, sondern eher noch schlimmer. Die Ankunft der französischen Kommissare mit dem Auftrag, die Entschädigungssummen einzutreiben, ruft einen Aufstand hervor. Pignatelli wird vom Stadtrat aufgefordert, seine Ämter niederzulegen. Es bleibt ihm keine andere Wahl, als nach Sizilien zu fliehen.

Die *Lazzaroni* treten seine Nachfolge an und rufen zum Widerstand auf. Sie sind ebenso zahlreich wie wagemutig. Doch von den Anhängern der Franzosen verraten, müssen sie die Waffen strecken. Durch das Bündnis mit dem Feind haben die neapolitanischen Republikaner endgültig den Fall der Monarchie beschlossen. Als Maria Carolina davon erfährt, lässt sie ihrer Wut freien Lauf und droht den Revolutionären mit den schlimmsten Strafen.

Championnet, der nun unumschränkter Herrscher über Neapel ist, spielt geschickt mit dem Aberglauben der Masse. Seit der Revolution daran gewöhnt, die Franzosen für gottlose Aufwiegler zu halten, wollen die *Lazzaroni* vor allen Dingen: ihren vermeintlich bedrohten Glauben verteidigen, und am teuersten ist ihnen der Glaube an San Gennaro [den Heiligen Januarius], den Schutzheiligen der Stadt. Mit großem Scharfblick ist Championnet darum bemüht, sie zu beruhigen. Er versichert, dass er die Religion achten werde, er erklärt den Neapolitanern, er sei gekommen, um allen die Freiheit zu bringen, und er stellt sogar eine Ehrenwache für San Gennaro auf. Die Befürchtungen der *Lazzaroni* zerstreuen sich wie durch einen

Zauber, und aus ihren Mündern erhebt sich Jubelgeschrei: «Hoch lebe Frankreich!»

Am Abend ist die ganze Stadt beleuchtet, und es war gewiss kein gewöhnlicher Anblick, denn die vielen Lichter beleuchteten auch die Leichenberge auf den Straßen. Einige Tage später wurde die Parthenopäische Republik[27] ausgerufen.

Man ist mit allem einverstanden. Dieselben, die tags zuvor noch auf die Monarchie schworen, begrüßen und feiern jetzt bedenkenlos das neue Regime. Admiral Caracciolo ist einer der ersten, der umschwenkt. Welche Verirrung konnte diesen dem Hof treu ergebenen und von Ferdinand mit Wohltaten überhäuften Mann dazu bringen, sich in den Dienst der Revolution zu stellen? Für diesen Verrat sollte er teuer bezahlen.

Gegen Ende des Monats bringen Nelson, Emma und Sir William ihre Penaten in die Villa Palagonia nach Bagheria, einem Ort in der Nähe von Palermo. Man teilt sich die Ausgaben, man bespricht die Lage, die Untätigkeit ist bedrückend. Was tun in diesem eiskalten Palermo? Zu der Zeit, als ihr Ehemann noch mit dem König auf die Jagd ging, hatte Emma ihre Spielleidenschaft entdeckt. Wir erinnern uns: Sie hatte nie ein Verhältnis zu Geld. Ob sie 10 Schilling oder 100 Pfund verlor, war für sie bedeutungslos ... Nelson, der eigentlich kein Spieler ist, bestärkt sie darin. Man verbringt lange Nächte damit, zu wetten, Karten zu klopfen und beträchtliche Summen zu verspielen oder zu gewinnen. Schnell wird hinter vorgehaltener Hand darüber geredet. Und so viel, dass Kapitän Troubridge sich gezwungen sieht, seinen Admiral zu warnen: «Ich bin sicher, dass es Ihnen kein Vergnügen macht, Ihre Nächte beim Kartenspiel zu verbringen. Warum opfern Sie Ihre Gesundheit, Ihr Wohlergehen, Ihren Seelenfrieden und Ihren Geldbeutel den Gebräuchen eines Landes, in dem sie nicht lange verweilen werden. (...) Darunter leidet auch Lady Hamilton, denn nichts kann die Leute vom Reden abhalten. In den Augen eines Engländers ist eine Spielerin immer eine gefallene Frau.»

Im April bestätigt Nelson den Empfang eines Briefes von seinem Prisenverwalter Alexander Davison, der ebenso kritische Töne anschlägt: «Ich kann nicht umhin, Ihnen in aller Aufrichtigkeit zu sagen, wie sehr ich es bedaure, dass Sie weiter im Mittelmeer bleiben. Auch Ihre besten Freunde bedauern es, und Sie werden sich wohl damit abfinden müssen, dass Sie freimütig darauf angesprochen werden. Heute schreibt Ihnen Ihre liebe und hochgeschätzte Frau. Sie hält sich gut, aber sie ist sehr beunruhigt, sehr aufgewühlt, was nicht weiter verwunderlich ist.» Dann fügt er dieses Postskriptum hinzu: «Lady Nelson kommt gerade mit meiner Frau zur Tür herein. Sie trägt mir auf, Ihnen zu sagen, dass sie zu Ihnen kommen wird, falls Sie nicht innerhalb der nächsten Monate zurückkehren können. Entschuldigen Sie bitte ihre zärtlichen Gefühle, sie sind zu heikler Natur, als dass ich sie Ihnen hier erklären könnte.»

Nelson greift unverzüglich zur Feder, um seine Frau zu bremsen. Dabei ist er nicht gerade rücksichtsvoll: «Glauben Sie nur nicht, dass es mir möglich ist, Ihnen ebenso häufig zu schreiben, wie ich es früher tat. Ich habe solche Mengen an offiziellem Briefverkehr zu erledigen, dass ich meine private Korrespondenz stark vernachlässigen musste und auch weiterhin vernachlässigen muss. Im Februar hätten Sie erleben können, wie unwirtlich es hier für Sie geworden wäre, wenn Sie irgendeinem Rat gefolgt wären, der Sie von England einem umherirrenden Seemann hinterhergeschickt hätte. Ich hätte, wenn Sie gekommen wären, nur noch Flagge streichen und Sie nach London zurückbringen können, da es unmöglich gewesen wäre, sei es in Neapel oder in Palermo, eine sicher Bleibe für Sie einzurichten. Allein die Lage in diesem Land hält mich fern von England, und sollte ich das Glück haben, dass Ihre sizilianischen Majestäten wieder fest auf dem Thron sitzen, werde ich schon im Sommer wieder zu Hause sein.»

Es ist bald Anfang Mai. In Neapel bereiten die von der französischen Besetzung enttäuschten Neapolitaner einen neuen Aufstand vor, dieses Mal unter Führung einer neuen Persönlichkeit, des Kardinals Fabrizzio Ruffo, der inzwischen an Stelle von Pignatelli mit allen Vollmachten ausgestattet worden ist.

Der Prälat und sehr geschickte Diplomat ist eine eigenartige Persönlichkeit, auch ein mutiger Soldat, ja waghalsig bis tollkühn, aber auf dieselbe Art wie die früheren *Condottieri*, die der Partei, die sie bezahlte, treu ergeben, aber – nach getaner Arbeit – immer bereit waren, aus Eigennutz der gegnerischen Partei zu dienen.

Schon am 27. Februar hatte das Direktorium Championnet zurückbeordert und General MacDonald zu seinem Nachfolger ernannt. Dieser ist bislang allerdings noch nicht in Neapel eingetroffen, und die Stadt wird nur von 2000 Mann verteidigt. Kardinal Ruffo ergreift die Gelegenheit und appelliert an die patriotischen und religiösen Gefühle seiner Landsleute. Von allen Seiten strömen die Rekruten herbei, Adlige, Bauern, ehemalige Soldaten, Spitzbuben, die auf Plünderungen aus sind, Ruffo nimmt unterschiedslos jeden und macht sich auf den Weg zur Rückeroberung Neapels. Bald hat er mehr als 1700 Mann versammelt. Als wollte er die Hundert-Tage-Herrschaft vorwegnehmen: Napoleon auf dem Weg von Elba nach Paris.

Überall, wo der Kardinal erscheint, schließen sich die Dörfer dem Heiligen Kreuz an, das auf seiner Fahne ist. Wer Widerstand leistet, springt über die Klinge.

Nelson entschließt sich, die günstigen Umstände, die Ruffo geschaffen hat, zu nutzen, um in Neapel zu landen. Gleichzeitig lässt er durch Kapitän Troubridge die Inseln Ischia und Procida einnehmen. Am selben Tag, als er die Segel setzen und zur Hauptstadt des Königreichs aufbrechen will, erhält er einen Brief von Lord Saint-Vincent: «Admiral Bruix hat unsere Blockade vor Brest durchbrochen. Sein Geschwader hält Kurs aufs Mittelmeer. Sie haben Befehl, ihn aufzuspüren und zu stellen.»

Was soll Nelson angesichts dieses ausdrücklichen Befehls tun? Bruix zu besiegen wäre sicher verdienstvoll, aber Ferdinand und Maria Carolina auf ihren Thron zurückzubringen, würde seinen Namen zweifellos nachhaltiger in der Geschichte verankern. Vielleicht ist es ihm auch schwergefallen, sich von seiner Liebe loszureißen. Er antwortet unerschütterlich: «Ich möchte, wenn ich Palermo verlasse, nicht Gefahr laufen, Sizilien und alles zu verlieren, was noch vom Kontinent zu retten ist.» Zu guter Letzt überdenkt er seine Entscheidung noch einmal und macht sich, ohne irgend jemanden davon in Kenntnis zu setzen, auf die Suche nach der französischen Flotte.

Er ist kaum ausgelaufen, als ihn eine neapolitanische Brigg einholt. Sie bringt ihm einen Brief von Emma: «Ich war den Abend über bei der Königin, sie ist völlig niedergeschlagen. Ihrer Meinung nach wird in Neapel, auch wenn die Bevölkerung ihr im Großen und Ganzen wohl gesonnen ist, erst wieder Ruhe und Ordnung einkehren, wenn Nelson's Flotte vor der Stadt erscheint. Sie bittet Sie also, fleht Sie an und beschwört Sie, mein lieber Lord, die Dinge wenn möglich so zu arrangieren, dass wir alle nach Neapel zurück können. Wenn Sie die Güte haben, uns abzuholen, werden wir mit Ihnen kommen. Sir William ist krank, ich ebenso; das würde uns gut tun. Gott segne Sie! Für immer und ewig, Ihre ergebene Emma.»

Seinem Herzen gehorchend und seine Befehle vergessend – ein Verhalten, das für einen Offizier völlig unerklärlich ist – lässt unser Admiral wenden und eilt seiner Geliebten zu Hilfe.

Ebenso bereitwillig geht er am 20. Mai auf ein Ersuchen Ferdinands ein, der ihn bittet, nach Neapel zu segeln, um die Lage zu erkunden. Drei Tage später bringt Nelson Nachrichten. Kardinal Ruffo und seine Truppen sind nur noch wenige Meilen vor der Stadt. Die Franzosen und die neapolitanischen Jakobiner haben sich in panischer Angst in die Festungen zurückgezogen. Emma, nur Emma soll diese Informationen aus seinem Munde erfahren und sie danach dem Herrscherpaar überbringen. Ferdinand schlägt daraufhin vor, der Admiral solle nach Neapel zurückkehren, um weitere Erkundigungen einzuziehen. Nelson fügt sich. Man hat den Eindruck, als unterstellte er das Geschwader seiner Majestät des englischen Königs dem Königreich beider Sizilien. Diesmal haben die Ereignisse eine unglaubliche Wendung genommen: Kardinal Ruffo hat mit den Franzosen und ihren neapolitanischen Verbündeten einen Waffenstillstand geschlossen. Die Vereinbarung ist auf Seiten der Franzosen von General Méjean, dem Kommandanten von Castel Sant'Elmo, unterzeichnet worden, auf der anderen Seite von Ruffo und Kapitän Foote, dem ältesten englischen Offizier, der in der Reede vor Anker liegt. Außerdem trägt das Abkommen die (unleserliche) Unterschrift des türkischen Gesandten und die Betta von Kerandys, dem Vertreter des Zaren. Es ist also ein hochoffizielles Dokument. Der Kardinal hat sich darin verpflichtet, den Rebellen unbeschadet freien Abzug zu gewähren, wenn sie freiwillig die Festungen räumen. Und er ist sogar noch weiter gegangen: Neapolitanische Schiffe sollten sie nach Frankreich zurückführen.

«Schande über uns!» schreit Maria Carolina. «Ein Waffenstillstand, den Gauner unterschrieben haben, ist nichts wert! Diese Leute verdienen es, bestraft zu werden! Wie kann man diesen Ungläubigen freien Abzug gewähren? Dieses Abkommen ist eine Infamie!

Lieber unter den Ruinen der Stadt begraben werden, als sich zu Sklaven dieser französischen Schurken zu machen.»

Und Ferdinand geht noch einen Schritt weiter:

«Unannehmbar! Das hieße, die Verantwortlichen jeder Strafe zu entheben und sie, obwohl sie sich eines so schlimmen Verbrechens schuldig gemacht haben, frei herumlaufen zu lassen.»

An Nelson gerichtet beschließt er:

«Kehren Sie nach Neapel zurück. Lassen Sie das Recht walten. Sie bekommen alle Vollmachten.»

Nelson gehorcht. Sein Hass auf die Franzosen ist nicht der geringste Grund für das Vorgehen, zu dem er sich hinreißen lässt. Er nimmt die Hamiltons an Bord und sticht wieder in See. Ferdinand, dessen Willensschwäche größer ist denn je, schiebt die Rückkehr lieber hinaus und bleibt vorerst auf Sizilien. Maria Carolina würde sich der Gruppe gerne anschließen, aber der König stemmt sich mit aller Macht dagegen.

Am Nachmittag des 24. Juni ist Nelson vor Neapel. Er hat die *Vanguard*, die zu sehr von der Schlacht bei Abukir gezeichnet ist, gegen die *Foudroyant* eingetauscht, die sich in einem besseren Zustand befindet. Und er kocht vor Ungeduld.

14 Kaum hat Nelson den Anker geworfen, schickt er Kardinal Ruffo eine Aufforderung, an Bord zu kommen. Die Unterredung läuft schlecht. Wie hätte es anders sein können? Schließlich ist der Kardinal in den Augen des Admirals immer nur ein «großer Teufel an der Spitze einer christlichen Armee» gewesen. In einem Brief, den er zwei Monate später an Lord Spencer gesandt hat, heißt es: «Meine Meinung über ihn hat sich nie geändert. Derzeit ist Ruffo zwar der einzige Generalbevollmächtigte des Königs in Neapel, man wird ihn aber bald entfernen müssen, denn an ihm ist alles so korrumpiert, dass an seiner Person nichts ist, was uns interessieren müsste.» Die Zusammenkunft zieht sich in die Länge. Vergeblich versucht Ruffo, Nelson von der Richtigkeit seiner Maßnahmen zu überzeugen. Die Spannungen nehmen zu, das Gespräch artet zum Streit aus. Als Übersetzer ist Sir William Zeuge der fehlenden Verständnisbereitschaft auf beiden Seiten. Des Streits überdrüssig, überlässt er Emma die Rolle des Übersetzers, die sich bemüht, zu einem Ergebnis zu gelangen. Doch keiner der beiden Protagonisten ist zu Zugeständnissen bereit.

«Sie haben Ihre Befugnisse überschritten!» wettert Nelson

«Nicht im geringsten», erwidert Ruffo. «Der Waffenstillstand, den ich unterzeichnet habe, muss eingehalten werden, sonst brechen Sie das Wort des Königs, dessen offizieller Bevollmächtigter ich bin! Außerdem darf ich Sie daran erinnern, dass das Abkommen von einem Ihrer Offiziere, Kapitän Foote, gegengezeichnet wurde, ebenso von den Gesandten Russlands und der Türkei!»

Natürlich gab Foote seine Unterschrift, nachdem Ruffo sich mit einem Brief Ferdinands als dessen Bevollmächtigter ausgewiesen hatte, soviel kann Nelson sich denken.

«Aber es war nie Absicht des Königs, mit den Rebellen zu verhandeln! Die Festungen Sant'Elmo und Uovo sind immer noch in der Hand der Franzosen und ihrer Helfershelfer!»

Ruffo beharrt auf seiner Haltung.

«Unter keinen Umständen werde ich zum Bruch eines formellen Abkommens beitragen.»

Schließlich beendet der Admiral den Wortwechsel abrupt:

«Wenn das so ist, sehe ich mich zum Handeln gezwungen.»

Er greift zur Feder und verfasst auf der Stelle ein Ultimatum, das er Ruffo übergibt: «Konteradmiral Lord Nelson, mit der englischen Flotte am 24. Juni in der Bucht von Neapel eingetroffen, hat ein mit den Rebellen geschlossenes Abkommen vorgefunden, das nach seiner Auffassung nicht ohne Billigung Lord Saint-Vincents und Lord Keiths in Kraft treten kann.»

In der darauffolgenden Stunde lässt er den Festungen eine Erklärung zustellen mit der Aufforderung, «an alle, die unter der schändlichen neapolitanischen Republik gedient haben, sich der königlichen Gnade anzuvertrauen». Die französische Garnison soll sich innerhalb von vierundzwanzig Stunden ergeben, dafür erhalten alle Franzosen freies Geleit, um sich nach Toulon zurückzuziehen. «Was die Verräter angeht, so wird sich keine Macht auf Erden zwischen sie und den König stellen können.»

Am nächsten Tag kommt es zu einem unerklärlichen Umschwung. Er geht auf Lord Hamilton zurück. Der Gesandte schickt eine Botschaft an Ruffo und unterrichtet ihn darüber, dass Lord Nelson in Erwartung neuer Anweisungen *nichts unternehmen werde, um den Waffenstillstand zu brechen*. Nelson selbst bestätigt dies am Nachmittag in einem Schreiben an Ruffo: «Mein Herr, wie seine Exzellenz Sir Hamilton Ihnen heute früh mitgeteilt hat, habe ich nicht die Absicht, den von Ihnen geschlossenen Waffenstillstand aus irgendeinem Grund zu brechen. Ich hoffe, Eure Eminenz werden zu Ihrer Zufriedenheit feststellen, dass ich Ihren Vorstellungen stattgebe [*I am supporting your ideas*].»

Ruffo teilt die gute Nachricht sogleich den Garnisonen in den beiden Festungen mit. Beruhigt kündigen die Männer an, dass sie sich ergeben würden. Da der Waffenstillstand nicht in Frage gestellt worden ist, sind sie überzeugt, dass die mit dem Kardinal ausgehandelten Bedingungen eingehalten werden: freies Geleit, militärische Ehren, Einschiffung nach Toulon.

Die Truppen kommen aus den Festungen. Sie wundern sich kaum, dass man sie nicht mit den vereinbarten militärischen Ehren verabschiedet, und begeben sich auf die Transportschiffe, die sie eigentlich nach Frankreich bringen sollten.

Diesen Augenblick wählt Nelson, um die Schiffe einzukreisen.

Innerhalb weniger Stunden werden die französischen Soldaten ebenso wie die republikanischen Neapolitaner gefangen genommen.

So befremdlich es erscheint, Nelsons weiße Weste hat einen Fleck bekommen. Aber das kommt in der Laufbahn großer Männer fast immer vor – bei Napoleon war es die Ermordung des Herzogs von Enghien –, und der englische Admiral bildet da keine Ausnahme.

In der Folgewoche, um den 27. Juni herum, fährt sein rächender Arm auch auf Admiral Caracciolo nieder. Nachdem er in der Umgebung von Neapel aufgegriffen wurde, stellt man ihn vor ein Kriegsgericht, das aus acht neapolitanischen Offizieren besteht, die sich zu diesem Zweck auf der *Foudroyant* einfinden. Einem Zeugen zufolge (Leutnant Parsons) befindet sich Caracciolo in einer erbärmlichen Verfassung, seine Kleidung ist zerlumpt.

Des Verrats für schuldig befunden – was zweifellos richtig war – wird er zu einer lebenslangen Zuchthausstrafe verurteilt. Aber das ist Nelson nicht genug. Ganz offensichtlich ist er entschlossen, lieber das Werk des Henkers zu verrichten, als den Verfechter der Gerechtigkeit abzugeben. Er fordert, die Zuchthausstrafe in die Todesstrafe umzuwandeln. Und die Geschworenen beugen sich folgsam dieser Forderung. Caracciolo soll gehängt werden.

Der Tod kann Caracciolo nicht schrecken, zu oft ist er ihm in seiner Laufbahn zur See begegnet, als dass er nun vor ihm in die Knie ginge. Indessen wünscht er sich ein Ende als Soldat unter Kugeln und will nicht wie ein gewöhnlicher Verbrecher mit einem Strick um den Hals sterben. Er bittet darum, erschossen zu werden.

«Kommt nicht in Frage», erwidert Nelson.

Am 29. Juni um fünf Uhr nachmittags baumelt der Leichnam des ehemaligen Admirals an der Großraa der Fregatte *Minerva*. Es ist der Gipfel der Entehrung: Man verwehrt ihm sogar das Begräbnis, das noch dem übelsten Verbrecher gewährt wird. Der Leichnam wird ins Meer geworfen.

Nachdem die Widerrufung der Kapitulationsbedingungen durch den König bestätigt worden ist, fasst man Gerichtsbeschlüsse, um das Strafmaß festzulegen. Alle, die das Eindringen des Feindes begünstigt oder geheime Verbindungen zu ihm unterhalten haben, werden zur Höchststrafe verurteilt und kommen aufs Schafott. Die übrigen, die unter der republikanischen Regierung nur Funktionen ausgeübt haben, schickt man ins Exil oder ins Gefängnis, ihr Hab und Gut wird beschlagnahmt.

Von Palermo aus versucht Königin Maria Carolina, die Repression noch zu verschärfen. Sie schickt selbst verfasste Verbannungslisten. Wen wundert es bei einer Herrscherin, die Emma wenige Wochen zuvor ans Herz legte: «Liebe Mylady, sagen Sie Lord Nelson doch bitte, er möge Neapel behandeln, als wäre es eine irische Rebellenstadt.»

Da wir wieder bei Emma sind, gilt es, eine bestimmte Version von den Ereignissen und ihrer Beteiligung daran zurechtzurücken, die manche Historiker gerne verbreitet haben. Sie meinen, Nelson hätte nie mit solcher Härte gehandelt, wenn er nicht dem Einfluss seiner Geliebten erlegen wäre. Ohne jeden Beweis wälzt man die Verantwortung für die Gewalttaten en bloc auf die «femme fatale», «die teuflische Emma» ab.

Es ist auch behauptet worden, sie hätte sich grundsätzlich seinen Entscheidungen angeschlossen: Wenn Nelson alle umbringen will, soll er sie eben umbringen lassen! Und umgekehrt wirft man ihr vor, ihren Einfluss auf den Admiral und das Herrscherpaar nicht geltend gemacht zu haben, um sie zu mehr Nachsicht zu bewegen. Manche Autoren behaupten darüber hinaus, sie habe sich am Tag der Hinrichtung Caracciolos wie eine Operetten-Messalina am Anblick der sterblichen Überreste des Unglücklichen ergötzt: «Kommen Sie, Bronte», soll sie zum Admiral gesagt haben, «lassen sie uns ein Boot nehmen und einen letzten Blick auf den armen Caracciolo werfen.»

Allein die Anrede beweist, wie haltlos die Anschuldigungen gegen sie sind. Emma nennt ihren Geliebten «Graf von Bronte». Dieser Titel ist ihm jedoch erst *sechs Wochen* nach der Hinrichtung Caracciolos von Ferdinand verliehen worden.

Diesen bösartigen Behauptungen ist übrigens von zahlreichen Augenzeugen widersprochen worden. Insbesondere von Commodore Auguste Collier, dem ersten Offizier an Bord der *Foudroyant*, der für das *Blackwood Magazine* einen minutiösen Bericht von den Ereignissen im Juni 1799 schrieb, und von Lord Northwick, der bezeugte, er habe Lady Hamilton den berühmten Satz nie sagen gehört. Dieses Zeugnis hat um so mehr Gewicht, als Lord Northwick am

29. Juni just in dem Augenblick mit dem Admiral und den Hamiltons in Nelsons Kabine zu Tisch saß, als der Kanonenschuss ertönte, der das Signal zu Caracciolos Hinrichtung gab. Niemand, so sagt er, habe daran gedacht, die Mahlzeit zu unterbrechen, und unter den Anwesenden sei zu keinem Zeitpunkt die Rede davon gewesen, «einen letzten Blick» auf den Leichnam des aufständischen Seemanns zu werfen. Emma, die am ganzen Leib zitterte, lebte in jenen Wochen zurückgezogen in ihrer Kabine und verließ diese nur zu den Mahlzeiten.

In einem auf Französisch geschriebenen Brief von Maria Carolina an Lady Hamilton kann man dazu folgende Zeilen lesen: «2. Juli. Ich habe vom traurigen, aber verdienten Ende des Verräters erfahren; ich fühle genau, was Ihr großmütiges Herz gelitten hat, und das steigert noch meine Dankbarkeit.» Bestimmt kannte Maria Carolina die Gefühle, die ihre Freundin bei all diesem Blutvergießen bewegten.

Am Tag nach Caracciolos Hinrichtung segelt Nelson nach Palermo zurück und überzeugt Ferdinand schließlich, mit ihm nach Neapel zu kommen, um durch seine Anwesenheit eine rasche Klärung der Situation herbeizuführen. Maria Carolina bittet ihren Gatten um die Gunst, ihn begleiten zu dürfen, muss angesichts seiner hartnäckigen Weigerung jedoch klein beigeben. In einem Brief an Emma (wieder in französischer Sprache) verschweigt sie ihren Missmut nicht: «Liebe Mylady, ich kann nur an Ihre Freundschaft appellieren, damit Sie mir alles schreiben, denn angesichts meiner Nutzlosigkeit und aus Angst, sich dadurch zu schaden, werden sich meine Berichterstatter alle in Schweigen hüllen. Aber ich hoffe, dass meine gute Freundin mich nicht vergessen wird, auch wenn ich nach Palermo verbannt bleibe. (…) Ich sehe stürmische Zeiten kommen, und dann wird man mich noch vermissen.»

Damals scheint Emma der Macht tatsächlich näher gewesen zu sein als die Tochter Maria Theresias.

Als Ferdinand am 10. Juli in Neapel ankommt, sieht er zu seiner Zufriedenheit die königliche Fahne über Kastell Sant'Elmo flattern. Die Bevölkerung – die immer dazu neigt, dem Sieger zuzujubeln, ganz gleich, wer es ist – empfängt ihn mit den Rufen *Hoch lebe unser Befreier, unser Vater.* Man hätte meinen können, das Volk sei nie republikanisch gewesen. Im Freudentaumel und voller

Dankbarkeit wirft sich der König in die Arme Nelsons und der Hamiltons.

An diesem Abend wird an Bord der *Foudroyant* gefeiert. Zum Vergnügen des Monarchen und seiner Entourage treten Sänger und Musikanten auf. Nach der volkstümlichen Überlieferung soll es während der Festlichkeiten allerdings zu einem makabren Zwischenfall gekommen sein: Trotz der Gewichte, mit denen man ihn beschwert hatte, soll der Leichnam Caracciolos einige Kabellängen vom Rumpf des Schiffes entfernt an der Wasseroberfläche aufgetaucht sein. Ferdinand habe einen Schreckensschrei ausgestoßen. Und an Bord soll jemand gemurmelt haben: «Er ist gekommen, um für sein Verbrechen um Vergebung zu bitten und ein Grab zu verlangen.»

«Dann gebe man ihm eines!» soll der entsetzte Ferdinand geschrieen haben.

Ob wahr oder falsch, die Legende verrät uns jedenfalls nicht, wo sich das Grabmal des neapolitanischen Admirals befinden könnte. Man hat nie einen Hinweis darauf gefunden.

Das Volk hofft, dass Ferdinand Milde walten lässt, doch er denkt nur an seine Rache. Kaum hat er sich hinter den Mauern des Schlosses in Caserta eingerichtet, beginnt eine Periode des Terrors, der dem kaum nachsteht, den Frankreich erlebte. Der Monarch bildet eine Junta, deren Aufgabe es ist, die Verdächtigen reihenweise abzuurteilen. Unter der Losung «Kein Pardon» wird die Hauptstadt zur Bühne schlimmster Gräueltaten. Auf dem Höhepunkt liefern die Reaktionäre Szenen, die an Possenspiele grenzen. Einige Royalisten nehmen sich vor, San Gennaro, den Schutzheiligen der Stadt, durch den Heiligen Antonius zu ersetzen, der als «Monarchist» angeblich verlässlicher ist!

Die Kerker sind voll von Gefangenen, auf den Plätzen der Stadt ist das Schafott zur Dauereinrichtung geworden. Auf der Plaza di Mercato fließt regelmäßig Blut. Gut hundert Todesurteile werden vollstreckt, zahllose Menschen werden zu lebenslänglicher Freiheitsstrafe oder Deportation verurteilt: Man spricht von 20 000. In Neapel herrschen Entsetzen und Grausamkeit. Die Säuberung dauert bis zum 30. Mai des nächsten Jahres.

Die vielen Gräueltaten rufen bei allen europäischen Regierungen Entrüstung und Proteste hervor, Nelson und die Hamiltons werden in der Presse scharf gerügt. Man beschuldigt den Admiral, einen Waffenstillstand gebrochen zu haben, der mit der französischen Garnison geschlossen worden war und für dessen Einhaltung der König sein Wort gegeben hatte. Außerdem habe er mit der Hinrichtung Caracciolos seine persönlichen Rachegelüste befriedigt. Lady Hamilton wird – einmal mehr – ebenso streng beurteilt, und das aus mehreren Gründen. Seit Nelson ihr durch seine Bewunderung und mit dem ganzen Gewicht seiner eigenen Person ein Übermaß an Bedeutung verschafft hat, tut Emma ihr Bestes, um ihren Einfluss in der Politik immer mehr geltend zu machen. Sie erlebt sich als wertvollsten Helfer Nelsons, als die unentbehrliche Freundin der Königin, und sie rückt so sehr ins Rampenlicht, dass ihre Rolle von anderen Nationen für bedeutender eingeschätzt wird, als sie es in Wirklichkeit ist. Zudem ist ihr Einfluss auf das Denken des Admirals wohlbekannt. Dass man sie zweimal über einen längeren Zeitraum auf der *Foudroyant* duldet, Maria Carolina dagegen unerbittlich nach Palermo verbannt ist, bringt sie noch mehr in Verruf. Sie wird als grausame, blutrünstige Frau bezeichnet, eine Dalila oder Agrippina genannt. Die Geschichte kommt bisweilen zu seltsamen Schlussfolgerungen. Bis dahin hatten wir es mit einer Frau zu tun, von der alle Welt sagte, sie sei nur eine Kurtisane, ein Emporkömmling aus der englischen Unterschicht, zudem nicht besonders klug, und jetzt soll sie auf einmal eine Tochter von Jeanne d'Arc, ein Kind Metternichs sein.

Emma ist nichts von alldem. Sie besitzt weder die intellektuellen Fähigkeiten noch andere. Auch wenn sie eigentlich nichts tun konnte, um den mörderischen Eifer in ihrer Umgebung zu bremsen, ist sie keineswegs die gleichgültige Beobachterin, als die man sie gerne schildert. Das zeigt sich regelmäßig in ihrem Briefwechsel mit Maria Carolina. Als Emma ihr Mitgefühl für die Opfer zum Ausdruck bringt, antwortet die Königin zornig: «Ich bitte Sie, bringen Sie Ihr großmütiges Herz zum Schweigen und denken Sie nur an das viele Unglück, das diese Leute verursacht haben, und an all das Unglück, das sie noch über uns bringen könnten.»

Der Briefwechsel zwischen Neapel und Palermo im Juli 1799, der sich pausenlos über den ganzen Monat erstreckte, verrät viel über die Stellung Lady Hamiltons an Bord der *Foudroyant* und über die Rolle, die sie gezwungenermaßen im Dienst ihrer königlichen

Freundin spielt, von der sie in alle Geheimnisse eingeweiht wird. Aber daraus ergeben sich für Emma nicht nur Vorteile, es führt zwangsläufig zu einer sklavischen Abhängigkeit. Die Königin fordert von ihrer offiziellen und inoffiziellen Beauftragten die sofortige Beantwortung ihrer häufigen, fast täglichen Schreiben. Bleibt Emma eine Antwort schuldig, wird sie von Maria Carolina unverzüglich zur Ordnung gerufen: «Sie haben mich völlig vergessen: Jetzt bin ich schon seit vier oder fünf Tagen, seit dem Tod Caracciolos, ohne jede Nachricht. Ich weiß nichts mehr über Neapel. Vergessen Sie mich doch nicht ganz in meiner Verbannung.»

Die Repräsentantin der Königin, wie sie sich nun selbst bezeichnet, muss also Zeit finden, um Nelson als Übersetzerin zu helfen und bei Abwesenheit des Königs die Untertanen zu empfangen, die ein Gesuch vorbringen oder für einen Schuldigen um Gnade bitten wollen. Und Emma kommt es auch zu, all die Schritte einzuleiten, die im Auftrag der Königin unternommen werden sollen: Strafumwandlungen, Freilassung von Gefangenen, Verteilung von Hilfsgütern unter den Einheimischen. Die Herrscherin geht so weit, ihrer Freundin die eigenwilligsten Aufträge zu erteilen: «Ich bitte Sie», schreibt sie ihr am 26. Juli, «kaufen Sie alle Gemälde auf, die die Republik zum Thema haben. Ihre Güte und Ihre liebenswürdige Aufmerksamkeit haben mich auf diese Idee gebracht.»

Nelson findet dafür ein wenig Zeit, um Emmas Mutter, Mrs. Cadogan, die ebenfalls in Palermo geblieben ist, Nachricht von ihrer Tochter zu geben: «Liebe Signora Madre, ich kann dem Vergnügen, Ihnen zu schreiben, nicht länger widerstehen. (…) Unserer lieben Lady, soviel kann ich Ihnen versichern, geht es ausgezeichnet, aber ihre Zeit wird so sehr von Rebellen, Jakobinern und Verrückten in Anspruch genommen, die öffentlich Abbitte leisten, dass sie jeden Tag vollkommen erschöpft ist. So oft die Störenfriede es uns erlauben, sprechen wir von Ihnen und unseren Freunden im Haus von Palermo, und ich hoffe, dass wir bald zurückkehren und Sie wiedersehen werden.»

Am 1. August feiert man mit großem Pomp den ersten Jahrestag des Sieges vom Nil. Alle Kriegsschiffe, die in der Bucht ankern, geben zusammen mit den Festungen einen königlichen Salut von einundzwanzig Schüssen ab. Unter den Schiffen befindet sich auch eines – ein Gipfel an Geschmacklosigkeit –, das als römische Galeere geschmückt ist. An der Galionsfigur hat man eine Siegessäule befestigt, in die der Name Nelsons eingraviert wurde, eingerahmt von zwei Engeln, die sein Porträt tragen. Als die Nacht anbricht, duckt sich Neapel unter der Pracht der Illuminationen, und unter der Leitung von Cimarosa höchstpersönlich spielt ein Orchester das *Rule Britannia*.

Für Maria Carolina ist noch immer nicht die Zeit gekommen, in ihre Stadt zurückzukehren. Und Ferdinand denkt, trotz eindringlicher Bitten Nelsons dazubleiben, an eine Rückkehr nach Palermo. «Die Königin», schreibt der Admiral an Lord Spencer, «übt großen Druck auf Sir William und Lady Hamilton aus, damit der König sich unserem Willen fügt; Seine Majestät fürchtet sich davor, ohne die Unterstützung der verbündeten Truppen in Neapel zu residieren.»

Wahrscheinlich hat Ferdinand die vergangenen Ereignisse noch immer nicht verkraftet und will diese Stadt einfach nur aus seinem Gedächtnis streichen. Mut gehörte nie zu seinen hervorstechenden Tugenden, und hier muss er um sein Leben zittern. Nach und nach schließt sich auch die Königin dem Wunsch Ferdinands an. Emma vertraut sie an: «Ich empfinde einen fürchterlichen Widerwillen beim Gedanken an ein Wiedersehen mit dem Ort, den Leuten, denjenigen, die sich mir gegenüber so sehr ins Unrecht gesetzt haben. Der Kampf zwischen Vernunft und Gefühl. Wenn ich mit allen Annehmlichkeiten und einer kleinen Anzahl von Freunden zurückgezogen in einem Land leben könnte, in dem man mich nicht so schlecht behandelt hätte, wäre eine Rückkehr vielleicht möglich. Aber Geduld! Wir müssen uns fügen. Und verzeihen Sie bitte, dass ich überhaupt davon gesprochen habe.»

Am 2. August machen Sir William und seine Frau nach fast acht Monaten Abwesenheit einen Abstecher zum Palazzo Sessa. Ein schmerzlicher Anblick. Die Residenz des Botschafters ist völlig verwüstet. Die Rotunde, an der die Räumlichkeiten Emmas gelegen waren, ist eingestürzt, alle Zimmer sind ausgeplündert worden. Von den bei ihrer Flucht zurückgelassenen Möbeln ist nichts mehr vorhanden.

Das Paar ist gezwungen, nach Palermo zurückzukehren und dort auf bessere Zeiten zu warten. Eine Woche später erreichen sie mit der *Foudroyant* Sizilien. Der König reist mit ihnen.

Einmal mehr wird Nelson ein triumphaler Empfang bereitet. Die Inszenierung kann nicht prachtvoll genug sein, um die «Wiedereinsetzung der Bourbonen auf dem Thron von Neapel» zu feiern.

Zu Ehren des Admirals veranstalten die Monarchen im Palazzo dei Colli ein Gartenfest. Die Geschmacklosigkeit erreicht einen neuen Höhepunkt. In den Parkanlagen hat man eine Art Tempel, den «Ruhmestempel», errichtet, darin stehen drei Wachsfiguren in Lebensgröße: Sir William, der Nelson zur Statue der Siegesgöttin führt. Letztere trägt die Züge Emmas und streckt den Arm aus, um eine goldene Krone auf das Haupt des Helden vom Nil zu setzen.

Dazu gibt es natürlich ein phantastisches Festmahl, bei dem die ausländischen Gesandten und der gesamte sizilianische Adel zugegen sind. Ein Augenzeuge der Abendgesellschaft, Leutnant Parsons, schreibt mit einer Begeisterung, die zum Lachen reizt: «Es war ein Fest wie aus *Tausendundeiner Nacht*, das sich in dem festlich beleuchteten Palast und seinen Gärten abspielte, und zu dem sich die Königsfamilie versammelt hatte, dazu ranghohe Persönlichkeiten, Soldaten unter Waffen und die braungebrannten italienischen Mädchen mit ihren leuchtenden dunklen Augen und dem zu Zöpfen geflochtenen Haar, die sich elegant und sinnlich bei fröhlichen Tänzen wiegten. Angeführt wurde das alles vom *Génie du Goût* – unübertroffen in der Kunst der *Attitüde* – mit sanften Posen, großmütiger Offenherzigkeit und einem Geist, in dem es für Egoismus und all seine unliebsamen Folgen: Stolz, Hochmut und Eifersucht, nie einen Platz gegeben hat: Ich meine, Emma, Lady Hamilton. Es war ein ergreifender Moment, als der junge Prinz [Leopold] Nelson die Krone aufsetzte. (...) Überall ertönte lautes Jubelgeschrei, *viva Nelson, viva Mylady, viva Hamilton*. Die Feiern wurden mit einem Konzert fortgesetzt und mit einem Ball beschlossen, zu dem die erleuchteten Gärten einen glänzenden Rahmen abgaben.»

Am 13. August überrascht der König Nelson mit folgender Botschaft: «Beseelt von dem Wunsch, Ihnen öffentliche Anerkennung zu verschaffen, und damit der Nachwelt das erlauchte Andenken an Ihre Verdienste und Ihren Ruhm erhalten bleibt, haben Seine Majestät beschlossen und angeordnet, dass die alte Stadt Bronte nebst allen anhängigen Ländereien in ein Lehen gewandelt und in den Rang eines Herzogtums erhoben werden, und dass besagtes Herzogtum mit seinen Einkünften und seiner Gerichtsbarkeit Eurer Exzellenz und Ihren direkten männlichen Erben übertragen wird.»

Nun war Nelson also mit dem Titel eines Herzogs von Bronte ausstaffiert. Ein hochtrabender Titel, denn in materieller Hinsicht bedeutete er nichts. Bronte, am Fuß des Ätnas gelegen, war damals ein gewöhnlicher, armseliger und schmutziger Marktflecken inmitten unfruchtbarer Felder. Der Admiral setzte übrigens nie einen Fuß in sein Herzogtum. Aber seine Post unterschrieb er von nun an stets mit «Nelson and Bronte» oder «Bronte-Nelson of the Nile».

Emma erhält ihrerseits aus den Händen Maria Carolinas eine Goldkette und eine Miniatur, auf der die Herrscherin dargestellt ist. Der Rahmen ist von Brillanten eingefasst, die sich zu den Worten *Eterna gratitudine* – In ewiger Dankbarkeit – reihen. Ein ebenso unnützes wie heuchlerisches Geschenk, wie sich noch herausstellen wird.

Auch Lord Hamilton wird nicht vergessen. Ferdinand bedenkt ihn mit einem Porträt von sich, das ebenfalls mit Edelsteinen besetzt ist.

Die Großzügigkeit der Königin erreicht ihren Gipfel, als sie Emma eine vollständig neue Garderobe zukommen lässt, um sie für den Verlust ihrer im Palazzo Sessa zurückgelassenen Kleidungsstücke zu entschädigen.

Zwei Monate vergehen. Die Königsfamilie lebt noch immer in Palermo im Exil. Lord Hamilton altert. Emma und ihr Held schweben im siebten Himmel. Vor allem aber trinken sie, und oft mehr, als die Vernunft gebietet. Seltsamerweise ist Emma ziemlich trinkfest, Nelson dafür um so weniger. Was zunächst aber nur eine Zerstreuung war, eine gemeinsame Gepflogenheit, wird zu einem Ritual, ja, zu einer Gewohnheit.

Als Lord Keith im Oktober 1799 für einige Wochen nach England zurückkehrt, wird Nelson vorübergehend zum Oberkommandierenden der Mittelmeerflotte ernannt. Ein Posten mit vielfältigen Aufgaben: Er muss die Belagerung von Malta fortführen, das noch immer von den Franzosen besetzt ist, Menorca sichern und die Blockade von Cadiz aufrecht erhalten, damit die englischen Handelsschiffe sicher verkehren können. «Ich habe seit kurzem die umfangreichste Korrespondenz zu erledigen, die je einem Admiral zugefallen ist, und das in einer politischen Situation, auf die ich, wie ich zugebe, nicht einwirken kann. Tatsache ist, dass ich seit Dezember 1798 dreimal den Fuß an Land gesetzt habe, und wenn meine Anwesenheit bei Hofe nicht verlangt war, habe ich meine Arbeit nie vor acht Uhr abends beenden können.» Und er schließt den Brief: «Einem armen, entkräfteten und einäugigen Mann, dem nur noch ein Arm geblieben ist, sollte man doch Glauben schenken.»

Mit der größten Selbstverständlichkeit greift Nelson auf Emma – und nicht auf Sir William – zurück, um sich bei seiner Arbeit helfen zu lassen. Seine Aufgaben zwingen ihn regelmäßig dazu, Palermo zu verlassen. Für die Zeit seiner Abwesenheiten gibt er der Gemahlin des Botschafters alle Vollmachten; sie kann die offizielle Post öffnen und die Schritte einleiten, die sie für angemessen hält. So steht der jungen Frau eines Morgens eine Abordnung der Bewohner Maltas gegenüber, die im Hafen von Palermo eingetroffen ist. Sie sind gekommen, um sich bei Nelson zu beschweren. Die Blockade, die die Engländer seit fast zwei Jahren betreiben, hat zur Folge, dass die Bevölkerung der Insel Hunger leidet. Durch die Hungersnot sind die Bewohner Maltas am Ende ihrer Kräfte. Emma hört ihren Vertretern zu und setzt sich dafür ein, dass ihnen geholfen wird.

In einem langen Schreiben, das sie 1811 an den englischen Regenten (den Prinzen von Wales) richtete, stellte sie ihr Handeln wie folgt dar: «Ich empfing die Abgeordneten, ich öffnete ihre Depeschen und begab mich unverzüglich zum Hafen hinunter, um zu sehen, was ich für sie tun könnte. Dort lagen mehrere Handelsschiffe mit Weizenlieferungen, die für Ragusa bestimmt waren. Ich kaufte sogleich die gesamte Fracht auf. Ich musste für eine beträchtliche Summe einstehen, die ich von meinem eigenen Geld bezahlt habe. Der Betrag belief sich auf fast 5000 Pfund Sterling.»

Diese Version Emmas ist mit größter Vorsicht zu genießen. Wir haben bereits festgestellt, dass sie über kein anderes Geld verfügte als über den Unterhalt, den Sir William ihr gewährte. 5000 Pfund sind eine beträchtliche Summe. Um sich soviel Geld zu beschaffen, hätte sie schon ihren gesamten Schmuck verkaufen müssen, doch der befand sich noch in ihrem Besitz, als sie 1800 nach London zurückkehrte. Andererseits steht fest, dass sie ihren Einfluss geltend machte und vielleicht sogar einen gewissen Betrag aufwand, um die

Route nach Malta zu öffnen, und den Schiffen die Erlaubnis verschaffte, die Blockade zu durchbrechen.

Nach ihrem beherzten Handeln fordert und erhält Nelson, dem von Zar Paul I. das Johanniter-Kreuz verliehen worden war, dieselbe Ehrung für Emma. Fügen wir hinzu, dass diese Auszeichnung nur selten einer Frau zuteil wurde. Und eine Engländerin hatte sie nie zuvor erhalten.

Am 21. Dezember 1799 erhält Emma einen Brief von der Hand des Zaren, damals Großmeister des Johanniterordens: «Mylady Hamilton, nachdem Wir mit besonderer Befriedigung erfahren haben, welchen Anteil Sie an der Aufrechterhaltung von Ruhe und Ordnung unter der maltesischen Bevölkerung hatten, möchten Wir Ihnen unser Wohlwollen dadurch bezeugen, dass Wir Sie in Gottergebenheit mit dem kleinen Kreuz des Heiligen Ordens der Johanniter Jerusalems auszeichnen, das Sie anbei finden.»

Mitte Oktober 1799 stehen die Hamiltons allerdings am Kreuzweg und wissen noch nicht, wohin das Schicksal sie führen wird. Um den 20. Oktober macht ein junges, frisch vermähltes Ehepaar in Palermo Station. Es handelt sich um den dreiunddreißigjährigen Lord Thomas Bruce Elgin und seine einundzwanzigjährige Gattin Mary. Elgin – ein großer Sammler griechischer Altertümer – ist auf dem Weg nach Konstantinopel, wo er die Stellung des Gesandten bei der Hohen Pforte einnehmen soll. Der Zwischenstopp in Palermo ist weder Zufall noch Höflichkeitsbesuch. Vielmehr hat ihn die britische Regierung beauftragt, einen detaillierten Bericht über die Situation im Königreich beider Sizilien abzuliefern.

Nachdem er Nelson und Lord Hamilton vorgestellt worden ist, findet er sie beide unglaublich gezeichnet. Nelson, schreibt er, habe seine oberen Zähne verloren und erinnere an einen alten Mann. Und der Botschafter stehe mit einem Bein im Grab.

Lady Hamilton hingegen sehe blendend aus, findet Mary Elgin. Dann fügt sie aber noch schnell hinzu: «Allerdings ist sie eine ‹Aufsteigerin›, a whapper. Ihre Manieren sind sehr vulgär. Es ist beschämend, Lord Nelson so gestutzt zu sehen. Als läge er in den letzten Zügen, als ob er keinen anderen Gedanken mehr fassen könnte als den an sie. Elgin hat er anvertraut, dass er seit einem Jahr mit ihr zusammenlebe und dass ihre Schönheit nichts sei gegenüber ihrem Großmut.»

Nach seiner Abreise empfiehlt Lord Elgin die Abberufung des Botschafters nach England. Ob seine Meinung tatsächlich die Entscheidung der Regierung beeinflusst hat? Wahrscheinlich, denn zwei Monate später, im Januar 1800, erfährt Lord Hamilton durch den *Morning Chronicle*, dass das Außenministerium «seinem Wunsch, in den Ruhestand zu treten, entsprochen und infolge dessen den Ehrenwerten Sir Arthur Paget zu seinem Nachfolger ernannt hat».

Angesichts dieser Nachricht bestätigt Sir William – ob zutreffend oder nicht –, er selbst habe gegenüber seiner Regierung den Wunsch geäußert, in den Ruhestand zu treten, ein Begehr, das sein Gesundheitszustand voll und ganz rechtfertigt.

Das Unternehmen Rückkehr hat also begonnen.

Mit dem neuen Jahr endet Nelsons Kommando über die Mittelmeerflotte. Lord Keith trifft in Palermo ein, um wieder das Oberkommando zu übernehmen.

Am 12. Februar läuft Keith mit Nelson und seinem Geschwader aus. Ihr Ziel ist Malta.

Um den 16. stoßen sie auf Höhe von Kap Passero (der Südspitze Siziliens) auf ein französisches Linienschiff mit 76 Kanonen. Es ist die *Généreux*, die bei der Schlacht von Abukir entkommen war. Nach kurzem Kampf ist das Schiff erobert.

Ende Februar 1800 sitzen Lord Hamilton und Emma in der Königskapelle des Palazzo dei Colli und sehen ein wenig zerstreut der Trauung zu, die hier vorgenommen wird. Der Bräutigam ist kein anderer als John Acton, der im Alter von vierundsechzig Jahren – dank einer Ausnahmebewilligung des Königs – seine ... vierzehnjährige Nichte heiratet. Eine Heirat die dringend geboten ist, daran besteht kein Zweifel. Acton ist alt geworden. Er besitzt beträchtliche Ländereien in der Grafschaft Shropshire[28], aber keine Ehefrau, also keine Erben. Deshalb hat er den Entschluss gefasst, sich mit der Tochter seines Bruders zu vermählen. Fast eine Woche lang sorgt die Affäre für Gesprächsstoff bei den langweiligen Abendgesellschaften von Palermo bis Neapel.

Irgendwann im März, nachdem er mit dem Versuch, die Blockade von Malta zu beenden, gescheitert und vom Widerstand der französischen Garnison genervt ist, schreibt Nelson an Lord Keith, seine Gesundheit sei zu sehr angegriffen, als dass er noch länger auf See bleiben könne, und bittet um die Erlaubnis zur Rückkehr, «um einige Wochen bei meinen Freunden in Palermo zu verbringen».

Natürlich sagt er nichts darüber, wie sehr Emma ihm fehlt. Wenige Tage zuvor hat er ihr geschrieben: «Ihnen zu sagen, wie sehr ich Ihr Haus, Ihre Gesellschaft vermisse, hieße zu untertreiben. Tatsächlich bin ich nirgendwo glücklich, wo Sie nicht sind. Ich könnte nie mehr ohne Sie sein.»

Keith weist Nelsons Gesuch zurück: «Ihr Platz ist auf dem Meer, im Dienst Seiner Majestät dem britischen König, und nirgendwo sonst.»

Nelson setzt sich einmal mehr über eine Order hinweg und erwidert seinem Vorgesetzten, er sehe sich «gezwungen», nach Palermo zurückzukehren. Als er die sizilianische Hafenstadt erreicht, gibt er das Kommando über die *Foudroyant* an Kapitän Berry ab und schickt sie nach Malta zurück.

Angesichts dieser «Meuterei» ist die Analyse, die Georges Blond zu diesem Abschnitt der Geschichte liefert, absolut zutreffend: «Bis zu diesem Augenblick hat Nelson versucht, sich mit seiner Leidenschaft zu arrangieren. Er hat versucht, seine Ehe zu erhalten, seine Frau daran zu hindern, die Wahrheit zu entdecken. Er wollte den Leuten weismachen, dass er seinem Land besser diene, wenn er den abgesetzten König von Neapel wieder auf seinen Thron hebe, als die Franzosen zu verfolgen. Und jetzt gibt der Konteradmiral Nelson, dessen höchstes Ziel immer der Ruhm zur See war, ein Kommando an einen ihm untergebenen Offizier ab, verweigert den Befehlen seines Oberbefehlshabers offen den Gehorsam. Emmas Arme, Emmas Augen, ihr Mund, nichts anderes zählt mehr, Nelson überschreitet die Grenze, die die Welt der sogenannten vernünftigen Wesen von der unvernünftigen und verhängnisvollen Welt der Leidenschaft trennt.»[29]

Tatsächlich lebten der Liebhaber und seine Geliebte von da an endgültig in ihrer eigenen Welt. Bald verletzten sie alle Regeln, brachen alle Tabus, boten den Konformisten die Stirn, schmähten Tugendwächter und Tugendhafte. Kurz gesagt: Sie haben sich geliebt, sich zu sehr geliebt, sich auch zweifellos zu wenig geliebt, aber im Unterschied zu denjenigen, die den Stab über sie gebrochen haben, haben sie *ihr Leben* gelebt.

15 Die Tage vergehen. Im Frühjahr 1800 harren Lord Hamilton und seine Gemahlin der Dinge, die da kommen. Bald wird der Vorhang über die letzte Szene im letzten Akt ihres Lebens in Neapel fallen, das wissen sie.

Noch am Tage seiner Ernennung zum Nachfolger des Cavaliere macht sich der Ehrenwerte Arthur Paget auf den Weg nach Palermo. Den neuesten Meldungen zufolge soll er in Wien Station gemacht haben, seine Ankunft in Sizilien ist also nur noch eine Frage von Tagen. Maria Carolina ist von Circello, ihrem Gesandten in London, darüber unterrichtet worden.

Die Königin ist alles andere als erfreut über die Aussicht auf einen neuen Botschafter. In ihren Augen sind Sir William und seine Frau – wie hätte es auch anders sein können? – unersetzlich. «Der verfluchte Paget ist schon in Wien», schreibt sie an Emma. «Das alles betrübt mich, grämt mich und schmerzt mich. (...) Ich bin untröstlich. Äußerst wütend bin ich auf Circello. Er hätte sich der Ernennung Pagets stärker entgegenstellen müssen.» Politisch hellsichtig wie eh und je, gibt sie ihrer Freundin in der Eile zu bedenken: «Wenn Sie, meine guten, aufrichtigen, wahren Freunde und unser Held Nelson uns schon verlassen müssen, so möge wenigstens Lord Keith im Mittelmeer verbleiben.» Und im larmoyanten Ton schließt sie: «Glauben Sie mir, ich werde mein Leben lang – ob im Glück oder in der Not – immer Ihre Ihnen aufrichtig verbundene, innig zugetane, dankbare und ergebene, wenngleich bekümmerte Freundin sein.»

Ja, die Wirklichkeit zeigt sich in aller Härte und Ungerechtigkeit: Lord Hamilton ist in Ungnade gefallen. Seit den Unterdrückungsmaßnahmen in Neapel werden der Diplomat und seine Frau in zahlreichen Flugschriften der schlimmsten Missetaten bezichtigt. Trotz der Bemühungen des britischen Premierministers William Pitt[30] erfordert die öffentliche Empörung eine Ablösung des Cavaliere.

Nelson ergeht es nicht viel besser. Zwar hat er bei seinen Vorgesetzten nicht direkt Neid erweckt, doch er hat es auch nie verstanden, sich ihr Wohlwollen zu sichern. Er besitzt jenen gesteigerten Drang nach Unabhängigkeit, den man häufig bei großen Männern antrifft. Seit er dem ausdrücklichen Befehl Lord Keiths zuwider gehandelt hat, beschuldigt man ihn, die Anweisungen der Admiralität zu missachten. Man kritisiert seine Untätigkeit und vor allem seine blinde Leidenschaft für Lady Hamilton. Lord Saint-Vincent hält mit seiner Meinung über diesen Romeo und seine Julia nicht hinter dem Berg und bezeichnet die beiden unverhohlen als ein «lächerliches Paar verliebter Spinner».

Maria Carolina, die sich im klaren ist über den riesigen strategischen Verlust, den diese Ablösung bedeutet, will sich nicht geschlagen geben und tut alles, was in ihrer Macht steht, um einen Meinungsumschwung zugunsten von Sir William zu erreichen. Aber die Sache ist verzwickt. Zu ihrer größten Verblüffung weigert sich ihr Gatte nicht nur, sich für den Botschafter einzusetzen, sondern offenbart sich als einer derjenigen, die seine Abberufung am stärksten betrieben haben. Zwischen Emma und Ferdinand kommt es zu einer stürmischen Auseinandersetzung, die Maria Carolinas Hoffnungen endgültig zunichte macht. Darauf spielt sie in einem ihrer Briefe an: «Liebe Mylady, nachdem Sie gestern gegangen waren hat man mir eine Szene gemacht, getobt und geschrien, der König drohte, Sie zu töten, Sie zum Fenster hinauszuwerfen, Ihren Mann zu rufen und sich bei ihm zu beschweren, weil Sie es gewagt haben, ihm die kalte Schulter zu zeigen. Es war eine heftige Szene, und Ihr Gatte wird die Klagen noch hören. Ich bin höchst traurig, ich leide wirklich Qualen und habe nur noch zwei Möglichkeiten: entweder weggehen oder vor Kummer sterben, und das wäre wirklich ein furchtbarer Tod. Und wenn Sie im Frühjahr abreisen, meine liebe Freundin, und mich in der jetzigen Situation zurücklassen, können Sie sicher sein, dass Ihre Freundin, sollten Sie die Liebenswürdigkeit haben, im November zurückzukehren, nicht mehr am Leben sein wird.»

Die Szene, auf die Maria Carolina in diesem letzten Brief anspielt, kann man sich leicht vorstellen. Im Vertrauen auf die Freundschaft des Königs, der ihr soviel verdankte, wagte Emma es wohl, ihn ganz direkt anzugehen. Erbittert über Ferdinands Feindseligkeit, die durch nichts gerechtfertigt war, hatte sie ihrem hitzigen Charakter freien Lauf gelassen und ihre Empörung etwas zu deutlich ausgedrückt.

Nachdem Maria Carolina keinerlei Handlungsspielraum mehr geblieben ist, überlässt sie Emma die Entscheidung über ihre Zukunft: «Ich werde alles tun, was Sie mir anraten», schreibt sie ihr am 1. März.

Bei der Monarchin ist der Plan gereift, Italien zu verlassen. Seit ihrer Flucht nach Palermo ist sie ins Innere des Palastes verbannt, ihre Selbstachtung wird einer harten Bewährungsprobe unterzogen. Sie leidet sehr darunter, dass sie bei allen innen- und außenpolitischen Fragen systematisch übergangen wird, als ob der König sie von den Regierungsgeschäften abschneiden wollte. Trotz mehrfacher Anläufe, ihren Gatten nach Neapel zu begleiten, musste sie nur demütigende Ablehnungen hinnehmen. Da scheint es doch angebracht, zu ihrer Familie nach Wien zurückzukehren. Zumindest kann sie hoffen, an der Seite ihres Neffen, Kaiser Franz II., eine Rolle zu spielen; vielleicht vermag sie ihn im Gespräch wieder für die Angelegenheiten des Königreichs von Neapel interessieren, um die er sich seit zwei Jahren so wenig zu kümmern scheint.

Nelson hat sich unterdessen entschlossen, (vorläufig) aus dem aktiven Dienst auszuscheiden. Seine Gesundheit, so klagt er, sei schwer angegriffen, und regelmäßig wiederkehrende Fieberanfälle erforderten absolute Schonung. Das stimmt einerseits, und andererseits ist da Emma. Emma ist der einzige Inhalt, das einzige Ziel seines Lebens: «Ich verehre Sie», schreibt er ihr am 6. März, «nein, ich bete Sie an, und wären Sie allein und ich hätte Sie unter einer Hecke gefunden, ich hätte Sie auf der Stelle geheiratet.»

Die Haltung Sir Williams unter diesen Umständen entspricht in jeder Hinsicht der Philosophie, die er sich im Laufe der Jahre zurechtgelegt hat. Nichts von dem, was um ihn herum geschieht, überrascht oder erschüttert ihn. Ohne ein Wort des Protests hält er sich aus allem raus, bewahrt Emma seine ganze Zuneigung und Nelson seine ganze Hochachtung. Trotzdem zeigt auch er einen Moment der Schwäche, und zwar am 10. April, als Sir Arthur Paget in Palermo eintrifft. Er lässt rund zwei Wochen verstreichen, bevor er sein offizielles Abberufungsschreiben verfasst. Solange muss der neue Gesandte warten, bis er sein Beglaubigungsschreiben aushändigen kann.

Um den 24. April lädt Nelson das Paar ein zu einer letzten Kreuzfahrt nach Syrakus und in die maltesischen Gewässer. Eine Art

Ehrenrunde im Mittelmeer, eine Abschiedstournee. An ihrem Ende war die Rückkehr nach England vorgesehen, doch zuvor sollte das Trio noch Maria Carolina auf halbem Wege nach Wien geleiten.

Am 26. wird an Bord der *Foudroyant* Emmas fünfunddreißigster Geburtstag gefeiert. Aber sie ist nicht bei der Sache. Man kann sich leicht vorstellen, welche Gedanken ihr im Kopf herumschwirren. Nun schickt sie sich also an, das Land zu verlassen, wo sie zu Erfolg, Ansehen und Ehren gelangt ist und eine sorglose Existenz geführt hat. Irgendwann geht jedes Märchen zu Ende. Es ist Zeit, Bilanz zu ziehen. Die Zukunft liegt in London. Welchen Empfang wird die Stadt ihr bereiten, die nichts von ihrer bewegten Vergangenheit vergessen hat, wo ihre jugendlichen Abenteuer noch immer in den Köpfen herumspuken? Gut möglich, dass sie in dieser maltesischen Nacht müde und abgespannt in die Sterne schaute und wie Scarlett O'Hara in *Vom Winde verweht* murmelte: «After all, tomorrow is another day.»

Sie kann sich denken, dass sie bald noch mehr unter Druck geraten wird. Auf dieser Kreuzfahrt hat sie mit Nelson geschlafen. Wahrscheinlich am Abend ihres Geburtstags. Der Akt an sich wäre nicht weiter erwähnenswert, aber diesmal ist ihre Umarmung nicht fruchtlos gewesen: Emma wird ein Kind bekommen.

Und während die *Foudroyant* mit ihren Gästen an Bord durch die maltesischen Gewässer kreuzt, tobt Lord Keith in Genua. Niemand weiß, wo genau sich der Sieger vom Nil aufhält. George Spencer, dem ersten Lord der Admiralität, gelingt es immerhin, seine Spur ausfindig zu machen und ihm ein Schreiben zukommen zu lassen, in dem er ihn beschwört, nach England zurückzukehren und seine Krankheiten auszukurieren, statt den *yachtman* im Dienst eines ausländischen Hofes abzugeben. Der Held aber lässt sich von seinen Vorgesetzten nichts mehr sagen. Taub gegenüber allen Ratschlägen, taucht er in seine Welt ab und ankert in der Bucht von Saint-Paul, außer Reichweite der feindlichen Kanonen. An Bord wird ein Ball gegeben, man diniert, man trinkt und versucht zu vergessen, dass ein Zeitabschnitt vorüber ist, dass nun ein ganz anderes Leben beginnt, dass nichts mehr so sein wird wie zuvor.

Am 20. Mai segeln sie nach Palermo zurück.

Drei Wochen später, ungefähr am 10. Juni, werden Maria Carolina, ihre drei unverheirateten Töchter und ihr jüngster Sohn samt

Bediensteten, insgesamt rund dreißig Personen, auf die *Foudroyant* und die *Alexander* verteilt. Ihnen folgen die Hamiltons und die unerschütterliche Mrs. Cadogan. Auch Miss Cornelia Knight ist mit von der Partie und sammelt weiterhin Notizen für ihr Tagebuch. Erstes Ziel ist Livorno. Von dort soll die Monarchin auf dem Landweg nach Wien weiterreisen, während Nelson mit Emma und Sir William nach Gibraltar segeln will. So war es zumindest geplant. Aber sie hatten weder mit dem Geniestreich eines gewissen *unrasierten Korsen* gerechnet noch mit der Entschlossenheit Lord Keiths, der immer noch auf Nelson wütend ist.

Kaum ist die Gruppe in Livorno von Bord gegangen, bringt ein Bote die Nachricht von der vernichtenden Niederlage der österreichischen Truppen bei Marengo. Der machthungrige Bonaparte hat wieder einen Happen geschluckt, und nichts scheint seinen Vormarsch mehr aufhalten zu können.

Als sie die Nachricht hört, fällt Maria Carolina beinahe in Ohnmacht.

«Bonaparte in Italien? Jetzt wartet die Guillotine auf mich!»

«Was schlagen Sie vor?» fragt Emma.

«Fliehen! Kehren wir nach Palermo zurück!»

«Dem wird Lord Keith sich mit Sicherheit entgegenstellen», gibt der Ex-Botschafter zu bedenken.

Er hätte es nicht besser ausdrücken können. Denn ein paar Tage zuvor hatte Keith zu seinen Offizieren gesagt:

«Lady Hamilton hat die Mittelmeerflotte lange genug kommandiert!»

Am 24. Juni läuft er selbst in Livorno ein und diktiert Nelson seine Anweisungen: «Kein Schiff Seiner Majestät kann außer Dienst gestellt werden. Die *Foudroyant* und die *Alexander* haben binnen kürzester Frist nach Menorca zurückzukehren. Königin Maria Carolina kann entweder so schnell wie möglich ihre Reise nach Wien fortsetzen oder mit einer neapolitanischen Fregatte, die im Hafen von Livorno liegt, in ihr Königreich zurückkehren. Was Sie, Sir William und seine Frau angeht, so können Sie, wenn Sie wünschen, als Passagiere an Bord der Fregatte *Seahorse* oder eines Transportschiffs, das Malta anläuft, nach England zurückkehren.»

Was tun? Wofür sollen sie sich entscheiden? Nach vielem Hin und Her greift man schließlich zu dieser Lösung: Die ganze Gesellschaft wird sich in Kutschen nach Florenz begeben und dann in die Hafenstadt Ancona weiterfahren. Von dort soll sie ein Schiff nach Triest bringen, wo sie ihre Reise nach Wien auf dem Landweg fortsetzen können. Ein verrücktes, kräftezehrendes Vorhaben, das durch die Nähe der französischen Truppen zudem noch ungeheuer gefährlich ist. Aber sei's drum, Maria Carolina muss um jeden Preis nach Österreich gelangen. Und Emma besteht darauf, sie zu begleiten. Nelson kann sich nicht dazu durchringen, sich von Emma zu trennen. Und Lord Hamilton? Den Ex-Botschafter nimmt das alles schwer mit. Für einen Mann von siebzig Jahren ist das keine Reise, sondern eine Höllenfahrt. Doch er hat keine Wahl. Er geht mit.

Am Morgen des 16. Juli, sie wollen gerade aufbrechen, taucht ein neues Hindernis auf. Die Bevölkerung von Livorno, die ebenfalls vom Sieg Bonapartes erfahren hat, weigert sich kategorisch, die Königin und erst recht Nelson ziehen zu lassen. Sie fordert den Admiral auf, sich an die Spitze einer Armee zu stellen, die den französischen General aufhalten soll. Die Menge belagert das Haus, in dem die Reisenden abgestiegen sind. Niemand kommt durch. Die Situation erscheint ausweglos. Und wieder einmal ist es Emma, die handelt: Sie tritt auf einen der Balkons hinaus und hält eine Rede an die Menge. Mit unglaublich fester Stimme gibt sie den Leuten zu verstehen, wie schändlich ihre Haltung gegenüber einer erlauchten und unglücklichen Königin sei, und sie schließt mit einer Notlüge: «Admiral Nelson wird das Kommando über die Truppen nur dann übernehmen, wenn die Menge auseinandergeht.» Die Demonstration löst sich auf.

Als die Nacht hereinbricht, schleichen sich die Königin und ihre Begleiter aus der Stadt und setzen sich nach Florenz ab, wo sie sechsundzwanzig Stunden später eintreffen. Nach kurzer Pause reisen sie nach Ancona weiter. Sie sind ein Stunde unterwegs, als die Kutsche der Hamiltons ganze drei Kilometer von den französischen Vorposten entfernt einen Achsbruch erleidet und umkippt. Das Paar wird dabei leicht verletzt. Nach einer notdürftigen Reparatur bricht die Achse ein zweites Mal, als man Arezzo erreicht. Eine erneute Reparatur ist notwendig. Der Kutscher verkündet, diese dauere mindestens drei Tage.

«Drei Tage!» Die Königin schreit auf vor Entsetzen bei dem Gedanken, den französischen Truppen in die Hände zu fallen. «Unmöglich!»

Doch an der Kutsche soll es nicht liegen. Mrs. Cadogan und Cornelia Knight müssen aussteigen und ihre Plätze Emma und Sir William überlassen. Die Reise wird ohne die beiden Frauen fortgesetzt. Sie warten in Arezzo, bis die Kutsche wieder fahrtüchtig ist. Sollten sie gefangen genommen werden, wäre das nicht so schlimm wie im Falle Nelsons oder Maria Carolinas.

Sie erreichen Ancona am 21. Juli. Graf Vojnovic, Kommandeur des russischen Geschwaders in der Adria, ist bereit, sie an Bord zu nehmen. Sie beeilen sich mit dem Einschiffen. Dann heißt es jedoch warten, bis Mrs. Cadogan und Miss Knight ankommen. Drei Tage später erscheinen die beiden Frauen auf dem Kai. Ein wahres Wunder, wenn man dem Tagebuch Cornelia Knights glauben darf. Auf den Landstraßen trieben sich Deserteure in auswegloser Lage herum, denn die Franzosen waren in die gesamte Toskana einmarschiert. Wenn sie nicht das Glück gehabt hätten, auf eine österreichische Schwadron zu stoßen, die zwei Soldaten zu ihrem Schutz abstellte, wären die beiden Frauen wohl kaum wohlbehalten nach Ancona durchgekommen.

An Bord der russischen Fregatte ist die Lage kaum erfreulicher. Lord Hamiltons Gesundheitszustand ist so schlecht, dass der Marinearzt, den man herbeiruft, sein Leben für verloren hält.

Nelson – man kann es kaum glauben – ist seekrank, nicht zum ersten und auch nicht zum letzten Mal.

Emma, die sich im vierten Monat befindet, leidet an Übelkeit. Sie hält sich kaum noch aufrecht.

Maria Carolina hat sich in königliches Schweigen gehüllt. Sie ist nur noch der Schatten einer Majestät.

Als sie am 9. August in Triest einlaufen, hat sich der Gesundheitszustand Lord Hamiltons ein wenig stabilisiert. Aber ein Ende der Qualen ist nicht in Sicht: Fast fünfhundert Kilometer trennen sie noch vom Ziel ihrer Reise.

Aber unterwegs stärkt sie immer wieder der triumphale Empfang, den die Bevölkerung Nelson bereitet.

Am 18. treffen sie in Wien ein. Die Königin fährt mit ihrem Gefolge bis Schönbrunn weiter, die übrigen Reisenden begeben sich auf die Suche nach einem Gasthaus. Sehr schnell entscheidet man sich für eine Herberge in der Grabenstraße: *Gasthof aller Biedermänner*.

16 *Vienna gloriosa*! Das prunkvolle Wien, das musikalische Wien. Zeitungen, die man zwischen zwei *Strudeln* verschlingt. Die Wiege der Habsburger. Im August 1800 ist Wien nach London und Paris die dritte große Metropole Europas. Und trotz des nahen Krieges, trotz der Niederlage bei Marengo, lebt man in Wien nur für die abendlichen Bälle.

Zwei Jahrhunderte zuvor hatte Kaiser Leopold, ein Liebhaber von Kunst und Musik, italienische Künstler nach Wien gerufen: Architekten, Bühnenbildner, Maler und Musiker. Von Venedig angeregt, gab er in der erweiterten Hofburg höfische Feste und ließ Opern aufführen. Unter Maria Theresia war man vom barocken Zauber zum Rokokostil übergegangen. Und von all dem war noch etwas in der Gegenwart zu spüren. Hier fand die Uraufführung von Mozarts *Zauberflöte* statt, und ein Jahr zuvor hatte Haydn am Burgtheater seine *Schöpfung* dirigiert.

Vor der Kulisse dieser faszinierenden Stadt legt das Trio seine Erschöpfung an den Ufern der Donau ab, die Spannungen der letzten Wochen weichen einer ausgelassenen Freude. Die österreichische Hauptstadt nimmt sie mit offenen Armen auf und jubelt Nelson zu. Nur Lord Hamilton kommt nicht so recht auf die Beine. Man fragt sich, durch welches Zaubermittel er überhaupt durchhält.

Am 6. September werden sie in Eisenstadt auf dem Schloss des Fürsten Esterházy empfangen, jenes Fürsten, der während ihrer Flucht nach Palermo seine Tabaksdose ins Meer geworfen hatte. «Hundert über sechs Fuß große Grenadiere» servieren ein prunkvolles Essen. Zu Trompetenklängen trinkt man auf den Sieger der Schlacht am Nil, und am nächsten Tag wird zu seinen Ehren im großen Konzertsaal ein Konzert gegeben. Ein Österreicher dirigiert das Orchester. Der ältere Herr, der auf die siebzig zugeht, führt den Taktstock ohne jedes Zittern. Man nennt ihn den «Vater der Symphonie». Er hat seine Laufbahn im Dienst der Familie Esterházy als Kapellmeister begonnen. Einige Klauseln in seinem Vertrag zwangen ihn damals unter anderem, *sich schicklich zu benehmen, jede Vulgarität zu vermeiden, Uniform zu tragen, jede Musik zu komponieren, die der Fürst wünscht*, und ausschließlich für ihn zu arbeiten, es sei denn er erhalte eine Ausnahmegenehmigung. Auf der Liste aller, die im Dienst des Fürstenhauses standen, findet sich der Name des genialen Künstlers zwischen Husaren und Dienern.

Nach dem Tod seines «Mäzens» endlich von den Verpflichtungen seines Amtes entbunden, war der Musiker 1791 nach London gereist, wo er begeistert aufgenommen worden war. Als er im strahlenden Ruhmesglanz nach Wien zurückkehrte, trat er in die Dienste des Hofes.

Der Musiker war kein geringerer als Franz Joseph Haydn.

Seltsamerweise scheinen ihm an diesem Abend weder Emma noch Nelson Aufmerksamkeit zu schenken. Sie verlassen den Saal noch während des Konzerts und eilen an den Spieltisch. Am Morgengrauen hat das Teufelspaar fast 400 Pfund Sterling gewonnen. Sie waren offenbar der Auffassung, dafür könne man schon auf ein Konzert dieses Musikers verzichten, von dem Mozart einmal sagte, er sei «der Komponist, der unterhält und erschüttert, der das Gelächter und tiefes Gefühl hervorruft wie kein zweiter.»

«Lady Hamilton», bemerkt James Harris Graf von Malmesbury[31] aus diesem Anlass, «ist zweifellos die ungehobelste, peinlichste und unangenehmste Frau, die mir jemals begegnet ist. Die Fürstin [Esterházy] hat ihr zuliebe eine große Anzahl von Musikern versammelt, die von dem berühmten Haydn dirigiert wurden. Statt diese Ehre zu würdigen, setzte sie sich an einen Pharotisch, nahm Nelsons Karten auf und spielte für ihn weiter. (…) Angesichts eines solchen Benehmens konnte ich meine Gefühle nicht verhehlen und schloss mich der allgemeinen Missbilligung an.»

Hatte Emma wirklich kein Interesse, Haydn zuzuhören? War sie tatsächlich so gleichgültig, wie diese Kritiken es darstellen? Das ist doch sehr fraglich, wenn wir einem Brief vom 21. Januar 1801 Glauben schenken dürfen, der von Griesinger, dem Freund und Biographen Haydns stammt: «An Mylady Hamilton fand Haydn einen großen Verehrer. Sie machte einen Besuch auf Esterházys Gütern in Ungarn, bekümmerte sich aber wenig um seine Herrlichkeiten und wich zwey Tage nie von Haydn's Seite.»

Auf diesen Soireen trinkt Emma, wie leider allzu oft, mehr von ihrem Lieblingsgetränk Champagner, als vernünftig gewesen wäre. Was sie indessen nicht davon abhält, von Haydn am Klavier begleitet, die Kantate *Ariadne auf Naxos*[32] zu singen und damit zu triumphieren.

In einer ungarischen Zeitung, dem *Magyar Hirmondo*, heißt es am nächsten Tag: «Lady Hamilton [ist] eine fünfunddreißig Jahre alte, groß gewachsene Engländerin mit einem sehr schönen Gesicht, die es sehr gut versteht, sich zu benehmen. Eine von ihren vielen seltenen Qualitäten ist ihre klare, starke Stimme, mit der sie, von dem berühmten Haydn begleitet, die Zuhörer derart enthusiasmierte, dass sie geradezu ekstatisch wurden.»

Zwei Tage später schenkt der «Vater der Symphonie» Emma die Partitur zweier englischer Lieder namens *The Spirit's Song*. 1917 wurde diese Partitur bei Sotheby's versteigert. Darauf stand in Emmas Handschrift: «Geschenk von dem exzellenten Haydn in Eisenstadt beim Fürsten Esterházy am 9. September 1800.»

Auf Bitten der Botschaftergemahlin vertont der alte Herr einige Nelson gewidmete Gedichte von Miss Cornelia Knight. Das Werk ist unter dem Titel *Nelson Aria* bekannt.

Am 19. September sind sie eingeladen, einige Tage im Haus des englischen Botschafters in Sankt Veit vor den Toren Wiens zu verbringen. Es handelt sich um Sir Gilbert Elliot, den kurzzeitigen Vizekönig von Korsika, der seit 1798 den Titel eines Baron von Minto führt.

Ein herausragender Ort. Das Haus, ein ehemaliges Kloster, ist von erlesenem Geschmack. Während Lord Minto ihnen einen sehr herzlichen Empfang bereitet, zeigt seine Frau äußerste Zurückhaltung. Wittert sie eine Rivalin? Ist es Missgunst? Oder Frustration? «Lady Hamilton», schreibt sie, «ist unbestreitbar die ordinärste Frau, die ich je getroffen habe.» Nach der Schärfe ihrer Bemerkungen zu urteilen, handelt es sich wahrscheinlich um eine subtile Mischung aus all diesen Gefühlen.

Auch der Admiral wird nicht ausgenommen: «Er (Nelson) hat sich kein bisschen verändert», schreibt sie ihrer Schwester, Lady Malmesbury. «Er hat immer noch sein volles Haar und dieselbe einfache und aufrichtige Art wie früher. Aber er liegt Emma zu Füßen, für ihn ist sie ein Engel, [...] während sie ihn herumführt wie ein Bärenführer sein Tier. Bei Tisch muss sie neben ihm sitzen, um

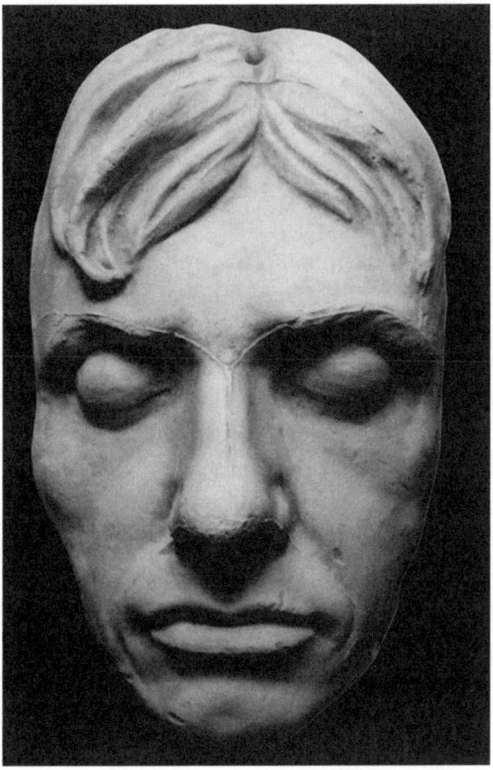

Lebende Maske von Horatio Nelson, abgenommen während des Aufenthalts in Wien, 1800, Wissenschaftliches Institut, Hamburg.

ihm das Fleisch zu schneiden, derweil er ihr das Taschentuch hält […].»

Lord Mintos Äußerungen zu Nelson sind da schon differenzierter:

«Er scheint sich nicht klar darüber zu sein, wie sehr er wegen seiner Beziehung zu Lady Hamilton in Verruf geraten ist. Es fällt allerdings schwer, einen Helden zu tadeln, der zudem noch krank ist, verliebt in eine Frau, die auch Männern den Kopf verdreht hätte, die besonnener sind als der Admiral. (…) Sie sind alle drei sehr leichtfertig.»

Ob man will oder nicht, man muss es zur Kenntnis nehmen: Emma ist trunken vom Erfolg. Die Gunstbezeigungen des neapolitanischen Hofes gewohnt und als Geliebte eines in ganz Europa umjubelten Helden glaubt sie offenbar, sie könne sich alles herausnehmen. Zu ihrem Unglück trifft sie in Wien auf eine sehr förmliche Gesellschaft. Mit ihrem Auftreten und ihrer allzu großen Selbstsicherheit kann sie nur anecken. Bis dahin wurde sie von nichts anderem getragen als von ihrem Ruf als *professionnal beauty*. Jetzt ist sie fünfunddreißig und in die Breite gegangen. Nach der irischen Witwe Melesina Saint George die spätere Mrs. Trench[33], die um 1800 durch Deutschland reiste und das Trio in Dresden kennenlernte, soll sie sogar «ein Koloss» gewesen sein, eine Feststellung, die von dem schwedischen Diplomaten Suerstope bestätigt wird: «Mylady Hamilton, die einst als schönste Frau Europas galt, [...] ist in Wirklichkeit die dickste Frau, auf die mein Blick je fiel, ihr Gesicht aber ist äußerst liebreizend geblieben.»

Tatsächlich war Emma nie ein Nymphchen gewesen im Sinne jener spindeldürren Geschöpfe, die heute durch unsere Modezeitschriften geistern. Weit größer als der Durchschnitt der Frauen (vor allem zur damaligen Zeit), besaß sie einen sehr schönen, aber gewaltigen Busen und breite Schultern, Maße, mit denen sie als Frau auffallen musste. Die harten Urteile einer Mrs. Saint George oder eines schwedischen Diplomaten werden allerdings erst verständlich, wenn man bedenkt, dass Emma Ende August 1800 im fünften Monat schwanger ist. Daher die Gewichtszunahme und ihre oft beschriebene Körperfülle. Die Menschen, die ihr damals am Hof begegnen, wissen selbstverständlich nichts von ihren anderen Umständen.

Am 21. August sind der Admiral und die Hamiltons erneut zum Dîner mit Maria Carolina, Prinzessin Theresa und Prinzessin Cristina nach Schönbrunn eingeladen. Am 22. besuchen sie eine Vorstellung des Theaters in der Leopoldstadt, wo eine Komödie mit dem volkstümlichen österreichischen Hanswurst *Kasperl*[34] aufgeführt wird. Tags darauf gewährt Kaiser Franz II. Nelson eine Audienz.

Die Empfänge reißen nicht ab, und alle gleichen sich.

In einem ruhigen Augenblick sendet Nelson einen Brief an seinen Londoner Prisenagenten Alexander Davison und beauftragt ihn, in Anbetracht seiner baldigen Rückkehr eine Wohnung für ihn zu suchen und zu mieten.

Die Rückkehr ...

Es wird wirklich höchste Zeit, Wien und seinen Festlichkeiten Adieu zu sagen. London wartet. London, aber auch und vor allem eine gewisse Fanny Nisbet, mit der Nelson nach wie vor verheiratet ist. Seit ihrer Abreise von Palermo sind drei Monate vergangen. Die Reaktionen auf das Benehmen ihres Ehegatten und seiner Begleiterin sind längst bis zu ihr nach London gedrungen. Und Fanny ist nicht Penelope. Das wird sich schnell zeigen.

Als Maria Carolina, die zur Erholung nach Baden fahren will, von der bevorstehenden Abreise erfährt, erklärt sie Emma: «Meine liebe, liebe Freundin, ich werde Ihnen gegenüber immer dieselbe bleiben. Morgen komme ich in die Stadt und werde Sie gegen drei Uhr empfangen. Kommen Sie doch zu mir, in meinen Gemächern werden wir ungestört sein. Wenn Ihnen die Zeit nicht genehm ist, kommen Sie am Donnerstag nach Schönbrunn, oder am Mittwoch, dann können wir den ganzen Tag miteinander verbringen. Ich hätte Ihnen soviel zu sagen, und unserem Freund Nelson auch! Vor uns braut sich etwas zusammen, und ich fürchte die kommenden Ereignisse. Ich bin auf alles gefasst ... Ihre Abreise stimmt mich traurig. Es ist nicht leicht, Freunde wie Sie zu finden.»

Der Abschied findet am 23. September in Schönbrunn statt. Noch am selben Abend schickt die Königin dieses verzweifelte Schreiben an Lady Hamilton:

Liebe Mylady und zärtliche Freundin,
unser Abschied und Ihre Zuneigung, die Sie mir schon so oft bezeugten, haben mich zu Tränen gerührt. Möge der Himmel Ihnen gewogen sein und Sie glücklich machen, das wünsche ich Ihnen von Herzen, und dass ich bald den Trost haben werde, Sie in Neapel wiederzusehen! Emma, die liebe Emma wird immer meine Freundin, meine Schwester bleiben, und daran wird sich nie etwas ändern, darauf können Sie sich verlassen. Nehmen Sie noch einmal meinen herzlichsten Dank entgegen für alles, was Sie für mich getan haben, und für die Freundschaft, die Sie mir geschenkt haben. Schreiben Sie mir, teilen Sie mir Ihre Neuigkeiten mit, ich werde Ihnen meine zukommen lassen. Adieu. Möge der Himmel Ihnen alles gewähren, was das Herz Ihrer treu ergebenen, zärtlichen Mutter und Freundin für Sie wünscht.

Einige Jahre später erklärte Emma, sie habe während dieses letzten Treffens mit der Königin das Angebot einer Leibrente von 1000 Pfund Sterling jährlich ausgeschlagen:

In diesem traurigen Augenblick drückte mir die Königin ein Schreiben in die Hand und sagte, dies sei eine Schenkung von jährlich 1000 Pfund Sterling, die sie mir machen wolle, auszuzahlen durch Freiz, den Bankier der Regierung in Wien; dies für den Fall, dass man mich für die von mir geleisteten Dienste sowie für die Gelder, die ich dabei großzügig aufgewendet, und die Verluste, die ich zum allergrößten Nutzen der Nation bereitwillig hingenommen habe, nicht entschädigen würde. Ich bewahrte Haltung, denn ich dachte, angesichts der Umstände, unter denen die Königin damals lebte, sei es einer englischen Seele nicht würdig, eine solche Belohnung von der Königin anzunehmen. Ich brachte all meine Hochachtung und Dankbarkeit für Ihre Majestät zum Ausdruck und zerriss das Papier mit den Worten: England hat sich seinen treuen Dienern gegenüber immer rechtschaffen und großzügig gezeigt; ich würde meinen eigenen innig geliebten und edelmütigen Herrscher beleidigen, wenn ich eine Belohnung von anderer Hand als der seinen entgegennähme.

Über diese Aussage kann man nur Mutmaßungen anstellen. Soll man ihr glauben? In keinem der Briefe, die Maria Carolina später an ihre Freundin richtete, findet sich ein Hinweis auf dieses Angebot. Muss man daraus schließen, dass Emma das Ganze frei erfunden hat, um Druck auf die Admiralität auszuüben? Der Brief aus dem Jahr 1811 war an den Prinzen von Wales gerichtet. Zu jener Zeit war ihre finanzielle Lage auf einem Tiefpunkt angelangt. Man muss in Betracht ziehen, dass sie vielleicht hoffte, mit dieser Argumentation eine Regierung zum Entgegenkommen bewegen zu können, die ihr jede Hilfe hartnäckig verweigerte.

Am 27. September treffen die Hamiltons und Nelson, wie immer in Begleitung der unermüdlichen Mrs. Cadogan sowie von Miss Knight in Prag ein. Sie wohnen im Hotel «Schwarzer Löwe». Zu Ehren des Admirals ist das Gebäude von tausend Lichtern erleuchtet. Die Leute singen *Rule Britannia*, klatschen Beifall, beweihräuchern Nelson. Der ist entzückt. Weniger entzückt war er, als der Hotelier ihm die Rechnung einschließlich *Unkosten für die Illumination* präsentierte.

Am 29. sind sie auf einem Empfang bei Erzherzog Karl [von Österreich], dem Neffen Maria Carolinas.

Am 1. Oktober erreichen sie Dresden, das «Athen des Nordens». Hier steigen sie im «Polnischen Hof» ab. Nachdem sie ihre Zimmer bezogen haben, unterrichten Lord Hamilton und Nelson unverzüglich den englischen Gesandten und Bruder Lord Mintos, Hugh Elliot, von ihrer Ankunft. Der Diplomat lädt sogleich zum Dîner. Einige Jahre zuvor waren er und seine Frau von Lord Hamilton und Emma in Neapel mit offenen Armen empfangen worden. Sie standen also in ihrer Schuld. Aber derselbe Hugh Elliot schmälert mit seinen Bemerkungen das ohnedies schon beschmutzte Ansehen seiner Gäste noch mehr.

Das Trio besucht ihn am Abend des 3. September. Unter den Gästen ist auch Mrs. Saint George-Trench. Sie wird in den höchsten Kreisen empfangen, verkehrt in unterschiedlichsten Gesellschaften und hat es sich – wie Miss Knight – zur Gewohnheit gemacht, ihre Reiseimpressionen zu notieren. Diese Aufzeichnungen geben uns einen Eindruck vom Aufenthalt der Hamiltons in der Villa des Gesandten. Die Feder von Mrs. [Saint George]-Trench erweist sich als ebenso giftig wie die Lady Mintos: «Es springt ins Auge, dass Lady Hamilton Lord Nelson völlig den Kopf verdreht hat und umgekehrt. Sie ist unverschämt, vorlaut, ungehobelt, anmaßend und eingebildet. Sie ist ein Koloss, bis auf ihre hässlichen Füße aber wohlgestaltet. Sie hat starke Fesseln und Handgelenke und erinnert an eine Büste der Ariadne.[35] Ihre Gesichtszüge sind fein, ebenso die Kopfform und die Ohren; ihre Zähne sind ein wenig unregelmäßig, aber ordentlich weiß; sie hat klare, blaue Augen und in einem einen braunen Punkt, aber dieser kleine Makel schadet ihrer eindringlichen Schönheit nicht. Ihre Augenbrauen und ihr Haar sind dunkelbraun, ihre Gesichtszüge grob. Sie hat ein sehr lebhaftes, wandelbares und interessantes Gesicht, ihre Bewegungen im Alltag sind plump; ihre Stimme ist laut und trotzdem angenehm […] Bei Mrs. Cadogan konnte man damit rechnen, das sie so ist, wie sie ist. Nach dem Dinner hörten wir von Lady Hamilton mehrere Lieder zu Ehren Nelsons, die Miss Knight geschrieben hat. Sie bläst ihm den Weihrauch voll ins Gesicht, aber er freut sich darüber und hält seine Nase sehr gerne hinein. Ihre Lieder endeten alle nach Matrosenart mit einem kräftigen: Hip! Hip! Hurra! Dazu wurde ein kräftiger Schluck genommen und das Glas bis auf den letzten Tropfen geleert, eine mir gänzlich unbekannte Zeremonie, von der ich bis dahin noch nie gehört hatte.»

Nachdem sie sich Emma als Frau gegenüber unerbittlich gezeigt hat, lässt Mrs. Trench wenigstens der Künstlerin Gerechtigkeit widerfahren: «Zum Frühstück mit Lady Hamilton sahen wir sie nacheinander die besten Statuen und Gemälde darstellen, die bekannt sind. Ihre Attitüden, Haltungen und Draperien führte sie mit großer Leichtigkeit, Schnelligkeit und Genauigkeit aus. Ihre einzigen Requisiten sind mehrere Kaschmirschals, ein Stuhl, einige griechische Vasen, ein Strauß Rosen, ein Tamburin und ein paar Kinder. Sie steht an einem Ende des Raums mit einem starken Licht zu ihrer linken Seite, und alle anderen Fenster sind geschlossen. Sie trägt das Haar kurz, [...] frisiert wie in der Antike, und eine sehr weite, einfache Bluse aus Kaliko mit zwei wallenden, in Taillenhöhe beginnenden Ärmeln. Sie legt die Schals so, dass sie einen griechischen, türkischen oder sonstigen Faltenwurf und verschiedene Turbane bilden. Das Variieren der Turbane ist die reinste Taschenspielerei, so schnell, leicht und gut gelingt es ihr. Es ist ein wunderbares Schauspiel, das Unwissende unterhält und für Kunstliebhaber hoch interessant ist. Jede Vorstellung dauert zehn Minuten. (...) Nach der Vorführung ihrer Attitüden sang sie, und ich begleitete sie. Sie hat eine gute, volle Stimme, ausdrucksstark und variationsreich, aber sie singt häufig falsch. [...] Sie spielt beim Singen, was meiner Ansicht nach im höchsten Grade geschmacklos ist. [...] Sie hörte nicht auf, mir ihre Freundschaft zu bezeugen [...], und machte mir tausend nette Komplimente zu meinem Spiel, mit dem ich sie spontan begleitete. Aber noch hat sie mich nicht für sich einnehmen können. [...] Mit scheint sie von Eitelkeit, Habgier und Lust an der Tafel beherrscht zu sein. Sie ist sehr auf Geschenke aus und hat sich jüngst in Dresden durch einen plumpen Trick welche erschlichen, der darin besteht, alles zu bewundern, was sie begehrt.»

Auch ihren äußerst freien Sprachgebrauch verzeiht die reisende Engländerin Emma nicht. Während eines weiteren Frühstücks bei den Elliots kommt man darauf zu sprechen, wie wenig offizielle Empfänge der sächsische Hof derzeit gebe. Die arme Mrs. Saint George-Trench wäre fast in Ohnmacht gefallen, als sie den Aufschrei ihrer Landsmännin vernahm: *Was! Nichts zu futtern?*

Nach diesem Ausruf, den die Anwesenden angeblich für sehr geschmacklos hielten, soll Lord Hamilton, «um seine Rüstigkeit zu beweisen und die Gäste zu erheitern», auf die merkwürdige Idee verfallen sein, «auf seinem Allerwertesten durch den Raum zu hüpfen, und dabei flogen seine Arme und Beine, Auszeichnungen und Ordensbänder wild durch die Luft.»

Noch strenger ist sie, was Emmas Liebe zum Champagner betrifft. Unter dem Datum des 9. Oktobers liest man bei Mrs. Trench: «Sir Hugh Elliot gab ein großes Essen für das Trio. Lady Hamilton führte mit großem Erfolg ihre Attitüden vor. Zum Essen blieben nur die Hamilton Gruppe und ich. Lady Hamilton erklärte, dass sie leidenschaftlich gern Champagner trinke, und tatsächlich trank sie solche Mengen, dass ich staunte. Lord Nelson schloss sich ihr an und rief lautstark nach seinen Lobgesängen, und nach etlichen Toasts hob er das Glas, um auf die Königin von Neapel anzustoßen. Dazu sagte er: Sie ist meine Königin; sie ist durch und durch Königin. Der arme Mr. Elliot befürchtete, die Gesellschaft könnte sich noch mehr daneben benehmen, als sie es schon getan hatte, und ordnete an, keinen Champagner mehr auszuschenken. Mit einigen Schwierigkeiten gelang es ihm, sich durchzusetzen, aber für Lord und Lady, oder Antoine und seine Moll-Kleopatra[36], wie er sie nennt, war es zu spät, sie waren bereits ordentlich beschwipst.»

Das Auftreten der aus Neapel Verbannten findet also bei weitem nicht nur einhellige Zustimmung. «Wenn man aber eine gute Feder hat», kommentiert der Historiker Georges Blond, «und bösartig genug ist, so glaubt einem die Nachwelt aufs Wort.» Das ist leider nur zu wahr.

Das Unbehagen erreicht seinen Höhepunkt, als das Trio sich zu Prinz Franz Xaver begibt, dem Onkel des Kurfürsten Friedrich August III. von Sachsen und Bruder Herzog Alberts[37], der sie sehr höflich empfängt, aber mehr auch nicht. Nach ein paar Minuten äußert Lady Hamilton den Wunsch, bei Hof vorgestellt zu werden. Die reinste Majestätsbeleidigung! Die Antwort ist ein kaum verhülltes Nein. Man gibt vor, die Räumlichkeiten des Schlosses eigneten sich nicht für einen offiziellen Empfang. Im vertraulichen Gespräch gibt die Kurfürstin zu verstehen, dass es außer Frage stehe, eine Frau mit einer «so lasterhaften Vergangenheit» zu empfangen.

Als Nelson von dem Zwischenfall erfährt, ist er außer sich. Hugh Elliot erklärt er: «Sir! Wenn man keinen besseren Vorwand findet, wird Lady Hamilton den Kurfürsten niedermachen, und – ich werde ihn ebenfalls niedermachen!»

Als der sächsische Hof davon hört, ist die Missbilligung einhellig.

Der Admiral und seine Begleiter werden umgehend zu unerwünschten Personen erklärt. Hugh Elliot ist am Rande eines Herzinfarkts. Er hat nur noch einen Gedanken im Kopf: das mephistophelische Paar so schnell wie möglich loszuwerden.

Am 10. Oktober teilt er Nelson mit, in Hamburg warte eine Fregatte auf ihn, und alles sei vorbereitet, um sie dorthin zu bringen. Der Admiral ist zufrieden.

Am nächsten Tag segeln sie endlich weiter. In beflaggten Gondeln geht es elbabwärts. An den Ufern drängen sich die Menschen, begierig, einen Blick auf die Berühmtheiten zu erhaschen und dem Sieger über Bonaparte zu applaudieren.

Elf Tage später sind sie in Hamburg. Aber keine englische Fregatte weit und breit. Und niemand hier hat etwas davon gehört.

Wann geht das nächste Schiff im Liniendienst nach England ab?

In zehn Tagen.

Wusste Hugh Elliot bescheid? Oder hat er alles nur erfunden, damit seine Gäste das Land so schnell wie möglich verlassen? Es gibt keinen stichhaltigen Beweis, aber ...

Auf einem der abendlichen Empfänge lernt Emma den berühmten Dichter Friedrich Klopstock kennen. Mit achtzig Jahren ist der bis 1774 unumstrittene Meister der deutschen Literatur ein alter Herr und beinahe in Vergessenheit geraten.

Nelson sucht Zerstreuung in Gesellschaft einiger französischer Royalisten. Die meisten dieser Flüchtlinge leben am Rande der Armut. Sie alle kommen zu einem Frühstück, das Baron de Breteuil gibt, um Bonapartes Feind zu grüßen. Dem Admiral fällt insbesondere einer von ihnen auf. In seiner zerschlissenen Kleidung bietet der kleine Mann von sechsundsechzig Jahren einen erbarmungswürdigen Anblick:

«General Dumouriez ...»

Nelson erhebt sich. Er sucht nach Worten für den Sieger von Valmy und Jemmappes.

Nachdem man ihn 1793 wegen der Niederlage bei Neerwinden aus dem Dienst entlassen hatte, war Dumouriez mit seinem Generalstab zu den österreichischen Truppen übergelaufen. Später hat er – zunächst vergeblich – den verschiedenen Kräften der Gegenrevolution seine Dienste angeboten, bevor England ihn aufgenommen hat[38].

Von der verzweifelten Lage des Mannes gerührt, lässt Nelson ihm heimlich 100 Pfund zukommen.

Die Stunden und die Tage vergehen, und noch immer ist keine Fregatte in Sicht.

Um den 27. Oktober erfahren sie, dass westlich von Hamburg in Cuxhaven ein Schiff eingelaufen ist, das nach England weitersegeln soll. Es handelt sich um die *King George*, ein gewöhnliches Postschiff, das keinerlei Bequemlichkeiten bietet. Mit ihrer Geduld und mit den Nerven am Ende entschließen sich die Reisenden, die Gelegenheit wahrzunehmen, und machen sich auf den Weg.

Erleichtert begleitet Hugh Elliot seine Gäste am 31. Oktober zum Kai.

Über die Verabschiedung sagte er später zu seiner Frau, die in Dresden geblieben war, wie schmerzhaft der Anblick gewesen sei, den seine Landsleute boten, wie sehr der närrische, vor Liebe blinde Nelson aus der Nähe an Ansehen verliere, wie kindisch, ja, sogar ein wenig grotesk Lord Hamilton als Privatmann erscheine. Und weiter: «Beim Einschiffen war es vorbei mit den schönen Künsten, mit Attitüden, Komödien, Tanz und Gesang. Lady Hamiltons Dienstmädchen schimpfte auf Französisch wegen irgend welcher Besorgungen, die vergessen worden waren; ich kann Ihnen die Sprache unmöglich wiedergeben. Dabei benutzte sie französische Ausdrücke, die nur von den untersten Schichten gebraucht werden [...]. Lady Hamilton zeterte wegen eines irischen Schmorbratens, und ihre Mutter machte sich mit äußerst seltener Geschicklichkeit ans Kartoffelschälen. Beide ähnelten den Wanderschauspielerinnen, die Hogarth[39] beim Anziehen in einer Scheune dargestellt hat.»

Und er schloss mit den Worten: «Heute Abend haben wir also nichts mehr zu lachen. Und wenn Sie gestatten, wollen wir uns nicht ins Wort fallen und still sein, einfach still sein.»

Das Bild ist zweifellos ein wenig überladen. Man darf dabei nicht außer acht lassen, dass der Autor dieser Briefe grundsätzlich keine Gelegenheit ausließ, seine Zeitgenossen mit Ironie zu überhäufen. Davon zeugt sein gesamter Briefwechsel. Außerdem verkörperte er geradezu den Typus des formellen, steifen Diplomaten, der kein anderes Lebensziel kannte, als die strengsten Konventionen zu beachten.

6. November 1800.

17 Der Sprühregen, der auf Yarmouth niedergeht, erinnert Emma an die düstersten Stunden ihrer Jugend. In schneller Folge ziehen Bilder an ihren Augen vorüber. Sie sieht ihre Großmutter, die wackere Sarah Kidd, die matschigen Wege und die walisischen Nebel. Mein Gott, wie fern sind diese düsteren Herbstlandschaften vom hellen Licht Neapels! Sie hatte vergessen, wie graugrün, wie trübe das Wasser im Ärmelkanal ist … Sie hat zuviel Mittelmeer in den Augen.

Auf dem Kai steht dichtgedrängt eine große Menschenmenge. Beifall brandet auf. Zur Feier des Tages läuten die Glocken der Stadt. Oder ist es vielleicht das Heulen des Windes?

Während die *King George* anlegt, mustert die Botschaftergemahlin die Gesichter. Vielleicht befürchtet sie, in dieser anonymen Menge die Gesichtszüge einer Frau, einer Ehefrau zu erkennen. Nelson beruhigt sie. Fanny ist nicht darunter. Ein Missverständnis? Schmollen? Dachte Fanny, ihr Mann würde direkt zu ihr nach Ipswich eilen, in das Landhaus von Roundwood, jenem Anwesen, das sie einige Jahre zuvor gekauft, aber nie bezogen hatten? Wer weiß?

Emma atmet auf.

Sie folgt ihrem Helden. Dann kommt Lord Hamilton, gestützt auf den Arm von Mrs. Cadogan. Miss Knight beschließt die Reisegruppe. Es ist geschafft. Sie haben wieder englischen Boden unter den Füßen.

Die Gruppe bahnt sich einen Weg durch die Menge. Kutschen warten auf sie. Hochrufe begleiten sie auf ihrem Gang. Der Kutscher kann die Befehle Nelsons kaum verstehen: Zum Gasthof *Wrestler's Arm* soll es gehen.

Vor dem beflaggten Gebäude werden sie mit Fanfarenstößen empfangen. Emma trägt ein Musselinkleid mit einer bestickten Borte, auf der Eichen- und Lorbeerblätter den Namen *Nelson and Bronte* umranken.

Der Bürgermeister übergibt Nelson die Schlüssel der Stadt.

Nelson äußert den Wunsch, noch am selben Tag einem Dankgottesdienst beizuwohnen. Der Bürgermeister fühlt sich geehrt. Der Priester, den man auf der Stelle herbeiruft, schwitzt vor Aufregung.

Die Heimkehrer suchen ihre Zimmer auf.

Kaum ist Nelson allein in seinem Zimmer, lässt er sich Feder und Tintenfass bringen: «Meine liebe Fanny, wir sind soeben angekommen. Die nächste Postkutsche soll erst morgen Mittag von hier abfahren. Wir werden also im Laufe des Samstags zum Dinner bei Ihnen sein. Die Zeit reicht gerade, um einen Ihrer Briefe zu öffnen, soviel Besuch habe ich hier. Gott segne Sie und meinen lieben Vater. Ihr ergebener ...» Und er unterschreibt mit *Bronte Nelson of the Nile*.

Nach kurzer Überlegung schreibt er noch ein Postskriptum: «Sir und Lady Hamilton lassen hochachtungsvoll grüßen und nehmen Ihre Gastfreundschaft für eine Nacht gerne in Anspruch. Mrs. Cadogan und Miss Knight werden mit den Dienern nach Colchester weiterfahren. Bezeugen Sie meinem lieben Vater meine Verehrung und entbieten Sie ihm die herzlichsten Grüße von seinem Sohn.»

Der von Nelson gewünschte Gottesdienst findet am späten Nachmittag in der Kirche St. Nicholas statt. Der Organist spielt mit großer Inbrunst den Triumphmarsch *See the conquering hero comes* nach einem Text von Miss Knight.

Wieder im Gasthof wendet sich der Admiral in einem zweiten Brief an den Sekretär der Admiralität: «Ich habe meine Gesundheit vollständig wiedererlangt. Es ist mein Wunsch, so schnell wie möglich wieder meinen Dienst anzutreten. Ich hoffe doch, dass mir die Reise über Land (zu der die Umstände mich gezwungen haben) nicht als Wunsch ausgelegt wird, aus dem Dienst zu scheiden.»

Offensichtlich ist der Sieger vom Nil nicht unberührt geblieben von dem Empfang, den ihm das einfache Volk Englands bereitet hat. Die Ruhmsucht stachelt ihn wieder an.

Am nächsten Tag machen sich ihre Equipagen auf den Weg nach Ipswich. Nelson, Emma und Lord Hamilton nehmen in derselben Kutsche Platz. *Tria juncta in uno*. Das unentwegte Dreigestirn. Entlang der gesamten Strecke sind Männer und Frauen aus der englischen Provinz zusammengelaufen und bilden ein Ehrenspalier. Bisweilen sind Kanonenböller und Freudenschreie zu hören. Julius Cäsar hält Einzug in Rom.

Als sie Nelsons Landhaus in Roundwood betreten, ist keine Fanny da. Sie hat nur eine Nachricht hinterlassen. Da sie von ihrem Mann nichts Neues gehört hat, erwartete sie ihn in der Wohnung, die Nelsons Prisenagent in London in der Dover Street Nr. 17 für ihn angemietet hat. Reverend Edmund Nelson, der Vater des Admirals sei unterwegs, um sich mit ihr dorthin zu begeben..

Nelson kann seinen Ärger kaum verhehlen.

Man bricht wieder auf.

Sie sind noch zwei Stunden von der Hauptstadt entfernt, als ein heftiges Gewitter losbricht. Unter sintflutartigen Regenfällen und krachendem Donnergetöse fahren sie in tiefer Nacht durch die Straßen Londons zum Nerot's Hotel.

Aus ungeklärten Gründen werden Mrs. Cadogan und Miss Knight in einem anderen Hotel in der Albemarle Street untergebracht. Am nächsten Tag, dem 7. November, sitzen die beiden Frauen gerade beim Frühstück, als Kapitän Thomas Troubridge erscheint, der an der Seite Nelsons gedient hat. Jener Mann, der dem Admiral während des Aufenthalts in Palermo, wir erinnern uns, sein unbesonnenes Verhalten vorwarf: «Ich bin sicher, dass es Ihnen kein Vergnügen macht, Ihre Nächte beim Kartenspiel zu verbringen ...»

Offensichtlich fühlt sich der Offizier dazu berufen, den ritterlichen Beschützer abzugeben. Obwohl er soeben erst ein neues Kommando bei der Kanalflotte erhalten hat, findet er am Tag vor seiner Abreise nach Torbay in der Grafschaft Devonshire noch Zeit, um diesen sonderbaren Vorstoß zu unternehmen und Miss Knight zu warnen:

«Ich rate Ihnen, die Gesellschaft der Hamiltons zu meiden oder sie so wenig wie möglich zu besuchen. Gehen Sie zu Ihrer Freundin, Mrs. Nepean. Sie kann Sie im Zimmer ihres Sohnes unterbringen, der zur Zeit nicht da ist.»

Und wie reagiert die Dichterin? Überraschenderweise fügt sie sich. Nachdem sie zahllose Elogen zum Ruhme Nelsons und Emmas verfasst hat, wendet sie sich brüsk von ihnen ab. Zweifellos fürchtet sie um ihren Ruf. London ist nicht Neapel. Nelson sprach später nur noch von dem *Satansweib Miss Knight*, wenn von ihr die Rede war.

Während die untreue Freundin ihnen den Rücken kehrt, beziehen Lord Hamilton und Emma eine Wohnung am Grosvenor Square Nr. 22, die nicht luxuriös, aber doch komfortabel ist. Sie wird ihnen von dem Schriftsteller und Milliardär William Beckford zur Verfügung gestellt, der mit der verstorbenen Lady Margaret, einer Kusine Lord Hamiltons, verheiratet war.

Sir Williams erster Gang führt ihn ins Außenministerium. Anscheinend möchte er möglichst schnell jemanden treffen, der ein wenig aus dem Blickfeld geraten ist: den ehrenwerten Charles Greville. Was mögen sich die beiden Männer an jenem Tag wohl erzählt haben? Wir werden es nie wissen. Ebenso wenig wie das, was bei der Unterredung zwischen Nelson und Fanny zur Sprache kommt, nachdem sich der Admiral endlich aus dem Nerot's Hotel zu seiner Frau in die Dover Street Nr. 17 begeben hat. Wir wissen nur, dass er, kaum von Emma getrennt, schon wieder von ihr träumt. Dann kaum in der ehelichen Wohnung angekommen, eilt er schon wieder davon, um im Stadtteil Holborn mit seinem Prisenverwalter Alexander Davison einen Hund für Lady Hamilton zu kaufen. Der Admiral bestellt auch ein silbernes Halsband und lässt den Namen *Nilus* eingravieren. Einige Wochen später füllt das Tier, das entlaufen oder gestohlen worden war, die Anzeigenseiten der Londoner Gazetten.

Die ängstlich erwartete Begegnung findet Sonntag, den 9. November, um drei Uhr nachmittags statt. Ort ist die Eingangshalle des Nerot's Hotel. Es regnet immer noch in Strömen. Und der Wind fegt weiterhin mit kräftigen Böen durch die Straßen. Es soll der schlimmste Sturm gewesen sein, den England seit fast einem Jahrhundert erlebt hat. Stürmisch sieht es auch in den Herzen aus. Im Halbdunkel der Kerzen, sporadisch von Blitzen erleuchtet, sehen die Menschen aus wie Gespenster: Lord Hamilton, steif und starr, mit Orden behangen, neben ihm Nelson und sein sechsundsiebzigjähriger Vater.

Und zwei Frauen stehen sich von Angesicht zu Angesicht gegenüber: Fanny und Emma.

Sie taxieren sich, beobachten sich, grüßen sich höflich. Schließlich sind wir unter Engländern. Mit zweiundvierzig Jahren lässt sich Fanny nichts anmerken von dem tiefen Unbehagen, das sie beherrscht. Das ist um so schwieriger, als ihr noch die Zeitungsartikel durch den Kopf gehen, die an diesem Morgen über die Ankunft ihres Mannes berichtet haben. Ein Blatt war so taktlos, jene Ode abzudrucken, die Miss Knight zu Emmas fünfunddreißigstem Geburtstag verfasst hatte. *Nur Mut, schöne Delia, vergiss' all Deinen*

Kummer, denn diese Matrosen sind tapfer, und ihr Anführer ist ein Held[40], hatte es damals in den maltesischen Gewässern an Bord der *Foudroyant* geheißen. Besonders Wohlmeinende hatten nichts Eiligeres zu tun, als der betrogenen Ehefrau zu erklären, Nelson habe die Dichterin an jenem Tag gebeten, *schöne Delia* durch ... *schöne Emma* zu ersetzen. Vielleicht hätte es Fanny ein wenig getröstet, wenn sie gewusst hätte, dass die echte Delia im Herzen ihres Liebhabers, des römischen Dichters Tibull, auch von einer anderen verdrängt worden war, und später diese wiederum von ... einem Jungen. Aber Fanny ist keine Kennerin der römischen Literatur. Sie sieht und weiß nur eines: Ihr Gatte liebt leidenschaftlich eine andere. Wie sollte sie daran noch zweifeln? Es genügte doch, die wenigen Briefe zu lesen, die Nelson ihr in den letzten Monaten geschickt hatte. Im Tonfall immer allgemein, förmlich, sind sie nur dann gefühlvoller, wenn der Admiral von Lady Hamilton spricht.

Zum Glück wird die Begegnung durch das unverhoffte Auftauchen des alten Herzogs von Queensberry abgekürzt, den seine Freunde «Old Q.» nennen. Er ist ein entfernter Verwandter von Sir William und ein glühender Bewunderer Emmas.

So kann man sich wieder verabschieden. Fanny, die vorgibt, zu einem Dinner zu müssen, verdrückt sich als erste, Nelson macht sich auf den Weg zur Admiralität.

Am nächsten Tag überreicht ihm der Londoner Bürgermeister ein diamantenbesetztes Schwert im Wert von 200 Guineen. Als Nelson gegen 21 Uhr 30 in Begleitung seiner Frau zu einem Abendessen bei Lady Spencer eintrifft, ist er grässlicher Laune. Am Ende des Essens bietet Fanny ihrem Mann ein Weinglas mit einer Handvoll Walnüssen an, die sie für ihn geschält hat. Nelson schiebt das Glas so schroff zur Seite, dass es umfällt und zerbricht. Fanny unterdrückt ein Aufschluchzen und flüchtet in ein anderes Zimmer. Daraufhin verabschiedet sich Nelson von den Spencers und zieht sich zurück. Nachdem sie allein zurückgeblieben ist, erklärt Fanny niedergeschlagen: «Sehen Sie, in welcher Lage ich mich befinde?»

Wenige Tage später ist sie trotzdem bereit, mit den Hamiltons und ihrem Schwiegervater, Reverend Edmund, ins Theater am Covent Garden zu gehen, wo ein Schauspiel mit dem Titel *Die Nilmündung* aufgeführt wird. Sie sitzen alle in einer Loge. Nelson wird mit großem Jubel begrüßt. Die Zuschauer spenden ihm stehend Beifall. Das Orchester stimmt *Rule Britannia* an. Nelsons Vater ist zu Tränen gerührt. Fanny sitzt zur Linken Nelsons, Emma zu seiner Rechten. Sie werden von Blicken geradezu verschlungen. Man fragt sich, wer von ihnen verrückter, ahnungsloser ist. Der Admiral, der Chevalier, die Admiralsgattin, seine Geliebte oder der alte Pastor? Sie sind wohl alle nicht recht bei Trost, denn am 25. November sitzen sie wieder gemeinsam in einer Loge, diesmal im Drury Lane Theatre, wo man ein Stück von Sheridan spielt: *Pizarro*.

Drury Lane ... War das nicht der Ort, an dem ein kleines Dienstmädchen aus Hawarden, eine gewisse Emily Lyon, hinter den Kulissen den Schauspielern und Sängern zuhörte? Ist die Schauspielerin auf der Bühne, die die Elvira spielt, nicht ihre Komplizin von damals: Jane Powell?

Lady Nelson trägt ein blasslilanes Satinkleid mit weißen Ärmeln und einen mit zwei Straußenfedern geschmückten Turban. Lady Hamilton erscheint ganz in Weiß in einer griechischen Tunika. Gegen Ende des dritten Akts, die Gesänge zum Ruhm der Marine heben gerade an, kommt es zu einem Zwischenfall. Bei Nelson in der Loge herrscht plötzlich großes Durcheinander. Fanny ist in Ohnmacht gefallen. Sie wird hochgehoben und ins Freie getragen. Im Saal erhebt sich ein vielstimmiges Gemurmel, das teilweise die Stimmen der Sänger überdeckt. Einige Minuten später erscheint Fanny wieder in der Loge, offensichtlich hat sie sich von ihrem Schwächeanfall erholt, und bleibt bis zum Ende der Vorstellung an ihrem Platz.

Einem Bericht zufolge, den der *Morning Herald* am nächsten Tag veröffentlicht, soll Nelsons Frau die stickige Luft in dem Theater nicht vertragen haben. Manche Autoren bieten allerdings eine andere Version: Aufgrund der übertriebenen Aufmerksamkeiten ihres Gatten für Lady Hamilton soll Fanny, mit den Nerven am Ende, schlichtweg zusammengebrochen sein.

In einem letzten Anflug von Stoizismus beharrt Fanny trotz allem darauf, das Trio zu Lord Abercorn, einem Vetter von Sir William, nach Stanmore zu begleiten. Die Hamiltons verbringen das ganze Wochenende dort, die Nelsons fahren nach dem Essen wieder nach London zurück. Hier sind sich die Rivalinnen zum letzten Mal begegnet. Sie sollten sich nie wieder sehen.

Und wie sieht es mit den Beziehungen Emmas zur Königsfamilie aus? Die Zeitungen von damals geben uns einen Einblick. In einer kurzen Meldung vom 9. Dezember heißt es:

«Lady Hamilton ist noch immer nicht am Hof empfangen worden. Nach einer offiziellen Verlautbarung haben Ihre Majestät keine Kenntnis von einem Empfehlungsschreiben der Königin von Neapel, dessen Überbringerin Mylady sein soll.»

Kein Zweifel, die Affäre um das Empfehlungsschreiben ist nur ein Vorwand. In den Augen der Königin ist Emma völlig bedeutungslos. Sie existiert gar nicht, hat nie existiert.

Nelson fühlt sich mehr denn je durch sein Doppelleben belastet. Er weiß, dass er sich entscheiden muss. Sein Wahl ist schon seit langem getroffen, aber er will nichts überstürzen.

Eine Einladung William Beckfords, Weihnachten in seinem Landhaus Fonthill in Wiltshire zu feiern, liefert dem Trio einen ausgezeichneten Vorwand, um am 20. Dezember London zu verlassen. London und Fanny. Und so fahren sie durch die Winternebel, machen einen kurzen Halt in Salisbury, wo Nelson die Schlüssel der Stadt übergeben werden und er seinerseits eine Schenkung für die Bedürftigen der Region macht.

Vor dem Landgut Beckfords werden sie von Freiwilligen empfangen, die sich zu einem Ehrenspalier aufgestellt haben und das ewige *Rule Britannia* für sie anstimmen. Wieder einmal herrscht schlechtes Wetter und zwingt sie, sich drei Tage lang im Haus zu verkriechen. Aber in diesem traumhaften Prachtbau mangelt es an nichts. Auf die Empfänge folgen Bälle und Dinner. Unter den Gästen befindet sich auch Georgina Brigida Banti, die berühmte *prima donna* aus Neapel, die, wir erinnern uns, von Maria Carolina ins Exil geschickt wurde. Emma freut sich riesig, sie wiederzusehen. Als ob ein Sonnenstrahl aus Neapel das Grau des englischen Winters aufhellen würde. Am 23. Dezember singen die beiden vor einem begeisterten Publikum im Duo. Anschließend gibt Emma – eine unglaubliche Heldentat für eine Frau am Ende des achten Monats – eine Vorstellung ihrer Attitüden und ist wie üblich hinreißend.

Im April 1801 erscheint im *Gentleman Magazine* ein Augenzeugenbericht über die Feste in Fonthill. Demnach verkörperte Emma «Agrippina, die in einer goldenen Urne die Asche des Germanicus trägt» und «mehrere andere Personen aus der Antike» in einer Voll-

Attitüde Lady Hamiltons, Friedrich Bury, Kunstsammlung Weimar.

kommenheit, die das Publikum zu Tränen rührte, so dass man sie zur «größten Schauspielerin Englands» erklärte.

Ein Zuschauer ihrer Vorstellung, der berühmte amerikanische Maler Benjamin West, ein enger Freund Reynolds, beeilt sich,

Emma auf Leinwand zu bannen. Das Gemälde blieb bis zu seinem Tod im Besitz von Sir William Beckford und wurde dann wie das meiste aus seinem Besitz versteigert. Weisen wir noch darauf hin, dass auch dieses Bild auf der langen Liste der Vorwürfe steht, die man Emma gemacht hat. Die Gemahlin des Ex-Botschafters, so wurde kritisiert, habe *wissentlich* eine Äbtissin bei der Aufnahme von Novizinnen im Kloster dargestellt!

Am 26. Dezember verabschieden sich die Hamiltons von dem Milliardär und kehren nach London zurück. Dort beziehen sie unverzüglich ein kleines Stadthaus gegenüber vom Green Park: Picadilly Nr. 23.

Nelson beugt sich den Umständen und geht in das eheliche Domizil in der Dover Street zurück. Dort wartet ein Brief auf ihn: Er ist zum Vizeadmiral der *Blauen*[41] ernannt worden. Die Nachricht freut ihn, doch sie kann seinen Groll gegen seine Vorgesetzten nicht besänftigen. Seit er nach England zurückgekehrt ist, muss er ständig um die Summe feilschen, die ihm nach Ermittlung seiner Prisenanteile aus der Schlacht von Abukir zustehen. Angesichts der legendären Knauserigkeit der Admiralität übergibt er die Sache schließlich zwei Anwälten.

Einem von ihnen, William Hasslewood, verdanken wir übrigens den Bericht über eine Szene zwischen dem Admiral und seiner Frau, die sich in der Woche nach seiner Rückkehr abspielt und die den Bruch zwischen ihnen zeigt. Von Nelson zum Frühstück in die Dover Street eingeladen, erlebt der Anwalt eine heftige Auseinandersetzung zwischen den Eheleuten. Die Stimmen werden immer lauter, immer hitziger. Nelson geht soweit, seine Frau mit Lobeshymnen auf «seine liebe Lady Hamilton» zu provozieren. Entrüstet springt Fanny vom Tisch auf und erklärt, sie spiele nicht länger die demütigende Rolle der betrogenen Ehefrau.

«Sie haben die Wahl», schreit sie, «entweder sie oder ich!»

«Passen Sie auf, was Sie sagen, Fanny, ich liebe Sie aufrichtig, aber ich werde nicht vergessen, was ich Lady Hamilton schuldig bin, und kann von ihr nur mit Zuneigung und Bewunderung sprechen.»

Laut Hasslewood ging Lady Nelson daraufhin aus dem Zimmer und murmelte dabei einige Worte, die deutlich machten, dass sie ihren Entschluss gefasst hatte.

Wenige Tage später verließ sie dann das Haus, und das Ehepaar Nelson lebte nie wieder zusammen.

Bis dahin hatte Nelson tatsächlich versucht, es sich mit keiner von beiden zu verderben. Im Innersten wünschte er sich nicht die geringste Veränderung seiner Lebensumstände, doch zugleich dachte er keinen Augenblick daran, Emma aufzugeben, die kurz vor der Entbindung stand und seine Fürsorge mehr denn je zu brauchen schien. An seiner Stelle hat letztlich Fanny den Mut aufgebracht, die Entscheidung herbeizuführen.

Nicht nur Nelson wird vom Geiz der Regierung Seiner Majestät gebeutelt. Auch Lord Hamilton stößt auf Schwierigkeiten. Er hat für seine treuen Dienste in mehr als dreißig Jahren und die in Neapel erlittenen Verluste eine Entschädigung gefordert, die er ganz sicher zu erhalten glaubte und die es ihm zusammen mit seinen Einkünften aus den walisischen Besitzungen gestatten sollte, weiterhin einen gehobenen Lebensstil zu pflegen. Im Gegensatz zu seinen Erwartungen vergehen die Tage, ohne dass eine Antwort eintrifft. Für Sir William nimmt dieses Schweigen eine dramatische Wende. Nie hat er in seiner langen Laufbahn daran gedacht, Vermögen anzusparen, und die Güter, die er besitzt, erlauben ihm nicht, dem Luxusleben zu frönen, das er gewöhnt ist. Und, nicht zu vergessen, der größte Teil seiner Schätze liegt seit dem Schiffbruch der *Colossus* auf dem Grund des Mittelmeers.

150 Pfund Jahresmiete für das Stadthaus am Picadilly mögen ja noch angehen, aber es steht praktisch leer. Woher soll das Geld kommen, um es einzurichten? Spontan bietet Emma den größten Teil des Schmucks, den sie von Sir William geschenkt bekommen hat, zum Verkauf an. Und sehr widerwillig entschließt sich der Ritter vom Bath-Orden, einen Teil seiner antiken Kunstschätze sowie einige Gemälde zu veräußern, darunter auch das berühmte Porträt, das Élisabeth Vigée-Lebrun in Neapel von Emma gemalt hatte. Der Verkauf findet am 18. März statt.

Am nächsten Tag schreibt Nelson an Emma: «Meine liebste Freundin, ich habe Ihr Porträt gekauft, weil ich den Gedanken nicht ertragen konnte, dass es in andere Hände gelangen könnte, und hätte es mich dreihundert Blutstropfen gekostet, ich hätte sie mit Freude gegeben. (…) Es ist für mein Schlafzimmer [seine Kajüte] bestimmt, wo es immer hängen soll, und sollte ich sterben, so gehört es Ihnen.»

Er sollte Wort halten.

Aus Plymouth schickt er ein lakonisches Schreiben an seine Frau: «Liebe Fanny, wir sind gut angekommen und sehr müde. Richten Sie meinem Vater und der ganzen Familie meine besten Grüße aus. Herzlich, Ihr ergebener Nelson.»

Kurze Zeit später erfährt er durch die Presse, dass Fanny London verlassen hat und nach Brighton gezogen ist. Sie hat Davison beauftragt, «für sie selbst und Lord Nelson» ein Haus anzumieten. Daraufhin schreibt Nelson an Emma: «Lassen wir sie doch nach Brighton gehen, oder wohin auch immer sie mag, es ist mir völlig gleichgültig. Wenn sie verrückt spielt, um so besser! Gott sei Dank ähneln Sie ihr kein bisschen, weit gefehlt!» Und in bezug auf Davison: «Ich glaube kaum, dass Lady Nelson wirklich ein Haus zu mieten wünscht; jedenfalls bin ich Gott sei Dank nicht dazu gezwungen, dort zu leben.»

Kurz bevor er den Anker lichten lässt, richtet er an Bord der *San Josef* noch dieses Schreiben an Fanny, das stark an einen Abschiedsbrief erinnert: «Solange ich lebe, habe ich alles getan, was ich Ihnen schuldig war, [...] und sollte ich sterben, werden Sie ebenso gut versorgt sein wie bisher. Dafür wünsche ich nichts weiter, als dass man mich in Ruhe lässt, und Ihnen wünsche ich alles Glück, mit herzlichen Grüßen, Ihr ergebener *Nelson and Bronte*.»

Fanny weiß noch nicht, dass ihr Ehemann seinen Verwaltern die Anweisung gegeben hat, ihr eine Rente von 1800 Pfund jährlich auszuzahlen.

18 Seit fast drei Tagen hat Emma ihre Zimmer nicht mehr verlassen. Angeblich hat sie eine Erkältung. Sie weist Lord Hamiltons Besuche ab und duldet nur Mrs. Cadogan an ihrer Seite.

Es ist unfassbar, übersteigt jede Vorstellung, aber es ist wahr. In der Nacht vom 29. Januar – es beginnt immer bei Nacht – sind die Wehen stärker geworden. Mrs. Cadogan hat einen Zuber kochendes Wasser, Handtücher vorbereitet. Wie sehr Emma auch die Zähne zusammenbeißt und die Fäuste ballt, einige Schreie kann sie nicht verhindern. Neunzehn Jahre liegt ihre erste Entbindung zurück. Körperlich wird sie auf eine harte Probe gestellt.

Doch wo ist Lord Hamilton? Ahnt er wirklich nichts? Das Haus am Picadilly ist keineswegs so weitläufig wie der Palazzo Sessa, und Sir William ist zwar vom Alter gezeichnet, aber noch nicht taub. Sein Verstand ist hellwach, sein Blick noch ungetrübt. Gut, sie schlafen schon lange nicht mehr miteinander und es ist eine Ewigkeit her, dass er Emma nackt gesehen hat. Machen wir uns nichts vor. Die körperlichen Veränderungen an seiner Ehefrau können ihm unmöglich entgangen sein. Aber er bleibt sich treu und spielt weiterhin den Ahnungslosen. Er liegt auf dem Bett oder raucht eine Zigarre vor dem Kamin im Salon und will nur auf sein Herz hören, das plötzlich ein wenig schneller pocht. Er weiß genau, dass der große Nelson der Vater jenes Kindes ist, dem seine geliebte Frau gerade das Leben schenkt. Er hat kein Wort darüber verloren, nichts dazu gesagt. Und als Mrs. Cadogan acht Tage später mit dem Neugeborenen auf dem Arm aus Emmas Tür trat, tat er weiter so, als hätte er nichts gemerkt und widerstand der Versuchung zu fragen, ob es ein Mädchen oder ein Junge ist.

Es ist ein Mädchen. Noch hat sie keinen Namen. Den soll der Vater ihr geben.

Das Kind fest an die Brust gedrückt, fährt Mrs. Cadogan bei Tagesanbruch durch das neblige London. In der Little Tichfield Street im Stadtteil Marylebone klopft sie leise an die Tür des Hauses

Nr. 9. Hier wohnt Mrs. Gibson, eine Amme, die als verschwiegen gilt. Sie ist Witwe und Mutter einer kleinen Tochter. Für die Gibsons ist das Kind ein wahrer Segen. Am Monatsende sind sie immer knapp bei Kasse. Seltsamerweise behauptet Mrs. Cadogan, das Mädchens sei drei Monaten alt. Es soll am 29. Oktober geboren sein. Die Amme glaubt ihr kein Wort. Sie hat Erfahrung mit Kindern, lässt sich nicht so leicht etwas vormachen. Die Lüge hat einen Grund. Sie gehört zu einer ganzen Reihe von Täuschungsmanövern, die Nelson und Emma ersonnen haben.

Drei Monate zuvor war Emma in Dresden. Folglich, meint sie, könne niemand sie für die Mutter halten.

Als weiteren Kunstgriff hatten Nelson und seine Geliebte vereinbart, sich hinter fiktiven Personen zu verstecken. Emma schlüpfte in die Rolle einer gewissen Mrs. Thomson; Nelson spielte die Rolle des *Freundes* ihres Geliebten. Mrs. Thomson hielt sich angeblich in London auf, der Vater des Kindes fuhr auf dem Schiff des Admirals zur See. Mit Hilfe dieser «Kriegslist» konnten sie in ihren Briefen von dem Kind sprechen, ohne Verdacht zu erregen. Doch sie verlieren regelmäßig die Kontrolle über ihre Ausdrucksweise, daher die vielen Ungereimtheiten.

So liest man in einem Brief vom 1. Februar, jenem Tag, an dem Nelson von der Geburt seiner Tochter erfahren hatte:

Liebe Mylady,
Ich glaube, Mrs. Thomsons armer Liebster *wird noch verrückt vor Freude. Er weint, er betet, begeht tausenderlei Dummheiten und wagt es trotzdem nicht, sich etwas davon anmerken zu lassen, was in ihm vorgeht. Ich bin der einzige, dem er sich anvertrauen kann. Er will heute auf Ihr Wohl trinken, und Gott soll mich strafen, wenn ich nicht auf alle Ärzte Europas pfeife und mich zu ihm setze, denn niemand ist* Ihnen *so aufrichtig zugetan wie ich. Sie sind ein liebes, gutes Geschöpf und Ihre Liebenswürdigkeit und Ihre Rücksichtnahme* gegenüber der armen Mrs. Thomson *lässt Sie in meiner Achtung noch höher steigen. Ich kann nicht mehr schreiben; ich bin ganz außer mir vor Aufregung über eine bestimmte Person, die ich ganz nahe bei mir spüre. Ich glaube, er ist völlig verrückt, er schwärmt immerfort von Ihnen und von ihr. Ich gestehe, ich teile seine Freude und kann einfach nicht mehr schreiben.*

Und am nächsten Tag schreibt Nelson:
Ihre Briefe sind durchweg so liebenswert, so herzlich und Ihnen so ähnlich, dass ich bisher wirklich nicht hätte sagen können, welcher mir der liebste war, allein, Ihr letzter war so vortrefflich, dass er alle anderen um Längen übertroffen hat. Ich habe zwei Zeilen ausgeschnitten, die ich immer bei mir tragen werde. Dieser Freund unserer guten Mrs. Thomson *ist eine gute, zärtliche Seele. Er wünscht sehnlichst, sie und sein Kind wiederzusehen. Wenn es sich einrichten lässt, gewähre ich ihm zwei oder drei Tage Landgang, wenn ich nach Portsmouth fahre, und Sie werden sehen, wie dankbar er Ihnen ist.*
Am 3. Februar soll sich Mr. Thomson schließlich selbst an seine Angebetete gewendet haben:

Liebe Mrs. Thomson,
Ihr guter und lieber Freund (Nelson) hält es im Augenblick nicht für richtig, selbst zu schreiben […]. Er hat mich beauftragt, Ihnen auszurichten, wie sehr er Sie liebt und dass Sie dieses liebe kleine Mädchen *an seiner statt bei jeder Gelegenheit umarmen und küssen sollen. Aus Dankbarkeit für unsere liebe Lady Hamilton möchte er, dass es Emma*[42] *heißt. Im übrigen überlässt er alles Ihrem Urteil und Ihrer Wahl. Heute morgen habe ich Lord Nelson hundert Pfund übergeben. Er hat diesbezüglich seinen Agenten Anweisung erteilt, die Lady Hamilton betreffen.*
An Mutter und Tochter, für die er von nun an lebt, schickt er am 5. Februar Empfehlungen und diesen neuen Brief:

Liebe Mrs. Thomson,
Ihr lieber, vortrefflicher Freund hat mich gebeten, Sie darüber zu unterrichten, dass es nicht üblich ist, Kinder zu taufen, bevor sie einen Monat oder sechs Wochen alt sind. Da wir zu diesem Zeitpunkt wieder in der Stadt sein werden, schlägt Ihr Freund vor, wenn Sie damit einverstanden sind, die Taufe bis dahin aufzuschieben. Ich selbst könnte zusammen mit Lady Hamilton dann Taufpate sein.
Und er beendet den Brief mit dem Entschluss:
Sie soll Horatia heißen, Tochter von Johem und Morata Etnorb.

Und schon sind wir mitten im Spiel der Anagramme. Wenn wir das J als I lesen und die Buchstaben umstellen, finden wir: «Emma und Horatio Bronte.»

Seine Tochter Horatia zu nennen, ist ein Spiel mit dem Feuer. Mehr denn je wird das Paar vom Unbewussten beherrscht. Die Menschen in ihrer Umgebung hätten wirklich naiv sein müssen, um keine Verbindung mit Nelson und Emma zu sehen, allen voran Lord Hamilton. Außerdem stellt sich die Frage, warum der Admiral sich plötzlich für den Namen Horatia ausspricht, nachdem er sie zwei Tage zuvor noch Emma nennen wollte.

An diesem Punkt in der Chronologie müssen wir eine Figur erneut einführen, die bisher so wenig genannt wurde, dass der Leser sie wahrscheinlich vergessen hat. Es handelt sich um den Prinzen von Wales, den Mann, der Elisabeth Vigée-Lebrun gegenüber behauptete, er habe Lady Hamilton schon «mit Holzschuhen an den Füßen in der Tür einer kleinen Käserei stehen sehen». Was nicht stimmte, denn in Wirklichkeit hat er Emma am Tag vor ihrer Hochzeit im August 1791 kennengelernt. Wie viele zuvor war er damals so sehr von ihr beeindruckt, dass er in aller Eile bei Romney ein Porträt von ihr bestellte. Seither ließ er keine Gelegenheit aus, ihren Namen mit zitternder Stimme auszusprechen. In jenem Februar 1801 äußert er den Wunsch, bei den Hamiltons zu dinieren und Emma im Duo mit Signora Banti singen zu hören. Als Nelson davon erfährt, spielt ihm seine verhinderte Leidenschaft einen Streich. Eifersucht nagt an ihm, zehrt ihn auf. Es ist wie verrückt. In seiner Verzweiflung greift er zur Feder und warnt seine Liebste:

Sie sind zu schön, um nicht angefeindet zu werden, man wird Sie bei der erstbesten Gelegenheit bloßstellen. Und dabei, meine liebe Freundin, kenne ich Sie zu gut, um mir nicht sicher zu sein, dass Sie sich von keinem Prinzen Europas verführen lassen. In meinen Augen sind Sie ein Muster an Vollkommenheit.

Und weiter:

Es wäre das beste, Sir William erklärte dem Prinzen, dass es Ihre persönlichen Umstände nicht zuließen, Seine Königliche Hoheit bei Ihnen zu Hause zu empfangen. Der Wunsch des Prinzen überrascht mich keineswegs. Sir William sollte sich mit ihm ins Vernehmen setzen, und wenn der Prinz ein Ehrenmann ist, wird er davon ablassen, Ihnen nachzustellen. Ich weiß, dass er Sie zu seiner Mätresse machen will. Dieser Gedanke bringt mich so auf, dass ich nicht schreiben kann.

Sollten wir noch irgendwelche Zweifel an der maßlosen Eifersucht des Admirals gehegt haben, jetzt sind sie weggefegt.

Am 11. Februar antwortet er höchst leidenschaftlich auf einen Brief Emmas, in dem sie ihm – scherzhaft – grollt und ihm rät, er möge seine Eifersucht für sich behalten: «Es ist leicht, einen Stock zu finden, wenn man seinen Hund schlagen will; genauso leicht findet sich ein Vorwand, um einen Menschen zu tadeln, der immer an Sie denken und bis zu seinem letzten Atemzug für Ihr Glück beten wird.»

Am 17. liegt er auf den Knien, ist fix und fertig:

Es quält mich so, dass ich keine Kraft zum Schreiben mehr habe. Ich wusste, dass es so kommen würde, und Sie können nichts dagegen tun. Halten Sie sich nicht zu lange bei Tisch auf. Gütiger Gott! Er wird neben Ihnen sitzen, Ihnen Schmeicheleien zuflüstern. Verweisen Sie ihn vom Tisch und aus Ihrem Haus, wenn er das tut. […] Oh, Gott! Ich sterbe! Nein, meine liebste Emma, ich sterbe nicht. Und daran sind Sie schuld, denn ich verlasse mich auf Ihre Treue. […] Ich verliere fast den Verstand, aber Sie können mir nicht helfen.

Er findet dennoch Kraft fortzufahren:

Wäre ich in London, nichts könnte mich abhalten, an diesem verdammten Abend mit Ihnen zu essen. Doch ich mache Ihnen keine Vorwürfe, liebe Emma; denken Sie nur an ihren armen unglücklichen Freund. […] Denken Sie daran, dass Sie vergnügt aussehen, wenn Sie singen! Ich habe erfahren, Sie hätten einmal beschlossen, nirgendwo hinzugehen, wo dieser Spitzbube ist, und jetzt müssen Sie ihn in ihrem eigenen Haus dulden! Und dabei haben Sie, glaube ich, keine andere Wahl und können ihn nicht einfach vor die Tür setzen. Wenn es Ihnen diesmal nicht gelingen sollte, ihn loszuwerden, so sagen Sie wenigstens Sir William, dass sie ihn künftig nie wieder empfangen wollen. […] Ich bin mehr tot als lebendig. Fasse dich, fasse dich, mein armes Herz, zerbrich nicht in meiner Brust. Sei ganz ruhig. Emma ist treu. Aber niemand, nicht einmal Emma, könnte den Schmeicheleien dieser Schlange widerstehen! […] Verzeiht mir, ich kenne meine Emma, und vergesst nicht, dass Ihr einmal in Nelson einen Freund, einen sehr lieben Freund besessen habt. Leider hat er seine beste, seine einzige Freundin, seine einzige Liebe verloren. Vergessen Sie den armen Kerl nicht.(…) Ich bin jetzt ruhiger. Die Tränen, die ich vergossen habe, haben mir gut getan.

Am nächsten Tag schöpft Nelson wieder Hoffnung. Emma hat ihm geschrieben, sie werde sich der Begegnung mit dem Prinzen entziehen. Selbstverständlich bestärkt er sie in ihrer Absicht und rät ihr, an diesem Abend bei einer Freundin zu essen: «Wenn der Prinz trotzdem kommen will, *darf* Emma nicht da sein!»

Die Liebste verhält sich geschickt, das Dinner fällt aus, und Nelson kann wieder aufatmen. Er ergeht sich in Komplimenten:

Wie Sie Ihren Verstand, Ihre Urteilskraft und Entschlossenheit in dieser Angelegenheit bewiesen haben, das muss Sie all Ihren Freunden ja noch teurer machen, aber keinem so teuer wie Ihrem alten Freund Nelson. Sie haben bewiesen, dass Sie allen Anfechtungen widerstehen können. Ich bin stolz auf Sie und auf Ihre unschätzbare Freundschaft. Ich wünschte, Sie wären eine Schwester, dann könnte ich mein Vermögen mit Ihnen teilen.

Die Lektüre des letzten Satzes hat bei Emma zweifellos ein trauriges Lächeln hervorgerufen. Und das hat seine Gründe: Um Lord Hamiltons Vermögen steht es nach wie vor schlecht. Ob die Admiralität die beanspruchte Pension bewilligt, bleibt fraglich. Dass er seinen großzügigen Lebensstil beibehält und weiterhin bemüht ist, eine gute Figur zu machen, hat aus ihm schnell einen verschuldeten Mann gemacht. Er steht mit fast 2000 Pfund bei Nelson in der Kreide und fühlt sich verpflichtet, eine große Zahl von Freunden zu empfangen, von denen er hofft, dass sie seine Forderung nach einer Abfindung unterstützen. Umsonst. Wieder greift Emma ein, verkauft ihren restlichen Schmuck und die Diamanten, während Sir William beschließt, keine Miete mehr für den Palazzo Sessa zu bezahlen und neuere Stücke aus seinen Sammlungen abzustoßen. Unter den Hammer kommt unter anderem auch ein Porträt von Emma als Heilige Cäcilie. Wieder gelingt es Nelson, das Bild zu erwerben.

In der letzten Februarwoche kann Nelson Lord St. Vincent drei Tage Urlaub abringen. Mitten in der Nacht bricht er nach London auf. Seine Kutsche fliegt Emma entgegen, vor allem aber Horatia. Um 7 Uhr morgens kommt er in der Hauptstadt an und überfällt Mrs. Gibson zu früher Stunde, um seine Tochter in die Arme zu schließen. Horatia hat die großen blauen Augen ihrer Mutter geerbt, doch ansonsten sieht sie Nelson ähnlich, ist ihm wie aus dem Gesicht geschnitten. Das ist jedenfalls seine Überzeugung. Mit Fanny hatte er keine Kinder, jetzt fühlt er, dass neue Gefühle in ihm erwachen. Er ist Vater. Mit Leib und Seele Vater.

Mary, die behinderte Tochter von Mrs. Gibson, wird seine Besuche siebenundzwanzig Jahre später bezeugen: «Regelmäßig kam Lady Hamilton zu Besuch. Häufig begleitete Lord Nelson sie, und oft kam er allein, spielte stundenlang mit dem Kind und nannte sie dabei «meine Tochter». Angeblich hat Mary dies Horatias Ehemann anvertraut, Philip Ward, als dieser versuchte herauszufinden, wer der Vater seiner Ehefrau war.

Zurück auf der *Saint George* sticht Nelson in See, um sich bei Yarmouth den Befehl von Admiral Hyde Parker zu unterstellen, dem Oberkommandierenden der Ostseeflotte. Vom Schiff aus schreibt Nelson an seine Liebste: *Samstag, 1. März, zur Mittagszeit. Mein Gott! Hätten wir zwei doch nur allein zu Abend essen können. Was hätten wir als Nachtisch genossen! Doch die Zeit wird kommen. Glauben Sie mir, ich bin und bleibe immer der Ihre.*

In einem zweiten Brief, den er unmittelbar hinterher schickt, riskiert er noch mehr. Er zeigt sich unverhohlen, denn er weiß, dass dieser Brief direkt in Emmas Hände gelangen wird:

Nun kann ich, meine geliebte Frau – denn das sind Sie in meinen Augen und vor Gott –, meinen Gefühlen freien Lauf lassen, denn Olivier[43] *wird Ihnen den Brief getreulich aushändigen. Sie wissen, meine heiß geliebte Emma, dass ich alles tun würde, um mit Ihnen zusammenzuleben und unser liebes Kind bei uns zu haben. Ich glaube fest daran, dass dieser Feldzug den Frieden bringt, und dann gehen wir nach Bronte. […] So Gott will, wird uns nichts daran hindern. Sollte ich mich jetzt von ihr [Fanny] trennen, würden wir, wenn nicht alles in Ordnung käme, bösen Zungen Gesprächsstoff geben und die übelsten Verleumdungen hervorrufen. Aber ich werde es mit größter Freude tun, sobald wir zusammen leben können. Ich möchte sie nie mehr wiedersehen. Deshalb müssen wir die Zeit gut überbrücken, bis wir das Land verlassen können* oder *Ihr Onkel stirbt. Ich liebe Sie, wie ich noch nie zuvor jemanden geliebt habe; noch nie erhielt ich ein Unterpfand der Liebe, bis Sie es mir schenkten und sich dazu. Ich danke Gott, dass Sie ein solches noch keinem anderen geschenkt haben. Denken Sie das Glück, das meine Emma empfinden wird, wenn ihr liebster, verliebter Nelson heil und gesund und vielleicht mit noch größerem Ruhm bedeckt zurückkehrt. Sie, meine angebetete Emma, und mein Vaterland stehen meinem liebenden Herz am nächsten, einem empfindsamen und aufrichtigen Herzen. Sie ahnen nicht, wie sehr mir Ihre Gespräche, wie sehr Sie mir fehlen und was ich bei der Vorstellung fühle, mit Ihnen zu schlafen: Ich brenne buchstäblich bei dem Gedanken, wie wäre es erst in Wirklichkeit! Ich weiß gewiss, dass Ihnen meine ganze Sehnsucht, meine ganze Liebe gehört, und wenn in diesem Augenblick, in dieser Erregung, in die mich der Gedanke an Sie versetzt hat, eine nackte Frau käme, so soll meine Hand verfaulen, wenn ich sie auch nur nach ihr ausstrecke …*

Wir können also feststellen, dass die Leidenschaft, die den Admiral seit bald drei Jahren umtreibt, heftiger ist denn je. Und dieser Brief hat eine außerordentlich große Bedeutung, denn er gehört zu den sogenannten *Thomson letters*. Bis zu ihrer Veröffentlichung gab es keinen echten Beweis dafür, dass das Kind von Nelson und niemand anderem stammte – eine Möglichkeit, die fanatische Verehrer des Admirals lange von sich wiesen. Ihrer Ansicht nach hätte sich ihr Held unmöglich mit einer solchen *Abenteurerin* einlassen können. Es stimmt aber. Nelson war zweifelsohne ein Held, doch er war vor allem ein Mann, sterblich wie jeder andere.

Lange Zeit wusste nicht einmal Horatia mit endgültiger Gewissheit, welche Art von Verwandtschaft sie mit dem Admiral verband. Um Lord Hamiltons und Nelsons Andenken zu schützen, hat Emma geschwiegen und sich damit begnügt, die Möglichkeit offen zu lassen. Noch schlimmer ist allerdings, dass sie in Horatia eine weitere Ungewissheit nährte. Sie behauptete nämlich, sie selbst sei nicht ihre leibliche Mutter. Ein schrecklicher Abgrund für ein Kind, das nach seinen Wurzeln sucht.

Bei der Beschäftigung mit diesem Lebensabschnitt stellt man sich immer wieder die Frage, warum zum Teufel sie nicht versucht hat, Horatia als das Kind von Lord Hamilton auszugeben? Gewiss aus Scham, sich Sir William freimütig anzuvertrauen, und weil sie den äußeren Schein wahren wollte. Es war besser, die Dinge unausgesprochen zu belassen. Vielleicht war sie auch überzeugt davon, dass Lord Hamilton wirklich nichts ahnte.

Darauf bedacht, Mutter und Kind versorgt zu wissen, ergänzt der Admiral am 6. März sein Testament durch einen Zusatz. Außer von der Sorge um die beiden erfahren wir hier auch von den finanziellen Engpässen, in die Lord Hamilton durch die Flucht nach Palermo geriet, und er liefert den Beweis, dass weder der Botschafter noch Emma jemals ans Sparen gedacht haben.

In Anbetracht der Tatsache, dass der Ehrwürdige Sir William Hamilton mir eine Summe von neunhundertsiebenundzwanzig Pfund schuldet, die er sich im Januar 1799 in Palermo geliehen hat, des weiteren die Summe von zweihundertfünfzig Pfund, die er sich zwischen Juli und November 1800 geliehen hat, sowie die Summe von eintausendneunzig Pfund, nämlich die Hälfte unserer Ausgaben auf der Reise von Livorno nach London, was insgesamt einer Summe von zweitausend zweihundertsiebenundsechzig Pfund entspricht, betraue ich Thomas Ryder, Esq.[44], *Lincoln's Inn, sowie Alexander Davison, Esq., St. James Square, mit der Eintreibung der Schuld zu Gunsten von Lady Hamilton, die frei über das Geld verfügen soll. Außerdem bestelle ich meine Freunde Thomas Ryder, Esq. und Alexander Davison, Esq., zu Vollstreckern meines Testaments und trage ihnen auf, Lady Hamilton eine jährliche Rente von 1000 Pfund auszuzahlen, und diese Zahlungen nach ihrem Tod gemäß den von ihr getroffenen Verfügungen fortzusetzen.*

Aufgesetzt am 6. März 1801 auf See, an Bord des Schiffes Seiner Majestät des Königs Saint George. *Gezeichnet Nelson und Bronte. Ich erkläre, dass das Vorgenannte ein Zusatz zu meinem letzten Testament ist. Zeugen: T. M. Hardy, Kapitän des* H. M. S. Saint George *und Frederick Thesiger, Kapitän R. N. (Gezeichnet Nelson und Bronte).*

19 Was hat Sir Williams Verhalten zu bedeuten? Warum lässt er sich zu solch übertriebenen Ausgaben hinreißen – zu einem Lebenstil, der jährlich 10 000 Pfund verschlingt –, wo er doch immer behauptet hat, der Kauf eines zusätzlichen Leuchters [...] würde ihn ruinieren?»

Über solche Fragen tauschen sich Nelson und Emma aus, während er in der Ostsee kreuzt.

Nelson macht sich zu Recht Sorgen. Die Hamiltons unterhalten einen verschwenderischen Haushalt, der in keinem Verhältnis zu den verfügbaren Mitteln steht. In ihrem Haus am Picadilly wimmelt es von Bediensteten; Emma und ihr Ehemann leisten sich jeder eigene Pferde und Kutschen. Sie geben Empfänge, Festessen, Bälle und Konzerte wie zu ihren besten Zeiten in Neapel. Selbstverständlich unternimmt Emma nichts, um Sir William zu mäßigen. Wie hätte sie es auch tun können, wo ein Schilling und tausend Pfund doch nie einen Unterschied für sie bedeutet haben. Ahnungslos bereitet sie ihren eigenen Untergang vor, ihre Höllenfahrt.

Am 18. März erscheint die englische Flotte vor Skagen an der Nordspitze Jütlands. Soweit das Auge reicht, bedeckt Schnee die Küste. Eisschollen treiben langsam auf der ruhigen See. Am 20. März liegt das Geschwader achtzehn Meilen vor Kronborg und der berühmten Festung Helsingör[45], die die Einfahrt zum Öresund verteidigt. Am 26. März nehmen die Schiffe Kurs auf den Großen Belt. Die Lage ist äußerst gespannt. Ihren Höhepunkt erreicht die Spannung am 2. April vor Kopenhagen. Vierzehn Tage zuvor sind die Verhandlungen zwischen den dänischen und den englischen Unterhändlern endgültig gescheitert. Die Dänen fürchten Russland zu sehr, um aus der Nordischen Koalition auszuscheiden. Sie sind zum Kampf bereit.

Nelson, der seine Hütte auf die *Elephant* verlegt hat, wartet nur darauf. Die Schlacht beginnt um 11 Uhr 18, «bei ruhiger See, kräftiger Brise und bedecktem Himmel». Drei Stunden später schweigen die Schiffskanonen und Pontonbatterien des Feindes. Sie sind besiegt. Die Koalition zwischen Russland, Schweden und Dänemark gehört der Vergangenheit an. Nelson hat ein Wunder vollbracht. Er hat seinen Sieg von Abukir wiederholt. Und einmal mehr hat er sich von seinem Instinkt leiten lassen und die Befehle seiner Vorgesetzten missachtet. Während der Schlacht kam es zu einem Zwischenfall, der seine Handlungsweise deutlich macht. Als einige englische Schiffe in Bedrängnis gerieten, gab Admiral Parker das Signal, das Feuer einzustellen und den Rückzug anzutreten. Einem Seemann vom Schlage Nelsons konnte dieser Befehl nur zuwider laufen.

«Jetzt die Schlacht beenden? Der Teufel soll mich holen, wenn ich das tue!» brüllt er seinen Adjutanten Kapitän Foley an.

«Aber das Signal Admiral Parkers ...» stammelte der Offizier.

«Welches Signal? Sie wissen doch, Foley, ich habe nur ein Auge. Und manchmal bin ich eben blind.»

Er nimmt das Fernrohr, blickt mit dem sehuntüchtigen Auge hindurch.

«Ich versichere Ihnen, *ich sehe kein Signal.*»

Dann setzte er das Gefecht fort, bis die Linien des Gegners vollständig aufgelöst sind. Diese Bereitschaft zum Ungehorsam musste ihm Feinde schaffen. An höchster Stelle wurde bereits laut über eine notwendige Strafmaßnahme nachgedacht. Fast wäre er in Ungnade gefallen. Sir William gestand er: «Ich kenne die Menschen gut genug und bin überzeugt, dass es in England viele gibt, die mich am liebsten zum Teufel wünschen. Wenn sie mich in meiner Heimat loswerden wollen, wird dieser Wunsch bald in Erfüllung gehen, denn ich habe beschlossen, mich nach Bronte zurückzuziehen.» Und: «Mein Körper und Geist bedürfen wie meine Schiffe einer Generalüberholung.»

Freilich verrät Nelson nichts davon, dass er mit der Ehefrau seines Freundes ins Exil will ...

Im meilenweit entfernten England kommt in der zweiten Aprilwoche eine Frau in Chester an. Sie ist auf dem Weg nach Manchester, wo sie einen Auftrag zu erledigen hat. Einige Tage zuvor hat sie bei einem Zwischenstopp in Hawarden ihre Verwandten besucht. Die Frau ist niemand anderes als Mrs. Cadogan.

Am 16. April schreibt sie ihrer Tochter: «Ich möchte Dir mitteilen, dass ich gestern Nachmittag in Chester angekommen bin. Es wird Dich freuen zu hören, dass es allen Freunden in Hawarden gut geht. Ich bleibe hier achtundvierzig Stunden, dann fahre ich weiter nach Liverpool, wo ich mich zwei bis drei Tage aufzuhalten gedenke. Danach mache ich mich auf den Weg nach Manchester. Ich bitte Dich, sende Mrs. Blackburn Deine Anweisungen und sage mir, was ich mit dem Mädchen machen soll (...) Von meiner Schwester und ihrer Familie soll ich Dir herzliche Grüße sagen. Entbiete Sir William meinen Gruß und sei ebenfalls gegrüßt. Deine Dich liebende Mutter.»

Um wen sollte es sich handeln, wenn nicht um *Little Emma*? Doch *Little Emma* ist nicht mehr klein. Sie ist jetzt eine junge, neunzehnjährige Frau. An Mrs. Cadogan kann sie sich vielleicht noch vage erinnern, immerhin hat sie sie vor zehn Jahren einmal gesehen; Lady Hamilton jedoch kennt sie überhaupt nicht. Welchen Auftrag hat Mrs. Cadogan? Sicher soll sie einige ausstehende Rechnungen begleichen, sich vergewissern, dass Emma *Carew* – wie man sie, wir erinnern uns, genannt hat – nicht völlig mittellos bleibt.

In der Ostsee geht die siegreiche Flotte in der Köge-Bucht vor Anker und wartet an der dänischen Küste auf Anweisungen aus London. Am 26. April, Emmas Geburtstag, lädt der verliebte Admiral zwanzig Offiziere zu einem Abendessen an Bord ein. Alle diese Gentlemen, die später kein gutes Haar an Lady Hamilton lassen werden, heben das Glas auf das Wohl von *Santa Emma*.

In den ersten Maitagen kommt Nachricht aus London: Admiral Baron Nelson ist zum Viscount Nelson vom Nil und von Burnham Thorpe ernannt worden. Auch ein Brief von Lord Hamilton ist dabei: «Nelson war, ist und wird immer der Beste sein.»

Der Exbotschafter und seine Gattin feiern den jüngsten Sieg, wie es sich gehört, im Kreise erlauchter Gäste, darunter «Old Q.» und ein weiterer Verwandter Lord Hamiltons, Lord William Gordon, der Herzog von Noia aus Neapel und ein Altbekannter, der nun zurückgekehrt ist: Charles Greville. Emma, kaum von ihrer Entbindung erholt, singt ein patriotisches Lied zum Ruhme Nelsons und begleitet sich dazu auf der Harfe. Die Verse, ursprünglich zur Feier des Sieges von Abukir verfasst, schreibt sie kurzerhand um:

Ihn, der zweimal unsere Insel gerettet,
Zuerst in den Fluten des Nils,

Dann nahe dem Pol,
Ihn schütze, oh schütze ihn,
Der es verstand, dass Feinde Freunde wurden,
Der von Pol zu Pol,
Weiterhin bereit ist zum Kampf.

Kein Shakespeare, aber immerhin …

Schwungvoll wie eh und je tanzt Emma anschließend mit ihrer italienischen Zofe Julia eine Tarantella. Das hohe Alter von siebzig Jahren hält Lord Hamilton nicht davon ab, sich dem Tanz anzuschließen. Nach einige Schritten übernimmt der Herzog von Noia seinen Platz. Und als er außer Atem ebenfalls die Waffen streckt, springt Kashiba ein, ihre ägyptische Dienerin aus Palermo.

Genau am 1. Juli kehrt der Seemann nach England zurück. Der Empfang, den man ihm bereitet, ist nicht weniger großartig als bei seiner ersten Heimkehr. Er besucht das Marinehospital, begrüßt die Verletzten und schenkt jeder der anwesenden Krankenschwestern eine Guinee.

Am nächsten Morgen fährt er in einer Postkutsche, von Kutschern in Matrosenkleidern gelenkt, nach London. Noch am Abend seiner Ankunft eilt er zu Horatia, dann findet er sich bei den Hamiltons ein. Die Begrüßung ist herzlich, die drei scheinen nach wie vor sehr froh miteinander zu sein.

Nelson macht einen erschöpften Eindruck. Emma schlägt daher einen Ausflug aufs Land vor.

«Eine wunderbare Idee», pflichtet Nelson bei, «doch wohin sollen wir gehen?»

Emma denkt an Burford Bridge bei Dorking am Fuß des Box Hill.

«Ausgezeichnet!»

Dorthin reisen sie also zuerst, wenn auch nur für kurze Zeit. Zwei Tage später fahren sie weiter nach Staines bei Shepperton, wo sie im Bush Inn absteigen: «Ein reizender Ort in guter Lage und einem hübschen Park an der Themse.» In dieser Jahreszeit zeigt sich die Grafschaft Surrey von ihrer schönsten Seite. Im anmutigen Tal von Mickleham blühen die Lebensgeister auf. Sir William fühlt sich wie im Paradies. Er verbringt die Tage am Fluss und widmet sich seiner Lieblingsbeschäftigung, dem Angeln. Wenig später stößt Nelsons Bruder, Reverend William, mit Familie zu dem Trio. Der Pfarrer lässt keine Gelegenheit aus, sich dem Admiral zu nähern.

Ein weiterer Verwandter findet sich ein, der junge Kapitän Edward Parker, ein Schützling des Admirals.

Wie es sich gehört, versäumt die Presse es bei dieser Gelegenheit nicht, Karikaturen eines gewissen Gillray zu veröffentlichen, die Nelson und seine Geliebte aufs Korn nehmen. Eine «Verzweifelte Dido» bringt ganz London zum Lachen. Eine andere Karikatur zeigt den Seemann mit dem Fernrohr am Auge aufrecht in einem kleinen, von Emma gesteuerten Boot, während der Ex-Botschafter die mühevolle Arbeit des Ruderns übernimmt.

Den Admiral kratzt das wenig. Er ist weit weg von all dem. Was ihm in die Quere kommt, ist bei weitem unangenehmer. Zuerst ein Brief von Fanny, der ihn ungefähr um den 16. Juli herum erreicht. Sie schreibt ihm liebevoll, rührend, bescheiden, dennoch ist ihm dieser Brief ein Ärgernis:

Lieber Freund,

Ich kann nicht schweigen, während sich das ganze Königreich freut. Zu meinem Glück hat es Gott gefallen, Ihnen das Leben zu erhalten. Es heißt, Ihr Sieg übertreffe jenen von Abukir, und alle beglückwünschen Sie und drücken Ihnen ihre Dankbarkeit aus. Was ich empfinde, wird allein Ihr gutes Herz Ihnen verraten. Keine Frau hat so viel Zärtlichkeit für ihren Mann wie ich. Ich weiß nichts anderes, als dass ich immer alles getan habe, was Sie wünschen konnten. Sollte ich einmal gefehlt haben, bitte ich Sie dafür um Verzeihung. Ich tue alles, was in meiner Macht steht, damit dem Pastor, Ihrem Herrn Vater, die zahllosen Gebrechen leichter werden, an denen er leidet. Was kann ich mehr tun, um Ihnen zu beweisen, dass ich noch immer Ihre liebevolle Gattin bin?»

Vier Tage später sorgt ein Ruf der Admiralität für ein Ende seines friedlichen Landlebens. Erneut heißt es Koffer packen und Abschied nehmen vom paradiesischen Leben im Bush Inn. Schuld ist wieder einmal der *unrasierte Korse*. Nachdem er sich durch den Vertrag von Lunéville gegenüber seinen europäischen Nachbarn abgesichert hat, trifft Bonaparte in Boulogne umfangreiche Vorkehrungen, um in England einzufallen. Das offizielle Schreiben, das Nelson in der Hand hält, unterrichtet ihn davon, dass er zum Oberkommandierenden einer Flotte von leichten Einheiten ernannt worden ist. Sein Auftrag ist es, die englische Küste zu verteidigen und den Franzosen den Weg zu versperren …

20 Die englischen Spione berichten, dass Bonaparte ungefähr zweihundert flache Kanonenboote, rund dreißig bewaffnete Schaluppen und viele Lastkähne zusammengezogen hat. Die meisten dieser leichten Boote sind untereinander vertäut und liegen in Boulogne vor Anker. Es ist keine Flotte, eher eine Flottille. Der Admiral, der sie befehligt, ist ein alter Bekannter. Es handelt sich um Latouche-Tréville, der neun Jahre zuvor während der Regierungszeit von Maria Carolina in den Hafen von Neapel eingedrungen war.

Nach einer Inspektion der Bodentruppen zwischen Faversham und Deal geht Nelson wieder an Bord seiner Fregatte *Unite*. Am 2. August 1801 verlegt er sein Quartier auf die *Medusa*. Er ist zum Angriff entschlossen. Den ängstlichen Einwohnern von Faversham hat er in einer Ansprache erklärt: «Ich beabsichtige nicht, den Feind bis an unsere Küste kommen zu lassen. Ich werde ihn in Boulogne vernichten. Wenn Bonaparte unseren Kurs kreuzt, wird er sich wünschen, er wäre in Korsika geblieben.»

Am 5. August greift er an. Alles in allem ist die Aktion ein «Schlag ins Wasser». Nie war die Redewendung zutreffender. Die Engländer feuern mehrere hundert mit Schrot geladene Kanonenkugeln ab, die zumeist weit über das Ziel hinaus fliegen, versenken drei Schaluppen sowie eine Brigg und ziehen sich dann auf hohe See zurück. Es gibt keine Toten und Verletzten bei den Franzosen.

Zu diesem Vorfall findet sich in Latouche-Trévilles *Memoiren* die vielsagende Notiz: «Ich glaube nicht, dass Admiral Nelson den 16. Thermidor zu den Tagen zählen kann, die seinen Namen berühmt gemacht haben.»

Trotzdem starten die Engländer am 15. und 16. August erneut einen Angriff. Einzelheiten zu dieser militärischen Operation zur See wollen wir uns ersparen, der Bericht darüber, den Nelson an Lord St. Vincent sendet, spricht Bände: «Zu meinem Bedauern muss ich Ihnen mitteilen, dass es mir nicht gelungen ist, die in der Hafeneinfahrt von Boulogne liegende feindliche Flotte aufzubringen oder zu zerstören. Die vielen Offiziere und Matrosen haben mit beispielloser Tapferkeit gekämpft. Mir allein kommt die Schuld zu, sie in ein Unternehmen geschickt zu haben, das aufgrund der Vorkehrungen des Feindes nicht siegreich enden konnte. Unsere Verluste beziffern sich auf 44 Tote und 129 Verletzte.» Am folgenden Tag, dem 17. August, merkt er in einem neuerlichen Schreiben an St. Vincent an: «Es gibt hier nichts Entscheidendes zu tun. Um diese Küste zu bewachen, bedarf es keines Vize-Admirals.»

Auch ein großer Mann ist nicht unfehlbar.

Außerdem sehnt sich der Verliebte wieder in die Arme seiner Emma. Er träumt von einem Landhaus, das er kaufen möchte. Dieses Ziel ist alles andere als fern, der Plan ist schon fast Wirklichkeit.

Während seines Aufenthalts in der Grafschaft Surrey hat er die Freuden des Landlebens, der Ruhe und der Behaglichkeit fernab des großstädtischen Treibens für sich entdeckt. Was hindert ihn daran, ein Haus zu kaufen, in das er sich zu gegebener Zeit zurückziehen könnte? Er ist mit seinen Erwägungen übrigens nicht allein: Emma und Sir William teilen seine Pläne. Beim Abschied vom Bush Inn hat Nelson seine Geliebte gebeten, sich nach einem idealen Zufluchtsort umzuschauen.

Kurz bevor er die erste Offensive auf Boulogne startet, schreibt er ihr: «Im Innersten wünschte ich, Sie fänden ein passendes und komfortables Haus. Ich hoffe sehr, dass ich es auch kaufen kann. Im Augenblick stehen mir aber nur 3000 Pfund zur Verfügung. Sir William kann ich nicht darum bitten, lieber würde ich mir das Geld leihen.»

Emma opfert ihre ganze Zeit der Suche nach diesem Haus. Zuerst hat es ihr ein Besitz in der Gegend von Turnham Green angetan, doch sie merkt schnell, dass er nicht ausreicht. Den ganzen August über sucht sie, bis sie sich schließlich in den ersten Septembertagen für einen Bauernhof, Merton Place, in der Grafschaft Surrey entscheidet. Das Gehöft liegt an einem paradiesischen Flecken acht Meilen von London entfernt. Das zweistöckige Gebäude aus rotem Backstein wurde Ende des 17. Jahrhunderts von einem gewissen William Hubbald erbaut. Ein altes, von Efeu überwuchertes, schmiedeeisernes Eingangstor führt in eine großzügige Gartenanlage. Ein kleiner Bach schlängelt sich durch das Anwesen. Das Haus ist ansprechend und behaglich eingerichtet. Es hat einen einzigen Fehler: Sein Preis übersteigt bei weitem den von Nelson genannten Betrag. Es soll 9000 Pfund kosten, die Kosten für die unumgängliche Ausstattung nicht mitgerechnet.

Egal! Am 15. September antwortet der Admiral: «Kaufen Sie Merton. Ich veranlasse das Notwendige, damit den Herren Booth und Hasslewood (seine Anwälte) die erste Teilsumme von 3000 Pfund angewiesen wird.»

Der Kauf wird in zwei Raten, gestaffelt über zwei Jahre, abgewickelt. Wie der Admiral es gefordert hatte, trägt Sir William – ihrem stillen Einverständnis folgend – in keiner Weise zu dem Kauf bei.

Im Gegenzug gibt Nelson seiner Liebsten deutlich zu verstehen: «Ich denke, Sie sollten davon absehen, Sir Williams Bücher oder andere, nicht mir gehörende Dinge nach Merton zu bringen.» Und er fügt hinzu: «Sie können [in Merton] über alles frei verfügen. Ich möchte selbstverständlich, dass dort alles mir gehört; wie wir unser Leben dort gestalten, dürfte kein Problem sein.»

Er lässt Emma freie Hand in Fragen der Innenausstattung und vertraut in den kleinsten Einzelheiten auf sie. Sie widmet sich dieser Aufgabe Tag und Nacht, bemüht sich, jeden noch so kleinen Wunsch des Admirals zu erfüllen und nebenher seine zahllosen Fragen zu beantworten: «Wollen Sie Ihr Porträt mit nach Merton bringen? Ich hätte es gerne, und ebenso mein Gemälde vom Sieg am Nil. [...] Haben Sie auch Kühe gekauft? Was haben Sie mit dem Rübenacker vor? Und mit dem Entenpfuhl?»

Gleichzeitig schlägt sie sich mit der ehemaligen Eigentümerin Mrs. Greaves herum, die das Haus nicht räumt. Als die Dame endlich zum Auszug bereit ist, sorgt sie – Gott weiß wie! – dafür, dass keine Fische mehr im Fluss sind. Emma tobt vor Wut.

Während sich seine Gemahlin abplagt, nützt Sir William die Zeit zur Inspektion seiner walisischen Güter. Greville begleitet ihn. In Wales hat der Diplomat das Glück, einige wertvolle Vasen an einen Antiquitätensammler namens Thomas Hope zu verkaufen. 4000 Pfund bringt ihm der Handel ein, genug, um seinen verblassten Glanz wieder aufblühen zu lassen.

Bei seiner Rückkehr ist die Renovierung des Hofs weit fortgeschritten. Unter der Leitung der unverwüstlichen Mrs. Cadogan sind nach Rücksprache mit Nelson die Pferdeboxen, die Stallungen und der Hühnerhof bestückt worden. «Ja», antwortet er am 16. Oktober, «ich stimme der Idee mit den Schweinen und dem Geflügelhof voll und ganz zu. Ich werde ein Buch über die Führung eines Bauernhofs besorgen. Es freut mich, dass es Ihnen gelungen ist, Fische aufzutreiben! Natürlich kein Wunder, ich hatte mir schon Sorgen gemacht. In sechs Tagen werde ich, Gott sei Dank, bei Ihnen sein, und Sie können mir alle Schönheiten Mertons zeigen.»

Sir William antwortet umgehend: «Schon jetzt verzeichnen die benachbarten Ländereien einen Wertzuwachs, und Sie könnten einen Gewinn von 1000 Pfund machen, wenn Sie Merton gleich wieder verkaufen würden. Ich habe noch nie so viele Annehmlichkeiten auf so beschränktem Raum gefunden. [...] Sie werden um den Hof gut eine Meile bequeme Spazierwege auf trockenem Boden vorfinden. Es wird Ihnen Spaß machen zu sehen, wie Emma und ihre Mutter die Ställe mit Schweinen und Geflügel füllen; die Enten haben bereits vom Bach Besitz genommen, und der Hahn stolziert mit seinen Hennen auf den Wegen durch den Park.»

Emma hat schnell Bekanntschaft mit den Nachbarn geschlossen. Unweit der alten Abtei von Gatehouse hat Konteradmiral Sir Isaac Smith seinen Alterssitz, ein angeheirateter Cousin des berühmten Kapitän Cook, dem die bemerkenswerte Ehre zuteil geworden war, mit diesem durch die Südsee zu segeln. Auch ein unglaublich reicher Bankier namens Abraham Goldsmith lebt dort, der sich von Zeit zu Zeit als Mäzen betätigt. Seine Familie umfasst drei Brüder, George, Benjamin und Asher, und vier Schwestern mit Namen Goley, Esther, Polly und Sarah. Die männlichen Familienmitglieder arbeiten alle in der Stadt und sind außerordentlich erfolgreich. Benjamin besitzt ein hübsches Anwesen in Rochampton, wo er sich eine eigene Synagoge bauen ließ. Der großzügige und überaus liebenswürdige Abraham lebt in Morden Hall. Merken wir uns seinen Namen, denn er wird Lady Hamilton noch sehr helfen, wenn sie Unterstützung braucht. Und Emma entdeckt – die Welt ist klein! -einen alten Bekannten wieder: James Perry. Ob er sie wiedererkennt? Sie waren sich zum ersten Mal auf der Flaniermeile von Cocksheath begegnet, wo sie einstmals mit ihrer Freundin, der Schauspielerin Jane Powell, Streifzüge durch das chice London unternommen hatte. Damals war sie gerade vierzehn Jahre alt gewesen. James Perry ist inzwischen

Redakteur beim berühmten *Morning Chronicle* geworden, Nelsons bevorzugter Tageszeitung.

Auch Mrs. Cadogan erfreut sich schnell allgemeiner Beliebtheit. Mit ihrer Freundlichkeit, ihrer Zurückhaltung und ihrer bescheidenen Herkunft, die nach all den Jahren des Umgangs mit Adligen noch immer durchscheint, wird sie schnell im Dorf aufgenommen.

Ungefähr Mitte Oktober klopft eine junge Frau an die Tür von Merton. Auf Nachfrage nennt sie dem Hausmädchen ihren Namen:

«Emma, Emma Carew … Ich möchte bitte Lady Hamilton sprechen.»

Emma Carew … *Little Emma*.

Wie ist sie hierher gekommen? Wie hat sie die Adresse ihrer Mutter herausgefunden? In den vorhandenen Quellen finden wir keine Erklärung dafür. Wir wissen auch nicht, was sich Mutter und Tochter zu sagen hatten. Dieses flüchtige Erscheinen hat nur Fragen hinterlassen. Vielleicht hielt sich *Little Emma* in London auf und konnte dem Wunsch nicht widerstehen, die Frau wiederzusehen, die sie zur Welt gebracht hatte. Offenbar hat sich aus diesem Wiedersehen nichts ergeben, denn die junge Frau verlässt das Haus noch am selben Tag und verschwindet für immer.

Am 23. Oktober tritt Nelson durch die Pforte seines Garten Eden. Gaetano und Francatello, Sir Williams neapolitanische Diener, heißen ihn willkommen. Auch die italienischen Hausangestellten Julia und Mariana sowie die Ägypterin Kashiba sind da.

Der Admiral zeigt sich hoch erfreut und findet nichts an Emmas Vorkehrungen auszusetzen. Selbst wenn er hier und da einige Vorbehalte hätte anbringen können, so erschöpft wie er ist, hätte er kaum die Kraft dazu gehabt. Er wünscht nur eines: sich auszuruhen.

Wie damals in Neapel macht sich Emma daran, ihn zu pflegen, zu hätscheln und aufzubauen, während Sir William wegsieht.

Bald kann sie einer Cousine des Admirals schreiben: «Wir tun wirklich, was wir können, um ihm das Leben angenehm zu machen. […]. Sein Gesundheitszustand bessert sich, aber er ist noch nicht völlig wiederhergestellt. Er hat häufig Beschwerden und fühlt sich schlapp, dann fällt er kraftlos ins Sofa und sagt: Ich fühle mich ‹ausgelaugt›.

In den nächsten Wochen triumphiert erneut das außergewöhnliche Leben zu dritt. Im warmen Nest von *Paradise Merton*, wie der

Hof von seinen Bewohnern genannt wird, führen der Ehemann, der Liebhaber und die Geliebte ihre Beziehungen in gutem Einvernehmen fort.

Das Kaminfeuer knistert. Der Hahn kräht. Die Pferde wiehern. Man nimmt einen Sherry und macht einen Spaziergang entlang des kleinen Flusses, den man eilig «Nil» getauft hat. Abends sitzt man zusammen und erfindet die Welt neu, man besucht die Nachbarn, man lebt von der Liebe und genießt die reine Luft. Einfach nur leben. Währenddessen erzählt man sich acht Meilen entfernt in London die wildesten Gerüchte. Der Klatsch will nicht mehr verstummen. Doch Nelson ist auf einem Auge blind und taub vor Glück.

Die ersten Gäste in diesem Paradies sind Familienangehörige des Admirals. Sein Vater, Reverend Edmund kommt in der dritten Novemberwoche an. Der kluge Greis (er ist fast sechsundsiebzig Jahre alt) enthält sich jeder Kritik an dem wenig christlichen Lebenswandel seines Sohnes, aber er bleibt weiterhin in liebevoller Verbindung mit seiner eigentlichen Schwiegertochter. Der nächste Gast ist wieder ein Mann der Kirche, Pfarrer William mit seiner Ehefrau Sarah, im Gegensatz zu seinem berühmten Bruder ein willensschwacher und kleinlicher Charakter. Sein Ehrgeiz beschränkt sich darauf, Nelsons Ruhm auszunutzen, um im Priesteramt aufzusteigen. Wir werden sein ungeschminktes Gesicht noch kennen lernen. Das Ehepaar wird von seinen beiden Kindern Horace und Charlotte begleitet. Charlotte, die zukünftige Baronin von Bridport[46], ist die Lieblingsnichte des Seehelden. Die Vierzehnjährige hat ein sanftes, zartfühlendes Wesen, vor allem aber fasst sie eine sehr große Zuneigung zu Emma, die wie eine zweite Mutter für sie sein wird. Um den 23. November kommt Nelsons zweite Schwester, Susannah, mit ihrem Ehemann Thomas Bolton in Merton an.

Nelson ist überglücklich. Der Seemann genießt das Familientreffen in vollen Zügen und schöpft daraus Erinnerungen für die einsamen Stunden, die unfehlbar auf ihn warten. Dass Emma von seiner Familie ohne Umstände herzlich aufgenommen wird, ist ein Teil seines Glücks. Doch in den meisten Familien schläft ein Judas. Hier wird Reverend William diese Rolle spielen.

In der Vorweihnachtszeit meldet sich die unglückliche Fanny Nelson wieder.

Somerset Street Nr. 16

Lieber Gatte,

lange habe ich Ihnen nicht geschrieben. Das Schweigen, das Sie mir auferlegt haben, ist mehr, als meine Liebe für Sie hinnehmen kann, und so hoffe ich, dass Sie mir in diesem Fall verzeihen, wenn ich Ihren Willen missachte. In meinem Brief vom Juli vergaß ich, Ihnen zu sagen, dass ich Ihnen jetzt ein behagliches und gut geheiztes Haus zu bieten habe. Ich bitte Sie, mein lieber Gatte, lassen Sie uns zusammenleben. Ich weiß nicht, wie ich sonst jemals glücklich sein soll. Ich versichere Ihnen von Neuem, dass es mein einziger Wunsch auf Erden ist, Ihnen gefällig zu sein. Alles andere soll vergessen und begraben sein; es wird vergehen wie ein Traum. Ich bleibe Ihre aufrichtige, liebende Gattin,

Frances H. Nelson.

Was tut Nelson? Er sendet den Brief umgehend an die Absenderin zurück mit folgendem Vermerk auf dem Umschlag: «Versehentlich geöffnet von Lord Nelson, aber nicht gelesen. *Gezeichnet*, Alexander Davison.»

Am 14. Dezember schreibt Emma an Horatias Amme: «Liebe Mrs. Gibson, nehmen Sie doch morgen, Dienstag, um 10.30 Uhr zusammen mit Ihrer und meiner Tochter die Postkutsche, ich würde mich freuen, wenn Sie uns besuchten. Bitten Sie den Kutscher, dass er Sie bis Merton fährt. Am besten über Clapham Common. Mieten Sie die Kutsche für einen Tag. Gegen 3 Uhr können Sie dann wieder nach London zurückfahren. Verpassen Sie die Zeit bitte nicht. Mit freundlichen Grüßen, E. Hamilton.»

Auch Emma fühlt sich so glücklich wie nie zuvor. Schließlich ist es das erste Mal, dass man ihr erlaubt, ganz und gar die Rolle der Hausherrin zu übernehmen. In Edgware Row überwachte Greville jede noch so kleine Regung von ihr. In Neapel hatte sie umgeben von einer Schar von Bediensteten und unter dem Joch der Etikette herrschaftlich gelebt. In *Paradise Merton* dagegen gibt es keine Fesseln, keine protokollarischen Zwänge mehr. Hier hat sie Freiheit. Auch die, Geld auszugeben, ohne aufs Geld zu achten. Mit der für sie charakteristischen Unbedarftheit nimmt sie bedenkenlos aus den Geldbörsen des Ehemanns wie des Liebhabers. Weder der eine noch der andere versucht, sie zur Vernunft zu bringen. Keiner wagt, ihr etwas abzuschlagen. Jeder ihrer Launen wird nachgegeben. Kurz,

Lady Hamilton hat sich aufgeführt wie ein Kind, zu dem die Erwachsenen nie nein sagen konnten.

Das Gehöft wird unter ihrer Leitung vollständig renoviert. Es ist eines der ersten Häuser, das mit Wasserklosetts ausgestattet wird – der Gipfel des feinen Lebensstils. Erst sechs Jahre zuvor von Joseph Bramah erfunden, sind sie in Merton eine echte Sensation. Natürlich ist die Entwässerung noch unvollkommen und das nicht entlüftete Leitungssystem entwickelte bisweilen unangenehme Gerüche, doch alles in allem funktioniert das Ganze ziemlich gut. Auch in der Küche gibt es einige grundlegende Neuerungen. Die alten Öfen werden durch den berühmten Rumford Stove ersetzt, einen echten Küchenherd mit eingebautem Backofen. Emma lässt einen eindrucksvollen Kamin mauern und eine Kammer nur zum Bierbrauen einrichten. Teure Investitionen in einer Zeit, in der die finanziellen Verhältnisse des Trios alles andere als erbaulich sind. Natürlich hat Nelson mehrfach versucht, der Admiralität das Geld abzuringen, das man ihm schuldete, leider erfolglos. Und Sir Williams Pensionsgesuch ist weiterhin unbeantwortet geblieben. Der Ritter ist übrigens der erste, dem bewusst wird, auf welchen Abgrund das Trio zusteuert. Er hat nicht nur einen Grund, verstimmt zu sein. Seine strikte Unabhängigkeit, die er sein ganzes Leben gewahrt hat, wird seit einiger Zeit schwer beeinträchtigt. Er hat immer weniger zu sagen. Und es fällt ihm immer schwerer, die Verhaltensregeln zu beachten, die er sich in den ersten Tagen auferlegt hatte.

«Nachdem ich mich mein Leben lang abgerackert habe», gesteht er Greville, «wäre es doch angemessen, dass ich meinen Lebensabend in Ruhe und Frieden verbringe. Eigentlich hindern mich daran nur meine Schulden und der unsinnige Lebensstil, den sie mir aufzwingt und dem ich mich fügen muss, damit es nicht zu einer Explosion kommt. Das hätte nur schreckliche Auswirkungen auf uns und würde die Ruhe des Menschen stören, den ich als den besten der Welt und meinen besten Freund erachte. Gleichwohl bin ich entschlossen, Ruhe zu bewahren und mich von nichts abbringen zu lassen. Sollen sie doch Unsinn machen, soviel sie wollen! So sieht es in mir aus.»

Der Ex-Botschafter ist verbittert, aber er lässt den Dingen ihren Lauf und schreitet nicht ein. Doch er weiß, dass er es mit einer Frau zu tun hat, die in Geldfragen kein Maß kennt, und Emma hat, wie wir wissen, das Temperament eines Vulkans. Wäre es nicht einleuchtender gewesen, er hätte seine Sorgen Nelson und nicht Greville anvertraut?

Die Haushaltsbücher, die in den Manuskripten von *Alfred Morrison* erhalten geblieben sind, enthüllen eine erschreckende Verschwendung. Ein zufällig herausgegriffener Posten zeigt, auf welch großem Fuß in Merton gelebt wurde. Zwischen dem 4. und dem 11. Oktober 1802 belaufen sich allein die Kosten für Lebensmittel auf 117 Pfund Sterling. Nur für Teigwaren wurden laut dieser Rechnung 10 Pfund und 10 Shilling ausgegeben.[47] Lange ist es her, dass man mit einem mageren Budget wie in Edgware Row wirtschaften musste, wo selbst der Penny «für einen Bettler» von Emma im Haushaltsbuch verzeichnet wurde. Außerdem hielt es das Paar für unerlässlich, das Haus am Picadilly zu behalten und die Monate Mai bis Juni, die *Season*, in der Hauptstadt zu verbringen. In dieser Zeit zeigt sich die Londoner Gesellschaft, finden die gesellschaftlichen Großereignisse statt, zu denen die Frauen in ihrer besten Toilette erscheinen, gibt es die meisten Theateraufführungen und Konzerte. Sir William und seine Frau genehmigen sich in der Picadilly Street dieselben Lustbarkeiten wie in Merton. Bei den Dinners und Soupers versammeln sich jedes Mal mindestens fünfzehn Gäste. Der Lord muss zu den Kosten für seine Londoner Wohnung auch die Hälfte der Ausgaben in Merton tragen. Eine schwere Last.

Unberührt von den Geldsorgen ihrer Umgebung wirft sich die Hausherrin von *Paradise Merton* ins Zeug und lädt ein.

Am 20. März 1802 steigt nicht Hugh Elliot aus der Kutsche, jener Gentleman, der es in Dresden so eilig gehabt hatte, das Trio loszuwerden, sondern dessen Bruder Lord Minto, Ex-Vizekönig von Korsika und ein notorischer Spötter. Er bringt ein Dutzend Leute mit und bleibt das ganze Wochenende in Merton. Wieder zurück in London berichtet er seiner Frau (die sich Schottland aufhält) über seinen Besuch. Der Bericht ist zumindest nicht verletzend:

Das ganze Landgut und der Lebensstil dort stimmen mich ärgerlich und zugleich melancholisch; aber ich kann es nicht ändern und fühle mich weder verpflichtet noch steht es mir zu, mich mit ihm [Nelson] wegen seiner Schwäche anzulegen, allerdings wird mich nichts je dazu bringen, Lady Hamiltons Verhalten gutzuheißen. Letzten Endes ist sie auf eine Heirat aus, denn Sir William wird ihnen nicht mehr lange im Weg stehen, und wahrscheinlich spielt sie mit dem Gedanken, dass sie auch Lady Nelson überleben wird. Einstweilen leben sie, Sir William und ihre ganze Sippschaft auf Kosten des Admirals. Sie sieht prächtig aus, ist aber dicker denn je. Hin und wieder sülzt sie ihn gewaltig mit Komplimenten ein, was er sich weiterhin wohl gefallen lässt wie ein Kind, dem man die Brust reicht! Die Liebe, die sie ihm bezeugt, ist nicht nur lächerlich, sondern abstoßend. An den Wänden der Schlafzimmer, ja, des gesamten Hauses, auch im Treppenhaus und überall, hängen ausschließlich Porträts von ihr und ihm in allen Größen und Formaten. Gemälde von seinen Seeschlachten hängen neben Wappen und gravierten Tellern, mit denen er geehrt wurde, selbst die Flagge der Orient *fehlt nicht. Das Übermaß an Selbstgefälligkeit erzielt den entgegengesetzten Effekt. Wenn das Haus Lady Hamilton gehörte, gäbe es dafür wenigstens einen Vorwand. Doch dass der Admiral sein eigenes Haus in eine Art Spiegel verwandelt, um sich täglich selbst darin zu sehen, zeugt von schlechtem Geschmack. Braham*[48]*, der berühmte jüdische Sänger, hat mit Lady Hamilton zusammen gesungen. Sie ist grauenhaft, dennoch weckte sie mein Interesse ungeachtet ihrer selbst.»*

Weder Elliot noch die anderen aus der besseren Gesellschaft werden Emma je ihre Sprunghaftigkeit und ihre Herkunft verzeihen.

Am 25. März 1802 wird der Friede von Amiens unterzeichnet. Für Nelson gibt es im Augenblick keine Arbeit, er hat Zeit, den Malern reihum Modell zu stehen. Die Bilder von Beechey und Hoppner entstehen. Beide Bilder hängen heute in der Königlichen Sammlung.

Am 24. April bringt der Briefträger Besorgnis erregende Nachrichten vom Gesundheitszustand Reverend Edmund Nelsons. Um den Greis, der sich gerade zur Sommerfrische in Bath aufhält, steht es schlecht. Lord Nelson, den eine Erkältung ans Bett fesselt, fühlt sich zu kraftlos für die Reise.

Emmas Geburtstag am 26. April wird genutzt, um die junge ägyptische Dienerin taufen zu lassen, die bei der Gelegenheit eine eindrucksvolle Reihe von Vornamen erhält: «Kashiba» wird durch das als «romantischer» empfundene «Fatima» ersetzt, dem man ein *Emma Charlotte Nelson Hamilton* anhängt. Aus dem Taufregister der Pfarrgemeinde geht hervor, dass die junge Frau eine «etwa zwanzigjährige, in Ägypten geborene Negerin ist, die auf ein Sklavenboot verschleppt wurde und gegenwärtig unter dem Schutz der Sehr Ehrenwerten Lady Hamilton steht».

Nelson ist noch immer ans Bett gefesselt und nimmt an dem Gottesdienst nicht teil.

Am nächsten Tag greift er zur Feder, um seinem Schwager in gewundenen Sätzen nach Bath zu schreiben: «Wenn mein Vater den Wunsch geäußert hätte, mich zu sehen, wäre ich, so krank ich bin, auf dem schnellsten Weg nach Bath gekommen, aber ich glaube, es ist schon zu spät. Sollte dies nicht der Fall sein, und sollte er mich sehen wollen, wird mich nichts aufhalten.»

Zwei Stunden später starb der Greis. Das Begräbnis fand in Burnham Thorpe statt, der Geburtsstadt des Verstorbenen. Nelson nahm nicht daran teil.

Und natürlich macht man Emma dafür verantwortlich. Ihretwillen habe sich ihr Geliebter seiner Pflicht entzogen. Sie wird beschuldigt, wegen der herzlichen Beziehung zwischen Fanny und dem Verstorbenen Druck auf ihn ausgeübt zu haben, damit er dem Begräbnis fernbleibt. Das ist falsch. Seit Nelson von seiner Frau abgerückt war, hatten sich auch die Verbindungen zwischen seinem Vater und seiner Ehefrau gelockert. Die beiden standen sich nicht mehr so nahe wie einst. Das lag nicht an dem alter Pfarrer, sondern an Fanny: Sie hat ihm nie verziehen, dass er seinen Sohn in Merton des öfteren besuchte.

Es wird auch behauptet, der Admiral habe seine Krankheit nur vorgeschoben. Er sei nicht nach Burnham Thorpe gekommen, um eine Begegnung mit Fanny zu vermeiden. Das leuchtet zumindest ein. Allerdings besitzen wir einen Brief, drei Tage vor dem Tod des Reverends geschrieben, aus dem hervorgeht, dass Nelson tatsächlich krank war. Sir William schreibt aus London, wo er sich gerade aufhält, an Emma: «Mit großer Sorge habe ich vernommen, dass Lord Nelson noch immer nicht genesen ist. Ich habe ihn bei Mr. West entschuldigt.» Offenbar handelt es sich um den berühmten Maler und Präsidenten der Royal Academy, Benjamin West.

Was war es also? Mutlosigkeit? Körperliche Erschöpfung? Keine Lust auf die Reise über zweihundertsechsundvierzig Kilometer von Merton nach Burnham Thorpe? War er im Umgang mit dem Tod vielleicht schon abgestumpft? Um zu erklären, warum Nelson nicht zum Begräbnis seines Vaters geht, muss wahrscheinlich all dies zusammen genommen werden.

Im Juni erfährt Emma von einem weiteren Todesfall. John Willet-Payne, ihr erster Liebhaber, ist verstorben. Er hatte eine Zeit lang dem Parlament angehört und war am Ende seiner Laufbahn zum Schatzmeister des Militärkrankenhauses von Greenwich berufen worden. Doch das alles hat kein Gewicht mehr in der Gegenwart …

Zu Beginn des Sommers beschließt der Ritter, seine walisischen Ländereien zu inspizieren. Mit von der Partie sind – wie könnte es anders sein? – Nelson und Emma. Auch Pfarrer William, der gerade in Merton zu Besuch ist und der keine Gelegenheit auslässt, sich an der Seite seines berühmten Bruders zu zeigen, macht die Reise mit.

Über Hounslow, Maindenhead und Benson erreichen sie am Nachmittag des 21. Juli Oxford. Dort treffen sie George und Kitty (Catherine) Matcham und ihren Sohn. Die kleine Gesellschaft steigt in dem Gasthof *The Angel* ab.

Der nächste Tag beginnt mit einem Ritual, das sich von nun an täglich wiederholen wird: Der Bürgermeister übergibt dem Admiral die Schlüssel der Stadt. Im Anschluss daran verleiht die Universität von Oxford ihm wie auch Sir William den Doktortitel *honoris causa*.

Die nächste Nacht verbringen sie in Woodstock. Am Morgen wollen sie dem Herzog von Marlborough in Schloss Blenheim ihre Aufwartung machen. Emma brennt vor Ungeduld, von einer so angesehenen Persönlichkeit empfangen zu werden. Das fortwährende Bedürfnis nach Anerkennung, das bei ihr stark ausgeprägt ist, macht sich wieder bemerkbar. Ein krankhafter Drang, den sie nie überwinden wird. Aber es ist keine gute Idee. Der Herzog weigert sich nicht nur, sie zu empfangen, er lässt ihnen – der Gipfel der Unhöflichkeit – einen Imbiss in den Garten bringen. Der Admiral ist brüskiert, noch wütender ist seine Geliebte. Nelson lehnt den Imbiss ab. Emma schimpft lautstark, flucht, wie nur sie zu fluchen versteht, während Sir William der Schweiß auf der Stirn steht und er sein ganzes diplomatisches Geschick einsetzt, um die Gemüter zu besänftigen. Wenn der Herzog das Trio infernale absichtlich vor der Tür hat stehen lassen, dann sicher, um sich weiteren Ärger mit der besseren Gesellschaft zu ersparen. Während der vergangenen *Season* hatten gewisse Zeitungen mit großer Freude Liebesbriefe veröffentlicht, die sein junger Sohn, obgleich verheiratet und Familienvater, an die Ehefrau eines Parlamentsmitglieds geschrieben hatte. Zweifellos fürchtete er, einen neuen Skandal heraufzubeschwören, wenn er eine so anrüchige Person wie Lady Hamilton empfing.

Die Reise geht weiter über Troymill Richtung Gloucester. Die Matchams und ihr Sohn, Sir William, Emma, Nelson und sein Bruder, alle in eine Reisekutsche gequetscht, werden auf den holprigen Straßen ordentlich durchgeschüttelt ... Merton und Gloucester liegen fast zweihundert Kilometer auseinander. Und von Gloucester nach Milford Haven sind es noch einmal zweihundertsechzig. Als sie am Ziel ihrer Reise ankommen, sind sie vollkommen erschöpft, wie erschlagen.

Nach der Besichtigung der Kathedrale verabschieden sich die Matchams von ihren Freunden und kehren nach Bath zurück. Der Admiral kann sich also nach Herzenslust feiern lassen, der Himmel von Gloucester ist von Beifall erfüllt. Ehrungen über Ehrungen folgen bis Abergavenny. In Monmouth werden sie wie zwei Jahre zuvor in Yarmouth mit *See the conquering hero comes* empfangen. Am Abend speisen sie im vornehmen Beaufort Arms, wo es sich der Wirt nicht nehmen lässt, seinen berühmten Gästen eine Kiste seines besten Bordeaux zu schenken. Am nächsten Tag geht es weiter nach Brecon, dann nach Carmathen, wo der Empfang eher kühl ist. Der mit der Organisation der Feierlichkeiten beauftragte Reverend William Higgs-Barker findet, es gehöre sich nicht, *die Sünderin Emma* willkommen zu heißen.

Nun denn! Die Reisegruppe macht gute Miene zu bösem Spiel. Man geht ins Theater zur Aufführung eines Einakters, in dem der berühmte Schauspieler Charles Mathews spielt. Der für seine geistreiche Vorstellung und seine Imitationskunst bekannte Schauspieler ist auf dem Gipfel seiner Karriere. Dabei ist er erst fünfundzwanzig. 1832 und 1834 wird Amerika ihm einen triumphalen Empfang bereiten.

Endlich kommen sie nach Milford Haven, dem Ziel ihrer langen Reise. In Milford Haven wartet noch jemand, der mit ihnen unter einer Decke steckt: Charles Greville, Gutsverwalter der Ländereien von Sir William. Gerne wären wir dabei gewesen bei dieser Begegnung mitten im urwüchsigen Wales, wo niemand sie kennt und niemand sie beachtet.

Das Bild hätte selbst der Kunst eines Romney viel abgefordert ...

Da ist sie ... Noch immer schön, auch wenn sie etliche Kilos zugenommen hat und stramm auf die vierzig zugeht. Noch immer streift sie voller Anmut die in der Julisonne leuchtenden Farne. An ihrer rechten Seite, auf ihren Arm gestützt, ihr Ehemann, der alte Diplomat. Zu ihrer linken ihr Liebhaber, Lord Nelson. Und etwas zurückversetzt ihre erste große Liebe, der Ehrenwerte Charles Greville. Wahrscheinlich haben die Bäume gezittert, die Kuppe des Mount Snowdown wird ein wenig errötet sein, und die Flüsse werden ihren Atem angehalten haben.

21 Zurück in *Paradise Merton* nimmt der Alltag wieder seinen Gang. Anders gesagt, man lebt so unvernünftig wie zuvor. Der Ausflug nach Wales hat die beiden Männer die Kleinigkeit von 481 Pfund Sterling gekostet. Sir William beißt die Zähne zusammen. Er versucht, die Spannungen zu übergehen, die zwischen ihm und seiner Ehefrau nach und nach aufgekommen sind. Emma jedoch merkt nichts. Sie lebt ihr Leben und entfernt sich dabei immer mehr von dem ihres Ehemanns. Zu allem Überfluss ist seit dem Einzug in das Landhaus ihr Ekzem wieder ausgebrochen, Nervosität und eine miserable Stimmung gehören zum Krankheitsbild. Meerbäder täten ihr gut. In der zweiten Septemberwoche reist sie daher nach Margate. Sir William begleitet sie widerwillig. Er hätte es vorgezogen, angeln zu gehen oder mit Freunden im Tuesday Club zu plaudern.

Zur selben Zeit sollten Mrs. Gibson und die kleine Horatia in Ramsgate Ferien machen. Emma beschließt, sie dort zu besuchen und einen Tag mit ihrer Tochter zu verbringen. Als sie jedoch im Seebad ankommt, stellt sie fest, dass sie die Adresse der Amme verlegt hat. Sie rast vor Wut, könnte sich ohrfeigen. Es bleibt ihr nichts anders übrig, als nach Margate zurückzufahren, wo es ihr gelingt, weiß der Herrgott wie, die Adresse von Mrs. Gibson ausfindig zu machen. Sofort schickt sie ihr eine Nachricht in die High Street Nr. 115: «Liebe Mrs. Gibson, ich war gestern in Ramsgate und hatte Ihre Adresse verloren, und deshalb schickte ich meinen Diener durch die ganze Stadt [...], doch er konnte Sie nicht finden. Schreiben Sie mir und teilen Sie mir mit, wo ich Sie finden kann. Sagen Sie Horatia alles Liebe von mir, in herzlicher Verbundenheit.»

Das Leben im Seebad behagt dem alten Diplomaten nicht. Er dreht seine Runden, zählt die Wolken, langweilt sich gewaltig und macht keinen Hehl daraus. Der Ärger bringt Emma dazu, ihm zu schreiben: «Wie ich feststellen muss, ist Ihnen der Aufenthalt hier nicht länger möglich. Daher bitte sich Sie, mir zu sagen, wann wir abreisen. Ob ich am Picadilly sterbe oder sonst wo in England, ist mir gleichgültig, doch Sie sollten nicht vergessen, dass es eine Zeit gab, in der Ihnen viel an Ruhe lag. Nun besteht Ihr einziges Vergnügen darin, rege zu sein und Besuche zu machen. Trotzdem werde ich tun, was immer Ihnen gefällt. Ihre liebende und gehorsame [Emma].»

Unerschütterlich antwortet Lord Hamilton auf demselben Blatt: Weder mag ich mich viel regen noch viel in Gesellschaft sein, aber ich liebe Zerstreuung und Unterhaltung. Ich habe nicht mehr lange zu leben, und jeder Augenblick ist mir kostbar. […] Die Frage ist: Was können wir tun, damit jeder hier zufrieden ist? Bäder im Meer sind Ihrer Gesundheit zuträglich. Ich weiß, dass es hilft, und deshalb rate ich Ihnen dazu, Ihre Kur fortzusetzen. Ich muss allerdings gestehen, dass ich es bedauere, bei diesem anhaltend schönen Wetter nicht meiner Lieblingsbeschäftigung, dem geruhsamen Angeln, nachgehen zu können. Im übrigen gebe ich nichts auf die große Welt und hänge an keinem Menschen so sehr wie an Ihnen.

Er bleibt unerschütterlich, aber nicht mehr lange.

Emma antwortet ihm: «Ich folge Ihnen, wohin Sie wollen, wenn die Kutsche bereitsteht.»

Die Dinge kommen nicht ins Lot, auch als sie längst wieder in Merton zurück sind. Der Diplomat ist jetzt dreiundsiebzig Jahre alt. Er fühlt sich ausgenutzt und hat zweifelsohne genug von dem Lebensrhythmus, der ihm von seiner Umgebung aufgenötigt wird. Anfang November 1802 bringt er die Sache auf den Tisch:

Die letzten vierzig Jahre meines Lebens habe ich in ständiger Unruhe und Hast gelebt, die das Amt, das ich bekleidete, mit sich brachte. Jetzt bin ich in einem Alter, in dem ich Ruhe brauche. Ich hatte mir ein ruhiges, stilles Zuhause erhofft, obwohl mir klar war – wie ich bei unserer Hochzeit sagte –, dass ich ein alter Mann sein würde, wenn meine Frau noch jugendlich sein und in ihrer vollen Schönheit erstrahlen würde. Nun ist es soweit, und wir müssen zu beider Vorteil das Beste daraus machen. Unglücklicherweise haben wir sehr unterschiedliche Ansichten über unsere Lebensweise. Ich beabsichtige keineswegs, in der Abgeschiedenheit zu leben, doch meist sitzen nicht weniger als zwölf bis vierzehn Personen an meinem Tisch, und dieses ständige Kommen und Gehen bringt uns jene Verhältnisse zurück, die mir während der letzten Zeit meiner Tätigkeit in Italien so sehr missfielen. […] Ich beklage mich nicht, aber ich spüre, dass meine Frau ihre Aufmerksamkeit Lord Nelson zuwendet und ihr ganzes Interesse auf Merton richtet. Ich weiß, von welcher Reinheit Lord Nelsons

Freundschaft für Emma und mich ist und wie sehr Seine Lordschaft, unser bester Freund, darunter litte, wenn es zu einer Trennung käme. Deshalb bin ich entschlossen, alles in meiner Macht Stehende zu tun, um eine so radikale Lösung zu vermeiden, die zu unser aller Nachteil wäre, besonders schmerzlich aber für unseren lieben Freund. Vorausgesetzt, die Kosten für das Haus und alles andere übersteigen nicht unsere Mittel (und darin sehe ich eine Gefahr), möchte ich gerne, dass wir so weiterleben wie bisher. […] Ich hoffe allerdings, man gestattet mir hin und wieder, mein eigener Herr zu sein und meine Zeit nach meinem Geschmack zu verbringen, etwa mit Freunden an der Themse zu angeln oder nach London zu gehen, um die Museen, die Royal Society, den Tuesday Club und Gemäldeauktionen zu besuchen. Ich gedenke, mir Monat für Monat eine leichte Kutsche zu mieten, so dass ich zwischen London und Merton oder Shepperton hin und her fahren kann, wie es mir beliebt. Soweit mein Plan, und wir könnten uns sehr gut darüber einig werden. Ich bin fest entschlossen, diese lächerlichen Streitigkeiten zu beenden, die zu häufig zwischen uns aufkommen und eine unerträgliche Bitterkeit in unseren Alltag bringen. Wenn wir wirklich nicht in Einklang zusammenleben können, wäre mir eine weise und einvernehmliche Trennung lieber. Angesichts der wenigen Zeit, die mir noch vergönnt ist, um meiner Umgebung zur Last zu fallen, halte ich es für die beste Lösung, wir akzeptierten uns mitsamt unseren Fehlern, statt uns in ein neues Abenteuer mit unbekanntem Ausgang zu stürzen. Ich habe meine Absichten also dargelegt. Für Unsinn und Trödelei ist nun keine Zeit mehr. Ich kenne und bewundere Ihre Talente und Vorzüge, doch ich verschließe die Augen nicht vor Ihren Schwächen, und ich bin der erste, der seine eigenen bekennt. Deshalb bitte ich Sie in Gottes Namen, dass wir uns unterstützen und Geduld miteinander haben.

Ein sehr diplomatisches Schreiben und eine politische Glanzleistung. Dieser Brief, den er Emma nicht aushändigt, sondern ihr auf den Schreibtisch legt, ist für sich ein kleines Meisterwerk. Zwischen den Zeilen schlägt das Verständnis in eine Drohung um, wird aus Selbstlosigkeit ein Ultimatum: «Ich weiß (…) wie sehr seine Lordschaft, unser bester Freund, darunter litte, wenn es zu einer Trennung käme.» Und weiter: «Wenn wir wirklich nicht im Einklang zusammenleben können, wäre mir eine weise und einvernehmliche Trennung lieber.»

Jedes Wort ist wohl erwogen. Und seine Wirkung auf Emma und Nelson ist genau berechnet. Im Klartext ausgedrückt: Seine Großmut hat Grenzen, und sie sind dabei, diese Grenzen zu überschreiten.

Was hat er mit dieser Klarstellung erreicht? Haben Nelson und Emma den Beschwerden des Ex-Botschafters nachgegeben? Nach einer kleinen Meldung im *Morning Herald* zu urteilen, in der von Sir Williams «eleganter Postkutsche» die Rede ist, sieht es ganz so aus. Wie auch immer, der Liebhaber und seine Geliebte haben größtes Interesse daran, einen Kompromiss zu finden. Wären sie nicht darauf eingegangen, hätten sie möglicherweise alles verloren, denn trotz seines Alters und seiner Gebrechlichkeit wäre Sir William in der Lage gewesen, seine Drohung in die Tat umzusetzen. Das Leben in Merton stand fortan unter dem Vorsatz: «Die beste Lösung wäre, wir akzeptierten uns mitsamt unseren Fehlern, statt uns in ein neues Abenteuer mit unbekanntem Ausgang zu stürzen.»

Emmas Verhältnis zu ihrem Ehemann mag sich gebessert haben, von ihrer Verschwendungswut lässt sich das nicht sagen. Mitte November muss sie Sir William gestehen, dass das auf ihren Namen laufende Konto bei der Coutts-Bank 700 Pfund im Soll ist. Der Botschafter zahlt, ohne die Miene zu verziehen.

Bei wem soll er die Verantwortung suchen, wenn nicht bei sich selbst? Er hat Nelson seine Geliebte überantwortet. In gewisser Weise hat er die Fackel an ihn weitergereicht. Man kann seine Haltung kritisieren, sie verächtlich finden, wir ziehen es vor, darin einen gewissen, stolz aufgerichteten Federbusch zu sehen. Dafür hat er in allen finanziellen Belangen seiner Ehefrau gegenüber eine außerordentliche Nachgiebigkeit bezeugt, und Nelson folgt ihm auf dem Fuß. Ehegatte und Liebhaber halten eine Brandfackel in den Händen. Der eine wie der andere tut das seine, um sie anzuzünden. Doch an dem Tag, als alles in Flammen aufgeht, zahlt Emma allein den Preis dafür.

Am 16. November 1802 trifft das Trio erneut eine traurige Nachricht: Romney ist am Vortag gestorben. Aufgrund seiner Krankheit zu absoluter Untätigkeit verdammt, verbrachte er die letzten beiden Lebensjahre in seinem Alterssitz im Londoner Vorort Hampstead. In den seltenen Augenblicken, in denen er aus der Umnachtung auftauchte, brachte er noch die Kraft auf, an seine *divine lady* zu denken. So schreibt er am 13. Dezember 1800 an seinen Freund Hayley: *Die Freude, die es mir bereiten würde, wenn ich die liebenswürdige Lady*

Hamilton noch einmal sehen könnte, wäre für mich ebenso so heilsam wie groß. Doch wenn sich meine gesundheitliche und psychische Verfassung nicht verbessert, werde ich wohl nie mehr nach London zurückkehren können.

Kurz nach Romneys Tod erhält Emma von Hayley, dem engsten Freund des Künstlers und Verfasser der *Triumphe des Frohsinns*, den folgenden Brief:

Liebe Lady Hamilton, bei der erneuten Lektüre der Briefe unseres lieben Romney war es mir eine große Freude zu entdecken, dass er den Wunsch hatte, ich möge über sein Leben schreiben, und dass ihm auf schmeichelhafte Weise daran lag, ich möge über Sie als sein Modell sprechen. Ich bemühe mich jetzt, diesen Wunsch meines lieben Freundes zu erfüllen. Ich wäre Ihnen unendlich dankbar, wenn Sie mir eine Liste der Porträts (mit dem Datum ihrer Entstehung) senden könnten, die er von Ihnen gemalt oder begonnen hat. Sie waren nicht nur sein «Modell», sondern seine Muse, und immer wieder sprach er mit aufrichtiger Dankbarkeit davon, dass er einen Großteil seines Erfolges als Maler Ihrer engelhaften Güte und der Klugheit verdankte, mit der Sie ihn immer wieder aufgerichtet haben, wenn er in Trübsinn verfiel, und ihn in seiner schwankenden Schaffenskraft bestärkt haben. Zum Gedenken an unseren werten Romney wäre mir besonders viel an ausführlichen Angaben von Ihnen gelegen. Ihre Schönheit, Ihre Fähigkeiten und Ihre wohlwollende Anteilnahme haben Sie zurecht zum Gegenstand seiner Verehrung gemacht.

Wir wissen nicht, wie Emma auf diese Bitte reagiert hat.

Es ist Winter geworden, die Felder liegen unter einer Schneedecke. Der «Nil» ist zugefroren. In Merton reißt die Schar der Gäste nicht ab. Darunter natürlich die Banti. Dann Leopold, der Sohn von Maria Carolina – letztere weilt noch immer im Exil in Wien – und Jane Powell, ihre Gefährtin aus der schweren Zeit ihrer Jugend. Der einzige, der nie kommt, ist Kapitän Troubridge. Dieser Moralapostel hält seit Palermo an seiner Meinung fest und findet das Leben, das sein Admiral führt, in höchstem Maße verachtenswert.

Entsprechend der Zahl ihrer Gäste sind die Aufwendungen hoch. Eine Auflistung ihrer wöchentlichen Ausgaben zeigt es:

Woche bis 4. Oktober 1802	*66,70 £*
Woche bis 11. Oktober	*117,80 £*
Woche bis. 18. Oktober	*34,10 £*

Woche bis 1. November	37,16 £
Woche bis 8. November	73,20 £
zusammen	328,96 £

Um sich vor Augen zu führen, wie unglaublich hoch diese Summe war, muss man nur daran erinnern, dass Greville über eine Jahresrente von etwa 500 Pfund Sterling verfügte, als er Emma kennenlernte.

Bis Anfang März 1803 sind keine nennenswerten Ereignisse zu verzeichnen. Sir William verbringt die meiste Zeit in der Hauptstadt, geht mit alten Freunden essen und verkehrt ziemlich regelmäßig in Windsor. Man fragt sich in diesem Zusammenhang, warum der König, mit dem er eng befreundet war, nie seine Stellung benutzt hat, um Sir William zu der Pension zu verhelfen, auf die er Anspruch hatte …

Am Morgen des 8. März erhält Nelson die Nachricht, dass man in den französischen Häfen neue Aktivitäten beobachtet hat. Ende März lässt ihn die Admiralität wissen, dass er im Falle eines Wiederaufflammens der Feindseligkeiten das Oberkommando über die Mittelmeerflotte erhalten wird. Man gibt ihm ein neues Schiff, die *Victory*.

Der Admiral sinkt in einen Sessel, träumt. Er kennt die *Victory*. Das Schiff ist achtunddreißig Jahre alt. Was für ein Zufall … Es lief am 7. Mai 1765 in Chatham vom Stapel. Zwei Wochen nach der Geburt einer gewissen Emily Lyon. Nach der Schlacht von Cap Saint-Vincent wurde die *Victory* zum Gefangenentransport benutzt, anschließend kam das Schiff in die Werft und wurde vollständig überholt. Jetzt sind die Arbeiten beendet. Die *Victory* ist sechzig Meter lang, hat eine Gesamtsegelfläche von dreitausend Quadratmetern, einhundertzehn Kanonen und eine Besatzung von neunhundert Mann[49]. Unter einem Seemann vom Schlage Nelsons ist die *Victory* kein gewöhnliches Schiff mehr, sondern ein potentieller Donnerschlag.

«Horatio!»

Emmas Stimme oder vielmehr ihr Schrei schreckt ihn aus seinen Gedanken auf.

Seine Geliebte erscheint auf der Türschwelle. Ihr Gesicht ist bleich:

«Schnell! Wir müssen Doktor Moseley rufen! Sir William hat das Bewusstsein verloren.»

Nelson springt auf.

Nein, sein Freund ist nicht tot. Sein Leben hängt an einem seidenen Faden. Mehr tot als lebendig bringt man ihn nach London in sein Stadthaus am Picadilly. Ob er diesen Wunsch geäußert hat? Er hat zwar seine eigenen Räumlichkeiten in Merton, aber richtig zu Hause fühlt er sich nur in der Picadilly Street. Doktor Moseley weicht nicht von seiner Seite. Er sagt es nicht, aber er weiß, dass seine Wissenschaft nichts mehr vermag, wenn der Tod nach dem Leben greift.

Ist Sir William bei klarem Verstand? Geht er in Gedanken am Fuß des Vesuv spazieren? Wiegt ihn ein neapolitanisches Lied in den Schlaf, das tief aus dem Palazzo Sessa aufsteigt? Es heißt, Sterbende würden ihr Leben an sich vorüberziehen sehen. Welches Gesicht geht ihm als letztes durch den Sinn? Ist es Catherine, seine erste Frau? Charles Greville? Nein, nichts von alledem. Hinter einem Nebelvorhang sieht er den Umriss einer Gestalt. Den Umriss einer vergnügten, noch nicht einmal zwanzigjährigen Frau, die im Ehrenhof des Palazzo Sessa aus einer Reisekutsche steigt.

Am 6. April erlischt das Leben des Ex-Botschafters in Emmas Armen. Nelson hält ihm die Hand. Der Botschafter stirbt ohne ein Wort zu sagen und mit heiterem Gesichtsausdruck.

Es ist 10 Uhr 10 am Morgen.

Er lebte, wie es ihm gefiel …

Am 12. April 1803 wird Lord Hamilton an der Seite seiner ersten Frau in der Familiengruft von Slebech in Pembrokeshire beigesetzt.

Nelson hat es für schicklicher erachtet, das Haus am Picadilly Nr. 23 zu verlassen und in ein Zimmer am Picadilly Nr. 19 zu ziehen.

Noch am Todestag von Sir William schreibt er an seinen Prisenagenten Alexander Davison: «Unser guter Sir William ist heute Morgen um 10 Uhr 10 aufrecht und ohne jeden Seufzer in den Armen Lady Hamiltons und in den meinen [sic!] gestorben. Die arme Lady Hamilton ist, wie Sie sich vorstellen können, untröstlich. Ich hoffe, ihre Gatte wird sie in geziemender Weise bedacht haben, doch ich habe meine Zweifel.»

Der Admiral liegt völlig richtig mit seiner Skepsis.

Einen Monat später, etwa um den 10. Mai herum, wird in der Picadilly Street in Anwesenheit der Erben das Testament eröffnet. Es birgt keine Überraschungen. Charles Greville ist Alleinerbe. Er erhält die Ländereien in Wales und Schottland, die Wohnung am Picadilly (mit Ausnahme der Einrichtung), die Sammlungen, die Mineralien, alles. Lord Hamilton hat die Verfügungen, die er einundzwanzig Jahre zuvor getroffen hat, nicht rückgängig gemacht. Und Emma, die es schon immer wusste, hat nie versucht, ihn zu ihren Gunsten umzustimmen.

Die Zusatzklauseln sind eindeutig: Lady Hamilton erhält umgehend eine Summe von 300 Pfund sowie eine jährliche Rente von 800 Pfund, von der 100 Pfund an Mrs. Cadogan gehen. Ein weiterer Zusatz, zweifelsohne aus den letzten Wochen vor seinem Ableben, verpflichtet Greville, Emmas Schulden zu bezahlen, die auf circa 700 Pfund geschätzt werden, abzüglich einer Summe von 250 Pfund, die bereits beglichen ist.

Auch Nelson wird bedacht. Er erbt zwei Jagdgewehre und eine Email-Miniatur des Künstlers Bone, Emma als Bacchantin, gefertigt nach dem Porträt von Elisabeth Vigée-Lebrun: «Für meinen liebsten Freund, Lord Nelson, Herzog von Bronte, dieses bescheidene Zeugnis all der Hochachtung, die ich seiner Lordschaft entgegenbringe, dem tugendhaftesten, loyalsten und mutigsten Menschen, dem ich je begegnet bin. Möge Gott ihn segnen und alle beschämen, die dazu nicht Amen sagen.»

Bis zum Ende, bis zum letzten Atemzug ist der Ex-Botschafter seiner Devise treu geblieben: *Tria juncta in uno.*

Trotzdem stellt sich die Frage, warum das Erbteil Emmas mehr als bescheiden ausfällt. 800 Pfund Rente nach siebzehn Jahren des Zusammenlebens ist wirklich wenig.

Möglicherweise hat Sir William geglaubt, seine Witwe würde früher oder später von der Regierung jene Pension bewilligt bekommen, die er seit über drei Jahren vergeblich forderte. Kurz vor seinem Tod hat er sich einem Freund gegenüber darüber geäußert: «Letztlich wird der Staat ihre Ansprüche anerkennen und sie mit dem Nötigen versorgen.» Die Annahme, dass er davor zurückschreckte, sein Erbe an jemanden weiterzugeben, dessen Maßlosigkeit er kannte, würde allerdings mehr einleuchten. Denn Emma hätte die Erbschaft in einer *Season* durchgebracht.

Was auch immer ihn zu diesem Testament bewogen hat, für Emmas Zukunft wird es noch dramatische Folgen haben. Auf einen Schlag ist sie handlungsunfähig. Ursache ihrer Verzweiflung ist weniger ihre Witwenschaft als die Schulden, die sie angehäuft hat und von denen sie ihrem Ehemann nur einen kleinen Teil eingestanden hatte. Sie zerbricht sich den Kopf über Grevilles Absichten. Will er eine schnelle Abwicklung? Was hat er mit dem Haus am Picadilly vor? Wie lange darf sie noch dort wohnen? Sie wendet sich mit ihren Fragen an ihn und wartet gespannt. Die Antwort kommt umgehend. Lapidar heißt es darin: «Lady Hamilton muss so schnell wie möglich aus der Picadilly Street ausziehen, sich eine neue Wohnung suchen, und ihre Ausgaben einschränken.»

Eleganz war noch nie Grevilles Stärke …

Nelson ist entrüstet, und seine Entrüstung steigert sich noch, als er hört, dass Greville entschlossen ist, die jährliche Rente von Emma erst *nach Abzug der Steuern* auszuzahlen: «Dieser Greville ist ein Halsabschneider. Zu keiner Zeit war es Sir Williams Absicht, Ihnen 700 Pfund netto zu hinterlassen. Das mag dem Gesetz entsprechen, aber es ist unbillig, die Vorschrift buchstäblich anzuwenden! Was soll's! Sie sind auf seine Großzügigkeit nicht angewiesen.»

Man umgebe mich mit Luxus. Auf das Notwendige kann ich verzichten. Man hat den Eindruck, dieser Aphorismus von Oscar Wilde sei geradezu auf Emma gemünzt. Sie kennt den Stand ihrer Finanzen besser als sonst jemand. Sie weiß, dass ihr nicht mehr bleiben wird als diese angesichts ihres Lebensstils lächerliche Rente. Statt ihre Ausgaben zu senken, wie Greville ihr vollkommen zu Recht rät, mietet sie eine neue Wohnung in der Clarges Street Nr. 11 an.

Emma hat vergessen, wie es ist, wenn sich das Rad des Glücks plötzlich gegen einen wendet, und dass dann nicht nur ein Unglück hereinbricht, sondern eine ganze Pechsträhne folgt …

Am 10. Mai erhält Nelson von der Admiralität die Aufforderung, sich unverzüglich nach Portsmouth und an Bord der *Victory* zu begeben.

Jetzt schon soll er gehen? Jetzt, wo Emma so sehr leidet?

Das Paar hat gerade noch Zeit, die kleine Horatia am Morgen des 13. Mai in der Kirche von St. Marylebone taufen zu lassen. Im Register der Sakristei findet sich der folgende Eintrag: «Horatia Nelson Thomson, geboren am 29. Oktober 1800.» Es ist das Geburtsdatum, das Emma erfunden hatte, um keinen Verdacht aufkommen zu lassen.

Im Wissen um die finanziellen Schwierigkeiten seiner Geliebten verfügt Nelson eine monatliche Rente von 100 Pfund für sie, und mit bewunderungswürdiger Großzügigkeit schenkt er ihr den Hof in Merton.

Die letzten Stunden vor der Trennung verbringt das Paar in der Clarges Street.

Nie gab es eine kürzere Nacht für sie.

Als im frühen Morgengrauen die Kutsche vorfährt, die den Seemann zu seinem Bestimmungsort bringt, hat sie das Gefühl, ein zweites Mal Witwe zu werden.

Ohne es zu wollen, legt sie die Hand auf ihren Bauch. Ein Frösteln durchläuft sie. Sie ist seit einem Monat schwanger und erwartet ihr drittes Kind ...

22 Als ich im Jahre 1802 nach London kam, hatte Lady Hamilton eben ihren Gatten verloren. Ich ließ mich bei ihr einschreiben, und gleich darauf besuchte sie mich in der tiefsten Trauerkleidung. Ein sehr großer schwarzer Schleier hüllte sie ein, und sie hatte ihre schönen Haare abschneiden lassen, um sich nach der damaligen Mode als «Tituskopf» zu frisieren. Ich fand diese Andromache abscheulich, denn sie war schrecklich dick geworden. Sie erzählte mir weinend, dass sie sehr zu beklagen sei, da sie in dem Chevalier einen Freund und Vater verloren hätte, über dessen Verlust sie sich niemals trösten würde. Ich gestehe, dass mir ihr Schmerz keinen großen Eindruck machte, denn ich glaubte zu bemerken, dass sie Komödie spielte; ich täuschte mich auch nicht darin, denn als sie einige Minuten drauf Notenhefte auf meinem Piano liegen sah, fing sie an, eines der darin befindlichen Lieder zu singen. Es ist bekannt, dass Lord Nelson in Neapel sehr verliebt in sie gewesen war; sie war mit ihm in zartem Briefwechsel geblieben, und als ich eines Tages ihren Besuch erwiderte, fand ich sie vor Freude strahlend! Obendrein hatte sie – wie Nina – eine Rose in ihr Haar gesteckt. Ich konnte es nicht unterdrücken, sie zu fragen, was die Rose zu bedeuten hätte. «Ich habe soeben einen Brief von Lord Nelson erhalten!» antwortete sie. Herzog de Berri und Herzog de Bourbon hatten von ihren schönen Stellungen sprechen gehört und hegten den großen Wunsch, dies Schauspiel zu sehen, das sie niemals in London hatte geben wollen. Meine Bitte, mir für die beiden Fürsten einen Abend zu gewähren, erfüllte sie; dazu lud ich noch einige andere Franzosen ein, von denen ich wusste, dass sie begierig wären, dieser Vorstellung beizuwohnen; am bestimmten Tage setzte ich in die Mitte meines Salons einen sehr großen Rahmen, der rechts und links von Wandschirmen begrenzt wurde, und stellte große, hellleuchtende Kerzen derart auf, dass sie ihr volles Licht auf Lady Hamilton warfen, wie man ein Bild beleuchtet, ohne dass man den Lichtquell selbst sehen konnte. Als die Eingeladenen gekommen waren, nahm Lady Hamilton inmitten des Rahmens verschiedene Stellungen mit wahrhaft bewunderungswürdigem Ausdruck an. Sie hatte ein kleines Mädchen von sieben oder acht Jahren mitgebracht, das ihr sehr ähnlich war. Man erzählte mir, es sei die

Tochter von Lord Nelson, sie bildete eine Gruppe mit ihr, die mich an die verfolgten Frauen in dem Poussinschen Gemälde «Der Raub der Sabinerinnen» erinnerte; sie ging vom Scherz zur Freude über, von der Freude zum Entsetzen, so verständlich und mit solcher Schnelligkeit, dass wir alle ganz hingerissen waren. Ich hatte die Gesellschaft zum Abendessen bei mir behalten; Herzog de Bourbon, der an der Tafel neben mir saß, machte mich darauf aufmerksam, wieviel Porter Lady Hamilton trank. Sie musste wohl sehr daran gewöhnt sein, denn sie war nach zwei oder drei Flaschen ganz nüchtern.

Dieser Bericht ist den Erinnerungen von Élisabeth Vigée-Lebrun entnommen. Nichts spricht dagegen, dass sie die Wahrheit sagt. Nur im Datum irrt sich die Porträtistin, wenn sie das Zusammentreffen auf das Jahr 1802 legt, also ein Jahr vor Sir Williams Tod. Um wen es sich bei dem «kleinen Mädchen von sieben oder acht Jahren», gehandelt hat, wird nicht deutlich. Mit Sicherheit nicht um Horatia, die damals erst drei Jahre alt war, und auch nicht um die nunmehr einundzwanzigjährige *Little Emma*.

Dagegen erlaubt uns der Hinweis auf die Rose, die Emma sich ins Haar gesteckt hatte, eine genauere Bestimmung des Zeitraums, in dem die Begegnung stattfand. Es muss zwischen August und September des Jahres 1803 gewesen sein. Wir werden sehen warum.

Dass Emma «Witwe spielt», überrascht uns nicht. Schließlich kennen wir sie als Schauspielerin mit Leib und Seele, deren Eheleben lediglich Fassade war. Dennoch fällt es schwer zu glauben, der Tod von Sir William habe sie vollkommen ungerührt gelassen. Auch wenn keine Liebe mehr im Spiel war, man teilt nicht siebzehn Jahre lang das Leben eines Mannes wie Lord Hamilton, ohne unter dem Verlust zu leiden, den sein Ableben bedeutet.

Träumt sie von einer Heirat mit Nelson? Sie ist naiv, aber nicht dumm. Wir befinden uns in England zu Beginn des 19. Jahrhunderts. Nelson ist nach wie vor verheiratet.

Wie dem auch sei, sie hat in diesem Augenblick dringendere Probleme zu bewältigen. Sie hat Schulden. Hohe Schulden. Sie muss Geld auftreiben. Kaum ist Nelson abgereist, unternimmt sie mit großer Hartnäckigkeit neue Vorstöße im Sinne Lord Hamiltons und kämpft darum, die ihm zustehende Rente für sich zu erhalten. In einem langen Bericht an Premierminister Addington macht sie ihre Ansprüche geltend, führt die Dienste des verstorbenen Botschafters für ihr Land an und verweist auf ihren persönlichen Einsatz. Die Antworten, die sie erhält, sind ausweichend. Hier der Brief an den Vizevorsitzenden des Außenministeriums: «Die Mächtigen dieses Landes wollen mir keine Gerechtigkeit widerfahren lassen, und das obwohl die Minister aus Geheimfonds ihre Taschen füllen.» Sie drückt sich ungeschickt aus, erhält keine Antwort. Greville, der damals einen Posten im Außenministerium hat, rührt keinen Finger, um ihre Vorstöße zu unterstützen.

Sie dreht sich im Kreis. Die beiden Männer ihres Lebens sind nicht da. Der eine fährt zur See, der andere kehrt nie wieder. Zu allem Überfluss ist ihre erneute Schwangerschaft fast unerträglich. Ständig ist ihr übel. Es vergeht kein Tag, an dem sie nicht unpässlich ist. Was soll sie tun?

Sie geht aus, trifft sich in London häufig mit «Old Q.», dem Herzog von Queensberry, zum Essen. Er ist fast taub, aber schwer reich. Wie Emma ist er verwitwet. Er würde sie am liebsten gleich heiraten. Er ist bereit, ihr sein gesamtes Vermögen zu vermachen und noch mehr. Doch Emma ist mit dem Herzen wie mit dem Kopf woanders.

Der Sommer lässt sich freundlich an. Könnte man nicht zum Baden nach Ramsgate fahren? Und anschließend für einige Zeit zu den Boltons nach Cranwich in die Grafschaft Norfolk reisen? Sie könnte Charlotte, die kleine Nichte Nelsons fragen, ob sie Lust hat, sie zu begleiten. Charlotte weicht praktisch nicht mehr von ihrer Seite. Seit kurzem ist sie Schülerin in einem College in Chelsea und verbringt den Großteil ihrer freien Zeit in Merton.

Anfang Juli sieht man die beiden in den Straßen des Seebads, sie pendeln den ganzen Tag zwischen Strand und Hotel. Selbstverständlich schreibt Emma täglich an ihren Geliebten. Aber ach, die Post kommt nicht so schnell nach, wie sie sollte. Am 6. Oktober erhält der Admiral Briefe vom 24. August.

Nach ihrem Aufenthalt in Ramsgate besucht sie wie geplant die Boltons, dann reist sie nach Canterbury, wo sie einige Tage bei dem Priester-Parasiten William und seiner Ehefrau Sarah verbringt. Bei einer Wohltätigkeitsveranstaltung in der Kathedrale singt sie im Duo mit einer gewissen Mrs. Bridge, einer geachteten Bürgersfrau aus Canterbury. Ansonsten nützt sie ihren Aufenthalt in der Region zum Spazierengehen im Tal von Kentish Stour. Überall hin begleitet sie die junge Charlotte als Anstandsdame. Ende August kehrt sie nach Merton zurück. Dort erwartet sie ein Brief von Nelson. Endlich! Sie lässt ihrer Freude freien Lauf und steckt sich unter Charlottes amüsiertem Blick eine Rose ins Haar. Wahrscheinlich ist sie an jenem Tag mit Madame Vigée-Lebrun zusammengetroffen.

Indessen werden Nelson auf See die Tage lang. Er liegt mit seinen Schiffen vor Toulon und überwacht die französische Flotte. Jeden Tag betet er und fleht zum Allmächtigen, die Franzosen mögen den sicheren Hafen verlassen und in Reichweite seiner Kanonen kommen. Einige Tage lang versucht er sogar, sich so weit von der Reede zu entfernen, dass die Flotte Gelegenheit zum Verlassen des Hafens bekommt. Doch Gott erhört sein Flehen nicht. Der Feind rührt sich nicht.

Nichts Nennenswertes zu vermelden.

Nelson setzt Segel mal nach Gibraltar, mal nach Sizilien. Am 21. Oktober schreibt er an seine Tochter. Sie ist zwar erst 3 Jahre alt, aber das spielt keine Rolle ... Ihr zu schreiben, erfüllt ihn mit Freude:

Meine liebe Tochter, heute erhalten Sie den ersten Brief von Ihrem Vater, der Sie sehr liebt. Wenn ich am Leben bleibe, wird es mein Stolz sein, Sie anständig zu erziehen, doch wenn es Gott gefällt, mich zu Ihm zu rufen, habe ich Sie der Obhut von Lady Hamilton anvertraut. Ich ermahne Sie, mein Kind, ihre guten Ratschläge und Anweisungen zu befolgen und auf sie zu hören. Ich habe Ihnen durch einen Zusatz zu meinem Testament vom 6. September eine Summe von 4000 Pfund Sterling vermacht. Der Zins aus diesem Vermögen soll zum Zwecke Ihres Unterhalts und Ihrer Erziehung an ihre Beschützerin bezahlt werden.

Der testamentarische Zusatz lautet:

Ich vererbe Miss Horatia Nelson Thomson, getauft am 13. Mai des Vorjahres in der Pfarrei von St. Marylebone durch Pfarrer Benjamin Lawrence im Beisein des Gemeindeschreibers John Willock, die ich als meine Adoptivtochter anerkenne, die Summe von viertausend Pfund Sterling, die ihr spätestens sechs Monate nach meinem Ableben auszuzahlen sind oder aber früher, sofern dies möglich ist. Außerdem übertrage ich meiner lieben Freundin Emma Lyon, verwitwete Hamilton, die alleinige Erziehungsverantwortung über besagte Horatia Nelson Thomson.

Bis zu deren achtzehntem Lebensjahr gehen die Zinsen aus diesem Vermögen von viertausend Pfund an Lady Hamilton, die daraus die Aufwen-

dungen für die Erziehung und den Unterricht meiner Adoptivtochter bestreiten soll.

Emma verzettelt sich zwischen Merton und Clarges Street. Ein Beileidsschreiben von Maria Carolina rüttelt sie wach: «Mit großer Anteilnahme und Schmerz habe ich vom Tod des ehrenwerten und guten Cavaliere gehört. Besonders bekümmert hat mich die unvorteilhafte Lage, in der er Sie zurückgelassen hat. Es schmerzt mich wirklich, zumal ich nach wie vor mit lebhafter Teilnahme alles verfolge, was Sie betrifft. Wir erinnern uns mit Dankbarkeit daran, wie rührend Sie sich um uns sorgten und wieviel Aufmerksamkeit Sie uns bezeugt haben ...»

Sogleich kommt ihr eine Idee. Könnte Sie nicht die Königin um Hilfe bitten? Kann sie sich ihrer Gewogenheit nicht sicher sein? Überdies scheint sie über ihre Lage im Bilde zu sein, was einen Vorstoß erleichtert. Emma stürzt zum Schreibtisch. Einige Wochen später erhält sie die Antwort auf diplomatischem Weg: Die Königin gibt ihrem Wunsch Ausdruck, ihrer lieben Emma möge eine bessere Zukunft beschieden sein. Das ist alles. Nicht die kleinste Unterstützung. Die Königin gedenkt nicht, ihrer einstigen Dienerin zur Hilfe zu eilen. *Eterna gratitudine.* In ewiger Dankbarkeit... Ein Schleier liegt über Emmas Augen, als sie sich über das Miniaturporträt der Herrscherin in dem mit Brillanten besetzten Rahmen beugt ...

Nebenbei sei erwähnt, dass Maria Carolina inzwischen wieder nach Neapel zurückgekehrt ist. Von Ehrgeiz getrieben, ist sie gerade einer neuen Koalition gegen Napoleon beigetreten. Diese Torheit wird sie endgültig um ihr Königreich bringen.

Es ist Weihnachten. Charlotte ist gekommen, aber auch die Boltons, ein Künstler namens Thomas Baxter und natürlich Horatia. Es wird gesungen, getanzt und vor allem getrunken. Emma steht kurz vor der Entbindung.

Zu Beginn des neuen Jahres erkrankt Horatia schwer. Sie glüht vor Fieber, die Ursache ist eine Pockenimpfung. Ungeachtet der Angriffe und der Verleumdungen, denen er ausgesetzt ist, impft der vierundfünfzigjährige Arzt Doktor Edward Jenner seit drei Jahren jeden Tag unentgeltlich bis zu dreihundert Personen, darunter auch Horatia.

Am 13. Januar kommt ein Brief des Admirals:

Victory, bei Mallorca. Meine geliebte Emma, am 9. Januar habe ich Ihre Briefe vom 29. September, vom 2., 7., 10., 12. und 17. Oktober und die vom 5., 8. bis 24. November erhalten. Dass Sie so lieb und so viel an mich denken, rührt mich unendlich. Sie wissen, umgekehrt ist es ebenso. […] Ich freue mich, dass Sie die Absicht haben, nach Merton zurückzukehren. Sie werden dort viel besser und billiger leben als in London. Wenn Sie im Frühjahr ein paar Arbeiten anpacken mögen, können Sie das gerne tun. Ich fürchte nur, der Schmutz könnte Ihnen schnell auf die Nerven gehen, und Sie würden den ganzen Sommer über Unannehmlichkeiten haben. Wenn Sie dennoch daran festhalten wollen, bitte ich Sie, den Architekten von Mr. Davison, der die Pläne gezeichnet hat, mit den Arbeiten zu betrauen. Achten Sie darauf, dass er die veranschlagten Kosten nicht überschreitet […].

Arbeiten am Haus … Erneut stehen Ausgaben an.

Er fügt hinzu: «Küssen Sie die kleine Horatia und das andere von mir. Nennen Sie es wie Sie wollen, doch wenn es ein Mädchen ist, heißt es Emma.»

Es wird ein Mädchen. Ende Januar 1804 kommt es in der Wohnung an der Clarges Street zur Welt. Diese zweite kleine Emma lebt jedoch nur sehr kurze Zeit. Wir wissen nicht, wann genau sie stirbt. Ebenso wenig wissen wir über die Ursache ihres Todes. Angeblich soll sie an Krämpfen gestorben sein. In den Taufregistern von Merton findet sich kein Hinweis auf ein Kind namens Emma Thomson, Nelson, Hart, Lyon oder auch Cadogan. Was nicht weiter verwundert, denn die ganze Angelegenheit musste unter größter Geheimhaltung vonstatten gehen.

Als Nelson von dem Trauerfall hört, schreibt er niedergeschlagen: *Wie Sie sich denken können, habe ich den Brief voll Ungeduld geöffnet. Ich war so überaus erregt. Nichts. Nichts, und schließlich ein Brief ohne Datum. Gott sei Dank! Es geht Ihnen gut, aber die liebe kleine Emma ist von uns gegangen. […] Nachdem der erste Schmerz vorüber war, habe ich Gott dafür gedankt, dass er Sie und Horatia verschont hat. Wenn ich eine oder gar sie beide verloren hätte, wäre ich verrückt geworden. Zum Glück war es Nacht, als ich die Nachricht las, so dass ich mich zurückziehen und allein sein konnte.*

Am 20. Januar schickt Nelson seiner Tochter ein Weihnachtsgeschenk, das die folgenden Worte begleiten: «Meine liebe Horatia, ich sende Ihnen eine Uhr und erlaube Ihnen, sie an Sonn- und Feiertagen anzulegen, wenn Sie Ihre Sonntagskleidung tragen und zuvor besonders brav und gehorsam waren.»

Wochen vergehen. Nelson ist noch immer auf See. Und Emma leidet von Tag zu Tag mehr unter der Trennung. Fünfzehn Monate ist er nun schon fort. Fünfzehn endlose Monate!

Zu den körperlichen Strapazen kommt eine seelische Krise. Nelsons Briefe sind in einem Stil verfasst, der hart an Kühle grenzt. Nicht, dass es ihm an Liebe fehlt, doch er fürchtet, die Briefe könnten in indiskrete Hände fallen oder, was noch schlimmer wäre, in die Hände französischer Spione gelangen: «Obwohl ich in den Briefen, die ich von verschiedenen Orten absende, nicht mehr schreibe als: ich bin hier, ich bin dort, bin ich sicher, dass sie gelesen werden. Es ist unmöglich mehr zu schreiben als ‹hier bin ich, es geht mir gut›.»

Wie erträgt man eine so lange Trennung? Wie steht man das durch? Emma macht sich in Merton zu schaffen, überwacht die Renovierungen, sie fährt zu festlichen Abendgesellschaften in die Stadt, besucht Horatia. Aber das alles kann die Leere nicht ausfüllen. Im August 1804 verlassen sie die Kräfte. Sie fleht Nelson an, er möge zurückkommen. Er kann ihr nicht antworten, wie er es gerne täte, und er ahnt, dass leere, verhüllte Worte sie nicht beruhigen werden. Deshalb greift er auf den Thomson-Trick zurück:

Meine große Geliebte, wenn ich Ihnen sagte, dass ich Tag und Nacht, und alle Tage und Nächte an Sie denke, würde es nicht ausreichen, um die ungeheure Liebe auszudrücken, die ich für Sie empfinde. Unsere liebe, vortreffliche, gute Lady Hamilton weiß als einzige alles ganz genau, und sie hat mir versprochen, Ihnen in diesen schwierigen Augenblicken beizustehen. […] Und böte man mir alles Gold von Peru, ich würde keinen Augenblick hergeben; sie gehören alle Ihnen, und jeder ist ganz allein für Sie aufgespart, und das seit jenem glücklichen, bezaubernden, gesegneten Tag, an dem wir uns zum ersten Mal begegnet sind. […] Mich der Pflicht gegenüber meinem Vaterland zu entziehen wäre eine Haltung, die Sie selbst bei klarer Überlegung nicht billigten, und ich würde mich nur schämen, wenn ich wüsste, dass ich in Ihren Augen an Wert verloren hätte. […] Weder das Streben nach Reichtum noch Ehrgeiz halten mich so lange von all den geliebten Wesen entfernt. Nein, es ist einzig und allein der Wille, mein Vaterland, meine Frau und meine Kinder zu beschützen. Schütten Sie der süßen Lady Hamilton Ihr Herz aus, sie wird Sie trösten. Gezeichnet *Thomson.*

Emma antwortet verzweifelt: «Wenn Sie nicht zurück kommen, so lassen Sie doch, um Himmelswillen, mich mit Charlotte und Horatia zu Ihnen kommen!»

Blödsinn, protestiert Nelson: «Stellen Sie sich die Kreuzfahrt vor, die Sie vor Toulon erwarten würde! Obwohl es Sommer ist, kommen wir jede Woche in sehr starke Böen und haben tagelang gefährlichen Wellengang. Es würde Sie umbringen, und mich dazu, wenn ich Sie leiden sähe. Noch unmöglicher ist es, Charlotte und Horatia an Bord zu nehmen. Ich habe Anweisung gegeben, dass kein weibliches Wesen an Bord sein darf, und ich werde nicht der erste sein, der dieser Anweisung zuwider handelt!»

«Dann erlauben Sie mir, nach Sizilien zu kommen», schlägt Emma vor. «Ein unsinniges Vorhaben», schreibt der Admiral zurück: «Dort interessiert sich niemand für uns. Außerdem würde die Reise ein Vermögen kosten.»

Mangels Gegenargumenten findet sich Emma damit ab ... Sie stürzt sich wieder auf die Renovierung von Merton und die Erziehung ihrer Tochter. Offenbar hat sie viel Wert auf ihre religiöse Erziehung gelegt und darin Nelsons Wunsch entsprochen. Im Zusatz zu seinem Testament führte dieser aus, *er vertraue Emma seine Adoptivtochter an, weil er überzeugt sei, dass sie das Kind auf den Weg der Tugend und des christlichen Glaubens bringen werde*. Unter dem wiedergefundenen Nachlass befindet sich eine Sammlung mit dem Titel: *Moral Maxims, from the wisdom of Jesus, the son of Sirach, or Ecclesiasticus, selected by a Lady* [Ausgewählte Grundsätze aus dem Buch der Weisheit[50] von Jesus Sirach oder Ekklesiastikus, ausgewählt von einer Lady]. Es trägt die Widmung: «Für Horatia Nelson. Möge sie sich immer als gut und tugendhaft erweisen, Klugheit, Wissen und Vernunft erlangen, Gott ehren und ihm auf seinen Wegen nachfolgen, die sie liebende Emma Hamilton in ihre Gebete einschließen. Amen.»

Am 18. April nimmt Emma an der Hochzeit von Kate Bolton teil, der Nichte des Admirals, Tochter seiner Schwester Susannah. Sie heiratet ihren jüngsten Cousin, Sir William Bolton.

Wieder zieht ein Sommer ins Land, stehen die üblichen, mit der *Season* verbundenen Gesellschaftsereignisse an. In Begleitung von Charlotte ist Emma unterwegs von Soirée zu Soirée. Man trifft sie bei den Goldsmiths, bei Lady Stafford, bei Lady Dashwood. Sie besucht die Oper; die Karten hat ihr eine Freundin, die Sängerin Elizabeth Billington, geschenkt. Wahrscheinlich stimmte der Abend sie traurig, rief er doch die Erinnerung an die glücklichen Zeiten wach, als sie in Neapel in der Opera San Carlo ihre eigene Loge besaß.

Im Juli ist sie zu Besuch in Canterbury bei Judas William und Sarah Nelson. Der Champagner fließt in Strömen. Man wettet: Wer ist standfester? Natürlich trägt Emma den Sieg davon.

Nelson dagegen kreuzt unermüdlich im Meer: «Was für ein seltsamer Krieg! Kein Gefecht!»

Im Mittelmeer ist die Wetterlage herbstlich. Der Admiral gesteht Lord St. Vincent: «Lachen Sie nicht, ich bin seekrank.»

Das Blindekuhspiel zwischen der französischen und der englischen Flotte zieht sich hin bis zum Überdruss. Der Seeheld vertreibt sich die Zeit damit, aus der Ferne die Arbeiten in Merton zu leiten: *Der Fußpfad soll wieder umkehren. Ich hatte Haslewood gezeigt, wie die weitere Anlage sein soll. […] Und da meine Horatia in Merton wohnen wird, möchte ich, dass man einen stabilen Lattenzaun von ungefähr drei Fuß Höhe um den Nil zieht, damit die Kleine nicht hineinfallen kann. Dann können Sie wieder Enten auf ihn setzen. Ich erinnere mich nicht an das Geschäft, in dem wir die Lattenzäune gesehen haben … Ich werde darauf dringen, bis ich die Nachricht erhalte, dass die Arbeiten abgeschlossen sind.*

Bis dahin ist es noch ein weiter Weg; die Arbeiten werden nie zum Abschluss kommen.

Am 25. Dezember 1804 erhält er ein Schreiben der Admiralität, die einem Ersuchen von ihm stattgibt und ihm sechs Monate Urlaub gewährt. Seinem Vorschlag folgend, soll Kapitän Bickerton ihn während seiner Abwesenheit vertreten. Doch die Admiralität macht keine Angaben zum Termin, an dem die Übergabe des Kommandos stattfinden soll. Nelson muss selbst entscheiden. Bickerton ist in der Nähe, er kommandiert ein Geschwader der Flotte. Nichts wäre leichter, als ihn herbeizuholen. Seltsamerweise verschweigt Nelson, dass er Urlaub erhalten hat. Seine Kampflust ist zweifellos stärker als alles andere. Ohne einen Sieg, ohne eine Schlacht mit den Franzosen nach England zurückkehren, ist für ihn undenkbar. Er nimmt Kurs auf Toulon. Spione haben ihn benachrichtigt, dass auf den französischen Schiffen Truppen verladen werden.

Nelson legt sich vor Toulon auf die Lauer. Es herrscht völlige Windstille. Der Horizont ist hoffnungslos leer.

Emma, die unaufhörlich die Tage und Nächte bis zu seiner Rückkehr zählt, hatte sich am 30. Oktober Davison anvertraut:

Ich sehne mich nach ihm und kann es fast nicht erwarten, ihn wiederzusehen. Ich werde mich erst gut fühlen, wenn er an meiner Seite ist. Ich liebe ihn, ich bete ihn an, mein Geist und meine Seele leben nur für diesen umwerfenden Augenblick, an dem ich ihn wiedersehen, meine Arme um ihn schlingen kann. Meine Liebe für ihn ist keine gewöhnliche Liebe. Es mag eine Sünde sein, ihn zu lieben, doch ich glaube, die eigentliche Sünde wäre es, wenn ich einem anderen als ihm angehörte. […] Ich bin jetzt frei. Und mehr denn je muss ich weiter sündigen und ihn lieben, denn diese Liebe ist es wert, dass ich in die Hölle fahre.

Eines ist sicher: Emma spielt bewundernswert die Rolle der wartenden Penelope. Wenn Nelson nicht da ist, kommt ihr kein Mann über die Schwelle von Merton. Ein Brief von Kapitän Bulkeley[51] bestätigt es: «Wenn ich je nach London kommen sollte, wage ich zu hoffen, dass Sie für einen sehr alten Freund Nelsons eine Ausnahme von der Regel machen werden, die Sie sich auferlegt haben. Ich hoffe, Sie öffnen mir die Tür, wenn ich anklopfe, und erlauben mir, mich zu setzen, solange es meine Zeit erlaubt. (Nelson hätte bestimmt nichts dagegen einzuwenden und würde keinen Augenblick denken, dass Sie die Grenzen des Anstands überschritten.)»

Am 31. März 1805, während die *Victory* entlang der Küste Sardiniens segelt, kommt die Nachricht, dass die seit kurzer Zeit unter dem Kommando Admiral Villeneuves stehende französische Flotte Toulon verlassen hat. Bestens! Aber wohin segeln sie? Man weiß es nicht. Nelson beschließt, auf Südkurs zu gehen. Er ist überzeugt, dass Villeneuve Ägypten ansteuert. Dann muss man ihm den Weg abschneiden! Dieselbe Verfolgungsjagd, die sechs Jahre zuvor in den Gewässern von Abukir endete, beginnt erneut. Man hat das eigenartige Gefühl, alles schon einmal erlebt zu haben. Doch sein Instinkt hat den Engländer getäuscht. Villneuve hatte nie die Absicht, nach Ägypten zu segeln. Er ist auf dem Weg nach Gibraltar. Nord, Süd, Ost, West. Palermo, am 6. Mai Gibraltar. Villeneuve ist nicht in Sicht. Jamaika, Barbados, Antigua …

Der Mai geht zu Ende und mit ihm die Empfänge und Soupers. Emma bewirtet in ihrer Wohnung in der Clarges Street viele Gäste. Zu viele nach Auffassung von Mrs. Cadogan, die sich – zu Recht – über die unverhältnismäßig hohen Ausgaben aufregt, die dieser

Stadtaufenthalt bei dem vergleichsweise mageren Budget ihrer Tochter verursacht. Aus Merton schreibt sie ihr:

Liebe Emma, Cribb [der Gärtner] braucht dringend sein Geld und wäre sehr froh, wenn du ihm die 13 Pfund geben könntest, die er an Steuern gezahlt und für die Mäher vorgestreckt hat. Ich muss auch die Rechnungen beim Metzger und beim Bäcker zahlen. Sie belaufen sich auf 100 Pfund und 17 Shilling. Gott segne Dich, meine liebe Emma, und Er gebe uns gute Nachricht von unserem lieben Lord.

Der Metzger, der Bäcker, der Gärtner ... Lady Hamilton, Gattin des Ex-Botschafters in Neapel, Trägerin des Malteserkreuzes, Geliebte Admiral Nelsons, Vertraute und Ratgeberin einer Königin ist verschuldet bis zum Hals! Egal, «tomorrow is another day».

Zwischenzeitlich zögert sie nicht, Nelsons Schwester Susannah Bolton mit 200 Pfund auszuhelfen. Zweihundert Pfund! Beeilen wir uns, den Lesern zu versichern, dass der Admiral, kaum war es ihm zu Ohren gekommen, seinen Prisenagenten anweist, Emma das Geld zurückzuzahlen.

Aber dieser Mai steht auch für die Hoffnung. Nach drei Jahren in der Opposition ist William Pitt wieder an die Spitze der Regierung zurückgekehrt. Er ist ein Vertrauter von Lord Melville, und Melville ist ein alter Bekannter von George Rose, der wiederum ein Freund von Nelson ist. Vielleicht hat Emma jetzt Glück und bekommt die denkwürdige Rente, um die sie und ihr Mann so oft nachgefragt hatten. Mitte Mai erklärt Melville gegenüber George Rose:

«Ich habe mit Pitt gesprochen und ihm vorgeschlagen, Lady Hamilton in Anerkennung der Dienste ihres Ehemannes eine jährliche Rente von 500 Pfund zu geben. Der Premierminister schien der Sache gewogen zu sein.»

«Kann ich Emma darüber in Kenntnis setzen?» fragt Rose.

«Ja, selbstverständlich.»

Als Emma die Nachricht erhält, macht sie vor Freude einen Luftsprung. Der Segen kommt unverhofft. Sie glaubte schon geraume Zeit nicht mehr an ein Wunder. 500 Pfund helfen ihr zwar nicht aus der Patsche, aber sie wären willkommen. Also geht alles weiter wie gehabt. Wir werden nie erfahren, ob Melville wirklich mit Pitt gesprochen hat oder ob der Premierminister es für nicht opportun hielt, dem Ersuchen zuzustimmen. Was auch immer der Grund für den Misserfolg war, Emma steckt immer tiefer in der Klemme.

Im Juli besucht Emma wieder das Seebad Ramsgate und wohnt im Albion Place in einer herrlichen Wohnung über der Stadt und dem alten Hafen.

Nach ihrer Rückkehr stellt Emma auf Anraten Nelsons nacheinander die Connor-Töchter als Kindermädchen für Horatia ein. Sie sind keine Fremden. Mary, Cecilia und Ann sind Emmas Kusinen, die Kinder von Sarah Connor, einer der drei Schwestern von Mrs. Cadogan. Seit er sie bei einem Besuch in Merton kennengelernt hat, findet Nelson, sie zeichneten sich durch ihr gutes Benehmen aus. Er ist überzeugt, sie würden die Sache gut machen. Aus dieser Zeit stammt der Entschluss des Paares, Horatia endgültig nach Merton zu holen. Nachdem Sir William verstorben ist, spricht nichts mehr dagegen, dass das Kind mit seinen Eltern unter einem Dach lebt.

In der ersten Augustwoche entschließt sich Nelson entnervt und voller Wut, das Blindekuhspiel aufzugeben und seinen Urlaub anzutreten. Über zwei Jahre war er auf See.

Am 17. August geht er in Spithead an Land, am 20. ist er in Merton.

20. August 1805.

23 *MERTON ist kein weitläufiges Anwesen, aber von großer architektonischer Eleganz. Auf der Veranda sah ich etliche Frauen stehen, und ich schloss daraus, dass es sich um Verwandte Nelsons handelte. Ich ging durch ein Vestibül, in dem neben einer Vielzahl von Bildern und anderen Kunstgegenständen auch eine ausgezeichnete Marmorbüste des berühmten Admirals zu sehen war. Hier empfing mich der heutige Earl Reverend Dr. William Nelson. Er führte mich in einen prachtvollen Salon, wo Lady Hamilton an einem Fenster saß. Ich hätte seine Lordschaft zuerst fast nicht bemerkt, denn er hatte sich sogleich neben der Eingangstür hingesetzt. Der Admiral trug eine Uniform, die mit verschiedenen Orden behangen war. Er begrüßte mich mit größter Herablassung. Stühle wurden gebracht, er setzte sich zwischen Lady Hamilton und mich, und nachdem er meinen Bericht über die Schlacht von Kopenhagen auf seine Knie gelegt hatte schloss sich ein Gespräch an.*

Verfasser dieser Beschreibung ist ein dänischer Schriftsteller namens Andersen. Er hatte das Glück, am selben Tag empfangen worden zu sein, als der Admiral in Merton eintraf. Zwei Jahre später veröffentlichte er unter dem Titel *A Dane's excursions in Britain* (Eines Dänen Reisen durch England) ein Buch, in dem er detailliert über seinen Besuch in Merton berichtet.

Endlich sind Emma, Horatia und Nelson vereint. Das verlorene Paradies ist wiedergefunden. Emma strahlt vor Glück. Ihr Mann ist da, an ihrer Seite. Wie lange noch?

Schon am nächsten Tag begibt sich das Paar nach London. Um 9 Uhr 45 hält die Kutsche vor dem Verwaltungsgebäude der Admiralität. Nelson steigt aus. Seine Vorgesetzten erwarten ihn bereits ungeduldig, denn sie wollen aus seinem Mund die neuesten Meldungen über jenen seltsamen Krieg erfahren. Dieser Napoleon und sein Villeneuve rauben ihnen den Schlaf. Emma fährt weiter zu ihrer Wohnung in der Clarges Street Nr. 11, wo sie die Boltons abholen und auf ihr Landgut bringen soll, die einige Tage zu Besuch bleiben werden.

Gegen 4 Uhr nachmittags verlässt Nelson die Admiralität. Er nimmt sich Zeit, ein Silberbesteck und einen silbernen Becher zu bestellen. Auf Messer, Gabel und Löffel lässt er den Vornamen seiner Tochter eingravieren, auf den Becher: *Für meine große Liebe Horatia.*

Am Abend kehrt er nach Merton zurück.

Am 30. August erfährt er von einem Boten, dass Villeneuve am 13. mit rund dreißig Schiffen den nordspanischen Hafen El Ferrol verlassen hat. Wohin segeln sie? Sind sie Richtung Ärmelkanal unterwegs? Oder wollen sie zurück ins Mittelmeer? Man ergeht sich in Mutmaßungen, aber Nelson hat eine bestimmte Ahnung. Eine innere Stimme gibt ihm ein, Villeneuve habe wohl vor, nach Cadiz zu segeln, um sich dort mit der spanischen Flotte zu vereinigen. Mit der geballten Macht von insgesamt fast sechzig Schiffen könnte er dann über Cartagena Toulon anlaufen. Und von dort gestärkt in den Ärmelkanal zurückkehren. Dann wäre England wirklich in Gefahr!

Am 1. September trifft er Pitt, berät mit den Ministern, teilt ihnen seine Befürchtungen mit und warnt sie vor der Gefahr. Die meisten von ihnen glauben noch, Villeneuve wolle zu den Antillen segeln.

«Was schlagen Sie vor?» fragt Pitt

«Sie abfangen, bevor sie das Mittelmeer erreichen.»

«Und wer wird das Kommando über unsere Flotte führen?»

«Collingwood. Einen fähigeren Mann werden Sie nicht finden.»

«Nein», erwidert der Premierminister. «Nicht Collingwood.»

«Wer dann?»

«Sie, Nelson.»

Der Admiral zuckt innerlich zusammen, lässt sich aber nichts anmerken. Seit zehn Tagen erst ist er in England. Zehn Tage nach zwei Jahren auf See. Er macht keinen Versuch, sich zu widersetzen. Wollte er es denn? Insgeheim träumt er von dieser Schlacht. Die langen Monate auf See ohne jeden Erfolg haben den bitteren Nachgeschmack einer Niederlage hinterlassen. Als der Premierminister ihn schließlich fragt:

«Wären Sie bereit, in drei Tagen auszulaufen?» antwortet er, ohne zu zögern:

«Ich bin sofort bereit.»

Nelson kehrt nach Merton Place zurück und unterrichtet Emma

– eine schmerzliche Prüfung – über seine bevorstehende Abreise. Schon wieder? Wieder eine Trennung, das lange Alleinsein, und vor sich: die Leere. Fast erleidet sie einen Schwächeanfall, aber sie reißt sich zusammen.

Am nächsten Tag, dem 2. September, trifft schon um 5 Uhr morgens ein Bote auf ihrem Hof ein: Kapitän Henry Blackwood, der Kommandant der *Euryalus*. Er ist kein Unbekannter, denn er hat sich bei der Blockade von Malta an der Seite Nelsons hervorgetan und war dabei, als die *Guillaume Tell* aufgebracht wurde.

Obwohl aus dem Schlaf gerissen, erkennt Nelson sofort den Grund für diesen frühmorgendlichen Besuch.

«Sie bringen Nachricht von der französischen und spanischen Flotte ...»

«Ja. Ganz recht, Sir. Die Feinde haben sich vereint. Ihre Flotte ist in Cadiz eingelaufen.»

«Ausgezeichnet. Ich werde diesem Herrn Villeneuve eine Abreibung verpassen! Benachrichtigen Sie London, ich bin unterwegs.»

Ein leuchtender Schimmer liegt auf seinen Augen, wie der Blick eines Raubvogels, der sich auf seine Beute stürzt.

Emma hat alles gehört. Über ihre Reaktion ist viel geschrieben worden. Einige Biographen haben munter drauflos fabuliert und das Bild eines zögerlichen, bestürzten Nelson gezeichnet, der sich erst nach der Ermutigung durch seine Geliebte dazu durchgerungen haben soll, seine Mission anzunehmen.

«Gleichwohl wir es bedauern», soll sie erklärt haben, «dass Sie uns wieder verlassen müssen, besonders nach einem so kurzen Aufenthalt, so ist es doch Ihre Pflicht, nach Cadiz zu gehen. Sie werden dort einen glänzenden Sieg erringen, und dann kehren Sie hochgeehrt zu uns zurück.»

«Oh! Tapfere Emma», soll Nelson schluchzend geantwortet haben, «wenn es mehr Frauen wie Sie gäbe, dann hätten wir auch mehr Nelsons. Sie haben Recht. Ich muss meine Pflicht tun.»

Diese sentimentale Darstellung ist doch sehr unglaubwürdig. Emma ist keine Jeanne d'Arc. Sie ist Frau bis in die Haarspitzen, zudem noch eine verliebte Frau. Eine Liebende, die den Mann, den sie wie verrückt liebt, seit über fünfzehn Monaten nicht mehr gesehen hat. In Wirklichkeit muss diese erneute Abreise ihre Kraft gebrochen haben.

Am nächsten Morgen geht das Paar in die kleine Kirche von Merton. Am Altar tauschen sie Ringe aus. Vor Gott sind sie nun Mann und Frau. Nach dem Gottesdienst kehrt Emma nach Hause zurück, während Nelson nach London fährt und die Admiralität aufsucht, um seine Offiziere auszuwählen. Ein ungewöhnliches Vorrecht, das seine Vorgesetzten ihm eingeräumt haben: Er hat freie Hand.

Am Abend kommen in Merton nicht weniger als dreißig Gäste zu einem lange geplanten Dinner zusammen.

Am 10. [September] empfängt man wieder Gäste.

Am 11. kehren die Boltons nach Norfolk zurück.

Am 12., einen Tag vor Nelsons Abreise, treffen erneut hochgestellte Persönlichkeiten zum Essen ein. Unter den Gästen befinden sich auch James Perry und der weit weniger sympathische Lord Minto. Es herrscht ein gewisses Unbehagen. Die beiden Männer starren sich feindselig an. Und nicht grundlos, denn einige Jahre zuvor hatte der gute Lord den Redakteur wegen Beleidigung des Parlaments für sechs Monate hinter Gitter gebracht. Das Unbehagen ist um so größer, als Emma und Nelson sich verspäten. Der Admiral muss sich – aus protokollarischen Gründen – bei dem Mann verabschieden, den er einst zum Teufel wünschte: dem Prinzen von Wales. Als das Paar endlich zu seinen Gästen stößt, löst sich die Spannung nicht mehr. Bei Emma liegen die Nerven blank. Sie erstickt vor Kummer. Der ehrenwerte Minto zieht ein Gesicht. An seine Frau schreibt er:

Am Samstag bin ich nach Merton gegangen und habe Nelson bei Tisch im Kreis seiner ganzen Familie angetroffen. Am Kopfende der Tafel saß Lady Hamilton, ihr gegenüber, am anderen Ende, ihre Mutter Mrs. Cadogan. Ich wurde sehr herzlich empfangen. Lady Hamilton hat das Haus stark ausgebessert und hervorragende Veränderungen vornehmen lassen, ohne dass Nelson davon unterrichtet war. Alles in allem ist sie eine sehr kluge Frau; die Leidenschaft ist noch genauso heftig. Sie brach immer wieder in Tränen aus und konnte weder essen noch trinken, fast wäre sie zusammengebrochen. In vielerlei Hinsicht ist Nelson ein großer Mann, in mancher Hinsicht allerdings ein Baby. Die Freundschaft, die er mir entgegenbringt, ist nicht mit der zu vergleichen, die ihn mit Emma verbindet, aber sie ist aufrichtig.

Diese Beschreibung steht unter einer Überschrift: Neid.

Der Abend liegt über den Feldern. Die Postkutsche wartet vor der Tür. Nelson kniet vor dem Bett seiner schlafenden Tochter und betet. Der Abschied ist [wie] ein langer Todeskampf. Er geht hinunter, umarmt Emma lange, tritt aus dem Haus, macht auf dem Absatz kehrt, geht mehrmals wieder zurück. Beim vierten Mal kniet er vor ihr nieder, küsst ihre Hände und murmelt: *God bless you* (Gott segne Sie).

Die Szene ist ein Kitschbild, aber sie ist authentisch, wie wir gleich sehen werden.

Draußen wartet ein Mann: Scott, der Kaplan der *Victory*, ein ergebener Freund Nelsons. Die Postkutsche setzt sich in Bewegung. Sie überquert die kleine Brücke über den «Nil» und schlägt den Weg ein, der zum Tor führt. Einen Augenblick später ist sie außer Sicht, im abendlichen Nebel verschwunden.

Es ist Freitag, der 13.

Und es ist 10 Minuten nach 10.

Vor genau zwei Jahren, zur selben Stunde, nur am Morgen, war Sir William verschieden.

Wie seltsam sich manches im Leben fügt.

Auf dem Weg nach Portsmouth muss Nelson wieder an jene Zigeunerin denken, die ihm viele Jahre zuvor aus der Hand gelesen hatte[52].

«Nach 1805 sehe ich nichts mehr ...»

Als er sich in London einmal daran erinnerte, hatte er zu seiner Schwester Catherine gesagt: «Ach, Kitty, diese Zigeunerin!»

Fünfunddreißig Kilometer von Merton entfernt macht die Kutsche eine Pause. Hier erzählt Nelson Kaplan Scott – der später davon berichtet hat – im Vertrauen, wie sehr er in Horatias Zimmer gelitten habe: «Sie schlief wie Kinder schlafen. Ich habe nicht gewagt, sie zu wecken. Ich kniete neben ihr nieder und betete.»

Er schlägt das kleine Tagebuch auf, in dem er seine Gedanken notiert:

10 Uhr 10 bin ich von Merton aufgebrochen und habe die Menschen verlassen, die ich auf der Welt am meisten liebe. Möge jener allmächtige Gott, den ich ehre, es mir gestatten, meine Pflicht gegenüber meinem Vaterland zu erfüllen. Und sollte ich dank Seiner Gnade heimkehren, werden meine Dankgebete immerfort zum Thron Seiner Barmherzigkeit aufsteigen. Wenn es die Vorsehung aber will, dass meine Tage auf Erden gezählt sind, beuge ich mich ihr mit größter Demut und vertraue diejenigen, die mir so lieb sind und die ich dann zurücklasse, Seinem Schutz und Seiner Gnade an. Sein Wille geschehe. Amen. Amen. Amen.

Zehn Tage sind vergangen. Die Matchams und die Boltons haben sich auf den Heimweg gemacht. Auf dem verlassenen Gehöft bleiben nur Emma, ihre Tochter und Mrs. Cadogan zurück. Das ist nicht auszuhalten. Für Emma ist es besser, wenn sie auch geht. Irgendwohin, wo der Schatten Nelsons sie nicht auf allen Wegen verfolgt. Sie beschließt, Nelsons Bruder und dessen Frau Sarah in Canterbury zu besuchen. Dort wird sie sich weniger abgeschnitten fühlen.

Nachdem Sie Horatia der Obhut ihrer Mutter anvertraut hat, macht Emma sich auf den Weg. Für einen Moment hält sie beim Gemeindehaus an, um mit dem Pfarrer, Reverend Lancaster zu sprechen. Er war am Tag zuvor aus Portsmouth zurückgekehrt, wohin er seinen Sohn begleitet hatte, der als Matrose ebenfalls an Bord der *Victory* gegangen war. Emma hatte ihm einen Brief für den Admiral mitgegeben, und der Pfarrer überbringt ihr eine Antwort: «Ich flehe Sie an, liebe Emma, lächeln Sie, und denken Sie nur an die Zukunft, an all die Jahre, die auf uns warten, in denen wir glücklich zusammenleben werden, umringt von den Kindern unserer Kinder. Gott – Er allein hat die Macht dazu – wird alle Hindernisse beseitigen. Gotte segne Sie, meine Emma.»

Am 4. Oktober schreibt sie aus Canterbury:

Mein allerliebster Nelson […]. Ich lege Ihnen einen Brief von Miss Connor bei, denn sie erzählt darin viel von unserer geliebten Tochter. Es wird Ihnen gefallen. Ich habe auch einen Brief von meiner Mutter bekommen, in dem sie Horatia sehr lobt und sagt, sie könne nicht mehr ohne sie sein. Was für ein Segen für die Eltern, ein so wunderbares, so liebreizendes Kind zu haben. Bei Ihrer Rückkehr werden Sie mit Horatia noch zufriedener sein. O Nelson! wie sehr ich das Mädchen liebe, aber auch wie sehr ich Sie verehre, geliebter Herzensgatte. Sie sind alles für mich. Der Himmel segne Sie, Ihre einzige, Ihre Emma.

Nachdem sie von ihrer Mutter wieder Neuigkeiten erfahren hat, schreibt sie in ihrem zweiten Brief vom 8. Oktober: «Sie kann jetzt richtig lesen (mit knapp fünf Jahren) und beginnt ernsthaft ihre Noten zu lernen, und Französisch und Italienisch.»

Da weiß sie noch nicht, dass ihre Briefe ungeöffnet zurückkommen würden. Sie haben Nelson nicht mehr rechtzeitig erreicht.

Zur selben Zeit schreibt sie an Nelsons Schwester Susannah Bolton: «Liebe Freundin, mir ist wieder das Herz gebrochen, weil unser innig geliebter Nelson gleich wieder aufbrechen musste. Zwei Wochen habe ich wie in einem Traum gelebt, und jetzt bin ich im Elend dieser grausamen Trennung aufgewacht. Aber was kann ich tun? Das Vaterland braucht seinen mächtigen Arm so sehr.»

Mrs. Cadogan hält sie über das tägliche Treiben Horatias auf dem Laufenden. Zu einem der Briefe ihrer Großmutter schreibt das kleine Mädchen selbst ein Postskriptum: «Liebe Lady (Horatia war angehalten, ihre Mutter so anzureden), ich danke Ihnen für die Bücher. Ich trinke jeden Morgen aus dem Becher meines Lords. Wenn Sie ihm schreiben, sagen Sie ihm, dass ich ihn lieb habe und ihn küsse. Miss Connor hat mich geküsst, weil ich mein Buch gut gelesen habe. O, dafür gibt es drei Küsse. Grüßen Sie Miss Nelson. Liebe Lady, ich mag Sie sehr.»

In der zweiten Oktoberwoche kehrt Emma nach Merton zurück, um die Arbeiten am Haus zu überwachen, die einfach kein Ende nehmen wollen, während sie zur gleichen Zeit damit begonnen hat, die Wohnung in der Clarges Street renovieren zu lassen.

Am 19. Oktober ist Nelson vor der Küste von Cadiz. Im Westen liegt ein Kap, das nicht zu sehen ist. Sein Name wird bald in die Geschichte eingehen: Trafalgar …

Nelson sitzt in seiner Kajüte und führt die Feder über das Papier: *Meine innig geliebte Emma, meine von ganzem Herzen geliebte Freundin, Signale haben gemeldet, dass der Feind soeben ausgelaufen ist. Wir haben schwachen Wind, so dass wir uns nicht vor morgen begegnen werden. Möge der Kriegsgott meine Anstrengungen mit dem Sieg krönen. Ich will in jedem Falle so handeln, dass mein Name Ihnen und Horatia noch teurer wird, denn Sie beide liebe ich mehr als mein eigenes Leben. Da es mein letztes Schreiben vor der Schlacht an Sie sein wird, vertraue ich auf Gott, dass ich lange genug leben werde, um meinen Brief danach zu beenden. Der Himmel segne Sie! So betet Ihr Nelson und Bronte.*[53]

21. Oktober 1805.

Nelson steht auf dem Achterdeck der *Victory*. Er sieht entspannt aus. Kein Anzeichen von Nervosität. Er trägt immer noch denselben blauen Rock, den er an dem Tag angelegt hatte, als sie in Portsmouth ausgelaufen waren. Auf der linken Seite des Rocks sind die Sterne jener vier Ritterorden eingenäht, deren Mitglied Nelson ist.

Es ist 6 Uhr 40 in der Frühe. Über dem Horizont liegt ein zarter rosafarbener Schimmer.

Die beiden Flotten liegen noch außer Sichtweite.

Nelson geht wieder in seine Kajüte zurück und gibt Flaggkapitän Thomas Hardy und Kapitän Blackwood ein Zeichen, ihm zu folgen.

«Ich habe einen Zusatz zu meinem Testament verfasst. Ich möchte, dass Sie beide als Zeugen Ihre Unterschrift darunter setzen.

Er zeigt ihnen sein Tagebuch:

Am einundzwanzigsten Oktober Achtzehnhundertfünf, angesichts der spanischen und französischen Flotte, die augenblicklich noch ungefähr zehn Meilen entfernt ist. In Anbetracht der außerordentlichen Verdienste, die sich Lady Hamilton, Sir William Hamiltons Witwe, um den König und um die Nation erworben hat, die aber weder vom König noch von der Nation jemals belohnt worden sind, erinnere ich insbesondere daran:

1. dass Lady Hamilton 1799 von einem Brief Kenntnis erhielt, in dem der spanische König seinen Bruder, den König von Neapel, über seine Absicht unterrichtete, England den Krieg zu erklären, und dass Sir John Jervis vom Ministerium, gewarnt durch diesen Brief, Order bekommen hatte, einen Schlag gegen die spanischen Arsenale oder auch die Schiffe zu führen, sobald sich die Gelegenheit böte, und wenn dies nicht getan wurde, kann dieser Fehler nicht Lady Hamilton angelastet werden, denn Gelegenheit dazu hatte es wohl gegeben.

2. dass die britische Flotte unter meinem Kommando kein zweites Mal nach Ägypten hätte segeln können, wenn Lady Hamilton nicht ihren Einfluss auf die Königin von Neapel geltend gemacht hätte, damit an den Gouverneur von Syrakus der Befehl erging, der es der Flotte gestattete, sich in allen Häfen Siziliens mit allem zu versorgen, was sie benötigte. […]

Hätte ich selbst sie für diese Verdienste belohnen können, würde ich heute nicht diesen Aufruf an mein Land richten, da dies jedoch nicht in meiner Macht stand, hinterlasse ich meinem König und meinem Land die Sorge, Emma Lady Hamilton eine Rente zu geben, die es ihr ermöglicht, ihre Stellung in der Gesellschaft zu behalten. Auch meine Adoptivtochter Horatia Thomson Nelson überlasse ich der Großzügigkeit meines Vaterlands, und ich wünsche, sie möge in Zukunft nur noch den Namen Nelson tragen. Das sind die einzigen Vergünstigungen, um die ich meinen König und mein Vaterland in diesem Augenblick bitte, da ich für sie in die Schlacht ziehe. Gott

segne meinen König und mein Vaterland und alle, die mir lieb und teuer sind. Meine Familie muss ich nicht ausdrücklich erwähnen, sie wird selbstverständlich über alles Nötige verfügen.
Nelson und Bronte.

Die beiden Männer unterzeichnen das Dokument.

Nelson kehrt an Deck zurück und inspiziert die Batterien.

Gegen 11 Uhr geht er wieder in seine Kajüte hinunter und notiert in sein Tagebuch:

Möge der Allmächtige, den ich verehre, meinem Land und ganz Europa im Allgemeinen einen großen und ruhmreichen Sieg schenken, und möge ihn keine Untat schmälern und nach dem Sieg Menschlichkeit die erste Sorge der britischen Flotte sein. Ich meinerseits lege mein Leben in die Hände meines Schöpfers. Sein Segen leuchte über meinen Anstrengungen, meinem Vaterland treu zu dienen. In seine Hände lege ich mein Leben und die gerechte Sache, die zu verteidigen Er mir aufgegeben hat. Amen. Amen. Amen.

Die feindliche Armada mit ihren 58 Schiffen, darunter 14 spanischen und 18 französischen Linienschiffen, ist nur noch drei Meilen entfernt.

Für den Angriff verfügt Nelson über 21 Schiffe weniger.

Der Himmel ist strahlend blau, die See ruhig.

Gegen 11 Uhr 30 spielen die Orchester auf allen Schiffen *Rule Britannia*, anschließend die Nationalhymne.

Nelson wendet sich an den neben ihm stehenden Leutnant Pasco:

«Lassen Sie folgendes Signal für die ganze Flotte flaggen: *England expects that every man will do his duty.*»

Der Satz ist unsterblich geworden.

Zehn Minuten später stürzt sich die englische Flotte in zwei Kolonnen, eine von Nelson selbst angeführt, die andere unter der Führung von Collingwood, ins Zentrum der französisch-spanischen Armada. Alles verläuft genau nach Nelsons Plan.

Eine Kanonenkugel durchschlägt den Fockmast der *Victory*. Die Matrosen beeilen sich, die Segel einzuholen.

Um 12 Uhr 4 feuert die *Victory* eine Breitseite auf die feindliche Vorhut.

Es herrscht ein höllischer Lärm. Das Donnern der Kanonen ist ohrenbetäubend.

Auf beiden Seiten kämpft man mit beispiellosem Mut.

Die *Victory* verliert sowohl ihren Besanmasten als auch ihre Großbramstenge. Das Deck ist von Trümmern übersät.

Thomas Hardy, der seit einigen Minuten an der Seite des Admirals auf und ab marschiert, bemerkt auf einmal, dass er allein ist.

Er dreht sich schnell um.

Nelson ist in die Knie gegangen. Die Fingerspitzen seiner linken, seiner einzigen Hand streichen über das Deck. Hardy eilt zu ihm:

«Hardy, jetzt hat es mich erwischt ...»

«Hoffentlich nicht, Sir!»

«Doch. Meine Wirbelsäule ist gebrochen.»

Mit größter Vorsicht tragen vier Mann den Verwundeten ins Krankenrevier.

Alles Weitere gehört zu den Zeugnissen der Geschichte. Der Schiffsarzt, Doktor Scott, der Chirurg an Bord, Doktor Beatty, und der Kaplan der *Victory*, der Scott mit Vornamen hieß, haben es, wie auch das vorausgegangene Geschehen, schriftlich berichtet.

Der Admiral wird in eine Koje gelegt.

Ein Träger hat ihm seinen blutverschmierten Rock als Kopfkissen in den Nacken geschoben.

Doktor Beatty untersucht die Verwundung. Das Einschussloch ist unbedeutend. Es stammt von einer Gewehrkugel. Aber das Projektil ist tief in Nelsons Brust eingedrungen und in der Wirbelsäule steckengeblieben. Sein Atem geht schnell und kurz.

«Ich spüre, dass meine Wirbelsäule gebrochen ist. Sie können nichts mehr für mich tun.»

An Mr. Burke, den Zahlmeister, gerichtet, fügt er hinzu:

«Es ist sinnlos zu glauben, ich könnte überleben. Ich habe starke Schmerzen, aber nicht mehr lange.»

Er verlangt mehrmals nach Hardy. Der ist völlig überlastet und kommt erst um drei Uhr nachmittags unter Deck.

«Wie steht die Schlacht?»

Hardy beruhigt ihn. Die Dinge sind auf dem richtigen Weg. Zwölf feindliche Schiffe sind inzwischen genommen worden, aber die Schlacht dauert noch an.

«Ich bin ein toter Mann, Hardy. Kommen Sie näher.»

Burke, der den Admiral stützt, hört ihn sagen:

«Man soll meiner lieben Lady Hamilton eine Haarsträhne von mir geben und was mir sonst noch gehört.»

Hardy möchte ihn auch in dieser Hinsicht beruhigen, doch es schnürt ihm die Kehle zu, so dass er kein Wort mehr herausbringt und wieder an Deck geht.

Die Minuten verrinnen unter den Einschlägen der Kanonenkugeln.

«Haben Sie noch starke Schmerzen?» fragt Doktor Beatty.

«Ja, aber mir bleibt noch eine halbe Stunde.»

Und mit kaum hörbarer Stimme fährt er fort:

«Man würde gerne noch weiter leben ... Wie ginge es der armen Lady Hamilton, wenn sie mich in diesem Zustand sähe?»

Genau in diesem Augenblick feuert die *Victory* eine volle Breitseite, die das ganze Schiff vom Rumpf bis zum Deck erschüttert.

«Oh, *Victory*! *Victory*!» stöhnt Nelson, «wie sehr du mir weh tust!»

Und dann noch:

«Wie sehr wir doch am Leben hängen!»

Es werden immer mehr Verwundete ins Krankenrevier gebracht. Der Gestank, eine Mischung aus Blut und Pulver, ist unerträglich. «Das Hinterzimmer eines Schlachthauses», nannte es Reverend Scott später.

Hardy ist zurückgekommen. Er gesellt sich zu den fünf oder sechs Personen um den Sterbenden, nimmt Nelsons Hand und gratuliert ihm. Es ist ein glänzender, überragender Sieg.

«Wieviel Prisen?»

«Vierzehn oder fünfzehn, Sir.»

«Das ist gut, aber ich habe mit zwanzig gerechnet ...»

Nach einem kurzen Moment stößt er stockend hervor:

«Nur noch wenige Augenblicke ... dann bin ich nicht mehr. Werfen Sie mich nicht über Bord ... Hardy.»

«O nein, Sir! Bestimmt nicht.»

«Sie wissen ja, was Sie zu tun haben. Und sorgen Sie für meine liebe Lady Hamilton, sorgen Sie für die arme Lady Hamilton. Umarmen Sie mich, Hardy.»

Der Flaggkapitän kniet nieder, küsst den Admiral auf die Wangen und steht wieder auf.

«Jetzt bin ich zufrieden. Gott sei dank, ich habe meine Pflicht getan.»

Hardy bleibt ein oder zwei Minuten reglos stehen und sieht den Sterbenden an. Noch einmal kniet er nieder und küsst ihn auf die Stirn.

«Wer ist da?»

«Hardy.»

«Gott segne Sie, Hardy.»

Allmählich lässt das Donnern nach.

«Ankern Sie, Hardy! Werfen Sie den Anker! Wenn ich am Leben bliebe, würde ich vor Anker gehen!»

Der Kapitän stimmt zu und geht hinaus. Noch gibt Nelson die Befehle, und nicht Collingwood.

Mit leiser Stimme, aber nicht leise genug, als dass die anderen es nicht hörten, sagt Nelson zu Scott:

«Ich war kein großer Sünder, Doktor ... Ich habe richtig gehandelt. Das habe ich Ihnen immer gesagt.»

Für einen Moment herrscht Stille.

«*Remember!* Denken Sie daran, dass ich Lady Hamilton und meine Tochter meinem Land als Vermächtnis hinterlasse; und vergessen Sie niemals Horatia!»

Um 4 Uhr 30 hebt er noch einmal seine Stimme:

«Gott sei Dank, ich habe meine Pflicht getan.»

Das sind seine letzten Worte.

6. November 1805

24

Über Merton dämmert der Morgen.

«Seltsam», sagt Emma zu Susannah Bolton, «ich dachte, ich hätte die Kanonen des Towers gehört.»

«Die Kanonen des Towers? Dafür müsste es gewichtige Gründe geben!»

«Wenn ich es Ihnen doch sage. Es war gestern, spät in der Nacht, ich bin ganz sicher, dass ich sie gehört habe.»

«Wirklich seltsam. Ich …»

«Warten Sie! Da klopft jemand an die Tür.»

Emma rennt aus dem Zimmer, um zu öffnen. Vor der Tür steht ein Mann. Er stellt sich vor:

«Kapitän Whitby. Ich komme im Auftrag der Admiralität.»

«Kommen Sie herein, ins Haus …»

Der Offizier folgt ihr schweigend.

«Nun reden Sie doch … ich bitte Sie, reden Sie endlich!»

«Mylady … Wir haben einen großen Sieg errungen.»

«Ja, und? Den Brief, geben Sie mir den Brief!»

Der Bote rührt sich nicht und starrt Lady Hamilton mit Tränen in den Augen an. Sein Gesicht ist erschreckend bleich.

«Ich verstehe …», stammelt Emma.

Ein schriller Aufschrei, der Schrei eines verwundeten Tieres. Sie lässt sich auf das Sofa fallen, vergräbt ihr Gesicht in den Kissen.

In weiter Ferne hört man das Böllern der Kanonen. Sie hatte Recht gehabt. Es sind die Kanonen des Towers, die den Sieg verkünden.

Nelson ist tot! Der Aufschrei geht durch ganz England. Aber England ist gerettet. Man beweint das Ableben des Giganten, und zugleich beglückwünscht man sich zum Sieg. Von Stadt zu Stadt, von Dorf zu Dorf verbreitet sich die Nachricht. In den dunkelsten Elendshütten wie unter den goldenen Gewölben der Paläste. Alle sprechen davon: *Nelson*, *Trafalgar*, *Nelson* und *Trafalgar* … Der Bericht von der Schlacht wird von Straße zu Straße, von Passant zu

Passant weitergegeben. Kein Schiff aus der Flotte Seiner Majestät ist verloren gegangen. Dreitausend Franzosen sind gefallen, ebensoviel Spanier, aber nur vierhundertfünfzig Engländer. Von den 58 feindlichen Schiffen haben sich 17 ergeben. Admiral Villeneuve wurde gefangen genommen, ebenso der spanische Admiral Hidalgo Cisneros. Welch ruhmreicher Triumph!

Die Depesche Collingwoods mit der Nachricht vom Sieg war um Mitternacht in der Admiralität eingetroffen.

Für eine Frau, die den Mann verloren hat, den sie liebt, haben Triumph und Ruhm einer Nation keine Bedeutung. Ihr erscheint alles lachhaft. Was soll einer Frau, die ihre Trauer hinausschreit, der unvergängliche Ruhm, der die Stirn des entschlafenen Helden umkränzt? Mit Nelsons Tod beginnt auch Emmas langes Sterben.

Zehn Stunden, zehn lange Stunden rührt sie sich nicht vom Fleck, bleibt zusammengekauert liegen und bringt kein Wort hervor. Die ganze Woche über ist sie niedergeschmettert. Aus ihrer Erstarrung hervorzukommen, gelingt ihr höchstens, wenn sie die letzten Briefe des Admirals liest, die sie unter ihrem Kopfkissen aufbewahrt, oder wenn sie die Beileidsschreiben durchgeht, die man ihr schickt. Unter anderem einen Brief von Blackwood: «Kapitän Thomas Hardy bittet mich, Ihnen sein aufrichtiges Mitgefühl auszudrücken.» Hardy selbst schreibt ihr zwei Tag darauf: «Von nun an obliegt es mir, alles zu tun, was in meiner Macht steht, damit Ihre Wünsche erhört werden. Das war der Letzte Wille unseres lieben Lords, und diesen Wille werde ich nie vergessen. Sobald es mir möglich ist, komme ich Sie besuchen.»

Hardy hält sein Versprechen. Kaum hat die *Victory* am 5. Dezember am Kai von Spithead festgemacht, eilt er nach Merton. Einen ganzen Vormittag lang erzählt er Emma von den letzten Stunden Nelsons, dann reicht er ihr einen Ring, auf dem zwei ineinander verschlungene Hände dargestellt sind.

Sie erkennt den Trauring, den sie ihrem Geliebten am Altar der Kirche von Merton über den Finger gestreift hatte.

Dann händigt ihr der Flaggkapitän die blutverschmierte Uniform, eine Haarsträhne von Nelson und Élisabeth Vigée-Lebruns Porträt von ihr aus. Das Bildnis hatte ihn überallhin begleitet, auf allen Schiffen.

«Kann ich seinen Leichnam sehen, Hardy?»

«Ich glaube, das wäre ein Fehler, Mylady. Ich bitte Sie, denken Sie nicht daran.»

Um die sterblichen Überreste Nelsons zu bewahren, hat man seinen Leichnam in ein Fass Brandy gesteckt und dieses bei einem kurzen Aufenthalt in Gibraltar mit Schnaps aufgefüllt. Zwischenzeitlich hatte Doktor Beatty ein Autopsie für unumgänglich gehalten. Nach einem langen Schnitt zur Öffnung des Körpers konnte der Chirurg unter großen Schwierigkeiten die Kugel extrahieren, die in einem Rückenmuskel steckengeblieben war. In seinem Bericht heißt es: «Nachdem das Projektil in die linke Schulter eingedrungen war und zwei Rippen gebrochen hatte, durchschlug es den linken Lungenlappen und durchtrennte die Lungenarterie; obwohl die Kugel anschließend noch die Wirbelsäule brach, war die Todesursache demnach eine Lungenblutung.»

«Nein», wiederholte Hardy, «ich glaube, das wäre ein Fehler. Ich bitte Sie, denken Sie nicht daran.»

Emma schüttelt heftig den Kopf

«Ihn sehen, seine Lippen küssen ... ein letztes Mal.»

Am 22. Dezember wird der Leichnam Nelsons 10 km flussabwärts des Towers am südlichen Themseufer im Militärhospital von Greenwich aufgebahrt. Um den offenen Sarg steht ein kleiner Kreis von Angehörigen. Alle sind verblüfft, wie gut der Körper erhalten ist. Eine Künstlerin, Mrs. Catherine Andras – Nelson hatte ihr schon einmal Modell gestanden – hat gerade einen Abdruck seines Gesichts genommen, um seine Totenmaske danach herzustellen.

Stehen Emma und Horatia an seinem Sarg? Hat Emma mit den Offizieren geredet, die die Totenwache halten? «Ich verspreche Ihnen, ich werde kein Wort sagen, keine Träne vergießen, aber lassen Sie mich noch einmal meine Lippen auf die seinen legen.» Hat sie darum gebeten, eine Haarsträhne richten zu dürfen? Einige Biographen sind überzeugt davon, andere behaupten das Gegenteil. Es ist kaum zu entscheiden.

Eines ist sicher: Nelson ruht in jenem Sarg, den ein junger Matrose der *Vanguard* aus dem Großmast der *Orient* gezimmert hatte.

8. Januar 1806. Auf den Kais entlang der Themse hat sich eine riesige Menschenmenge versammelt.

In einem bleiernen Sarkophag wird der Sarg, auf einem Prahm aufgebahrt, im Schlepptau die Themse hoch gezogen. Über hundert Boote mit Admiralen und Offizieren aller Dienstgrade geben ihm das letzte Geleit. Auf der Landungsbrücke von Whitehall empfängt ihn der Prinz von Wales. An beiden Ufern der Themse läuten die Totenglocken.

Am nächsten Tag, einem Donnerstag, setzt sich morgens ein Trauerzug in Richtung Saint Paul's Cathedral in Bewegung. Eine Abteilung leichter Dragoner, vier Infanterieregimenter, sechs Kavallerieschwadronen, elf Artilleriegeschütze und achtundvierzig Matrosen von der *Victory* mit schwarzen Strümpfen und schwarzen Halstüchern, in der Hand einen Trauerflor, führen ihn an. Ab und zu entrollen die Matrosen die Schiffsflagge, um der Menge die Löcher von den Kanonenkugeln zu zeigen. Bläser und Trommler spielen den Trauermarsch. Das Volk, das sich auf den Straßen versammelt hat, bildet ein Trauerspalier. Um 2 Uhr mittags wird der Sarg mit Nelson von zwölf Matrosen in die Kathedrale getragen.

Sechs Admirale kommen ihnen mit einem Baldachin entgegen, während ein Chor den Psalm «Ich bin die Auferstehung und das Leben» anstimmt.

Am Ende des vierstündigen Trauergottesdienstes wird der Sarkophag mit einer speziellen Vorrichtung langsam in die Krypta hinabgelassen.

Eine vollkommene Trauerfeier.

Draußen geht die Menge auseinander.

Doch wo ist Emma? Wo ist Lady Hamilton? Sie hat sich zu Hause in der Clarges Street eingeschlossen. Man hatte es nicht für nötig befunden, sie einzuladen. Auch Fanny war nicht eingeladen. Weder der Ehefrau noch der Geliebten wurde das Recht zugestanden, dem Mann die letzte Ehre zu erweisen, den sie liebten, den sie noch immer lieben.

Um Fanny muss man sich keine Sorgen machen. Die Rente von 1800 Pfund, die Nelson für sie vorgesehen hat, sichert ihre Zukunft, und wie wir sehen werden, bekommt sie noch mehr. Für Emma ist es Zeit, Bilanz zu ziehen. Wo steht sie an diesem Winterabend im Jahr 1806? Wohin sie sich auch wendet, sie sieht nur Finsternis und Einsamkeit vor sich liegen. In einem Zeitraum von zwei Jahren hat die Hippe die beiden Menschen umgemäht, die ihr Schicksal in der Hand hielten. Nun bleibt sie allein zurück mit einem fünfjährigen Kind und ungefähr 1700 Pfund an jährlichen Renten: 700 steuerfrei, die ihr von Sir William vermacht worden waren, und 1000 von Nelson. Andere Einkünfte hat sie nicht. Eigentlich hätten noch die Dividenden aus dem Herzogtum Bronte, 500 Pfund jährlich, hinzukommen müssen. Unter dem Vorwand, er verfüge nicht über die ausreichenden Mittel, verweigert Nelsons Bruder und Testamentsvollstrecker Reverend William jedoch die Auszahlung! Horatia hatte der Admiral 4000 Pfund hinterlassen, aber Lady Hamilton bekommt davon nur die Zinsen, die ausschließlich für die Ausbildung ihrer Tochter bestimmt sind. Sie weiß, dass sie dieser Verpflichtung immer nachkommen wird, und sollte es sie das Leben kosten. Gott sei Dank besitzt sie Merton. Doch mag der Hof auch eine Zuflucht sein, er ist vor allem ein finanzieller Abgrund: Die Renovierungsarbeiten sind weder abgeschlossen noch bezahlt. Wie soll sie dafür aufkommen? Ihren Lebensstil einschränken? Sie weiß nicht, hat nie gewusst, was Sparen bedeutet. Seit ihrem sechzehnten Lebensjahr haben die drei Männer, die ihr alles bedeuteten, sie unter ihre Obhut genommen, Nelson und Sir William sogar viel zu sehr. Doch, nur Mut, Emma. Die Regierung Seiner Majestät wird dich nicht vergessen. Sie wird dir unter die Arme greifen.

A propos, was ist eigentlich aus dem Tagebuch geworden, in das Nelson den Zusatz zu seinem Testament eingetragen hatte? Nach der Schlacht nahm Doktor Scott es an sich und übergab es nach seiner Rückkehr George Rose, dem engen Freund Nelsons, der sich beeilte, das Heft dem Premierminister, William Pitt, zu überreichen. Er hat die Entscheidung zu treffen.

Einsamkeit, Leere, Alpträume. Nelsons Gesicht spukt durch Emmas Träume. Jeden Morgen meint sie, er müsse zurückkehren. Diese ganze Tragödie ist nur eine Täuschung. Er kann einfach nicht tot sein. Unmöglich. Ein Mann, der einen liebt, darf nicht sterben. Erst recht nicht, wenn er ein Held ist. Und doch …

Am 23. Januar verdunkelt eine neue Nachricht ihr ohnehin schon tristes Leben. Pitt ist ganz plötzlich gestorben. Mit dem Premierminister verschwindet die einzige wichtige Persönlichkeit, die das Parlament zugunsten von Lady Hamilton hätte beeinflussen können. Jetzt kann sie nur noch hoffen und beten, dass sein Nachfolger, Lord Grenville, ein wohlwollendes Auge auf das Tagebuch und den letzten Willen des Admirals wirft.

Während Emma wartet, verfolgt sie noch ein anderes Vorhaben. Es ist nichts Ungewöhnliches. Die meisten Männer und Frauen, die das Glück hatten, einen Teil ihres Lebens mit einer Berühmtheit zu verbringen, drängt es nach deren Tod, ein wenig von ihrer Geschichte der Nachwelt zu überliefern. Emma verbindet damit die Hoffnung, sie könne ihren Verächtern zeigen, welch große Stücke Nelson auf sie hielt und welche Rolle sie an seiner Seite gespielt hat. Sie will endlich gerecht beurteilt werden. George Rose teilt sie mit, dass sich über 1500 Briefe von Nelson in ihrem Besitz befinden, er möge ihr doch bitte jemanden empfehlen, der vertrauenswürdig und talentiert genug wäre, um eine Nelson-Biografie zu schreiben. Man schlägt ihr einen Mann vor, der Buchhändler von Beruf ist: James Harrison. Sie trifft ihn, und er nimmt die Sache in die Hand.

Mitte Februar laden sie die Boltons ein, einige Tage bei ihnen in Norfolk zu verbringen. Sie nimmt an, denn alles ist besser, als sich zwischen Merton und der Wohnung in der Clarges Street vor Kummer zu verzehren. Drei Wochen später bekommt sie in Norfolk einen sorgenvollen Brief von ihrer Mutter: Ob Emma eine Kopie von Nelsons Testamentzusatz aufbewahrt habe? Nein, sie besitzt nichts dergleichen. Das Dokument selbst ist in den Händen Lord Grenvilles. Ihm vertraut sie.

Sie verlässt die Boltons in der zweiten Aprilwoche. Sie fühlt sich ein wenig besser, soweit gestärkt, dass sie *Paradise Merton* ertragen kann, das sich allmählich in *Hell Merton* verwandelt.

Mitte Mai entdeckt sie auf der Titelseite des *Morning Chronicle*, dass sich das Parlament für eine Schenkung an die Familie Nelsons ausgesprochen hat. Jede Schwester des Admirals erhält die Summe von 15 000 Pfund Sterling, Fanny eine lebenslange Rente von 5000 Pfund. Am besten kommt allerdings Nelsons Bruder William weg, dem die Regierung neben einer jährlichen Rente von 5000 Pfund die unglaubliche Summe von sage und schreibe 100 000 Pfund zubilligt, «die es ihm ermöglichen soll, einen seinem Rang angemessenen Wohnsitz zu erwerben». Welchem Rang? Bis dahin war er ein einfacher Pastor. Doch mit der Schenkung verleiht ihm das Parlament auch den Titel eines Grafen, eine Ehre, die Nelson selbst noch verweigert worden war. Die Wege der Macht sind unergründlich …

Remember! Denken Sie daran, dass ich Lady Hamilton und meine Tochter meinem Land als Vermächtnis hinterlasse; und vergessen Sie niemals Horatia!

Offensichtlich gehört die flehentliche Bitte Nelsons nicht zu den

Besorgnissen der Regierung seiner Königlichen Hoheit. Und Emma braucht dringend Hilfe. Ein Darlehen. Schnell. Soll sie sich an die Königin von Neapel wenden? Nach der abschlägigen Antwort, die sie bekommen hat, weiß sie nicht, wie sie ihre Bitte noch einmal vorbringen soll. Ihr Stolz untersagt es ihr – noch. Und sie hat Nelsons Worte im Ohr: «Dort unten, im Königreich beider Sizilien, interessiert sich kein Mensch mehr für uns.» Außerdem ist die Königin inzwischen abgesetzt worden und erneut in Palermo im Exil. Der neue König in Neapel heißt Joseph Bonaparte.

Am ersten Juli fällt ihr Sir Harry wieder ein. Der Leser erinnert sich vielleicht nicht mehr an Sir Harry Fetherstonhaugh, den jungen Lord, der *Little Emmas* Vater war, und von dem das *Gentleman's Magazine* meinte, er sei nichts als ein «vulgärer Dandy erster Güteklasse». Er ist nun ein älterer Herr von fünfzig Jahren und noch immer Junggeselle. Während all der Jahre hatte er sporadisch Briefkontakt mit der Frau, die einst seine Mätresse war. In ihrer Verzweiflung wendet sie sich jetzt an ihn:

Lieber Sir Harry,
wenn Sie meiner Bitte nicht nachkommen können, so verbrennen Sie bitte diesen Brief [...], und seien Sie sicher, dass ich es Ihnen nicht verübeln werde. Ich erwarte 2000 Pfund von Earl William [Nelsons Bruder], doch beim üblichen Gang der Dinge im Amt des Schatzkanzlers rechne ich nicht vor Weihnachten damit. Wenn Sie mir 500 Pfund leihen könnten, wäre mir das eine große Hilfe, um meine Angelegenheiten in Ordnung zu bringen. Ich garantiere Ihnen die Rückzahlung, sobald ich das Geld vom Grafen erhalte oder Merton verkauft habe. Wenn Sie einverstanden sind, veranlasse ich das Notwendige bei Coutts, damit Sie zu Weihnachten ausbezahlt werden. [...] Lord St. Vincent muss noch mit Mr. Fox [dem Außenminister] über meinen Fall sprechen, und er wird meine Dienste bezeugen. In Anbetracht Ihrer großen Freundschaft zu mir rufe ich lieber Sie um Hilfe an, als dass ich die Wucherzinsen eines Beleihers zahle. [...] Gestatten Sie mir für ein paar Tage einen Besuch in Up Park. Dann können wir von der guten alten Zeit reden. Vielleicht habe ich das Geld bis dahin schon lange an Sie zurückbezahlt. Ich kann Ihnen nicht beschreiben, welche Gefühle mich dabei bewegen, wenn ich Sie um diesen Gefallen bitte, doch mag sein, was will, ich werde Sie nie im Stich lassen.

Ihre ergebene Emma Hamilton.

Manchmal bessert sich der Mensch im Alter. Sir Harry ist der Sache gewogen. Vielleicht erkennt er darin eine gute Gelegenheit, sein früheres Verhalten wiedergutzumachen. Sie antwortet ihm umgehend: «Ihr Brief, lieber Harry, hat mich sehr glücklich gemacht. Ich schreibe Ihnen vom Bett aus, denn ich habe Fieber. (...) Morgen gegen 1 Uhr werde ich in der Stadt sein. Lassen Sie mich wissen, wo ich Sie treffen kann, um Ihnen von Herzen zu danken. [...] An dem Tag, an dem sie endlich etwas für mich tun, werde ich reich genug sein.» Und sie legt Ihrem Schreiben einen Wechsel bei: «Die Summe von 500 Pfund ist Sir Harry Fetherstonhaugh vom heutigen Datum an gerechnet (Juli 1806) innerhalb von fünf Monaten auszubezahlen.»

Um diese Summe reicher, macht sie sich erneut nach Norfolk auf. Vor der Reise schreibt sie allerdings noch an Alexander Davison:

Es geht mir sehr schlecht. Schweren Herzens habe ich mich entschlossen, nach Norfolk zu Lady Bolton zurückzukehren. Eine große Leere tut sich vor mir auf, ich finde kaum noch Freunde, während ich zu Zeiten, als dies noch in meiner Macht stand, das Haus immer voll hatte. Jetzt ist alles vergessen, keiner denkt mehr an mich, auch nicht an die Dienste, die ich meinem Vaterland erwiesen habe. Wenn meine Regierung mir nicht zu Hilfe kommt, werde ich wohl gezwungen sein, Clarges Street und zweifellos auch Merton aufzugeben.

Sie schreibt auch an Hayley, den Freund Romneys: «Ich bin vollkommen niedergeschlagen. (...) In Neapel war ich glücklich, aber das alles ist nur noch wie ein Traum. Hier verfolgt mich eine Meute von Advokaten. (...) Ich lese regelmäßig in Ihren *Triumphen des Frohsinns*. Addio mio caro amico.»

Sie fühlt sich um so mehr alleine gelassen, als Reverend William entschieden hat, dass Charlotte, die ihre Begleiterin und Vertraute geworden war, sie nicht mehr besuchen dürfe.

Bei den Boltons in Norfolk wird sie, wie bei jedem ihrer Besuche, herzlich aufgenommen. Für sie hat sich durch den Tod des Admirals offensichtlich nichts geändert. In den Augen des Paars ist und bleibt Emma die Frau, die Nelson geliebt hat. Sie bleibt bis Ende August in Norfolk und natürlich lässt sie sich zu völlig unüberlegten Ausgaben hinreißen. In den Spalten des *Norwich Mercury* wird von einem Dinner berichtet, das sie im vornehmsten Gasthaus der Gegend gab, im Crown Inn, und zu dem sie die bedeutendsten Leute der Region an ihrem Tisch versammelte.

Noch immer keine Nachricht von der Regierung ... Schlimmer noch, angeblich weiß niemand, wo das Tagebuch Nelsons abgeblieben ist. Es kann sich doch nicht in Luft aufgelöst haben.

Aus Norfolk schreibt sie an Nelsons Kaplan Scott:

Ende der Woche (Anfang September) werde ich wieder in Merton sein ... Ich würde Sie sehr gerne sehen und um Rat fragen. Wie hart es ist, wie grausam man sich Horatia und mir gegenüber verhält. Der letzte Wille meines Engels wird missachtet, ganz zu schweigen von den betrügerischen Absichten, die man hinsichtlich des Testamentzusatzes verfolgt. Aber genug davon. Ich werde Ihnen alles persönlich erzählen. (...) Hat er in seinen letzten Minuten nicht den König und die Nation beschworen, man möge mich gerecht behandeln? Ich habe seine Briefe aufbewahrt, und fast achthundert von der Königin von Neapel, die zeigen, was ich für meinen König und mein Land geleistet habe. Und wie lohnt man es mir? Pah! Ich stehe über ihnen. Ich verachte sie und bewahre lieber meine Würde. Ich habe mein ganzes Leben mit Ruhm und Ehre gelebt, den Ruhm wird man mir nicht wegnehmen. Ich verachte sie ...

Die Nelson-Biografie, die James Harrison auf Veranlassung Emmas geschrieben hat, wird unter dem Titel «Life» in zwei Bänden von dem Verleger C. Chapple an der Pall Mall veröffentlicht. Der reine Wahn. Sie hat nicht nur die Unkosten für diese Veröffentlichung übernommen, sie konnte es sich auch nicht verkneifen, dem Autor Geld zu leihen. Vom Leben seines Helden in Bann geschlagen, hat Harrison leider völlig vergessen, die Sache mit dem Testamentzusatz ins rechte Licht zu rücken, nur auf den letzten Seiten streift er die Angelegenheit. Lord Grenville jedenfalls lässt sich davon nicht mehr beeindrucken als von den Petitionen, die zugunsten Emmas bei ihm eingereicht werden. Zu allem Übel hält man das Buch auch noch für schlecht geschrieben; selbst Lord St. Vincent bekennt, er habe die Lektüre nicht über den ersten Band hinaus fortsetzen können. Das Vorhaben ist also gescheitert.

Im September kehrt sie nach Merton zurück. Mehr denn je stürzt sie sich ins gesellschaftliche Leben. Am 29. Oktober, dem offiziellen Geburtstag von Horatia, veranstaltet sie wieder ein Festessen. Der Grund dafür bleibt ihr Geheimnis. Unter den Gästen sind diesmal Reverend Lancaster, die Matchams, James Harrison mit Frau, die Boltons und ihre Kinder. Bei dieser Gelegenheit singt Emma im Duo mit ihrer Tochter ein Lied zum Ruhme Nelsons nach einer

Weise der italienischen Sängerin Signora Bianchi. Der Text stammt aus der Feder Harrisons. Reich beschenkt verlassen die Gäste den Hof. Halten wir noch fest, dass Greville, der ebenfalls eingeladen war, unter dem Vorwand einer schlimmen Grippe weggeblieben ist.

Am 26. April 1807 ist ihr zweiundvierzigster Geburtstag. Geldmangel darf da kein Hindernis sein. Sie handelt noch immer mit einer Unbesonnenheit, die man als selbstzerstörerisch bezeichnen könnte, und lädt etliche Personen ein, um mit ihnen [in der Clarges Street] zu feiern. An jenem Tag schickt Mrs. Cadogan ihr Mariana, die ihr in der Küche helfen soll, und nutzt die Gelegenheit, der Dienerin ein Schreiben an ihre Tochter mitzugeben. Es gibt einen tiefen Einblick in die finanzielle Lage der Botschafterwitwe: «Wenn ich doch nur zehntausend Pfund hätte, um sie Dir schenken zu können, ich würde es gerne tun. Ich schicke Dir Mariana, denn ich denke, sie wird Dir heute nützlich sein. Ich gehe in Staub und Malerarbeiten unter [...]. Mariana wird Dir berichten, wie elend ich mich diese Woche gefühlt habe. Liebe Emma, ich schulde Mariana noch den Lohn für vier Monate, das sind 2 Guineen. Ich konnte sie nicht bezahlen, doch sie braucht Schuhe und Strümpfe. Wenn es geht, gib auch Miss Connor 30 Shilling, damit sie die Wäscherin bezahlen kann, der wir drei Monate Waschen schuldig sind. Du musst Mariana am Morgen so früh wie möglich zurückschicken. Möge Gott dich segnen, meine liebe Emma.»

Sie ist zweiundvierzig. Die Wechseljahre haben bereits eingesetzt und, verstärkt durch den übermäßigen Genuss von Dunkelbier, für eine extreme Gewichtszunahme gesorgt. Die vollkommene Figur, die sie als Zwanzigjährige besaß, ist nur noch eine Erinnerung.

Wochen und Monate vergehen. Schon ist ein Jahr um. Das Schweigen der Regierenden Seiner Majestät ist beredter denn je. Emma jongliert, leiht bei den einen, um bei den anderen damit zu bezahlen. Eine teuflische Spirale, die sie mitreißt und kein Ende nimmt ... Wie lange soll das noch gut gehen?

3. Juli 1808

25 Während eines Ausflugs nach Worthing in der Grafschaft Sussex erfährt Emma von dem treuen George Rose, dass George Canning, der neue Außenminister, entschieden hat, dem testamentarischen Zusatz Nelsons nicht stattzugeben. Die Nachricht trifft sie wie ein Fallbeil:

Letzten Sonntag habe ich mit Mr. Canning in aller Ruhe über das Papier sprechen können, das Nelson wenige Augenblicke vor Beginn der letzten Schlacht verfasst hat. Ich wiederhole, was ich Ihnen, wie ich meine, schon einmal gesagt habe, dass nämlich Mr. Canning besten Willens ist, diesem Papier Gültigkeit zu verschaffen. Doch die Hindernisse sind, glaube ich, unüberwindlich. Ich kann Ihnen in aller Aufrichtigkeit versichern, dass ich mich bemüht habe, die Aufgabe so gewissenhaft zu erfüllen, wie Lord Nelson es von mir erwarten dürfte, wenn er noch am Leben wäre, und ich bin wirklich sehr betroffen darüber, dass mir kein Erfolg beschieden war. Die Frage ist noch nicht endgültig entschieden, aber es wäre unentschuldbar, wenn ich Ihnen noch irgendwelche Hoffnung ließe.

Emma antwortet ihm unverzüglich:

Ich habe geglaubt, Mr. Canning würde mir Gerechtigkeit widerfahren lassen. Ich bat doch nicht um einen Gefallen. Ich habe geglaubt, dass man die einzigen Ansprüche, die der Retter dieses Landes jemals geltend gemacht hat, berücksichtigen würde. Wenn man sich schon weigert, mir auch nur die geringste Unterstützung zu gewähren, könnte man nicht wenigstens an seine Tochter denken? *Aber genug! Es fällt mir schwer zu schreiben und dabei Ruhe zu bewahren. Ich muss nach Merton zurück. Ich habe ihm geschworen, mich dort um die Erziehung Horatias zu kümmern. Ich werde meine Aufgabe weiterhin erfüllen. Ich muss auch die Arbeiten beenden, die mit seiner Zustimmung begonnen wurden. Die Rechnungen belaufen sich derzeit auf mehr als 7000 Pfund. Er wollte sie nach seiner Rückkehr bezahlen. Ich verlange nichts weiter, als dass man mich wenigstens von diesen Schulden befreit. Muss ich Sie daran erinnern, dass sie in keinem Verhältnis stehen zu den Verlusten, die ich in Neapel im Dienst für mein Vaterland und die königliche Familie hinnehmen musste?*

Sie kehrt wieder nach Merton zurück und verlässt den Hof praktisch nicht mehr.

Am 29. Oktober feiert sie Horatias sechsten Geburtstag. Zu Besuch kommen, das ist nun schon ein Brauch, Reverend Lancaster, die Boltons, die Matchams, die Nichten und Neffen, aber auch James Perry, der Redakteur des *Morning Chronicle*.

Der Winter kommt, und es wird ein trauriger Winter. Unendlich traurig. Nie zuvor hat der Schnee sie so sehr an ein Leichentuch erinnert. Nie war ihr die Landschaft so geisterhaft vorgekommen. Und noch nie – davon ist sie überzeugt – war es so kalt. Das Haus hat viele Kamine, und Holz ist teuer. Als 1809 der Frühling Einzug hält, hat der Winter Emmas letzte innere Widerstände gebrochen: Merton muss verkauft werden. Sie hat keine andere Wahl. Die Gläubiger, die bis dahin überzeugt waren, das Parlament würde ihre Ansprüche anerkennen, üben immer mehr Druck aus. Ja, sie muss verkaufen. Ohnehin ist der Hof nicht mehr das Paradies, das es früher war. Jetzt ist er ein Ort der Gespenster. An manchen Abenden meint sie zwei Gestalten Arm in Arm durch den Park schlendern zu sehen, den alten Botschafter und einen Admiral in Gala-Uniform.

Am 4. April schätzt Mr. J. Willock von der Agentur Golden Square den Besitz auf 12 300 Pfund Sterling. Jetzt muss nur noch ein Käufer gefunden werden.

Unterdessen schreibt sie wuterfüllt an Lord St. Vincent und fleht ihn an, «im Namen *des Mitgefühls und der Erinnerung*, die er zweifellos für seinen ruhmreichen Kampfgefährten hege», sich für sie einzusetzen. Sie gibt ihm zu verstehen, dass man anderen Witwen eine staatliche Unterstützung zugebilligt hat. Sie führt Mrs. Fox an, der man eine Rente von 1200 Pfund zugesprochen hat, obwohl die Leistungen ihres Ehemanns sehr umstritten waren. Und die Witwe von Mr. Lock, die in den Genuss von 800 Pfund jährlich gekommen ist, obwohl ihr Mann lediglich Konsul in Palermo war, und auch das nur zwei Jahre lang.

Arme Emma! Für gewisse Worte ist der Adel taub … *Erinnerung? Mitgefühl?* Ihr Brief blieb unbeantwortet. Die Botschafterwitwe hat wohl ein schwaches Gedächtnis. Hat sie schon vergessen, dass derselbe Lord St. Vincent sie und Nelson ganz offen als *lächerliches Paar verliebter Spinner* bezeichnet hat? Ihr Anliegen war sicher keine Herzensangelegenheit für ihn. Wie konnte sie annehmen, ein Mann seines Schlages würde ihr helfen? Tatsache ist, dass ein Ertrinkender nach jedem Strohhalm greift …

Und Nelsons Tagebuch? Wenn sie es wenigstens zurückerhalten würde, es offiziell registrieren lassen könnte! Aber es ist unauffindbar. Irgendwo abhanden gekommen unter den Aktenbergen der Admiralität und des Außenministeriums.

Monate vergehen, und kein Käufer findet sich. Zu allem Übel schickt Greville – von Sir William zu seinem Testamentsvollstrecker eingesetzt – ihre Überweisung mit unverzeihlicher Unregelmäßigkeit: Pünktlich erhält Emma ihre Rente so gut wie nie. Und der Mann, der Druck auf Greville hätte ausüben können, Alexander Davison, muss nach einer undurchsichtigen Affäre eine Gefängnisstrafe wegen Untreue absitzen.

Anfang Mai muss sich Emma von der Wohnung in der Clarges Street trennen.

Im Juli teilt George Rose ihr mit, ein aus Indien stammender Händler habe Interesse an Merton. Aber das Interesse führt nicht zum Verkauf.

Wer könnte Merton kaufen? Wer wäre reich genug?

Ein Name fällt Emma ein. Ihr alter Verehrer, alt im wahrsten Sinne des Wortes, denn er ist gerade vierundachtzig geworden. Es handelt sich um Lord Queensberry, «Old Q.» Hatte er sich nicht nach Sir Williams Tod erboten, sie zu heiraten, ihr sein ganzes Vermögen zu vermachen? Sicher, seither sind einige Jahre vergangen. Emma ist nicht mehr das wunderbare Geschöpf, das er gekannt hat. Aber das soll keine Rolle spielen, schließlich will sie keine Ehe mit ihm eingehen, sondern eine Immobilie an ihn verkaufen.

Sie schreibt ihm:

Lieber Lord und Freund,
Darf ich hoffen, dass Sie dies lesen werden, denn Sie sind meine letzte Hoffnung, der einzige auf der Welt, der mir in dieser elenden, unglücklichen Zeit noch helfen kann. Deshalb wende ich mich an Sie. Ich möchte nicht mehr haben, als ich bieten kann. Ich könnte davon bequem in Richmond leben [ein unbewohntes Haus im Besitz des Herzogs], vorausgesetzt, ich könnte dort ohne Angst leben – und meine Schulden wären alle bezahlt. Ich glaube und hoffe, dass 15 00 Pfund Sterling für alles genügen. Kaufen Sie es [Merton] aus Liebe zu mir und zu Nelson, für die guten Dienste, die

ich meinem Vaterland erwiesen habe [...]. Ich bin verloren und werde die Elendeste aller Frauen sein, wenn Sie mir nicht helfen. Wenn ich von Merton befreit und wenn meine Schulden bezahlt wären, und ich nur noch 100 Pfund in der Tasche hätte, würde ich Sie segnen, meine Mutter würde Sie segnen, und Horatia würde Sie segnen. Wenn Sie Merton nicht behalten möchten, im Frühjahr lässt sich der Hof bestimmt besser verkaufen. Ersparen Sie mir nur den Winter über die Angst vor dem Gefängnis. Es stimmt, dass es durch meine eigene Unbesonnenheit so weit gekommen ist, aber Undankbarkeit und Ruchlosigkeit haben dazu beigetragen. Schande über diese Leute. Lassen Sie nicht zu, dass sich meine Feinde auf mich stürzen. In Gottes Namen, lieber Herzog, mein Freund, stellen Sie sich vor, Nelson würde Sie bitten ...

Der alte Herzog ist vielleicht schwerhörig, aber im Herzen versteht er gut. Merton will er nicht kaufen, er besitzt schon genug Häuser, die zu nichts nutze sind. Eines mehr wäre nur ein zusätzliches Ärgernis, während man in seinem Alter eher bestrebt ist, alle Belastungen loszuwerden. Aber er zeigt sich erkenntlich. Mit einer mehr als rühmenswerten Geste. Er schenkt Emma 2500 Pfund unter einer Bedingung: Die Summe wird bei Coutts hinterlegt, und Abraham Goldsmith – der Bankier und Mäzen, den Emma in den ersten Wochen nach ihrer Ankunft in Merton kennenlernte – bekommt den Auftrag, ihre Schulden damit zu begleichen. Zudem stellt «Old Q.» ihr sein Haus in Richmond zur Verfügung, ein sehr angenehmer Wohnsitz mit einem Garten hinter dem Haus, der zur Themse hinuntergeht, kaum kleiner als Merton, inmitten eines Viertels, das gerade sehr in Mode ist. Es umfasst acht Zimmer und vier Empfangsräume, einen Billardsalon und viele andere Annehmlichkeiten. Über dem Portalvorbau thronen zwei steinerne Reiher, von denen sich der Name des Anwesens ableitet: *Heron Court* (ursprünglich *Herring Cort*).

Emma nimmt das Angebot begeistert an und zieht um. Ein Teil ihrer Schulden ist bezahlt, aber eben nur ein Teil. Ihr Spielraum wird enger. Ihre Gläubiger sind endgültig überzeugt, dass sie von der Regierung nichts mehr bekommen wird und blasen das Halali. In dieser äußerst angespannten Lage kommen noch gesundheitliche Probleme hinzu. An einem Septembermorgen entdeckt sie mit Schrecken ein kleines Geschwür in Brusthöhe. So sehr der Chirurg,

Doktor Heaviside, ihr auch versichert, der Tumor sei gutartig (was stimmt), sie entschließt sich trotzdem, ihr Testament zu machen. Man könnte darüber lachen. Wozu ein Testament? Hat sie denn doch etwas zu vererben?

Richmond, den 16. Oktober 1808

Ich erkläre dies zu meinem Letzten Willen und Testament.

Es würde mich überaus glücklich machen, wenn ich in Saint-Paul beerdigt werden könnte, dann wäre ich bei Nelson, dem Mann, den ich ebenso liebte und bewunderte wie Sir William. Nelson und ich waren übereingekommen, dass wir alle nebeneinander bestattet werden sollten. Hätte der König ihm kein Staatsbegräbnis gewährt, hätten sich drei Personen, die durch tugendhafte Freundschaften miteinander verbunden waren, im selben Grab wiedergefunden […]. Doch was geschehen ist, ist geschehen. Und im Himmel werden wir hoffentlich vereint sein. […] Ich bitte darum, dass Merton verkauft und das Geld zur Bezahlung meiner Schulden verwendet wird. Wenn etwas Geld übrig bleibt, nachdem alle Schulden bezahlt sind, soll es meiner Mutter und nach ihr meiner lieben Horatia Nelson zukommen. Ihnen vererbe ich alles, was sich zu meiner Todesstunde in meinem Besitz befindet […]: Vasen, Gemälde, Möbel, Tafelsilber, Weine, Silberschalen, Geschirr, alles, was ich in dieser Welt habe […]. Ich hoffe, dass Mr. George Rose mein Testamentsvollstrecker sein wird, und dass er sich meiner Mutter und Horatia annehmen wird. Und sollte er nicht mehr leben, soll diese Aufgabe seinem ältesten Sohn zukommen. Ich hoffe auch, dass man Horatia endlich Gerechtigkeit widerfahren lässt, und beschwöre Seine Hoheit den Prinz von Wales, der Nelson so sehr liebte, dessen Tochter in seine Obhut zu nehmen […]. Ich habe meinem König und meinem Land etliche Dienste erwiesen, da sie sich aber so undankbar gezeigt haben, das Ersuchen des tapferen Nelson, mich zu versorgen, zu übergehen, erwarte ich nicht, dass sie irgendetwas für seine Tochter tun werden […]

Es ist bescheiden. Und pathetisch.

Auf Betreiben Abraham Goldsmiths findet am 25. November in der Wohnung seines Freundes John Perring eine Versammlung statt. Zugegen sind Mr. Davison (aus dem Gefängnis entlassen), Mr. Moore, Mr. Gooch, Mr. McClure, Sir Robert Barclay, Mr. Nichol, Mr. Wilson, Mr. Germain Lavie und Mr. Dawson, der als Anwalt Lady Hamilton vertritt.

Alle sind mehr oder weniger eng mit Emma und Nelson verbunden. Und sie wollen der Frau helfen, die in Schulden versinkt.

Am Ende der Versammlung ist man übereingekommen, den gesamten Besitz Lady Hamiltons, der auf einen Wert von 17 000 Pfund geschätzt wird, als Garantie Mr. Abraham Goldsmith, Alexander Davison, Richard Wilson und Germain Lavie in die Hände zu geben. Im Gegenzug wollen die Anwesenden Emma 4500 Pfund vorschießen, bis Merton verkauft ist, damit sie die drängendsten Gläubiger zufrieden stellen kann.

Es gibt keine Wunder, außer es finden sich Menschen zusammen, die den Willen und die Macht haben, sie zu vollbringen. Durch den Einsatz des Bankiers und seiner Freunde hat Emma wieder ein wenig Luft zum Atmen. Aber noch ist nicht alles geregelt.

Während ihr Hab und Gut auf 17 500 Pfund geschätzt wird, belaufen sich ihre Schulden auf ungefähr 8000 Pfund ... plus 10 000 Pfund an Zinsen, die sich inzwischen angehäuft haben. Emma denkt lieber nicht daran. Fürs erste ist sie gerettet.

Im Frühjahr 1809 fühlt sie sich wieder erleichtert, als sie erfährt, dass Asher Goldsmith, Abrahams Sohn, sich entschlossen hat, *Paradise Merton* zu erwerben. Und wie so oft nach einer Zeit äußerster Anspannung macht der Körper nicht mehr mit. Der Arzt, den man an ihr Bett ruft, stellt eine Gelbsucht fest. Das ist nicht verwunderlich. Wir wissen, mit welcher Lust sie erst große Mengen Champagner, später Dunkelbier in sich hineinkippte; irgendwann musste ihre Leber ja murren. Bis ungefähr zum 20. April hütet sie das Bett. Am 23. beginnt sie einen Brief an Charles Greville, um ihn über die jüngsten Wendungen in ihrem Leben zu unterrichten. Immerhin ist er das letzte noch lebende Glied aus der Kette vergangener Tage und, von Mrs. Cadogan einmal abgesehen, der letzte Zeuge ihrer Geschichte. Sie wird den Brief nicht mehr beenden.

Am selben Tag stirbt der ehrenwerte Charles Greville im Alter von fünfzig Jahren in seinem Haus in Paddington Green. Er hatte nie geheiratet und hinterlässt keine Kinder. In seinem Testament erwähnt er Lady Hamilton mit keinem Wort.

Auch das Jahr 1810 steht zu Beginn unter einem schlechten Stern.

Die Sorgen nehmen wieder zu. Die Atempause, die ihr durch den Verkauf von Merton und die Unterstützung ihrer Freunde vergönnt war, ist schon Vergangenheit. Emma kann für den Unterhalt von

Heron Court nicht mehr aufkommen und muss in eine bescheidenere Wohnung in der Picadilly Street umziehen.

Im März ist Horatia zum wiederholten Male krank, zum Glück ist es nichts Ernsthaftes. Ganz anders als zum Jahresanfang, als Mrs. Cadogan schwer erkrankt war. Man muss natürlich sehen, dass la *signora madre dell'ambasciatrice* ihre Tochter all die Jahre über unterstützt und sich dabei aufgerieben hat. Sie hat ihr Mut gemacht, ihre Widerstandskraft gestärkt und ihr den nötigen inneren Halt gegeben, und dabei hat sie – eine ebenso ungewöhnliche wie seltene Haltung – zu keinem Zeitpunkt auch nur die geringste Kritik an ihr geäußert oder ein Urteil über sie gefällt. An Gelegenheiten dazu hat es gewiss nicht gemangelt.

Am 14. Januar stirbt sie so diskret, wie sie gelebt hat.

Für Emma ist das der Todesstoß. Die Mutter zu verlieren, ist für sich schon schlimm genug, sie aber zu einem Zeitpunkt größter Unsicherheit zu verlieren, ist noch schwerer zu ertragen. Die Trauerfeier findet gleich am nächsten Tag auf dem kleinen Friedhof von Paddington Green statt, nicht weit von Edgware Row, wo Emma mit Greville gewohnt hatte.

Durch die Zeitung erfährt Sir Harry vom Ableben Mrs. Cadogans. Er schickt sogleich einen Beileidsbrief: «Nur die Zeit kann die Wunde heilen, die ein solcher Verlust einem zufügt, und nur zusammen mit einer starken Vernunft, herausragenden Fähigkeiten und den besten Anlagen, die Sie alle in großem Maße besitzen [...].»

Herausragende Fähigkeiten ... Als er dreißig Jahre zuvor ein junges Mädchen fortschickte, das er geschwängert hatte, lag ihm der Gedanke noch fern, dass sie über «herausragende Fähigkeiten» verfügte ...

Bestimmt hat auch *Little Emma* durch die Zeitung vom Tod ihrer Großmutter erfahren. In der Woche darauf schreibt sie an Lady Hamilton einen sehr melancholischen und rätselhaften Brief, von dem ein Teil erhalten ist:

Es wäre mein Glück gewesen, wenn ich die Vergangenheit hätte vergessen und ein neues Leben mit einer neuen Sicht auf die Dinge hätte beginnen können. Leider bringt mir mein Gedächtnis Lebensumstände in Erinnerung, die mich zuviel Dinge gelehrt haben, doch beileibe nicht alle, von denen ich wissen sollte. Sie werden zweifellos Ihre Gründe gehabt haben, aber wenn Sie sich wenigstens die Freiheit genommen hätten, sie mir mit-

zuteilen, hätte ich mich vielleicht mit meiner Vergangenheit versöhnen können […]. In meiner Situation hatte ich keinen anderen Halt als die Zuneigung, die ich Ihnen entgegenbrachte. Andererseits quälten mich Ängste und Zweifel. Ich bin schließlich dazu gelangt, mich auf meine eigenen Stärken zu verlassen, statt mich der scheußlichen Abhängigkeit zu unterwerfen, ewig ohne gesicherten Namen oder anerkannte Eltern zu sein. Dass ich diesen Schritt getan habe, zeigt letztlich, dass mein Gemüt durch kein Unglück bezwungen ist. Dass ich beharrlich daran festhalte, bin ich Ihnen ebenso schuldig wie mir […].

Ein seltsamer Brief … In dieser Mutter-Tochter-Beziehung gibt es dunkle Bereiche, die sicher niemand mehr erhellen wird. Jedenfalls ist der Brief das letzte Lebenszeichen von *Little Emma*. Wahrscheinlich ist sie einige Jahre später in ein Kloster im Osten Londons eingetreten, wo sie bis zu ihrem Tod lebte.

Picadilly Street wird sehr schnell zur Festung, die regelmäßig von Emmas Gläubigern belagert wird. Bald ist sie gezwungen, erneut zu flüchten. Zuerst in die Albemarle Street, dann macht man sie in der Dover Street ausfindig, und schließlich in einer Wohnung in der Bond Street Nr. 150. Die nunmehr neun Jahre alte Horatia nimmt sie auf ihrer Flucht immer mit. Welche Beziehung haben die beiden? Wie verhält sich eine Mutter, deren Nerven blank liegen, eine gebrochene Frau wie Emma ihrer Tochter gegenüber? An Geduld mit dem Kind muss es ihr doch mehr als einmal gefehlt haben. Und man kann sich gut vorstellen, dass Horatia es nicht unbedingt geschätzt hat, von einer Wohnung in die andere geschleppt zu werden. Wie dem auch sei, Emma scheint keine Vernunft anzunehmen. Trotz aller Bedrängnisse ist sie nicht bereit, auf eine Bedienstete zu verzichten. Ab und an empfängt sie Catherine [Kitty] Matcham und die wenigen Freunde, die ihr treu geblieben sind. Bisweilen kommt es sogar vor, dass sie in Parson's Green, an einem Veranstaltungsort namens Peterborough House irische Lieder singt.

Im Stundenglas verrinnt der Sand. Emma überlebt, aber sie führt kein Leben mehr.

Am 19. Oktober trifft sie erneut ein schwerer Schlag. Abraham Goldsmith wird an seinem Wohnsitz Morden Hall tot aufgefunden. Er hat sich eine Kugel in den Kopf geschossen. Schon seit geraumer Zeit stritt er sich mit der Ostindien-Kompanie, die die astronomische Summe von 350 000 Pfund Sterling von ihm forderte. Ein starker Kursrutsch an der Börse gab den Rest. Es genügte, um einen Mann aus dem Gleichgewicht zu bringen, dessen Bruder sich einige Jahre zuvor ebenfalls umgebracht hatte.

In der Weihnachtszeit stirbt schließlich der alte Herzog. Sein Tod bringt Emma dennoch einen kleinen Trost: Lord Queensberry hat sie in seinem Testament mit 500 Pfund bedacht. Ein Tropfen auf den heißen Stein.

Im Januar 1811 schreibt ihr Sir Robert Fulke, Charles Grevilles Bruder und sein Nachfolger als Lord Hamiltons Testamentvollstrecker, um sie zu warnen: «Ich hoffe, dass es diesmal keine Verzögerung bei der Anweisung Ihrer Rente geben wird und dass Mister Coutts Ihnen die Summe gutschreibt. [...] Erlauben Sie mir die Anmerkung, dass mit Vorschüssen auf die vierteljährliche Zahlung nicht zu rechnen ist [...]; davon abgesehen wird Mr. Coutts Ihnen sagen, dass es Ihnen auch nicht weiterhelfen würde. Es tut mir leid, dass ich Ihnen das sagen muss, aber solange Ihre Situation nicht in Ordnung gebracht ist, sollten Sie vorsichtiger mit Ihren Ausgaben sein, und vor allem sollten Sie Ihre Schulden nicht noch mehr ansteigen lassen. Denn Ihre Gläubiger werden es Ihnen nicht verzeihen, wenn sie nicht als erste bezahlt werden.»

Die Warnung von Sir Robert Fulke ist hart, aber sie ist nicht fehl am Platz. Emma leiht sich Geld, wo sie nur kann. Bei Freunden, irgendwelchen Bekannten, Leuten, denen sie zufällig bei einem Abendessen begegnet. Sie verwelkt, verfällt zusehends nicht nur seelisch, sondern auch körperlich, wenn man dem Zeugnis von Major Pryse Lockhart Gordon glauben kann. Der Offizier war Emma in ihrer blühendsten Zeit begegnet, als sie an Bord der *Vanguard* mit Nelson in den maltesischen Gewässern kreuzte. «Ich ging im Greenwich Park spazieren, als ich zwei Frauen in Begleitung von einem halben Dutzend Kindern begegnete. Die ältere war in einen Schal gehüllt und trug eine abgeschabte Kopfbedeckung. Es war wirklich schwer, in ihr Lady Hamilton wiederzuerkennen.»

Die Begegnung findet am 26. April statt. Die andere Frau ist Cecilia Connor, Emmas Kusine und Horatias Gouvernante. An diesem Tag sind die beiden zusammen mit Horatia und ihren Klassenkameradinnen unterwegs, um in einem Gasthaus, dem *Ship Inn*, Emmas Geburtstag zu feiern.

Da wir gerade bei Miss Connor sind, sollten wir uns daran erinnern, dass ihr und ihren Schwestern lange Zeit die Freigiebigkeit ihrer Kusine zugute gekommen ist. Aber das hat sie nicht davon abgehalten, im Juli 1811 diesen Brief an Emma zu schreiben: «Ich nehme mir die Freiheit, mich noch einmal an Mylady zu wenden wegen der 30 Guineen, die Mylady mir für den Unterricht, den ich Miss Horatia Nelson gegeben habe, noch schuldig sind und für die ich ein von Ihnen unterzeichnetes Schuldanerkenntnis besitze. [...] Mein künftiges Wohlergehen zwingt mich außerdem, einen sofortigen Abschlag über 10 Pfund von Ihnen einzufordern, der von heute bis nächsten Montag zu begleichen ist – mehr Zeit kann ich nicht einräumen, um über meinen Vorschlag nachzudenken.»

Das nennt man Dankbarkeit ...

Wie hat die frühere Botschaftergemahlin das Jahr 1812 verbracht? Wovon hat sie gelebt? Vermutlich von allem und nichts. Mal schleicht sie unerkannt an den Hauswänden entlang, mal zeigt man mit dem Finger auf sie, aber wie manche notleidenden Menschen besaß sie stets die Gabe, ihre Umgebung glauben zu lassen, sie sei noch wohlauf.

Nachdem einer ihrer Gläubiger Klage gegen sie eingereicht hat, wird sie festgenommen und ins King's Bench Gefängnis gebracht.

King's Bench, das «königliche Gericht» liegt östlich der High Street im alten Zentrum von London, ein Flecken, der von lauter grauen Mauern umgeben ist. In einer finsteren Ecke erhebt sich ein Gebäude, bei dessen bloßem Anblick man am liebsten sterben würde. Im Innern wartet der Abschaum Englands zusammengepfercht in Zellen, die nach Urin und Fäkalien stinken, auf ein Sammelgrab. Hier hat man keinen Oscar Wilde eingesperrt, auch keinen Intellektuellen oder Politiker, und schon gar keine echten Verbrecher. Nein, das King's Bench Gefängnis nimmt die absoluten Habenichtse auf, die Glücklosen, Vergessenen. Trinker, ruinierte Spieler, Besitzlose: die kleinen Leute, die alles verpasst haben und die noch ihren Tod verpassen werden.

Hier verschwinden Emma und Horatia zum Glück nicht. Die Botschafterwitwe gehört zur Kategorie jener Schuldner, die noch in der Lage sind, dem Staat eine Abgabe zu entrichten. Gegen Zahlung einer Tagesmiete – ungefähr 4 Shilling – ist es ihr gestattet, außerhalb des eigentlichen Gefängnisses zu leben, drei Straßen weiter in einer Art Ghetto, das von der Polizei überwacht wird. Der Straßenzug befindet sich im Osten der Great Surrey Street (der heutigen Blackfriars Road), am Temple Place Nr. 12, nur wenige Schritte vom Bordellviertel entfernt. Neben der Miete, die ihr auferlegt ist, muss Emma auch an den Marshall des Gefängnisses eine Gebühr zahlen, die von der Höhe ihrer Verschuldung abhängig ist: siebeneinhalb Guineen für 50 Pfund, zehn Guineen für alle 100 Pfund. Es ist reine Erpressung, aber es hat immerhin einen Vorteil: Solange Emma sich hier in Haft befindet, ist sie vor anderen Gläubigern sicher.

In seinem Roman *Leben und Abenteuer des Nicholas Nickleby* hat Charles Dickens einen kurzen Einblick in diese Art von Behausung gegeben: « [...] eine sehr staubige und schmutzige Vorstadt [...], in der kleine Schaubühnen, Schellfische, Ingwerbier, Möbelwagen, Grünkramläden und Pfandleihen die hauptsächlichsten und hervorstechendsten Züge zu sein schienen. Vor den Häusern befanden sich kleine Gärten, die, in jeder Hinsicht völlig verwahrlost, als kleine Sammelbecken für den Kehricht dienten, bis der Wind um die Ecke kam und ihn die Straße hinunterblies. (...) Das Haus sah von außen wirklich ungemein schäbig aus; es hatte sehr trübe Fenster mit sehr kleinen Läden und sehr schmutzigen Mullgardinen, die an sehr losen und lockeren Schnüren hinter den unteren Scheiben baumelten.»[54]

Ironie des Schicksals: Wo einst der Temple Place lag, befindet sich heute der Nelson Square.

In diesem Elendsloch lebt Emma nicht allein. Außer ihrer Tochter Horatia begleitet sie – welcher Luxus – ein Dienstmädchen, das die undankbare Miss Connor abgelöst hat.

Am ersten Sonntag nach Betreten der Hölle macht sie sich an eine Serie von Briefen, in denen sie um Hilfe fleht. Sie richtet ein Gesuch nach dem anderen an den Prinzen von Wales, sie schreibt sogar an den König und beruft sich wie immer auf das berühmte Tagebuch, in dem Nelson seinen Letzten Willen festgehalten hat. Es war seit einiger Zeit wieder im Besitz von Emma. Wie hat sie es zurückerlangt? Hier ist ihre Version: «Man wird zurecht von mir erwarten», schreibt sie in einem ihrer Gesuche, «dass ich erkläre, warum der Zusatz zum Testament von Lord Nelson, der meine geleisteten Dienste betrifft und den die Justiz dieses Landes anerkennen müsste, nicht zusammen mit dem Testament selbst vorgelegt worden ist. Als Kapitän Blackwood das Tagebuch brachte, übergab er es dem heutigen Earl Nelson (Reverend William), der damals mit seiner Frau bei mir weilte und sechs lange Monate bei mir gewohnt hat. Ich war wie eine Mutter für seinen Sohn (Horace), und seine Tochter, Lady Charlotte, war sechs Jahre lang ausschließlich mir anvertraut. Aus Angst, der Teil, den man mir hätte zubilligen müssen, könnte in der Summe inbegriffen sein, die das Parlament, wie man annehmen konnte, der Familie des Helden gewähren musste, hielt der Earl den Testamentzusatz bis zu dem Tag zurück, an dem ihm die 100 000 Pfund zugesprochen wurden. An jenem Tag aß er mit mir zu Nacht in der Clarges Street; als er bei Tisch davon erfuhr, zog er den Zusatz aus seiner Tasche, warf ihn mir ins Gesicht und sagte mir in schroffem Ton, dass ich jetzt damit machen könnte, was ich wolle. Am nächsten Tag ließ ich ihn bei *Doctors Commons* notariell beglaubigen und eintragen, und dort ist er immer geblieben.»

Darin stecken zweifellos einige Körnchen Wahrheit. Aber leider unterlässt Emma es, darauf hinzuweisen – sollte sie es denn je gewusst haben –, dass Nelsons Tagebuch einen ganz anderen, viel komplizierteren Weg genommen hatte, bevor es bei Reverend William Nelson landete. Außerdem hatte nicht Kapitän Blackwood, sondern Doktor Scott das Dokument als erster an sich genommen, und er übergab es Nelsons engstem Freund George Rose, der es anschließend an Premierminister William Pitt weiterleitete. Emma täuscht sich also, und das sollte ihr nicht zu ihren Gunsten ausgelegt werden. Ihre flehentlichen Bitten rufen kein anderes Echo hervor als in der Vergangenheit.

Einer der ersten, der ihr zu Hilfe eilt, ist James Perry, der Redakteur vom *Morning Chronicle*. Er tut, was er kann, läutet die Rückkehr ein. Er war es auch, der Emma vor Jahren einem reichen Mann aus der City namens Alderman Joshua Smith vorgestellt hatte. Für 400 Pfund erwirbt dieser nun das Mobiliar, das sie in Richmond zurückgelassen hat, und – nicht gerade eine geringe Gegenleistung – die blutverschmierte Uniform, die Nelson an seinem Todestag trug. Kurz darauf trennt sie sich von dem silbernen Trinkbecher, den der Admiral seiner Tochter geschenkt hatte.

Ende Februar bestätigt sie den Empfang eines Briefes von Kitty (Catherine Matcham), die ihr mit unendlichem Taktgefühl vorschlägt, Horatia zu sich zu holen. Sie spricht es nicht offen an, aber ganz augenscheinlich ist das King's Bench Gefängnis ihrer Ansicht nach kein Ort für Kinder. Seltsamerweise weist Emma den Vorschlag zurück. Fehlt es ihr an Einsicht? Oder fürchtet sie, den Schwur zu brechen, den sie Nelson gegenüber abgelegt hat, niemals seine Tochter zu verlassen? Möglicherweise erreicht Kitty's Vorschlag sie auch gerade in dem Augenblick, als sie dank der von Perry «geliehenen» Summe wieder frei kommt, nachdem der Gläubiger, der sie verklagte, seine Klage – einstweilen – zurückgezogen hat. Am 6. März wird ihr die Rückkehr in ihre Wohnung in der Bond Street gestattet …

26 Kein Mensch kann eine solche Flut von Unglück und Erniedrigung aushalten, ohne dass eines Tages sein Verstend rebelliert. Emma wurde von allen vergöttert, fast wie eine Königin, sie war die zauberhafte Gattin eines bedeutenden Gesandten, Muse der größten Künstler, Vertraute von Fürsten. Nun ist sie nichts mehr. Wenn man die Schreiben liest, die sie plötzlich an Horatia richtet, stellt man fest, dass ihre geistige Gesundheit zu schwanken beginnt.

Ostersonntag, den 18. April 1813

Höre auf eine wohlwollende und zärtliche Mutter, die Dir immer sehr zugetan und wirklich gut zu Dir war und die weder Mühen noch Ausgaben gescheut hat, um die liebenswürdigste und vollendetste aller Frauen aus Dir zu machen. Ach! Horatia, wenn Du so aufgewachsen wärst, wie ich es mir gewünscht hatte, welche Freude, welcher Trost hättest Du für mich sein können! […] Gehe in Dich, prüfe Dein Gewissen, lege Deine Fehler ab, auch Deine Launen und Deine unsinnigen Torheiten […]. Ich habe viele Stürme über mich ergehen lassen müssen, um Dich zu schützen, aber diese häufigen Schläge haben mich umgebracht. Höre denn, was eine Mutter Dir zu sagen hat, die von den Toten zu Dir spricht. Ändere Dein Verhalten, sonst werden Dich alle hassen, und wenn mein sorgender Arm Dich nicht mehr schützt, dann wehe Dir! Du wirst herabsinken zu nichts. Sei gut, sei ehrbar, sag nie die Unwahrheit, sei nicht launisch, folge dem mütterlichen Rat, sonst schicke ich Dich ins Internat, denn als Gouvernante muss ich wie ein Mutter handeln. […] Ich bete für Dich, damit Du nicht für immer verloren bist, […]. Ich werde bald zu Deinem Vater und meiner seligen Mutter gehen, und ich hoffe, dass Du Dir auf dem Totenbett so wenig vorzuwerfen haben wirst wie Deine Dir zugetane Mutter, denn ich kann mich dessen rühmen, dass ich ein braves Kind war. Kann Horatia Nelson dasselbe von sich sagen? Zu meinem Unglück kannst Du es nicht. Morgen werde ich zu Deinem Wohl und Deiner Rettung nach einer Schule für Dich suchen, damit Du eines Tages einer verletzten Mutter gedenken und sie segnen kannst.

PS.: Für dich bin ich hinfort gestorben.

Kurz darauf fährt sie fort damit, das Selbstbewusstsein ihrer Tochter zu untergraben:

Dein Benehmen ist so schlecht, Deine Falschheit so schrecklich, Du behandelst mich mit solcher Grausamkeit, dass ich unter diesen schmerzhaften Umständen nicht mehr leben kann. Mein armes Herz ist gebrochen! Wenn meine arme Mutter noch auf der Welt wäre und mich ersetzen könnte, wäre ich glücklich, niedergeschmettert von all dem Unglück und meiner schlechten Gesundheit, mein Leben in ihren Armen auszuhauchen. Ich danke Dir für das, was Du heute getan hast. Du hast mich Gott näher gebracht, möge Gott Dir vergeben. In zwei Tagen habe ich alle Vorkehrungen für Deinen Eintritt ins Internat getroffen. […] Aus diesem Grund verbiete ich Dir bis Dienstag, das Wort an mich zu richten.

Was ist passiert? Wie kam es zu diesem plötzlichen Missklang? Aus vollkommen unverständlichen Gründen hat Emma versucht, so verrückt es erscheinen mag, Horatia davon zu überzeugen, dass sie nicht *ihre wahre Mutter* sei … Beim Verkauf des Silberbechers hat sie dem Käufer sogar eine schriftliche Bestätigung gegeben, in der sie bezeugt, der Becher habe Horatia gehört, der «Tochter von Nelson und *einer so hochrangigen Person, dass es nicht möglich ist, ihren Namen zu offenbaren*». Was für ein Spiel spielt sie? Wollte sie zu verstehen geben, Horatia sei aus einer Liebesbeziehung von Nelson und Maria Carolina hervorgegangen? Ein unsinniges Verhalten, das eindeutig darauf verweist, dass die Unglückliche nicht mehr im Vollbesitz ihrer geistigen Kräfte ist. Das Kind – Horatia ist knapp zwölf – erlebt einen furchtbaren Schock. Emma soll nicht ihre Mutter sein? Aber wer ist es dann? Tochter *einer hochrangigen Person*? Welcher Person? Den Namen, bitte, erbarmen Sie sich, nennen Sie mir den Namen … Man kann sich gut vorstellen, welcher dunkle Schatten von da an über der Beziehung zwischen den beiden lag.

Im Mai lässt die Botschafterwitwe das Silberbesteck mit der Gravur von Nelsons Wappen verkaufen und behält nur noch ein paar vergoldete Becher.

Im Juli 1813, fünf Monate nach ihre Freilassung, wird erneut eine Klage gegen sie eingereicht. Man nimmt sie wieder fest und schickt sie zurück zum Temple Place.

Auf Anordnung des Sheriffs von Middlesex werden am 8. Juli um die Mittagszeit ihre letzten in der Bond Street Nr. 150 zurückgebliebenen Besitztümer beschlagnahmt und verkauft. Die Aufstellung umfasst acht Seiten. Darunter befinden sich, bunt durcheinander gewürfelt, eine Puppe von Horatia, ein Bidet, zwei Schatullen, die schon die Flucht nach Palermo mitgemacht hatten, ein Himmelbett, ein Mahagonirahmen, ein Schreibpult, ein Klavier, ein Teeservice, chinesische Vasen, eine diamantenbesetzte [Taschen]Uhr, letzter Überrest aus besseren Zeiten, eine vergoldetes Kästchen mit den Schlüsseln der Stadt Oxford, die Nelson bei seiner Durchreise übergeben worden waren, und einige Bücher aus dem Besitz von Sir William. Am Tag der Versteigerung erwirbt wiederum Alderman Joshua Smith den gesamten Besitzstand. Aus Mitgefühl stellt er die Gegenstände, an denen Emma am meisten hängt, in einem Möbelspeicher in Southwark unter und schießt ihr soviel Geld vor, dass sie ihren alltäglichen Lebensunterhalt davon bestreiten kann.

Am 31. Juli nimmt Emma ihren ganzen Mut zusammen, um den Jahrestag der Schlacht von Abukir zu feiern. Ohne Hemmungen verschickt sie aus ihrem Elendsquartier Einladungen und gibt sich so selbstsicher, als würde sie noch im Palazzo Sessa residieren. Zu den Gästen zählt auch Sir Thomas Lewis, Parlamentsabgeordneter und Vizepräsident der Handelskammer. Zur selben Zeit erfährt sie vom Tod Susannah Boltons, der zweiten Schwester Nelsons. «Bald werde ich an der Reihe sein», meint sie.

Am 23. November erhält sie einen Brief von George Matcham: «Sagen Sie uns, wie der Pferdebahn-Kutscher heißt, der bei Ihnen vorbeifährt. Wir schicken Ihnen Kartoffeln, daran wird es Ihnen den Winter über nicht fehlen, und bei nächster Gelegenheit einen Truthahn. Wenn Sie keine Möglichkeit haben, uns zu besuchen, werden meine Frau und ich vor Ende des Winters einen Tag zu Ihnen zu Besuch kommen. Die Undankbarkeit, die man Ihnen gegenüber gezeigt hat, ist für uns immer schmerzlich gewesen. Nicht weniger schmerzlich ist für uns, dass jener Mann sie vollkommen vernachlässigt, der sich nur noch um seine persönlichen Belange kümmert. Schreiben sie uns bald, und lassen Sie uns wissen, was wir Ihnen vom Bauernhof mitbringen könnten.»

Der Mann, der sich nur noch um sich selbst kümmert, heißt William Nelson. Seit er vom Parlament mit einer Schenkung von 100 000 Pfund überhäuft wurde, lässt er nichts mehr von sich hören. Kein Brief, kein Wort für die Frau, die sein Bruder vergöttert hat, auch nicht für dessen Tochter.

Der Truthahn kommt jedenfalls gerade rechtzeitig für das Weihnachtsfest. Sie serviert ihn bei einem Mitternachtsessen, zu dem sie den Herzog von Sussex (sechster Sohn König Georgs III.), Mr. und Mrs. Billington und Vizeadmiral Lord William Dillon, einen früherer Waffenbruder Nelsons, eingeladen hat. Halten wir einen Augenblick inne, um uns die Situation vor Augen zu führen.

Wir befinden uns weder im Palazzo Sessa noch in einem Salon der Villa Reale in Neapel oder von Merton. Das Essen findet in einer armseligen Behausung statt, in jener «staubigen und schmutzigen Vorstadt», die Dickens beschreibt, «in der kleine Schaubühnen, Schellfische, Ingwerbier, Möbelwagen, Grünkramläden und Pfandleihen» zuhause sind. Die *divine lady* ist fünfzig, ihre Gesichtszüge haben Falten bekommen, ihr Alkoholkonsum hat den schleichenden Verfall beschleunigt. Der prächtige Busen ist erschlafft, der korpulente Körper hat jeden Zauber verloren, der einst so sinnliche Mund ist nur noch eine runzelige Frucht. In ihrem Blick liegt nicht mehr das Blau des Himmels, und das Feuer ihrer einst glühenden Lippen ist erloschen. Emma versucht trotzdem, einen guten Eindruck zu machen. Über ihre Schultern hat sie einen Kaschmirschal geworfen, ein Überbleibsel in ihrer aufs Wesentliche beschränkten Garderobe. «Man umgebe mich mit Luxus. Auf das Notwendige kann ich verzichten.» Verzweifelt klammert sich die Witwe des Botschafters an die Fetzen der Vergangenheit.

«Ich fand einen Brief von Lady Hamilton vor, die mich zum Essen einlud», schreibt Lord William Dillon. «Wir haben uns seit drei Jahren nicht mehr gesehen. Da es zum Zeitpunkt des Essens in Strömen goss, mietete ich mir für den ganzen Abend eine Kutsche, und wir fuhren zur angegebenen Adresse. Lady Hamilton empfing mich mit großer Herzlichkeit. ‹Woher wussten Sie, dass ich in London bin?› fragte ich sie. Das habe sie von einem Bekannten erfahren, der mich in der Admiralität gesehen hatte, antwortete sie, und dass sie sich wirklich sehr freue, mir wieder die Hand zu schütteln. Ich bemerkte eine prächtig hergerichtete Tafel mit vier Gedecken, fragte aber nicht nach den anderen Gästen. Während wir uns angeregt unterhielten, sah ich zu meiner Überraschung Seine Königliche Hoheit den Herzog von Sussex eintreten. [...] Nachdem das Essen serviert war, kam das Gespräch in Gang. Ich hatte die Honneurs zu machen, das Fleisch zu zerteilen etc. Der erste Gang verlief so vollendet, dass ich unwillkürlich dachte, hier sei zuviel Luxus entfaltet worden. Auch Seine Königliche Hoheit war darüber zweifellos erstaunt. Beim zweiten Gang zeigte sich allerdings ein bedauerlicher Mangel, und zwar sowohl an Geschirr als auch an Messern und Gabeln. Ich sollte ein großes Geflügel zerlegen, aber man hatte mir nicht das notwendige Besteck dazu gereicht. Die Zeit verging, ohne dass ein Diener erschien. Schließlich fragte Lady Hamilton: ‹Warum zerlegen Sie nicht das Geflügel?› – Weil ich weder Messer noch Gabel habe …, antwortete ich. – ‹Aber ich bitte Sie, seien Sie nicht so förmlich.› – ‹Sehr wohl, Mylady, wenn Sie wünschen. Ich wollte mich in Gegenwart Seiner Königlichen Hoheit nur nicht blamieren. Sie wissen ja, als ehemaliger Midshipman habe ich durchaus gelernt, mich meiner Finger zu bedienen. Als ich mich umblickte, sah ich schließlich, was ich brauchte, und zerlegte das Geflügel. Meine Antwort löste allgemein Heiterkeit aus, und das Essen ging fröhlich zu Ende.»

Dezember 1813, Januar 1814, Februar … Der Winter hält an, und die eisige Kälte schlägt Emma auf die Lungen.

Sie verlässt praktisch kaum noch das Bett, auch ein erneuter «Gelbsuchtsanfall», eine schamhafte Umschreibung für ihre Leberzirrhose, streckt sie nieder.

Als sich das Wetter zum Frühling hin bessert, steht sie wieder auf. Sie scheint ein wenig von ihrer einstigen Energie wiederzugewinnen. Optimismus keimt auf. Nicht für lange. Im Mai wird sie von einer Anzeige im *Morning Herald* aufgeschreckt, in der ein Buch angekündigt wird: *The Letters of Lord Nelson to Lady Hamilton* (Lord Nelsons Briefe an Lady Hamilton). Entsetzt schreibt sie an ihren Freund, den Redakteur James Perry, damit er eine Stellungnahme von ihr veröffentlicht, in der sie jede Verwicklung in die Affäre abstreitet:

«Ich habe das Buch nicht gesehen, aber ich schwöre Ihnen bei meiner Ehre, dass ich nichts von diesen Briefen weiß. Ich bin jetzt seit neun Monaten am Temple Place, und die meiste Zeit habe ich mit einer Entzündung der Gallenblase im Bett verbracht, eine Entzündung, die sicher auch von der Angst und meinen Qualen ausgelöst wurde. Bis auf Doktor Watson und Mr. Tegart habe ich niemanden gesehen. (…) Ich hatte diese Briefe einer Person anvertraut, die ich für vertrauenswürdig hielt. Entweder diese Person hat mich verraten, oder die Briefe sind gefälscht, ich wäre Ihnen jedenfalls sehr dankbar, wenn Sie dieser Lüge entgegentreten könnten.»

Die Person des Vertrauens, von der Emma spricht, ist der Buchhändler James Harrison. Der Mann also, der unter dem Titel *Life* die erste Nelson-Biographie geschrieben hatte, und den sie, als es ihm schlecht ging, finanziell unterstützte.

Jede Gefälligkeit rächt sich …

Skandal, Entsetzen, Geschrei! Die Aufregung ist so groß, dass zahlreiche Leser nicht an die Authentizität dieser Briefe glauben wollen. In ihren Augen hätte sich der Held Nelson, der Retter ihres Vaterlands, niemals solchermaßen kompromittieren können.

Am schlimmsten für Emma ist, dass sich unter den veröffentlichten Briefen jene befinden, die Nelson geschrieben hatte, als ihn die Eifersucht auf den Prinzen von Wales verzehrte, der jetzt Prinzregent ist. Erinnern wir uns: «Wenn es Ihnen diesmal nicht gelingen sollte, ihn loszuwerden, so sagen Sie wenigstens Sir William, dass Sie ihn künftig nie wieder empfangen wollen. Denn niemand, nicht einmal Emma, könnte *den Schmeicheleien dieser Viper* widerstehen!» Und an anderer Stelle: «Ich habe erfahren, dass Sie beschlossen haben, nirgendwohin zu gehen, wo *dieser Spitzbube* sich aufhält!»

Man muss kein Hellseher sein, um zu verstehen, dass diese schmutzige Affäre Emma den Todesstoß gibt und ihre allerletzten Hoffnungen auf eine Rente endgültig zunichte macht.

«Was für eine teuflische Hündin!» soll der Prinzregent bemerkt haben. Eine hübsche Kehrtwendung von dem Mann, der einige Jahre zuvor bei Romney ein Porträt der jungen Frau bestellt hatte und keine Gelegenheit ausließ, mit zitternder Stimme ihren Namen auszusprechen …

Gegen Ende Juni gelingt es Emma nach zahlreichen inständigen Bitten – und dank der Unterstützung von James Perry und Alderman Joshua Smith – Reverend William Nelson die Summe von 225 Pfund als Vorauszahlung auf ihre jährliche Rente abzuringen. Kein Vermögen, aber ausreichend, um den Gläubiger teilweise auszubezahlen, der sie hatte festnehmen lassen, und so ihre Freiheit wiederzuerlangen. Eine vorläufige Freiheit, denn kaum dass sie das King's Bench Gefängnis verlässt, sind ihr die anderen Gläubiger, die auf der Lauer liegen, schon auf den Fersen.

Fliehen? Ja, schon. Aber wohin? Sterben, das kommt nicht in Frage. Sie muss für Horatia sorgen, das hat sie Nelson versprochen … Irgendwo im hintersten England verschwinden? Nach Hawarden zurückgehen? Man würde sie dort finden, und dann würde sie wieder im Alptraum von King's Bench versinken.

«Es bleibt Ihnen nichts anderes übrig, Mylady … Sie müssen ins Exil.»

Wer mag diese Lösung zuerst angesprochen haben? Perry? Die Matchams? Alderman? Wir wissen es nicht.

«Ins Exil? … Und wohin?»

«Nach Frankreich.»

«Nach Frankreich?»

«Ja.»

Emma dürfte gewusst haben, dass ein neuer Held geboren war. Er heißt Wellington und ist am 31. März des vergangenen Jahres in Paris einmarschiert, um den Bourbonen ihren Thron zurückzugeben. Seit dem 4. Mai lebt der *kleine unrasierte Korse* im Exil auf einer kleinen Insel von zweihundertzwanzig Quadratkilometern im tyrrhenischen Meer. Der Weg ist frei. Der Ärmelkanal kann in aller Ruhe überquert werden.

Fünfzig Pfund … Das ist alles, was die ehemalige Gemahlin des Botschafters noch besitzt.

Anfang Juli wartet sie mit Horatia an der Hand an der Anlegestelle unterhalb des Londoner Towers auf das Boot, das sie nach Calais bringen soll. Es war die *Little Tom*.

Drei Tage später gehen sie in Frankreich an Land.

Emma fröstelt trotz der Sommersonne. Ihr Herz schlägt nur noch, weil es schlagen muss. Aus Überlebenstrieb.

Mit Tränen in den Augen sieht die junge Horatia sich um. Sie ist traurig, voller Weltschmerz, aber sie weiß, alles ist besser als Temple Place. Alles, bloß nicht mehr zurück ins King's Bench Gefängnis.

27 *Calais, den 4. Juli 1814, Hotel Dessein*
Lieber Freund,
nach drei Tagen Seekrankheit sind wir hier *wohlbehalten angekommen […]. Die Flucht allein mit Horatia ist so gut geglückt, dass ich in Calais war, bevor ein neuer Vorführungsbefehl gegen mich erwirkt werden konnte. Dank Klimawechsel, Ernährung, frischer Luft, geräumiger Zimmer und* Freiheit *geht es mir viel besser, und es besteht die Aussicht, dass ich hier vielleicht leben und Horatia aufziehen kann. Ich bin auf der Suche nach einer Wohnung. Ich habe eine vortreffliche Französin, die sich ganz wunderbar auf alle Arbeiten versteht. […] In unserer Nähe wohnt eine Engländerin, die seit fünfundzwanzig Jahren hier lebt. Sie führt eine Privatschule, aber ohne Unterkunft und Verpflegung. Um 8 Uhr morgens bringe ich Horatia in die Schule, um 1 Uhr hole ich sie wieder ab. Um 3 Uhr essen wir zu Mittag und nachmittags gehen wir spazieren. Sie lernt alles – Klavier, Harfe, Sprachen, Grammatik. Sie kann schon gut Französisch und Italienisch, und sie wird noch besser werden. Ihre Schule besuchen nur Mädchen aus den besten Familien …*

Und das Hotel Dessein ist das beste vor Ort …

Die leidgeprüfte Emma bleibt also sich und ihrer Weltsicht treu. Trotz ihrer umschatteten Augen, ihres aufgedunsenen Gesichts ist sie immer noch Lady Hamilton, Witwe des englischen Gesandten im Königreich beider Sizilien.

Fünfzig Pfund sind ein geringes Polster für das Hotel Dessein. Das wird ihr klar, als man ihr Anfang August die Rechnung vorlegt. Lange wird sie das nicht durchhalten können. Sie zieht um ins bescheidenere Hotel Quillac, aber auch dort bleibt sie nur kurze Zeit. Anfang September mietet sie ein Zimmer auf einem Bauernhof drei Kilometer von Calais entfernt in der Gemeinde Saint-Pierre, der von zwei – entschieden royalistisch eingestellten – Frauen geführt wird.

Ein Bauernhof um 1814 … Ihre Gemächer im Palazzo Sessa müssen sie nachts in ihren Träumen verfolgt haben. Aber hier liegt der Ärmelkanal, nicht die Bucht von Neapel. Und der grüne Hügel in der Ferne ist nicht der Vesuv.

Graf William Nelson überweist ihr weiterhin ihre Pension. Aber keinen Shilling mehr. Und keinen Penny im Voraus. Sie kann flehen und bitten, soviel sie will, er antwortet nur mit schroffer, kategorischer Ablehnung.

Von der Rente über 800 Pfund, die ihr Lord Hamilton vermacht hat, sieht sie nichts mehr: Robert Fulke Greville, seit dem Tod seines Bruders für die Zahlungen verantwortlich, verweigert die Anweisung und sei es nur eines Bruchteils, weil er meint, einzig Emmas Gläubiger hätten ein Anrecht darauf.

Ende September erfährt sie mit dem übrigen Europa vom Tod Königin Maria Carolinas, die am 20. September im Alter von zweiundsechzig Jahren gestorben war. Nachdem sie nichts unversucht gelassen hatte, um ihren Thron zurückzuerlangen, nach neuerlichem Exil, einer sechswöchigen Irrfahrt durch das Ionische Meer, Zwischenaufenthalten in Konstantinopel und Odessa, war sie am 8. September nach Wien zurückgekehrt, um dort zu sterben.

Wieder ist ein Kapitel zu Ende gegangen. Jene Frau, die Emma «ewige Dankbarkeit» geschworen und sie ihrer unverbrüchlichen Freundschaft versichert hatte, ist verschieden, ohne ihrer lieben und bewunderten Lady Hamilton jemals noch die geringste Aufmerksamkeit bezeugt zu haben.

Am 12. September antwortet Emma auf einen Brief von William Scott, dem Kaplan der *Victory* und ergebenen Freund Nelsons:

Haben Sie vielen Dank für Ihren liebenswürdigen Brief. Wenn meine liebe Horatia gut versorgt wäre, könnte ich glücklich sterben, und wenn ich ihr doch nur mehr Annehmlichkeiten bieten und ihre Erziehung zu Ende führen könnte, oh Gott, allein dafür wäre ich gesegnet. Sie liest, schreibt und spricht schon Italienisch, Französisch und Englisch, und ich bringe ihr Deutsch und Spanisch bei. […] Wir lesen zusammen Englische, Römische und Griechische Geschichte, aber für mich ist das eine große Anstrengung, da ich seit fast acht Monaten krank bin. Der Bauernhof, auf dem ich seit sechs Wochen wohne, hat einen hübschen Garten, und die Zimmer sind geräumig. […] Die Gelbsucht ist vorbei, aber der Kummer in meinem Herzen verlässt mich nicht. Ich habe genügend großartige und schöne Dinge erlebt und empfinde daher kein Bedauern, aber für Horatia und mich wünsche ich mir, wenigstens das Leben von gentlewomen *zu führen. [...] Wir bekommen hier ausgezeichnetes Hammel- und Kalbfleisch für fünf Pence das Pfund. Zwei Hühnchen kosten einen Shilling, das Paar Rebhühner fünf Pence, für Steinbutt zahlen wir eine halbe Krone das Paar. Brot ist sehr günstig, Milch und Milchprodukte gibt es zu vier Sous für zwei Viertel. Wir widmen uns jeden Vormittag dem Lernen. Dann machen wir einen Spaziergang und essen um 2 Uhr. Anschließend reitet Horatia auf einem Esel aus, ich nehme den Wagen, und die Leute hier sind alle sehr freundlich zu uns. [...]Horatia wird bewundert, sie tanzt bei allen Tänzen mit, und spricht Französisch wie eine Französin. Sie ist gut, tugendhaft und sehr fromm. Wir gehen in die kleine Kirche von Saint-Pierre zur Messe und wir beten auf Französisch ... Es sind dieselben Gebete wie bei uns.*

«Die wahre Kunst besteht darin, jeden Augenblick unseres Lebens intensiv zu erleben und sich die schönsten Stunden, die das Leben bietet, von den kleinen Widrigkeiten des Alltags nicht verderben zu lassen. Dazu gehört auch, den Schöpfer und seine uns unbegreifliche Schöpfung zu bewundern, auf Erden Gutes zu tun, soviel wir können und furchtlos unsere Chance auf Ewigkeit wahrzunehmen.»

Das waren die Worte, die Lord Hamilton 1792 an Emma geschrieben hatte. Ob sie bei der Lektüre jemals daran dachte, sie eines Tage in die Praxis umsetzen zu müssen? Fern vom Trubel des gesellschaftlichen Lebens, dieser ebenso sinn- wie fruchtlosen Erregung, fern aller Höflichkeitsfloskeln und scheinheiligen Knickse lebt sie, ohne es zu wissen, nach der Philosophie des alten Diplomaten. Es ist der Beginn der Einsicht.

Anfang Oktober ist Emma nicht mehr in der Lage, die Miete auf dem Bauernhof zu begleichen.

Mit ungeheurer Anstrengung unternimmt sie am 7. Oktober einen letzten Anlauf durch ein Schreiben an Lord Sidmouth:

Mylord,

Ich schreibe Ihnen in allergrößter Sorge und zu meinem größten Bedauern. Sir William Scott war so liebenwürdig, Sie über die Dienste zu unterrichten, die ich meinem Land geleistet habe, und Ihnen meine Lage zu schildern, meine und die Horatias, der Tochter des ruhmreichen und tapferen Nelson. Wenn in britischen Seelen noch ein Funken Menschlichkeit ge-

blieben ist, werden sie uns nicht in einem fremden Land Hungers sterben lassen. Schicken Sie uns um Gottes willen eine Unterstützung. Lassen Sie wenigstens Horatia, die am 29. Oktober vierzehn wird, ihre Ausbildung abschließen und versorgt sein. Augenblicklich haben wir keinen Shilling mehr in der Tasche. Obwohl ich alles, was ich hatte, für die Familie Nelsons aufgebracht habe, kümmert sich der Earl einen Dreck um die Zukunft der Tochter seines Bruders. Dem ist nichts mehr hinzuzufügen, Mylord. Denken Sie nur an Horatia.

Zwei Wochen später greift Horatia selbst zur Feder, um ihren Onkel anzuflehen, ihr ein Almosen von zehn Pfund zu schicken. Endlich bequemt sich der gute Graf zu einer günstigen Antwort.

Alderman oder James Perry – wer von beiden lässt sich nicht feststellen – schickt ebenfalls 20 Pfund an Emma. Dank dieses unverhofften Geldes können Mutter und Tochter nach Calais zurückkehren. Die Miete auf dem Bauernhof ist zu kostspielig für sie. Mitte Oktober beziehen sie ein feuchtes und dunkles, von der Sonne abgewandtes Zimmer in der Rue Française Nr. 27. Vor dem Einzug machen sie einen Umweg über das Pfandhaus, wo sie die letzten Überbleibsel ihres Lebens verpfänden: ein Kleid, ein Collier, eine vergoldete Brosche.

Sonne? Wo ist die Sonne? Für Emma, die mit einer Lungen- und Rippenfellentzündung das Bett hüten muss, wäre die Sonne Neapels willkommen gewesen.

Eines Morgens im November klopft jemand an die Tür. Die Botschafterwitwe zuckt zusammen. Sollte ein Gläubiger ihre Spur gefunden haben oder ist der Tod ungeduldig geworden?

Weder das eine noch das andere. Ein Mann stellt sich vor. Er heißt ... Mr. Cadogan. Cadogan? wiederholt Emma, die ihren Ohren nicht traut. Ja, das ist tatsächlich sein Name. Henry Cadogan. Er wohnt in Calais. Angeblich ist er ein Agent von Lloyds, Sohn eines Arztes aus Cowbridge aus dem Landkreis Glamorganshire, in dessen Diensten Emmas Mutter einige Zeit gestanden haben soll. Er habe Wind bekommen von der äußersten Not, in der Lady Hamilton und ihre Tochter lebten, und sei da, um zu helfen. Schüchtern reicht er der kleinen Horatia einen Umschlag. Er enthält 77 Pfund. Laut einer anderen Version soll Mr. Cadogan in Wirklichkeit der englische Konsul gewesen sein. Oder ein entfernter Verwandter von Emmas Mutter. Das ist kaum zu entscheiden.

Dieses Geschenk des Himmels erlaubt es ihnen für einige Zeit, ihren Hunger zu stillen. Aber die Krankheit nistet sich ein. Emmas Zustand verschlimmert sich zusehends, zu schnell. Am 15. Januar naht das Ende.

Es ist 1 Uhr mittags.

Horatia holt einen Priester. Den von Notre-Dame, der nächstgelegenen Kirche. Er kniet am Bett der Sterbenden und rezitiert die Sterbegebete.

Hört Lady Hamilton seine Stimme? Antwortet sie ihm? Auf Englisch? Oder auf Französisch?

Horatia sagte später, dass sie sich an keine Einzelheiten mehr erinnern könne, auch nicht an die letzten Worte ihrer Mutter. Aber sie sagte auch: «Trotz der Fehler, die sie gemacht hat, und es waren viele, besaß sie große Qualitäten, die sie, wäre sie frühzeitig in gute Hände gelangt, zu einer sehr hochrangigen Person gemacht hätten. Der Gerechtigkeit halber muss ich sagen, dass sie trotz der großen Schwierigkeiten, die sie hatte, auch in den letzten Monaten noch alles für meine Bildung und meine Erziehung ausgab, was sie an Zinsen aus der Summe erhielt, die Lord Nelson mir hinterlassen hatte und die ganz ihr zur Verfügung stand.»

Außer dem Priester und dem Mädchen waren keine anderen Zeugen anwesend, höchstens zwei, deren Porträts über dem Bett hingen: Nelson und Mrs. Cadogan.

Emma trägt ihr schönstes Kleid. Das einzige, das ihr aus der Zeit ihres prunkvollen Lebens noch geblieben ist.

In den Archiven der Stadt Calais ist das Folgende zu lesen: «A. D. 1815, Frau Emma Lyon, geboren in Lancashire in England, wohnhaft in Calais, Tochter von Henry Lyon und von Marie Kidd, Witwe von William Hamilton, verschied am 15. Januar um 1 Uhr nachmittags im Alter von einundfünfzig Jahren in der Wohnung des Herrn Damy, Rue Française.»

Am 21. Januar durchquert ein Trauerzug die schlafende Stadt. Vier Männer tragen den Sarg. Dahinter folgen die Kapitäne einiger Schiffe, die zufällig im Hafen liegen, und rund dreißig englische Bürger, die in Calais ansässig sind.

Auf ihr Grab wird ein Holzkreuz gesetzt. Man nimmt an, aber gesichert ist das nicht, dass darauf zu lesen war: «Emma Hamilton, eine Freundin Englands.» Das kleine Kreuz wurde später durch einen Grabstein ersetzt, den ein *Guide de Calais* aus dem Jahr 1883 beschrieb. Demnach war die lateinische Inschrift auf der umgefallenen Stele bereits verstümmelt und nahezu unleserlich.

Die Kosten für alles hat wiederum Mr. Cadogan auf sich genommen: «Ausgaben für die Bestattung der verblichenen Lady Hamilton, von mir, Henry Cadogan zu Calais, Frankreich, im Januar 1815 bezahlt: ein Eichensarg, Ausgaben für die Kirche, den Priester, Kerzen […], insgesamt 28 Pfund Sterling und 10 Shilling.» Später erhielt er das Geld von Alderman Smith zurückerstattet. Derselbe Mr. Cadogan nimmt Horatia in seine Obhut, bis ein Herr aus England in Calais an Land geht. Wer, können wir nicht mit Gewissheit sagen. Einige Autoren vermuten, dass es der Pastorenonkel war, Earl William Nelson. Angesichts der Haltung, die er in der Vergangenheit gezeigt hat, sind Zweifel daran allerdings berechtigt. Wie dem auch sei, die unbekannte Person nimmt Horatia nach England mit und setzt sie in Dover ab, wo sie von Nelsons Schwager George Matcham in Empfang genommen wird. Bei ihm lebt sie bis 1822, dem Jahr ihrer Heirat mit Reverend Philip Ward. Sie führte ein ungetrübtes Leben, hatte viele Kinder und starb mit vierundachtzig Jahren, ohne dass sie jemals eingeräumt hätte – ein närrisches Paradoxon –, dass sie Emmas Tochter sein könnte.

1816 wird der Friedhof von Notre-Dame de Calais zur Baustelle. Emmas Sarg findet eine neue Ruhestätte auf der Ebene von Brochot, die zur Gemarkung von Saint-Pierre gehört.

1849 folgt ein neues Exil. Ihre sterblichen Überreste werden zum Südfriedhof an der Route de Dunkerque überführt und in einem Massengrab bestattet. Von einem Grabmal ist nicht mehr die Rede.

Nach dem Ersten Weltkrieg druckt die *Times* diesen Hinweis ab:

«Sir, einige Ihrer Leser wird es interessieren, dass in Calais in der Rue Française Nr. 27 auf einem Schild die folgende Inschrift zu lesen ist:

In diesem Haus verstarb am 15. Januar 1815 Emma Lady Hamilton, die Freundin von Admiral Lord Nelson.

Diese Tafel wurde zum Andenken an den Letzten Willen Lord Nelsons von britischen Offizieren angebracht, die während des Krieges in Calais stationiert waren. 1918.»

Leider wollte es das Schicksal, dass von der jungen Kohlenverkäuferin aus Hawarden jede Spur für immer ausgelöscht wurde. Im Zweite Weltkrieg leidet Calais schwer unter den deutschen Bomben. Die Häuser der Rue Française verschwinden unter Trümmern, Haus Nr. 27 bleibt nicht verschont[55] ... So stirbt die Frau ein zweites Mal, die Englands Botschafterin war, umjubelte, gefeierte und vergötterte Geliebte eines Helden, und die – das ist vielleicht die Hauptsache – die größten Künstler ihrer Zeit inspiriert hat.

1830 kommt ein gewisser Doktor William Beatty aus Edinburgh auf der Durchreise nach Calais. Er hat den Wunsch, an Emmas Grab auf der Ebene von Brochot in stiller Andacht ihrer zu gedenken. Bevor er nach Schottland zurückkehrt, erweist er der Verstorbenen die Ehre und verfasst ein langes Epitaph für sie. Wir zitieren einige Verse daraus:

Alle kennen Deine Schmach, wenige wissen von Deinen Schmerzen,
Alle kennen Deine Schwächen – was Du warst und dargestellt hast,
Aber Deine Fehler waren Umständen geschuldet, nicht dem Herzen.
Zu beglücken und beglückt zu werden, dazu war Deine Seele da,
Mit ihrer unsterblichen Schönheit – mit einer tugendhaften Brust ...
Als sparsame Matrone in irgendeinem bescheideneren Haus
Wäre Deine Leidensgeschichte nicht so ruhmreich gewesen ...
Und hättest Du, selbst glücklich, Glück verbreitet – dann
Hättest Du den Fluch der Schönheit nicht gekannt ...

«*Remember!* Denken Sie daran, dass ich Lady Hamilton und meine Tochter meinem Land als Vermächtnis hinterlasse; und vergessen Sie niemals Horatia!»

Anmerkungen

1 Der Schönheit Malerin ... Erinnerungen der Élisabeth Vigée-Le Brun, hrsg. v. Lida v. Mengden, überarbeitete Ausgabe der alten Übersetzung von Martha Behrend Darmstadt, Neuwied 1985, S. 157 f.
2 Wie Sinoué versuchen wir stilistische Eigenheiten der Briefe zu wahren, in Syntax und Orthographie passen wir sie der Lesbarkeit wegen dem heutigen Sprachgebrauch an. [Anm. d. Übers.]
3 Um bestimmte Sätze, die uns wesentlich erscheinen, besser hevorzuheben, haben wir uns entschlossen, sie nicht kursiv zu setzen.
4 Maria Anna Catharina Angelica Kauffmann (1741–1807), eine aus der Schweiz stammende klassizistische Malerin, die vor allen Dingen für die Wandbilder bekannt ist, mit denen sie die Bauwerke des berühmten schottischen Architekten Robert Adam ausstattete.
5 Im Original französisch. Dt. etwa: mit leicht erhobenem Näschen.
6 Gavin Hamilton, ein schottischer Maler, der aus Glasgow stammt, war trotz der Namensgleichheit kein Verwandter, sondern lediglich ein Freund. Er lebte die meiste Zeit in Rom und arbeitete dort unter dem Mäzenat des Fürsten Borghese. Seine Karriere spielte sich übrigens fast ausschließlich in dieser Stadt ab. Hamilton hatte wenig Anteil am Ruf der britischen Malerei und war nur wenigen Zeitgenossen in Großbritannien bekannt. Dafür nimmt er eine bedeutende Stellung in der internationalen neoklassizistischen Bewegung von Rom ein. Einen Teil seiner Zeit widmete er auch dem Kunsthandel.
7 Goethe, Johann Wolfgang von, Italienische Reise, in: Werke, Hamburger-Ausgabe, Bd. 11, München 1988, S. 220.
8 Lady Diana Spencer, verh. Bolingbroke. Nach der Scheidung von Lord Bolingbroke heiratete sie den ehrbaren Topham Beauclerc, der 1780 verstarb. Offenbar war Lord Hamilton ihren Reizen erlegen.
9 Georgina Brigida Banti, 1759–1806. In ihrem Testament äußerte sie den Wunsch, ihr Kehlkopf möge der Wissenschaft überstellt werden. Er befindet sich zur Zeit im Museum für Medizin in Bologna.
10 Hayley, William, Die Triumphe des Frohsinns, Zürich 1788.
11 Comtesse de Boigne, Charlotte-Louise-Eléonore-Adélaide d'Osmond, Plaudereien über die Gesellschaft ihrer Zeit, übers. v. Friedrich Matthaesius, Stuttgart 1965.
12 Baron Dunira, schottischer Politiker, Schatzmeister der Admiralität, wurde später geadelt und in den Stand eines Barons erhoben.

13 Seit Ende des 8. Jahrhunderts werden die Mitglieder der westsyrischen monophysitischen Kirche Jakobiten genannt.
14 Textstelle fehlt in der deutschen Übersetzung. [Anm. d. Übers.]
15 Im Gegensatz zur Behauptung Vigée-Le Bruns trennte er sich von Emmas Porträt erst, als er später im Laufe der Zwangsversteigerung seiner Kunstgegenstände dazu gezwungen war. Es kann auch kaum verwunderlich sein, dass der Preis, den die Bacchantin erzielte, höher war als der, den die Künstlerin erhalten hatte, denn Emma war inzwischen weltweit zu Berühmtheit gelangt, und man riss sich die Porträts dieser Frau, deren Schönheit und Abenteuer für soviel Aufsehen gesorgt hatten, zu Fabelpreisen aus den Händen.
16 Der genau Titel dieser Sammlung lautet: «In Neapel gewissenhaft nach der Natur gefertigte Zeichnungen, erstellt und ihm gewidmet mit Erlaubnis des Ehrenwerten Sir W. Hamilton, außerordentlicher und bevollmächtigter Gesandter S. M. des britischen Königs, von seinem untertänigsten Diener Friedrich Reinberg, Historienmaler zu Rom im Dienste des preußischen Königs, und in Kupfer gestochen von Thomas Pirolis.» [Die Schreibweise des Namens in der deutschen Übersetzungen der Erinnerungen von Élisabeth Vigée-Le Brun («Reinberg») ist falsch. Anm. d. Übers.]
17 Die Schöne Malerin ... Erinnerungen der Elisabeth Vigée-Le Brun, op. cit.
18 Die erste Begegnung zwischen dem Prinzen von Wales und Emma fand am 19. Juni 1791 statt. Romney hatte den Auftrag zwischenzeitlich erhalten.
19 Französisch im Original.
20 Französisch im Original.
21 Sohn von Sir Gilbert Elliot, dem späteren Baron von Minto, der eine Zeitlang Vizekönig von Korsika war.
22 Die meisten Briefe von Maria Carolina an Emma befinden sich heute im Archiv des British Museums; dort sind sie unter dem Titel *Maria-Carolina regina delle due Sicilie con lady Hamilton* zusammengefasst. Briefe an ihre Vertrauten pflegte die Königin mit Charlotte und nicht mit Maria Carolina zu unterschreiben.
23 Fürst Belmonte. Er vertrat damals das Königreich beider Sizilien in Madrid.
24 Kapitän Thomas Troubridge war einer der aktivsten Mitstreiter Nelsons in der Schlacht von St. Vincent. Ein Jahr später wurde er zum Baronet, 1804 zum Konteradmiral ernannt.
25 Dieser Bericht ist von Hamilton ebenso wie von Nelson bekräftigt und von allen bis heute bekannten Dokumenten bestätigt worden.
26 In der griechischen Mythologie eine Nymphe, nach der eine Quelle auf der Insel Ortygie vor Syrakus benannt ist.
27 Die Bezeichnung geht auf den ursprünglichen Namen Neapels zurück. Um 600 v. Chr. sollen Fischer an der Stelle der heutigen Stadt eine tote Sirene am Ufer gefunden und ihr ein Grabmal errichtet haben, auf dem «Für Parthenope» geschrieben stand.
28 Grafschaft im Westen Englands an der Grenze zu Wales.
29 Georges Blond, Ruhm und Schönheit, S. 214 f., übers. v. Joachim Meinertz, Frankfurt/M. u. Berlin 1978.

30 1759 bis 1806. Mit außerordentlichem Rednertalent und hoher Intelligenz brachte es William Pitt sehr schnell, im Juli 1782, zum Schatzkanzler im Kabinett des Premierministers Shelburne. Zur allgemeinen Überraschung betraute ihn König Georg III. schon im Dezember 1783 mit der Leitung der Regierung. Trotz einiger Regierungskrisen und einer Pause von Februar 1801 bis Mai 1804 war Pitt zwanzig Jahre an der Macht.

31 Der junge James Harris, ältester Sohn des Ersten Lord Malmesbury, war in Wien bei seinem Onkel, Lord Minto, um Diplomat zu werden. [Anm. d. Übers.]

32 Kantate für Stimme und Pianoforte von Georg Benda (1722–1795), die von Mozart bewundert wurde. 1912 inspirierte sie Richard Strauss zu seiner gleichnamigen Oper.

33 Die Irin Melesina Chenevix (1768–1827) heiratete zuerst (1786) einen Oberst namens Richard Saint George und einige Jahre nach dessen Tod Richard Trench, der sich von da an Richard Chevenix Trench nannte. Als verwitwete Melesina Saint George bereiste sie 1799 und 1800 Deutschland und war Gast im Hause des englischen Gesandten Hugh Elliot in Dresden, als die Hamiltons und Nelson dort Station machten. Aus dieser Zeit stammen ihre Aufzeichnungen, *Journal kept during a visit to Germany 1799/1800*, die 1861 als Privatdruck vom Dean of Westminster herausgegeben wurden. [Anm. d. Übers.]

34 Es handelt sich um das Stück «Kasperl, der unruhige Wanderer» von Johann Laroche. [Anm. d. Übers.]

35 Die Tochter des Minos und der Persiphe war in Theseus verliebt, als dieser nach Kreta kam, um den Minotaurus zu besiegen. Sie schenkte ihm das Knäuel Wollfaden, mit dem er wieder aus dem Labyrinth herausfand, nachdem er das Monster besiegt hatte. Welchen Bezug Emma zu ihr gehabt haben soll, bleibt unbegreiflich.

36 Anspielung auf Moll Flanders, die Prostituierte und Heldin aus Daniel Defoes Roman *Glück und Unglück der berühmten Moll Flanders*.

37 Herzog Albert von Sachsen-Teschen, dem Kunstsammler und Stifter der «Albertina», der als Schwiegersohn Maria Theresias in Wien lebte und Erzherzog Karl adoptiert hatte. [Anm. d. Übers.]

38 Er gab Wellington äußerst kluge Ratschläge bezüglich der Taktik, mit der man gegen die napoleonischen Truppen vorgehen musste. Sein Ruf als Doppelagent war so unerschütterlich, dass er während der Restauration (zu der er wesentlich beigetragen hatte) nicht nach Frankreich zurückkehren durfte. Er starb 1823 in England.

39 William Hogarth 1697–1764, englischer Maler und Kupferstecher. [Es handelt es um Hogarth's Stich *Strolling actresses dressing in a Barn – Wanderschauspieler beim Anziehen in der Scheune* – von 1738, einer seiner berühmtesten Drucke aus dem Zyklus der *Vier Tageszeiten*. – Anm. d. Übers.]

40 «Come, cheer up, fair Delia/Forget all thy grief. For thy shipmates are brave, and a hero's their chief.»

41 Die englischen Seestreitkräfte waren damals in drei Flotten unterteilt: die Weiße, die Rote und die Blaue.

42 Nelsons Namensvorschlag zeigt, dass er nichts von der Existenz von *Little Emma* weiß, die jetzt neunzehn Jahre alt ist.

43 James Olivier war Lord Hamiltons Privatsekretär und nach dessen Tod der Sekretär Emmas.

44 Höfliche Titulierung hinter dem vollen Namen, die soviel heißt wie «Herr».

45 Die dänische Stadt Helsingör liegt im äußersten Nordosten der Insel Sjaelland an der Meerenge des Sunds, wo sie zusammen mit der schwedischen Stadt Hälsingborg die Einfahrt in den Sund verteidigt. Shakespeares Hamlet hat sie überall auf der Welt berühmt gemacht.

46 Am 3. Juli 1810 heiratet sie ihre erste Liebe, Samuel Hood, Baron von Bridport.

47 Beim Verkauf des Hofs 1808 wurde der Wert des Vorratskellers mit 2 000 Pfund angesetzt.

48 John Braham, 1774–1856. Als erfolgreicher Tenor, aber auch als Komponist, sang er reihum zuerst im Covent Garden, in Bath und auf der Bühne des Drury Lane Theatre. Zuweilen trat er im Duett mit seiner Frau Nancy Storace auf. Das Paar war sehr eng mit Emma befreundet. Braham verdanken wir ein musikalisches Thema mit dem Vornamen Lord Hamiltons. Berühmt ist seine Komposition «The Death of Nelson», ein Totengesang zu Ehren des Admirals.

49 In Portsmouth kann man das Schiff noch heute bewundern.

50 Das Buch Jesus Sirach aus der Thora oder dem Alten Testament.

51 Richard Bulkeley kämpfte 1797 in der Schlacht von Santa Cruz vor Teneriffa an Nelsons Seite, als jener seinen Arm verlor.

52 Es war wohl eine Inderin. Er soll ihr 1774 begegnet sein; das Schiff, auf dem der junge Fähnrich zur See damals diente, hatte mehrere ostindische Häfen angelaufen.

53 Über diesen Zeilen trägt der Brief folgenden Vermerk von Emmas Hand: «Dieser Brief ist offen auf seinem Pult gefunden und Lady Hamilton von Kapitän Hardy überbracht worden. O unglückliche und bedauernswerte Emma! O ruhmreicher und glücklicher Nelson!»

54 Charles Dickens, Leben und Abenteuer des Nicholas Nickleby, übers. V. Walter Wilhelm, Berlin 1980, Bd. II, S. 225/226. [Anm. d. Übers.]

55 Am 2. September 1958 ließ der englische Vizekonsul eine neue Tafel anbringen an der Mauer eines Neubaus Ecke Rue Philippine-de-Hainaut und Rue Jean-de-Vienne, nicht weit von der Stelle, an der das alte Haus in der Rue Française stand. Hoffen wir, dass sie dort bleibt …

*B*ibliographie

Acton Harold, *The Bourbons of Naples*, London 1957 (Repr.).

Comtesse de Boigne Charlotte Louise Eléonore Adélaide d'Osmond, *Plaudereien über die Gesellschaft ihrer Zeit*, übers. v. Friedrich Matthaesius, Stuttgart 1965.

Blond Georges, *Ruhm und Schönheit*, übers. v. Joachim Meinertz, Frankfurt a. M./Berlin 1978.

Bonnefons André, *Maria Carolina reine des Deux-Siciles*, Paris 1905.

Fauchier-Magnan Adrien, *Lady Hamilton*, Paris 1910.

Fiechter Jean-Jacques, *Un Diplomate Americain sous la Terreur*, Paris 1983.

Fraser Flora, *Beloved Emma*, London 1986.

Gamlin Hilda, *Emma, Lady Hamilton*, Liverpool 1828.

Goethe Johann Wolfgang von, *Italienische Reise*, in: Werke, Hamburger Ausgabe in 14 Bde, Bd. 11, Autobiographische Schriften III, München 1988.

Hardwick Mollie, *Emma, Lady Hamilton*, London 1969.

Harrison James, *The Life of the Right Honourable Horatio Lord Viscount Nelson*, 2 Bde, London 1806.

Hayley William, *Life of George Romney*, Chichester 1809.

Knight Cornelia, *Autobiography of Miss Cornelia Knight*, 2 Bde, London 1861.

Minto Countess of, *Life and Letters of Sir Gilbert Elliot, First Earl of Minto, from 1751 to 1806*, 3 Bde, London 1874.

Morrison Alfred, *Autograph Letters and Historical Documents: The Hamilton and Nelson Papers*, 2 Bde, London 1893–1894.

Morriss Roger, *Nelson – The Life and Letters of a Hero*, London 1996.

Pocock Tom, *Horatio Nelson*, London 1987.

Pohl Friedrich-Wilhelm, *Lord Nelson – Ein Triumphzug durch Europa*, Hamburg 2000.

Romney John, *Memoirs of the Life and Works of George Romney*, London 1830.

Sichel Walter, *Emma, Lady Hamilton*, London 1905.

Tours Hugh, *The Life and Letters of Emma Hamilton*, London 1963.

Turquam Joseph und d'Auriac Jules, *Lady Hamilton, ambassadrice d'Angleterre et la révolution de Naples d'après des documents inédits (1763–1815): Une aventurière de haut vol*, Paris 1913.

Vigée-Lebrun Élisabeth, *Die schöne Malerin … Erinnerungen der Élisabeth Vigée-Le Brun*, übers. v. Martha Behrend, Darmstadt u. Neuwied 1985.

IIII.